工程总承包（DB/EPC）项目安全生产法务指引

李宏远　靳玉婵　朱连旺／著

法律出版社 LAW PRESS·CHINA　北京

图书在版编目（CIP）数据

工程总承包(DB/EPC)项目安全生产法务指引 / 李宏远，靳玉婵，朱连旺著. -- 北京 : 法律出版社，2023
ISBN 978-7-5197-8054-8

Ⅰ. ①工… Ⅱ. ①李… ②靳… ③朱… Ⅲ. ①建筑工程—承包工程—工程项目管理—安全法规—中国 Ⅳ. ①D922.54

中国国家版本馆CIP数据核字(2023)第120816号

工程总承包(DB/EPC)项目安全生产法务指引
GONGCHENG ZONGCHENGBAO (DB/EPC) XIANGMU ANQUAN SHENGCHAN FAWU ZHIYIN

李宏远
靳玉婵 著
朱连旺

责任编辑 苗 婕 金 姗
装帧设计 汪奇峰

出版发行 法律出版社
编辑统筹 辞书·融出版编辑部
责任校对 晁明慧
责任印制 吕亚莉
经　　销 新华书店

开本 710毫米×1000毫米 1/16
印张 32.25 **字数** 381千
版本 2023年8月第1版
印次 2023年8月第1次印刷
印刷 北京建宏印刷有限公司

地址：北京市丰台区莲花池西里7号(100073)
网址：www.lawpress.com.cn
投稿邮箱：info@lawpress.com.cn
举报盗版邮箱：jbwq@lawpress.com.cn

销售电话：010-83938349
客服电话：010-83938350
咨询电话：010-63939796

书号：ISBN 978-7-5197-8054-8
定价：96.00元
凡购买本社图书，如有印装错误，我社负责退换。电话：010-83938349

序　言

2002年全国人民代表大会常务委员会（以下简称全国人大常委会）颁布了《安全生产法》，安全生产开始进入“法治期”，我国建筑业领域的生产安全事故数量及伤亡人数明显下降，但最近几年，由于参建各责任主体法治思想、法律意识、法规底线不一，重特大事故仍然反复出现，如2016年江西丰城发电厂的“11·24”冷却塔施工平台坍塌特大事故等，凸显了安全生产实际工作中所面临的各种隐患及风险问题。习近平总书记在党的二十大报告中强调，“高质量发展是全面建设社会主义现代化国家的首要任务”，这要求我们把发展质量摆在更突出的位置，高度重视安全生产工作。2021年6月10日，第十三届全国人大常委会第二十九次会议决定对《安全生产法》进行第三次修正，确立了许多新制度。同时针对建筑业、矿山、金属冶炼等建设项目的建筑业企业非法转让施工资质、违法分包等突出问题，作出了专门规定，加大了对违法行为的惩处力度，罚款金额更高，处罚方式更严，惩戒力度更大，且新增连日连续处罚措施等，这些均需要建筑业企业及从业人员详细了解、认真执行。

本书共分三个章节，和附录共四部分，第一章中，作者结合2021年新修正的《安全生产法》以及相关行政法规、规章、政策等对工程承包项目的建设单位、工程总承包单位等各类参建单位及人员安全生产责任的新要求展开论述，帮助相关单位与人员了解责任范围。第二章结合国家相关规定对事故发生之后，相关单位对安全生产事故的调查和责任认定进行论述，同时分析论证了安全生产领域的单位与个人的行政责任、刑事责任、民事责任，并结合案例对安全生产合规不起诉制度进行了分析。第三章结合工程总承包项目案例，分析了工程总承包项目实施过程中安全生产事故产生的原因以及启示，总结了事故教训。为了方便读者阅读，本书附录部分汇总了2021年新修正的《安全生产法》等法律法规和政策。

本书由李宏远策划和统稿，其中第一章由李宏远执笔；第二章和附录部分由靳玉婵执笔和整理；第三章第一节至第四节由朱连旺执笔，第五节由靳玉婵执笔。本书作为《工程总承包（DB\EPC）项目法务指引》的姊妹篇，可作为企业法务人员系统了解工程总承包项目安全生产管理责任和事故调查程序及责任认定程序的资料适用。

编写说明

一、本书中提及的法律、行政法规、规章和规范性文件名称中的“中华人民共和国”均省略。

二、本书中提及的法律、法规、规章和规范性文件，没有特别说明的，一般为最新版本。

三、本书中引用法律条文时，条文的款项之间不另行分行、分段。

四、本书中出现的行政机关名称较多，使用如下简称：

单位全称	简称
国务院安全生产委员会	国务院安委会
国家安全生产监督管理总局	原国家安监总局
中国保险监督管理委员会	原保监会
中华人民共和国交通运输部	交通运输部
中华人民共和国国家发展和改革委员会	国家发改委
中华人民共和国建设部	原建设部
中华人民共和国住房和城乡建设部	住建部
中华人民共和国财政部	财政部
中国民用航空局	民航局
中华人民共和国公安部	公安部
中华人民共和国司法部	司法部
中华人民共和国生态环境部	生态环境部
中华人民共和国水利部	水利部

目　录

附　录

第一章　工程总承包项目参建各方的安全生产管理责任

第一节　新安全生产法确立的新制度

《安全生产法》于2002年公布实施，自2002～2020年经历了2009年以及2014年两次修正，对预防和减少安全生产事故、惩处安全生产违法行为、保障人民群众生命财产安全发挥了重要且积极的作用。但随着我国经济的发展，各类安全生产隐患和事故仍易多发，安全生产实际工作中所面临的企业安全生产责任落实不到位、政府监管不力等问题较为突出。在这样的背景下，2021年6月10日，第十三届全国人大常委会第二十九次会议通过《全国人民代表大会常务委员会关于修改〈中华人民共和国安全生产法〉的决定》，对《安全生产法》再次进行修正，2021年《安全生产法》已于2021年9月1日开始施行。下面，笔者将对2021年《安全生产法》确立的新制度作一一阐述。

一、明确党对安全生产工作的领导

党的十八大以来，习近平总书记关于坚持和加强党的全面领导的一系列重要论述，为安全生产工作提供了重要指引。党的十九大报告中，将

“坚持党对一切工作的领导”作为新时代坚持和发展中国特色社会主义的十四条基本方略之一。习近平总书记曾强调“党委要管大事，发展是大事，安全生产也是大事”，“各级党委和政府、各级领导干部要牢固树立安全发展理念，始终把人民群众生命安全放在第一位，牢牢树立发展不能以牺牲人的生命为代价这个观念。这个观念一定要非常明确、非常强烈、非常坚定”。

2016年12月9日印发的《中共中央、国务院关于推进安全生产领域改革发展的意见》在第2条第4款中明确规定：“地方各级党委和政府要始终把安全生产摆在重要位置，加强组织领导。党政主要负责人是本地区安全生产第一责任人，班子其他成员对分管范围内的安全生产工作负领导责任。地方各级安全生产委员会主任由政府主要负责人担任，成员由同级党委和政府及相关部门负责人组成。地方各级党委要认真贯彻执行党的安全生产方针，在统揽本地区经济社会发展全局中同步推进安全生产工作，定期研究决定安全生产重大问题。加强安全生产监管机构领导班子、干部队伍建设。严格安全生产履职绩效考核和失职责任追究。”上述文件也给2021年《安全生产法》的修订奠定了重要的基础。

党的政策是国家法律的先导和指引，是立法的依据和执法司法的重要指导。[1]2021年《安全生产法》将“安全生产工作坚持中国共产党的领导”明确写进了第3条，把党的政策意志以法律的形式进行固定，将党的领导摆在了安全生产立法的首位，也是党领导立法工作和党领导安全生产工作的重要体现。将“坚持中国共产党的领导”写入2021年《安全生产法》，有利于各级党委依法履行自身职责，发挥带头作用，切实引领并推动安全生产工作朝着更好的方向迈进。

〔1〕 参见邬燕云：《中华人民共和国安全生产法专家解读》，应急管理出版社2021年版，第27页。

二、强化生产经营单位全员安全生产责任制

“全员安全生产责任制”，顾名思义就是将安全生产责任落实到生产经营单位的每一个部门、每一个岗位、每一个员工，强调全员参与、全员配合，切实保证安全生产工作顺利推进。在2021年《安全生产法》出台以前，“全员安全生产责任制”就已经多次被提及。《中共中央、国务院关于推进安全生产领域改革发展的意见》第2条第6款明确要求“企业实行全员安全生产责任制度”。2017年10月10日发布的《国务院安委会办公室关于全面加强企业全员安全生产责任制工作的通知》明确了“企业全员安全生产责任制”的内涵，即“企业全员安全生产责任制是由企业根据安全生产法律法规和相关标准要求，在生产经营活动中，根据企业岗位的性质、特点和具体工作内容，明确所有层级、各类岗位从业人员的安全生产责任，通过加强教育培训、强化管理考核和严格奖惩等方式，建立起安全生产工作‘层层负责、人人有责、各负其责’的工作体系”。2020年国务院安委会办公室印发的《全国安全生产专项整治三年行动计划》的内容也强调了“落实全员安全生产责任”这一任务。

2021年《安全生产法》正式将“建立健全并落实全员安全生产责任制”写入第4条，使安全生产责任制的内涵和外延变得更加明确。那么，企业应如何落实这一制度呢？根据上述文件表达的思想，总结来说，企业应当按照相关法律法规的规定并结合自身实际，使主要负责人到一线从业人员（含劳务派遣人员、实习学生等）均明确各自应承担的安全生产责任、责任范围和考核标准。下面笔者就从主要负责人、其他负责人、安全生产管理机构及安全生产管理人员和一线从业人员四个方面具体说明“全员安全生产责任制”应该如何落实。

（一）主要负责人

2021年《安全生产法》第5条规定：“生产经营单位的主要负责人是本

单位安全生产第一责任人，对本单位的安全生产工作全面负责。其他负责人对职责范围内的安全生产工作负责。”第21条规定：“生产经营单位的主要负责人对本单位安全生产工作负有下列职责：（一）建立健全并落实本单位全员安全生产责任制，加强安全生产标准化建设；（二）组织制定并实施本单位安全生产规章制度和操作规程；（三）组织制定并实施本单位安全生产教育和培训计划；（四）保证本单位安全生产投入的有效实施；（五）组织建立并落实安全风险分级管控和隐患排查治理双重预防工作机制，督促、检查本单位的安全生产工作，及时消除生产安全事故隐患；（六）组织制定并实施本单位的生产安全事故应急救援预案；（七）及时、如实报告生产安全事故。”

2021年《安全生产法》并未对“主要负责人”进行明确的界定，对企业而言，不同组织形式的企业主要负责人也有所不同。《生产安全事故罚款处罚规定（试行）》（安监局令第77号）第3条第2款规定：“本规定所称主要负责人是指有限责任公司、股份有限公司的董事长或者总经理或者个人经营的投资人，其他生产经营单位的厂长、经理、局长、矿长（含实际控制人）等人员。”《中共中央、国务院关于推进安全生产领域改革发展的意见》规定，生产经营单位的法定代表人和实际控制人同为安全生产的第一责任人。各地方政府也对“主要负责人”的范围进行了明确：《上海市安全生产条例》明确规定，生产经营单位主要负责人，是指生产经营单位的法定代表人、实际负有本单位生产经营最高管理权限的人员；主要负责人未必只有一个人，可能会有两个甚至两个以上。《深圳市生产经营单位安全生产主体责任规定》指明，生产经营单位主要负责人是指对本单位生产经营负全面责任、有生产经营决策权的人员，包括生产经营单位参与经营管理的法定代表人、投资人和实际负有本单位生产经营最高管理权限的人员。《湖北省生产安全事故报告和调查处理办法》第52条第2款规定，“本办法所称的主要负责人是指有限责任公司、股份有限公司的董事长或者总经理或者个人经营的投资人，其他生产经营单位的厂长、经理、局长、矿长（含实际控制人、投资人）等人员”。在实际中，存在部分企业，为逃避法律责任，把普通从业人员甚至临时员工登记为法定代表人的情况，因此，在确定企业主要负责人时，不应单纯地通过职位名称进行简单判断，而是应结合不同企业的性质和实际情况，综合寻找、判定真正对生产经营活动和安全生产工作具有决策权并负全面责任的“主要负责人”。

2021年《安全生产法》新增了主要负责人“组织建立并落实安全风险分级管控和隐患排查治理双重预防工作机制”这一职责，这也是2021年《安全生产法》对生产经营单位提出的一项新要求。《中共中央、国务院关于推进安全生产领域改革发展的意见》第1条第2款就要求“构建风险分级管控和隐患排查治理双重预防工作机制，严防风险演变、隐患升级导致生产安全事故发生”。2021年《安全生产法》将其写入法律，目的是通过强化安全风险分级管控，使相关安全风险从源头上得到降低、管控甚至消除，从而避免事故的发生或降低其发生的可能性；通过构建隐患排查治理机制，发现日常安全生产工作中的缺陷与不足，及时进行整改。安全风险分级管控和隐患排查治理双重预防机制的落实，在安全生产工作中构成了两道防线，避免风险管控失效演变成隐患，避免因隐患不除最终酿成事故，从源头防范和化解重大安全风险，以达到预防和减少安全生产事故的目的。〔1〕

对于企业构建“安全风险分级管控”机制的相关要求，应急管理部原副部长刘伟在2021年《安全生产法》的新闻发布会上作出了解释：“安全风险分级管控是国内外企业安全管理的先进经验和成功做法。建立安全风险分级管控机制，就是要求生产经营单位要定期组织开展风险辨识评估，严格落实分级管控措施，防止风险演变而引发事故。”〔2〕2021年《安全生产

〔1〕 参见邬燕云：《中华人民共和国安全生产法专家解读》，应急管理出版社2021年版，第60页。

〔2〕《国新办举行贯彻落实〈安全生产法〉推动安全发展发布会》，载国新网2021年6月11日，http://www.scio.gov.cn/xwfbh/xwbfbh/wqfbh/44687/45901/index.htm。

法》第41条第2款中也对企业如何建立健全并落实生产安全事故隐患排查治理制度作出了规定，企业应“采取技术、管理措施，及时发现并消除事故隐患。事故隐患排查治理情况应当如实记录，并通过职工大会或者职工代表大会、信息公示栏等方式向从业人员通报。其中，重大事故隐患排查治理情况应当及时向负有安全生产监督管理职责的部门和职工大会或者职工代表大会报告”。

（二）其他负责人

2021年《安全生产法》第5条中新增内容“其他负责人对职责范围内的安全生产工作负责”；第25条第2款规定：“生产经营单位可以设置专职安全生产分管负责人，协助本单位主要负责人履行安全生产管理职责。”

实际上，2021年《安全生产法》并没有给出如何落实其他负责人安全生产责任的明确规定，但由于企业安全生产工作涉及日常生产经营活动的方方面面，仅由主要负责人和安全生产分管负责人承担，难以全面把控。2021年《安全生产法》第3条建立了安全生产的“三个必须”机制，即管行业必须管安全、管业务必须管安全、管生产经营必须管安全，做到生产与安全并驾齐驱，落实“一岗双责”。“三个必须”原则为企业划分其他负责人的职责范围、落实其他负责人的安全生产责任提供了较为明确的方向。应急管理部副部长宋元明在2021年《安全生产法》新闻发布会中举例：“比如我们一个企业总部，董事长和总经理是主要负责人，那么他就是企业安全生产第一责任人。但是还有很多副职，比如很多副总经理，分管人力资源的副总经理，对你分管领域的安全要负责任。下属企业里面，安全管理团队配备得不到位，缺人，由此导致的事故这个副职是要负责任的。比如分管财务的副总经理，如果你下属企业里安全投入不到位，分管财务的副总经理是要承担责任的。这就是我们说的管业务必须管安全，管生产经营必须管安全。说到生产，我们很多企业里面都有管生产的副总经理，这个副总经理不能只抓生产，不顾安全，抓生产的同时必须兼顾安全，同时抓好安全，否则出了事故以后，管生产的是要负责任的，这就是‘三管三必须’的核心要义。”〔1〕

（三）安全生产管理机构及安全生产管理人员

与2014年《安全生产法》相比，2021年《安全生产法》新增了安全生产管理机构以及安全生产管理人员“组织开展危险源辨识和评估”这一职责，并增加了企业可以设置专职安全生产分管负责人的规定。〔2〕

《全国安全生产专项整治三年行动计划》附件2:《落实企业安全生产主体责任三年行动专题实施方案》中要求建立企业安全风险辨识评估制度，具体来讲，“企业要按照有关法律法规标准，针对本企业类型和特点，科学制定安全风险辨识程序和方法，定期组织专业力量和全体员工全方位、全过程辨识生产工艺、设备设施、作业环境、人员行为和管理体系等方面存在的安全风险，对辨识出的安全风险进行分类、梳理、评估，加强动态分级管理，科学确定安全风险类别和等级”。而组织开展危险源辨识和评估是进行安全风险分级管控的基础，由于安全生产管理机构以及安全生产管理人员在安全生产管理工作方面更为专业，由其组织开展这一工作是合适的。

2021年《安全生产法》第26条第1、2、3款规定：“生产经营单位的安全生产管理机构以及安全生产管理人员应当恪尽职守，依法履行职责。生

〔1〕《国新办举行贯彻落实〈安全生产法〉推动安全发展发布会》，载国新网2021年6月21日，http://www.scio.gov.cn/xwfbh/xwbfbh/wqfbh/44687/45901/index.htm。

〔2〕《安全生产法》第25条规定：“生产经营单位的安全生产管理机构以及安全生产管理人员履行下列职责：（一）组织或者参与拟订本单位安全生产规章制度、操作规程和生产安全事故应急救援预案；（二）组织或者参与本单位安全生产教育和培训，如实记录安全生产教育和培训情况；（三）组织开展危险源辨识和评估，督促落实本单位重大危险源的安全管理措施；（四）组织或者参与本单位应急救援演练；（五）检查本单位的安全生产状况，及时排查生产安全事故隐患，提出改进安全生产管理的建议；（六）制止和纠正违章指挥、强令冒险作业、违反操作规程的行为；（七）督促落实本单位安全生产整改措施。生产经营单位可以设置专职安全生产分管负责人，协助本单位主要负责人履行安全生产管理职责。”

产经营单位作出涉及安全生产的经营决策，应当听取安全生产管理机构以及安全生产管理人员的意见。生产经营单位不得因安全生产管理人员依法履行职责而降低其工资、福利等待遇或者解除与其订立的劳动合同。”这表明，安全生产管理机构以及安全生产管理人员是安全生产工作中的重要一环，拥有更为专业的安全生产知识及管理能力。在企业日常生产经营过程中，安全生产管理机构在完成自身职责的同时，还应充当其他部门在安全生产工作中的顾问角色，为相关负责人及各部门提供建议和决策依据。[1]

（四）一线从业人员

2021年《安全生产法》第57条至第59条[2]规定了从业人员在安全生产方面的义务。其中，第57条进行了实质性修订，增加了对从业人员“落实岗位安全责任”的要求，这在一定程度上使从业人员由被动遵守本单位的安全生产规章制度和操作规程、服从管理向主动履行并落实自身安全生产责任转变。

在规定从业人员安全生产义务的同时，2021年《安全生产法》也为从业人员提供了安全生产的相应保障，如了解其作业场所和工作岗位存在的危险因素、防范措施及事故应急措施，对本单位的安全生产工作提出建议的权利；获得符合国家标准的劳动防护用品的权利；获得安全生产教育和技能培训的权利等。除此以外，2021年《安全生产法》对从业人员的相关权利也作出了一些实质性的修改，第56条第1款明确规定“生

---

〔1〕 参见孙怀宁、尹小童：《“全员安全生产责任制”时代来临——新〈安全生产法〉责任主体范围和职责解析》，载北大法宝网，https://www.pkulaw.com/lawfirmarticles/e8c814d28ecb6f8ebeb20db0af336320bdfb.html?keyword=安全生产法，最后访问时间：2022年2月15日。

〔2〕 《安全生产法》第57条规定：“从业人员在作业过程中，应当严格落实岗位安全责任，遵守本单位的安全生产规章制度和操作规程，服从管理，正确佩戴和使用劳动防护用品。”第58条规定：“从业人员应当接受安全生产教育和培训，掌握本职工作所需的安全生产知识，提高安全生产技能，增强事故预防和应急处理能力。”第59条规定：“从业人员发现事故隐患或者其他不安全因素，应当立即向现场安全生产管理人员或者本单位负责人报告；接到报告的人员应当及时予以处理。”

产经营单位发生生产安全事故后，应当及时采取措施救治有关人员”，且从业人员有权提出赔偿要求；同时，第44条还要求生产经营单位关注从业人员的身体、心理状况和行为习惯，加强对从业人员的心理疏导、精神慰藉。

2021年《安全生产法》对从业人员在安全生产方面权利的补充与完善，能够促进从业人员认真履行其对于安全生产工作的法定义务，从而给企业落实安全生产工作打下了坚实的基础。

“全员安全生产责任制”的落实，需要企业全体人员相互协调、配合，笔者在此给企业提出以下几点建议：一是在企业中设置专门的安全生产管理机构并设置专职安全生产分管负责人，为其他部门、相关负责人提供安全生产有关的专业意见与建议；二是对企业全员安全生产责任制进行公示，公示的内容主要包括：所有层级、所有岗位的安全生产责任、安全生产责任范围、安全生产责任考核标准等；三是将安全生产纳入考核范围，与晋升、提薪相挂钩，激发全部员工参与安全生产工作的积极性与主动性；四是加强对企业员工的安全生产教育培训，定期举办讲座，开展应急演练工作。

三、明确高危行业的强制安全生产责任保险制度

为了保障从业人员的基本权益，《安全生产法》规定了企业依法为从业人员缴纳工伤保险的义务。但随着经济的快速发展，由于工伤保险的费率和经济补偿水平较低，仅仅依靠工伤保险难以满足对从业人员的赔偿、补偿，这就急需商业保险进行补充。

2017年12月12日，原国家安监总局、原保监会、财政部发布《安全生产责任保险实施办法》（安监总办〔2017〕140号），该办法第6条中即明确了“高危行业领域应当投保，其他行业领域鼓励投保”的原则。2021年《安

全生产法》在第51条中增加了高危行业的强制保险制度。[1]安全生产责任保险属于商业保险的范畴，其保障范围不仅包括本企业的从业人员，还包括第三方的人员伤亡和财产损失，以及相关救援救护、事故鉴定、法律诉讼等费用。投保安全生产责任保险，能够帮助企业进行事故预防与风险控制，解决工伤保险补偿不足的问题，是一种转移风险、及时消除事故损害的行之有效做法。

根据《中共中央、国务院关于推进安全生产领域改革发展的意见》，高危行业领域主要包括八大类行业：矿山、危险化学品、烟花爆竹、交通运输、建筑施工、民用爆炸物品、金属冶炼、渔业生产。

四、增加安全生产公益诉讼的规定

《安全生产法》第74条规定："任何单位或者个人对事故隐患或者安全生产违法行为，均有权向负有安全生产监督管理职责的部门报告或者举报。因安全生产违法行为造成重大事故隐患或者导致重大事故，致使国家利益或者社会公共利益受到侵害的，人民检察院可以根据民事诉讼法、行政诉讼法的相关规定提起公益诉讼。"

《中共中央、国务院关于推进安全生产领域改革发展的意见》第4条第16款中明确指出"研究建立安全生产民事和行政公益诉讼制度"。2021年3月23日，最高人民检察院和应急管理部联合发布安全生产领域公益诉讼典型案例时强调，"安全生产领域目前还不是检察公益诉讼的法定领域，却是公益诉讼新领域探索的一项重要内容。2016年出台的《中共中央、国务院关于推进安全生产领域改革发展的意见》明确提出'研究建立安全生产民事和行政公益诉讼制度'。在近几年的全国两会上，多位人大代表建议

[1] 《安全生产法》第51条规定："生产经营单位必须依法参加工伤保险，为从业人员缴纳保险费。国家鼓励生产经营单位投保安全生产责任保险；属于国家规定的高危行业、领域的生产经营单位，应当投保安全生产责任保险。具体范围和实施办法由国务院应急管理部门会同国务院财政部门、国务院保险监督管理机构和相关行业主管部门制定。"

探索开展安全生产领域检察公益诉讼。最高检第八检察厅厅长胡卫列介绍，目前，全国已有24个省级人大常委会出台关于加强检察公益诉讼工作的专项决定，其中有20个对安全生产领域公益诉讼探索予以明确”。[1]

在实际的安全生产工作中，存在因安全生产违法行为造成重大事故，从而导致国家、社会利益受到损害的情况，如2005年11月13日发生的吉化双苯厂连续爆炸事故就导致了松花江的严重水污染。安全生产事故还很可能引发空气污染、土壤污染甚至引发次生灾害，这些都会对国家以及社会利益造成极大的威胁。因此，在2021年《安全生产法》中增加公益诉讼制度是十分必要的，检察机关提起公益诉讼，有利于督促企业消除事故隐患，督促行政机关履行法定职责；同时有利于增强广大人民群众对安全生产工作的了解，推动形成全社会共同监督、参与安全生产的工作局面。

五、加大对安全生产违法行为的处罚力度

（一）提高罚款金额，处罚方式更为严格

相较于2014年《安全生产法》，2021年《安全生产法》对发生安全生产事故的处罚金额有较大幅度的提高。其中，按照安全生产事故的等级，对生产经营单位的罚款由原来的20万元至2000万元，提高至30万元至1亿元；对生产经营单位的主要负责人的罚款数额由上一年年收入的30%至80%，提高至40%至100%。

同时，2021年《安全生产法》的处罚方式更为严格：对于生产经营单位及其主要负责人未履行安全生产管理职责的，2014年《安全生产法》先责令限期改正，拒不改正的，处以罚款；而2021年《安全生产法》一律修改为首次发现存在违法行为，即责令改正并处以罚款。2021年《安全生产

[1] 《最高检、应急管理部联合发布安全生产领域公益诉讼典型案例　破解安全生产公共利益保护困境》，载最高人民检察院网2021年3月23日，https://www.spp.gov.cn/spp/xwfbh/wsfbt/202103/t20210323_513617.shtml?ZhCZs3cBrx6S=1617702255388#1。

法》第113条还增加了对严重违法企业关闭以及主要负责人行业禁入的规定，“生产经营单位存在下列情形之一的，负有安全生产监督管理职责的部门应当提请地方人民政府予以关闭，有关部门应当依法吊销其有关证照。生产经营单位主要负责人五年内不得担任任何生产经营单位的主要负责人；情节严重的，终身不得担任本行业生产经营单位的主要负责人：（一）存在重大事故隐患，一百八十日内三次或者一年内四次受到本法规定的行政处罚的；（二）经停产停业整顿，仍不具备法律、行政法规和国家标准或者行业标准规定的安全生产条件的；（三）不具备法律、行政法规和国家标准或者行业标准规定的安全生产条件，导致发生重大、特别重大生产安全事故的；（四）拒不执行负有安全生产监督管理职责的部门作出的停产停业整顿决定的”。

（二）新增“按日连续计罚”

2021年《安全生产法》第112条新增规定：“生产经营单位违反本法规定，被责令改正且受到罚款处罚，拒不改正的，负有安全生产监督管理职责的部门可以自作出责令改正之日的次日起，按照原处罚数额按日连续处罚。”这将对部分生产经营单位屡教不改的情况造成极大的冲击，提高违法成本，督促企业切实落实自身安全生产责任。

（三）新增“联合惩戒”惩处方式

2021年《安全生产法》第78条规定：“负有安全生产监督管理职责的部门应当建立安全生产违法行为信息库，如实记录生产经营单位及其有关从业人员的安全生产违法行为信息；对违法行为情节严重的生产经营单位及其有关从业人员，应当及时向社会公告，并通报行业主管部门、投资主管部门、自然资源主管部门、生态环境主管部门、证券监督管理机构以及有关金融机构。有关部门和机构应当对存在失信行为的生产经营单位及其有关从业人员采取加大执法检查频次、暂停项目审批、上调有关保险费率、行业或者职业禁入等联合惩戒措施，并向社会公示。负有安全生产监督管理职责的部门应当加强对生产经营单位行政处罚信息的及时归集、共享、应用和公开，对生产经营单位作出处罚决定后七个工作日内在监督管理部门公示系统予以公开曝光，强化对违法失信生产经营单位及其有关从业人员的社会监督，提高全社会安全生产诚信水平。”采取联合惩戒方式，对最严重的违法行为所涉违法单位或人员实施行业或者职业禁入等联合惩戒措施，通过“利剑高悬”，有效打击震慑违法企业，保障守法企业的合法权益。[1]

六、2021年《安全生产法》的其他修订内容

（一）与生产经营单位相关

1.明确了平台经济等新兴行业、领域的生产经营单位的安全生产义务以及监管部门

2021年《安全生产法》第4条新增第2款规定：“平台经济等新兴行业、领域的生产经营单位应当根据本行业、领域的特点，建立健全并落实全员安全生产责任制，加强从业人员安全生产教育和培训，履行本法和其他法律、法规规定的有关安全生产义务。”

第10条新增规定：“对新兴行业、领域的安全生产监督管理职责不明确的，由县级以上地方各级人民政府按照业务相近的原则确定监督管理部门。”

2.增加了生产经营单位对安全设备的维护及使用要求

2021年《安全生产法》第36条新增规定：“生产经营单位不得关闭、破坏直接关系生产安全的监控、报警、防护、救生设备、设施，或者篡改、隐瞒、销毁其相关数据、信息。餐饮等行业的生产经营单位使用燃气的，应当安装可燃气体报警装置，并保障其正常使用。”

---

〔1〕《国新办举行贯彻落实〈安全生产法〉推动安全发展发布会》，载国新网2021年6月11日，http://www.scio.gov.cn/xwfbh/xwbfbh/wqfbh/44687/45901/index.htm。

3.增加了矿山、金属冶炼建设项目的生产安全相关规定

2021年《安全生产法》第49条新增规定："矿山、金属冶炼建设项目和用于生产、储存、装卸危险物品的建设项目的施工单位应当加强对施工项目的安全管理，不得倒卖、出租、出借、挂靠或者以其他形式非法转让施工资质，不得将其承包的全部建设工程转包给第三人或者将其承包的全部建设工程支解以后以分包的名义分别转包给第三人，不得将工程分包给不具备相应资质条件的单位。"

4.明确了中介机构在安全生产方面的责任与义务

2021年《安全生产法》在第72条对中介机构的相应职责进行了补充完善："承担安全评价、认证、检测、检验职责的机构应当具备国家规定的资质条件，并对其作出的安全评价、认证、检测、检验结果的合法性、真实性负责。资质条件由国务院应急管理部门会同国务院有关部门制定。承担安全评价、认证、检测、检验职责的机构应当建立并实施服务公开和报告公开制度，不得租借资质、挂靠、出具虚假报告。"

（二）与政府监管体制机制相关

1.建立地方政府安全风险评估与论证机制

2021年《安全生产法》对第8条进行了实质性的修订，其中规定"县级以上地方各级人民政府应当组织有关部门建立完善安全风险评估与论证机制，按照安全风险管控要求，进行产业规划和空间布局，并对位置相邻、行业相近、业态相似的生产经营单位实施重大安全风险联防联控"。

2.提出"安全生产强制性国家标准"

2021年《安全生产法》第12条新增规定："国务院有关部门按照职责分工负责安全生产强制性国家标准的项目提出、组织起草、征求意见、技术审查。国务院应急管理部门统筹提出安全生产强制性国家标准的立项计划。国务院标准化行政主管部门负责安全生产强制性国家标准的立项、编号、对外通报和授权批准发布工作。国务院标准化行政主管部门、有关部

门依据法定职责对安全生产强制性国家标准的实施进行监督检查。”

3.增强安全生产事故应急救援信息化建设，完善事故调查工作机制

2021年《安全生产法》对第79条以及第86条作了实质性的修订，要求国务院应急管理部门牵头建立全国统一的生产安全事故应急救援信息系统，其他有关部门及地方人民政府建立健全相关行业、领域、地区的生产安全事故应急救援信息系统，实现信息共享；同时对事故发生后的整改和防范措施落实情况及相关责任进行了规定。具体如表1-1所示：

表1-1 《安全生产法》关于安全生产事故应急救援的新旧规定

2014年《安全生产法》	2021年《安全生产法》
第76条　国家加强生产安全事故应急能力建设，在重点行业、领域建立应急救援基地和应急救援队伍，鼓励生产经营单位和其他社会力量建立应急救援队伍，配备相应的应急救援装备和物资，提高应急救援的专业化水平。 国务院安全生产监督管理部门建立全国统一的生产安全事故应急救援信息系统，国务院有关部门建立健全相关行业、领域的生产安全事故应急救援信息系统。	第79条　国家加强生产安全事故应急能力建设，在重点行业、领域建立应急救援基地和应急救援队伍，并由国家安全生产应急救援机构统一协调指挥；鼓励生产经营单位和其他社会力量建立应急救援队伍，配备相应的应急救援装备和物资，提高应急救援的专业化水平。 国务院应急管理部门牵头建立全国统一的生产安全事故应急救援信息系统，国务院交通运输、住房和城乡建设、水利、民航等有关部门和县级以上地方人民政府建立健全相关行业、领域、地区的生产安全事故应急救援信息系统，实现互联互通、信息共享，通过推行网上安全信息采集、安全监管和监测预警，提升监管的精准化、智能化水平。
第83条　事故调查处理应当按照科学严谨、依法依规、实事求是、注重实效的原则，及时、准确地查清事故原因，查明事故性质和责任，总结事故教训，提出整改措施，并对事故责任者提出处理意见。事故调查报告应当依法及时向社会公布。事故调查和处理的具体办法由国务院制定。 事故发生单位应当及时全面落实整改措施，负有安全生产监督管理职责的部门应当加强监督检查。	第86条　事故调查处理应当按照科学严谨、依法依规、实事求是、注重实效的原则，及时、准确地查清事故原因，查明事故性质和责任，评估应急处置工作，总结事故教训，提出整改措施，并对事故责任单位和人员提出处理建议。事故调查报告应当依法及时向社会公布。事故调查和处理的具体办法由国务院制定。 事故发生单位应当及时全面落实整改措施，负有安全生产监督管理职责的部门应当加强监督检查。 负责事故调查处理的国务院有关部门和地方人民政府应当在批复事故调查报告后一年内，组织有关部门对事故整改和防范措施落实情况进行评估，并及时向社会公开评估结果；对不履行职责导致事故整改和防范措施没有落实的有关单位和人员，应当按照有关规定追究责任。

第二节　建设单位的安全生产管理责任

工程总承包项目的建设单位一般是工程项目的投资主体或者项目法人，不仅决定项目的建设规模，还有权决定项目的勘察、设计、施工、监理、设备材料供应商等其他参建单位选择，主导工程总承包项目建设活动，对工程投资、质量、进度、安全有监督的权利和义务，也对工程项目的各环节负责综合管控。因此建设单位对工程总承包项目安全和建设过程中的安全生产负有不可推卸的责任。根据《安全生产法》等法律法规的相关规定，建设单位应为项目安全生产提供人力资源和资金，选定合格参建单位，并负责监管建设过程中的安全生产工作。

一、建设单位的组织和人事保障

工程总承包项目建设单位一般是项目业主，对项目建设成果享有权益，也应对项目建设期的安全生产负责。首先，建设单位应该为项目建设期间的安全生产管理工作投入人力资源并依法组织对员工进行教育培训。根据《安全生产法》第4条的规定，建设单位必须遵守《安全生产法》和其他有关安全生产的法律、法规，加强安全生产管理，建立健全全员安全生产责任制和安全生产规章制度，加大对安全生产人员的投入保障力度，加强安全生产标准化、信息化建设，构建安全风险分级管控和隐患排查治理双重预防机制，健全风险防范化解机制，提高安全生产水平，确保安全生产。而全员安全生产责任制、安全风险分级管控和隐患排查治理双重预防机制的建立和效能发挥，离不开人力资源配置和有组织的管理，否则，严格的法律法规和制度将沦为废纸。

对于建设单位中专门从事安全生产管理工作的机构和人员配置标准，根据《安全生产法》第24条第2款的规定，若建设单位从业人员超过100人的，由于其安全生产管理责任较大，应当设置安全生产管理机构或者配备专职安全生产管理人员；若建设单位从业人员在100人以下的，其安全生产管理责任一般较小，应当配备专职或者兼职的安全生产管理人员。一般建设单位设置质量安全部或者工程管理部，负责安全生产管理工作。至于人员配置数量，一般根据项目复杂程度决定。但笔者认为，鉴于建设工程项目的特殊性，即便建设单位的从业人员少于100人也应该配置专职安全生产管理人员，以加强对项目安全生产的管理。

建设单位的主要负责人是安全生产第一责任人。根据《安全生产法》第21条的规定，建设单位的主要负责人应负责建立健全并落实本单位全员安全生产责任制，加强安全生产标准化建设；组织制定并实施本单位安全生产教育和培训计划；保证本单位安全生产投入的有效实施；组织建立并落实安全风险分级管控和隐患排查治理双重预防工作机制，督促、检查本单位的安全生产工作，及时消除生产安全事故隐患；组织制定并实施本单位的生产安全事故应急救援预案等工作。根据《安全生产法》第22条的要求，建设单位的全员安全生产责任制应当明确各岗位的责任人员、责任范围和考核标准等内容。建设单位应当建立相应的机制，加强对全员安全生产责任制落实情况的监督考核，保证全员安全生产责任制的落实。部门规章对建设单位的安全生产组织管理工作也有专门规定，如《电力建设工程施工安全监督管理办法》第6条第1款中规定，建设单位对电力建设工程施工应“建立健全安全生产组织和管理机制，负责电力建设工程安全生产组织、协调、监督职责”。《非煤矿山外包工程安全管理暂行办法》第6条规定：“发包单位应当依法设置安全生产管理机构或者配备专职安全生产管理人员，对外包工程的安全生产实施管理和监督。”

建设单位应当对全体职工进行安全生产教育培训。根据《安全生产法》第28条的规定，生产经营单位应当对从业人员进行安全生产教育和培训，保证从业人员具备必要的安全生产知识，熟悉有关的安全生产规章制度和安全操作规程，掌握本岗位的安全操作技能，了解事故应急处理措施，知悉自身在安全生产方面的权利和义务。且建设单位的人力资源管理部门应严格执行《安全生产法》有关“未经安全生产教育和培训合格的从业人员，不得上岗作业”的规定，坚持对全体员工（包括被派遣的职工和实习人员）进行安全生产教育，尤其是组织安全生产专职部门的员工参加安全生产专业技能培训，不合格不得上岗。同时，建设单位还应该为全体员工建立安全生产教育和培训档案，如实记录安全生产教育和培训的时间、内容、参加人员以及考核结果等情况，以备考核。

二、建设单位的安全生产经费保障

根据《安全生产法》第23条第1款的规定，建设单位应当具备的安全生产条件所必需的资金投入，建设单位的决策机构、主要负责人必须予以保证，并对由于安全生产所必需的资金投入不足导致的后果承担责任。所谓安全生产费用，根据《企业安全生产费用提取和使用管理办法》（财资〔2022〕136号）第3条的规定，是指“企业按照规定标准提取，在成本（费用）中列支，专门用于完善和改进企业或者项目安全生产条件的资金”，原则上安全生产费用按照“企业提取、政府监管、确保需要、规范使用”的原则进行管理。这是因为一方面建设单位应在项目建设准备阶段为项目工程本身的安全设施列支经费。根据《安全生产法》第31条的规定，建设项目的“安全设施投资应当纳入建设项目概算”。由此决定建设单位在编制项目的投资概算时，必须把与主体工程相配套的安全生产设施所需的投资一并纳入概算，同时报批。交通运输部发布的《公路水运工程安全生产监督管理办法》第21条第1款也规定，公路水运项目的“从业单位应当保证本单位所应具备的安全生产条件必需的资金投入”。另一方面，建设单位还要为安全施工列支必要的安全施工措施费。一般说来，安全生产所需的措施费用由施工单位花销，但费用由建设单位纳入建安工程费中或者总造价中支付给施工单位。如果建设单位不支付安全措施费，施工单位势必不能按照满足安全生产的条件施工，这必然会增加在施工中出现安全生产事故的可能性。鉴于建设单位的主要负责人是第一责任人，其与建设单位的决策机构对所投资的建设项目的安全生产负有领导责任，应对本单位安全生产费用予以保障。

对于建设单位的安全生产费用提取标准，根据《安全生产法》第23条第2款的规定，建设单位应当按照规定提取和使用安全生产费用，专门用于改善安全生产条件。安全生产费用在成本中据实列支。安全生产费用提取、使用和监督管理的具体办法由国务院财政部门会同国务院应急管理部门征求国务院有关部门意见后制定。根据《建设工程安全生产管理条例》第8条的规定，“建设单位在编制工程概算时，应当确定建设工程安全作业环境及安全施工措施所需费用”。所谓工程概算，根据国家发改委发布的《中央预算内直接投资项目概算管理暂行办法》（发改投资〔2015〕482号，根据2023年3月23日国家发改委令第1号修订）第3条中的规定，“概算包括国家规定的项目建设所需的全部费用，包括工程费用、工程建设其他费用、基本预备费、价差预备费等”。对于电力工程项目，根据《电力建设工程施工安全监督管理办法》（国家发改委令第28号）第8条中的规定，“电力建设工程概算应当单独计列安全生产费用，不得在电力建设工程投标中列入竞争性报价。根据电力建设工程进展情况，及时、足额向参建单位支付安全生产费用”。而就房屋建筑与市政工程项目而言，建设单位应支付给承包单位的安全生产费用属于工程费用中的安全防护、文明施工措施费用〔1〕，没有要求在概算中单独列支。根据《企业安全生产费用提取和使用管理办

〔1〕 原建设部针对房屋建筑与市政工程项目于2006年6月7日印发的《建筑工程安全防护、文明施工措施费用及使用管理规定》（建办〔2005〕89号）第5条规定，安全防护、文明施工措施费用，是指按照国家现行的建筑施工安全、施工现场环境与卫生标准和有关规定，购置和更新施工安全防护用具及设施、改善安全生产条件和作业环境所需要的费用。

法》第17条的规定："建设工程施工企业以建筑安装工程造价为计提依据，于月末按工程进度计算提取企业安全生产费用。标准如下：（一）矿山工程为3.5%；（二）铁路工程、房屋建筑工程、城市轨道交通工程3%；（三）水利水电工程、电力工程2.5%；（四）冶炼工程、机电安装工程、化工石油工程、通信工程2%；（五）市政公用工程、港口与航道工程、公路工程1.5%。建设工程施工企业编制投标报价应当包含并单列企业安全生产费用，竞标时不得删减。国家对基本建设投资概算另有规定的，从其规定。本办法实施前建设工程项目已经完成招投标并签订合同的，企业安全生产费用按照原规定提取标准执行。"《民航专业工程安全生产费用管理办法（试行）》（AP-165-CA-2020-01）第5条规定："建设单位在编制民航专业工程概（预）算时，应当结合工程实际，以建筑安装工程费用为计算基数，费率原则上不低于1.5%，单独计列安全生产费用。"《企业安全生产费用提取和使用管理办法》及《民航专业工程安全生产费用管理办法（试行）》中没有规定在建筑安装工程费对应的安全生产费用之外，建设单位为管理项目安全生产所必需支出的费用，这部分费用属于建设项目概算中的建设管理费。

对于安全生产费用的使用与支付，《民航专业工程安全生产费用管理办法（试行）》中对安全生产费用的使用范围、管理与支付以及监督进行了详细的规定。该管理办法明确要求建设单位与施工单位签署的施工合同中详细约定安全生产费用的计量程序、支付方式、使用范围、调整方式等条款，以方便安全生产费用的及时支付。同时规定民航专业工程安全生产费用实行专款专用、专户核算，任何单位或个人不得挤占或挪用。《水利工程建设安全生产管理规定》和《公路水运工程安全生产监督管理办法》也明确规定了各自专业的工程项目的建设单位不得调减或挪用批准概算中所确定的水利工程建设有关安全作业环境及安全施工措施等所需费用。

三、建设单位在招标与签约阶段的安全管理责任

为了保证安全生产管理目标得到落实，建设单位首先需要从工程总承包项目招标和签署各类工程合同阶段加强对安全费用以及参建单位安全生产资质的管理。根据原建设部印发的《建筑工程安全防护、文明施工措施费用及使用管理规定》（建办〔2005〕89号）第6条第1款的规定，“依法进行工程招投标的项目，招标方或具有资质的中介机构编制招标文件时，应当按照有关规定并结合工程实际单独列出安全防护、文明施工措施项目清单”。根据《民航专业工程安全生产费用管理办法（试行）》第6条第1、3款的规定，“建设单位在民航专业工程招标时，应当分别确定各合同段所需的安全生产费用，以总额价形式单列作为固定报价，不作为竞争性报价，并分别包含在招标控制价和投标报价中”，“建设单位对工程项目的安全防护、安全施工有特殊要求的，应当在招标文件中予以明确，增加安全生产费用，并在安全生产费用项目清单中增列相应项目及费用”。对于采用非招标形式的民航专业工程，《民航专业工程安全生产费用管理办法（试行）》第8条中规定，建设单位应确保“安全生产费用应当以全部建筑安装工程费用为计算基数计提，提取标准原则上不得低于1.5%”。《水利工程建设安全生产管理规定》第8条也规定水利工程项目的建设单位应在工程承包合同中明确安全作业环境及安全施工措施所需费用。根据《非煤矿山外包工程安全管理暂行办法》第9条的规定，非煤矿山工程的发包单位“应当按照国家有关规定和合同约定及时、足额向承包单位提供保障施工作业安全所需的资金，明确安全投入项目和金额，并监督承包单位落实到位。对合同约定以外发生的隐患排查治理和地下矿山通风、支护、防治水等所需的费用，发包单位应当提供合同价款以外的资金，保障安全生产需要”。对于采用工程总承包的房屋建筑与市政工程项目，根据《房屋建筑和市政基础设施项目工程总承包管理办法》及《住房和城乡建设部、市场监管总局关于印发建设项目工程总承包合同（示范文本）的通知》（建市〔2020〕

96号）的规定，国家推荐使用住建部与市场监督总局联合发布的《建设项目工程总承包合同（示范文本）》（GF-2020-0216）作为编制工程总承包项目招标文件的依据并签署工程总承包合同。

建设单位在保证安全生产费用的同时，在招标与签约阶段还应保证相关参建单位具备项目所必需的安全生产资质条件。我国对建筑企业（主要指勘察、设计、施工、监理）实行资质管理制度。根据《建筑法》的规定，在我国从事建筑活动的勘察、设计、施工和工程监理单位，按照其拥有的注册资本、专业技术人员、技术装备和已完成的建筑工程业绩等资质条件，划分为不同的资质等级，经资质审查合格，取得相应等级的资质证书后，方可在其资质等级许可的范围内从事建筑活动。《建设工程质量管理条例》第7条第1款规定："建设单位应当将工程发包给具有相应资质等级的单位。"《建设工程勘察设计管理条例》第8条第1款规定："建设工程勘察、设计单位应当在其资质等级许可的范围内承揽建设工程勘察、设计业务。"《建设工程安全生产管理条例》第11条第1款规定："建设单位应当将拆除工程发包给具有相应资质等级的施工单位。"对于采用工程总承包模式的房屋建筑与市政工程项目，根据《房屋建筑和市政基础设施项目工程总承包管理办法》第10条第1款的规定，"工程总承包单位应当同时具有与工程规模相适应的工程设计资质和施工资质，或者由具有相应资质的设计单位和施工单位组成联合体。工程总承包单位应当具有相应的项目管理体系和项目管理能力、财务和风险承担能力，以及与发包工程相类似的设计、施工或者工程总承包业绩"。另外，《铁路建设项目工程总承包办法》（铁建设〔2006〕221号）规定了铁路工程总承包单位应具备的设计与施工双资质条件以及监理单位的资质条件，《公路工程设计施工总承包管理办法》（交通运输部令2015年第10号）也规定了公路工程总承包项目的承包单位应具备设计施工资质。同时，我国对建筑施工企业实行安全生产许可制度。根据《安全生产许可证条例》的规定，建筑施工单位在我国从事施工活动（包括工程总承包和施工分包）均需要获取安全生产许可证，施工企业未取得安全生产许可证的，不得从事施工活动。对于招标与签约阶段对承包单位的资质要求，其他部门规章也有具体规定，如《电力建设工程施工安全监督管理办法》第7条规定，“建设单位应当按照国家有关规定实施电力建设工程招投标管理，具体包括：（一）应当将电力建设工程发包给具有相应资质等级的单位，禁止中标单位将中标项目的主体和关键性工作分包给他人完成；（二）应当在电力建设工程招标文件中对投标单位的资质、安全生产条件、安全生产费用使用、安全生产保障措施等提出明确要求；（三）应当审查投标单位主要负责人、项目负责人、专职安全生产管理人员是否满足国家规定的资格要求；（四）应当与勘察设计、施工、监理等中标单位签订安全生产协议”。这里明确要求电力工程相关参建单位及主要负责人必须具备相应的资质等级和安全生产条件。《非煤矿山外包工程安全管理暂行办法》第7条也要求，发包单位应当审查承包单位的非煤矿山安全生产许可证和相应资质，明确要求不得将外包工程发包给不具备安全生产许可证和相应资质的承包单位。如果是承包单位的项目部承担施工作业的，发包单位除审查承包单位的安全生产许可证和相应资质外，还应当审查项目部的安全生产管理机构、规章制度和操作规程、工程技术人员、主要设备设施、安全教育培训和负责人、安全生产管理人员、特种作业人员持证上岗等情况。承担施工作业的项目部不符合相应的安全生产条件的，发包单位不得向该承包单位发包工程。再如，《水利工程建设安全生产管理规定》第6条规定，建设单位在评标过程中对施工投标单位进行资格审查时，“应当对投标单位的主要负责人、项目负责人以及专职安全生产管理人员是否经水行政主管部门安全生产考核合格进行审查。有关人员未经考核合格的，不得认定投标单位的投标资格”。

四、建设单位在建设过程中的安全生产责任

在建设单位为建设项目配备了安全生产人力和资金，并选定符合项目

建设安全生产所必需的勘察、设计、施工、监理、设备供应单位之后，下一步还需要对建设过程实施监管。

第一，建设单位应监督各参建单位提供的施工机具符合项目建设的国家强制性要求。根据《建设工程安全生产管理条例》第9条的规定，“建设单位不得明示或者暗示施工单位购买、租赁、使用不符合安全施工要求的安全防护用具、机械设备、施工机具及配件、消防设施和器材”。对于安全防护设备机具的范围，根据《施工现场安全防护用具及机械设备使用监督管理规定》（建建〔1998〕164号）第3条的规定，安全防护用具及机械设备是指在施工现场上使用的安全防护用品、安全防护设施、电气产品、架设机具和施工机械设备。安全防护用具包括：安全帽、安全带、安全网、安全绳及其他个人防护用品等安全防护用品；“临边、洞口”的防护用具等安全防护设施；手持电动工具、木工机具、钢筋、机械、振动机具、漏电保护器、电闸箱、电缆、电器开关、插座及电工元器件等电气产品；用竹、木、钢等材料组成的各类脚手架及其零部件、登高设施、简易起重装机具等架设机具。施工机械设备包括：大中型起重机械、施工电梯、挖掘机、打桩机、混凝土搅拌机等。另外施工现场还应配置消防灭火器、临时消防给水系统和应急照明等临时消防设施器材并保证能够随时使用。关于施工器具质量方面，国家相关行业主管部门作出了更为详细的规定。根据《房屋建筑和市政基础设施项目工程总承包管理办法》第23条第1款的规定，“建设单位不得对工程总承包单位提出不符合建设工程安全生产法律、法规和强制性标准规定的要求，不得明示或者暗示工程总承包单位购买、租赁、使用不符合安全施工要求的安全防护用具、机械设备、施工机具及配件、消防设施和器材”。根据《公路水运工程安全生产监督管理办法》第17条的规定，“施工中使用的施工机械、设施、机具以及安全防护用品、用具和配件等应当具有生产（制造）许可证、产品合格证或者法定检验检测合格证明，并设立专人查验、定期检查和更新，建立相应的资料档案。无查验合格记录的不得投入使用”。且《公路水运工程安全生产监督管理办法》第20条对生产工艺作出了要求，其中明确规定“对严重危及公路水运工程生产安全的工艺、设备和材料，应当依法予以淘汰”，施工单位不得使用已淘汰的危及生产安全的工艺、设备和材料。施工使用的安全防护设备以及各类施工器械是保障施工安全的关键，国家明确规定建设单位不得要求施工单位提供不符合安全施工要求的安全防护用具、机械设备、施工机具及配件、消防设施和器材等保证安全生产所必需的用具。

第二，建设单位在办理开工许可时，应做好安全生产措施安排及完成报备手续。我国实行建筑施工许可制度，《建筑法》第7条规定：“建筑工程开工前，建设单位应当按照国家有关规定向工程所在地县级以上人民政府建设行政主管部门申请领取施工许可证；但是，国务院建设行政主管部门确定的限额以下的小型工程除外。”《建设工程安全生产管理条例》第10条规定：“建设单位在申请领取施工许可证时，应当提供建设工程有关安全施工措施的资料。依法批准开工报告的建设工程，建设单位应当自开工报告批准之日起15日内，将保证安全施工的措施报送建设工程所在地的县级以上地方人民政府建设行政主管部门或者其他有关部门备案。”据此可见，建设单位必须有满足施工安全的措施才能获取施工许可证。对于房屋建筑与市政工程，根据《建筑工程施工许可管理办法》（住建部第42号）第4条第1款的规定：“建设单位申请领取施工许可证，应当具备下列条件，并提交相应的证明文件：……（六）有保证工程质量和安全的具体措施。施工企业编制的施工组织设计中有根据建筑工程特点制定的相应质量、安全技术措施。建立工程质量安全责任制并落实到人。专业性较强的工程项目编制了专项质量、安全施工组织设计，并按照规定办理了工程质量、安全监督手续。”据此规定，房屋建筑与市政工程的建设单位在申请办理施工许可证时，应提交施工单位编制的项目施工安全技术措施，专业性较强的工程项目编制的专项安全施工组织设计，并应当按照规定办理工程安全监督手续。水利工程项目也有类似的规定，根据《水利工程建设安全生产管理规定》第10条的规定，建设单位“在水利工程开工前，应当就落实保证安全生产的措施进行全面系统的布置，明确施工单位的安全生产责任”；该规定第9条明确，建设单位应当组织编制保证安全生产的措施方案，并自工程开工之日起15个工作日内报有管辖权的水行政主管部门、流域管理机构或者其委托的水利工程建设安全生产监督机构备案。保证安全生产的措施方案应当包括项目概况、编制依据；安全生产管理机构及相关负责人；安全生产的有关规章制度制定情况；安全生产管理人员及特种作业人员持证上岗情况等；生产安全事故的应急救援预案；工程度汛方案、措施等内容。对于非煤矿山工程项目，根据《非煤矿山外包工程安全管理暂行办法》第6条第3款的规定，“发包单位应当依法取得非煤矿山安全生产许可证”。对于电力工程，需要向能源部门备案，如《电力建设工程施工安全监督管理办法》第13条规定：“建设单位应在电力建设工程开工报告批准之日起15日内，将保证安全施工的措施，包括电力建设工程基本情况、参建单位基本情况、安全组织及管理措施、安全投入计划、施工组织方案、应急预案等内容向建设工程所在地国家能源局派出机构备案。”对于拆除工程，《建设工程安全生产管理条例》第11条第2、3款规定：“建设单位应当在拆除工程施工15日前，将下列资料报送建设工程所在地的县级以上地方人民政府建设行政主管部门或者其他有关部门备案：（一）施工单位资质等级证明；（二）拟拆除建筑物、构筑物及可能危及毗邻建筑的说明；（三）拆除施工组织方案；（四）堆放、清除废弃物的措施。实施爆破作业的，应当遵守国家有关民用爆炸物品管理的规定。”

第三，建设单位应向参建单位提供项目基础资料，以方便勘察、设计、施工等单位开展工作。《建设工程安全生产管理条例》第6条规定：“建设单位应当向施工单位提供施工现场及毗邻区域内供水、排水、供电、供气、供热、通信、广播电视等地下管线资料，气象和水文观测资料，相邻建筑物和构筑物、地下工程的有关资料，并保证资料的真实、准确、完整。建设单位因建设工程需要，向有关部门或者单位查询前款规定的资料时，有关部门或者单位应当及时提供。”“施工现场及毗邻区域内供水、排水、供电、供气、供暖、供热、通信、广播电视等地下管线资料，气象和水文资料，相邻建筑物和构筑物、地下工程的有关资料，是施工单位所需要的基础资料。地下管线是城市的重要基础设施，地下管线能否安全、完好、正常运行，直接关系城市能否正常生产和生活。建设单位提供了准确、齐全的地下管线资料，便于在施工中采取必要的措施加以保护。”[1]为了保证施工安全，建设单位应当向施工单位提供与施工现场相关的地下管线资料。根据《建筑法》第42条的规定，建设单位需要临时占用规划批准范围以外场地的；可能损坏道路、管线、电力、邮电通信等公共设施的；需要临时停水、停电、中断道路交通的；需要进行爆破作业的或者法律、法规规定需要办理报批手续的其他情形，建设单位应当按照国家有关规定办理申请批准手续。其他部门规章也有专门规定，如《电力建设工程施工安全监督管理办法》第9条规定：“建设单位应当向参建单位提供满足安全生产的要求的施工现场及毗邻区域内各种地下管线、气象、水文、地质等相关资料，提供相邻建筑物和构筑物、地下工程等有关资料。”再如，《水利工程建设安全生产管理规定》第7条规定：“项目法人应当向施工单位提供施工现场及施工可能影响的毗邻区域内供水、排水、供电、供气、供热、通讯、广播电视等地下管线资料，气象和水文观测资料，拟建工程可能影响的相邻建筑物和构筑物、地下工程的有关资料，并保证有关资料的真实、准确、完整，满足有关技术规范的要求。对可能影响施工报价的资料，应当在招标时提供。”

第四，建设单位应依法加强建设过程中的安全生产管理。首先，建设单位要遵守有关工程项目安全和安全生产的法律法规和强制性标准，不得违背科学规律要求设计、施工单位简化施工程序、盲目赶工。《建设工程安全生产管理条例》第7条规定：“建设单位不得对勘察、设计、施工、工程监理等单位提出不符合建设工程安全生产法律、法规和强制性标准规定的

---

〔1〕 国务院法制办农业资源环保法制司、建设部政策法规司、建设部工程质量安全监督与行业发展司编：《建设工程安全生产管理条例释义》，知识产权出版社2004年版，第13~14页。

要求，不得压缩合同约定的工期。”本条所指的有关建设工程安全生产的法律法规包括《建筑法》《安全生产法》《矿山安全法》《特种设备安全法》《建设工程质量管理条例》《安全生产许可证条例》《建设工程安全生产管理条例》等法律法规以及各部门规章。而这里所谓强制性标准，根据《实施工程建设强制性标准监督规定》（住建部令第52号修改）第3条的规定，“本规定所称工程建设强制性标准是指直接涉及工程质量、安全、卫生及环境保护等方面的工程建设标准强制性条文”。这些条文是由国务院根据《国家标准化法》的相关规定，批准发布或者授权批准发布且必须执行的国家标准。工程建设的强制性标准是确保工程项目本身安全和施工过程安全的基础，违反了这些强制性标准，必然会引发工程安全隐患。建设单位严格执行工程建设的强制性标准，“一是可以使得工程建设建立在可靠的勘察、设计基础上，从而保证工程的结构安全；二是可以保证施工企业的安全生产，减少安全事故隐患，保障人民生命财产不受损失”〔1〕。其次，《建设工程安全生产管理条例》第7条还规定了建设单位应遵守合同约定，不得压缩合理工期而盲目要求设计、施工单位抢工，以免引发安全生产事故。所谓合理工期是指“在正常建设条件下，采取科学合理的施工工艺和管理方法，以现行的国家颁布的工期定额为基础，结合项目建设的具体情况而确定的使投资方与各参建单位均获得满意的经济效益的工期”〔2〕，建设单位是建设成果的受益人，早日完工投产，建设单位可早日盈利。但建设单位不能为了自身利益迫使其他参建单位违背科学规律和建设程序抢工、赶工。事实证明，许多安全生产事故是由于违背工程操作规程盲目赶工所致。对此，部门规章也根据各个行业的特点作了针对性规定。《电力建设工程施工安全监督管理办法》第11条规定：“建设单位应当执行定

〔1〕 国务院法制办农业资源环保法制司、建设部政策法规司、工程质量安全监督与行业发展司编：《建设工程安全生产管理条例释义》，知识产权出版社2004年版，第15页。

〔2〕 国务院法制办农业资源环保法制司、建设部政策法规司、工程质量安全监督与行业发展司编：《建设工程安全生产管理条例释义》，知识产权出版社2004年版，第15页。

额工期，不得压缩合同约定的工期。如工期确需调整，应当对安全影响进行论证和评估。论证和评估应当提出相应的施工组织措施和安全保障措施。"《非煤矿山外包工程安全管理暂行办法》第6条第2款规定："发包单位不得擅自压缩外包工程合同约定的工期，不得违章指挥或者强令承包单位及其从业人员冒险作业。"《公路水运工程安全生产监督管理办法》第28条规定："建设单位对公路水运工程安全生产负管理责任。依法开展项目安全生产条件审核，按规定组织风险评估和安全生产检查。根据项目风险评估等级，在工程沿线受影响区域作出相应风险提示。建设单位不得对勘察、设计、监理、施工、设备租赁、材料供应、试验检测、安全服务等单位提出不符合安全生产法律、法规和工程建设强制性标准规定的要求。不得违反或者擅自简化基本建设程序。不得随意压缩工期。工期确需调整的，应当对影响安全的风险进行论证和评估，经合同双方协商一致，提出相应的施工组织和安全保障措施。"根据《建设项目工程总承包合同（示范文本）》（GF-2020-0216）通用条款第2.1款的约定，"发包人在履行合同过程中应遵守法律，并承担因发包人违反法律给承包人造成的任何费用和损失。发包人不得以任何理由，要求承包人在工程实施过程中违反法律、行政法规以及建设工程质量、安全、环保标准，任意压缩合理工期或者降低工程质量"。最后，建设单位也应监督中标单位如实履约，禁止参建单位中标后违法分包或者非法转包项目。违法分包或转包问题在我国屡禁不止，也是造成安全生产事故的主要原因之一。根据《电力建设工程施工安全监督管理办法》第12条的规定："建设单位应当履行工程分包管理责任，严禁施工单位转包和违法分包，将分包单位纳入工程安全管理体系，严禁以包代管。"国家发改委针对电力工程项目的违法分包和转包问题明确作出要求。住建部针对房屋建筑与市政工程项目，依据《建筑法》和《建设工程安全生产管理条例》发布了《建筑工程施工发包与承包违法行为认定查处管理办法》（建市规〔2019〕1号），对规范建筑工程施工发包与承包活动，保证工程质量和施工安全，作出更为详细的规定。

第五，建设单位根据项目情况组织指定安全生产综合应急预案。根据《安全生产法》第25条的规定，建设单位的安全生产管理机构应当组织或者参与拟订本单位安全生产规章制度、操作规程和生产安全事故应急救援预案，以及组织或者参与本单位应急救援演练。对于公路或水运工程项目，根据《公路水运工程安全生产监督管理办法》第25条的规定，建设单位应当针对工程项目特点和风险评估情况分别制定项目综合应急预案、合同段施工专项应急预案和现场处置方案，告知相关人员紧急避险措施，并定期组织演练。《电力建设工程施工安全监督管理办法》第6条第4项规定，建设单位负责建立电力建设工程项目应急管理体系，编制应急综合预案，组织勘察设计、施工、监理等单位制定各类安全事故应急预案，落实应急组织、程序、资源及措施，定期组织演练，建立与国家有关部门、地方政府应急体系的协调联动机制，确保应急工作有效实施。《非煤矿山外包工程安全管理暂行办法》第15条规定，非煤矿山工程发包单位应当按照国家有关规定建立应急救援组织，编制本单位事故应急预案，并定期组织演练。《水利工程建设安全生产管理规定》第35条规定，项目法人应当组织制定水利建设项目的生产安全事故应急救援预案，并定期组织演练。应急救援预案应当包括紧急救援的组织机构、人员配备、物资准备、人员财产救援措施、事故分析与报告等方面的方案。

第三节　勘察、设计单位的安全生产管理责任

工程总承包项目承包单位根据工程总承包合同约定既要负责项目的勘察设计工作，又要负责施工管理，在EPC模式下还要负责重要设备的采购，对整个工程建设项目安全生产的作用极为重要。由于目前我国对工程总承包项目提倡设计与施工双资质管理，导致目前许多总承包项目的承包

单位以联合体形式较多，同时工程总承包项目中还有监理、检测、设备供应单位，都对项目的安全生产产生影响，加之我国《建设工程安全生产管理条例》在安全生产管理责任划分方面采用建设单位、勘察单位、设计单位、施工单位、设备供应单位、监理单位、检测机构以及相关个人责任的体例，所以为了论述的方便，本章从本节开始将工程总承包项目中承包单位的安全生产责任拆分为勘察单位、设计单位、监理单位、检测机构、施工单位以及设备供应单位分别展开描述。

工程总承包项目的勘察、设计工作是安全施工的基础，根据《建设工程勘察设计管理条例》第4条的规定，“从事建设工程勘察、设计活动，应当坚持先勘察、后设计、再施工的原则”。这是组织工程建设的基本程序，不能颠倒，否则就会违背自然规律和科学原则。根据《建设工程勘察设计管理条例》第5条第2款的规定，“建设工程勘察、设计单位必须依法进行建设工程勘察、设计，严格执行工程建设强制性标准，并对建设工程勘察、设计的质量负责”。根据《标准化法实施条例》的相关规定，有关“建设工程的勘察、设计、施工、验收的技术要求和方法”必须制定国家强制性标准。勘察、设计单位必须依据《建筑法》《标准化法》等法律法规的规定进行勘察、设计工作，严格执行直接涉及工程质量、安全、卫生及环境保护等方面的工程建设标准强制性规范，确保勘察结果准确，满足项目设计的要求；设计成果合格，满足施工及安全生产的需要。

一、建设工程勘察必须满足建设工程安全生产的需要

根据《建设工程勘察设计管理条例》第2条第2款的规定，建设工程勘察是指根据建设工程的要求，查明、分析、评价建设场地的地质地理环境特征和岩土工程条件，编制建设工程勘察文件的活动。勘察工作是工程建设的基础工作，勘察结论是工程设计与施工必不可少的依据，对工程设施安全和施工安全有直接影响。所以工程勘察是工程设施安全及施工安全

的第一道防火墙。根据《建设工程安全生产管理条例》第12条的规定："勘察单位应当按照法律、法规和工程建设强制性标准进行勘察，提供的勘察文件应当真实、准确，满足建设工程安全生产的需要。勘察单位在勘察作业时，应当严格执行操作规程，采取措施保证各类管线、设施和周边建筑物、构筑物的安全。"根据该条规定，勘察单位首先应依据《招标投标法》《土地管理法》《城乡规划法》《建筑法》《标准化法》等法律法规确定的建设开发条件以及自身的资质和专业实施勘察作业，决定勘察强度。由于工程勘察是一项专业性很强的经济活动，需要勘察单位具备项目工程勘察所必需的专业技术人员和专业工具，否则很难胜任。同时，勘察单位还应该按照国家法律法规的强制性标准进行勘察工作，在勘察作业时应该遵循国家的有关勘察作业操作规程，防止安全生产事故发生，并确保勘察现场的供排水、供热电、通信等各类管线、设施安全，以及周边建筑物和构筑物安全，避免影响居民正常生活的事情发生。对于各专业工程项目，相关部门规章也有具体要求，如《水利工程建设安全生产管理规定》第12条第2款规定，"勘察（测）单位在勘察（测）作业时，应当严格执行操作规程，采取措施保证各类管线、设施和周边建筑物、构筑物的安全"。《电力建设工程施工安全监督管理办法》第15条规定，"勘察单位在勘察作业过程中，应当制定并落实安全生产技术措施，保证作业人员安全，保障勘察区域各类管线、设施和周边建筑物、构筑物安全"。第16条同时规定，如果电力建设工程所在区域存在自然灾害或电力建设活动可能引发地质灾害风险时，"勘察设计单位应当制定相应专项安全技术措施，并向建设单位提出灾害防治方案建议"。同时，勘察单位还应当"监控基础开挖、洞室开挖、水下作业等重大危险作业的地质条件变化情况，及时调整设计方案和安全技术措施"。《公路水运工程安全生产监督管理办法》第29条第1款规定，"勘察单位应当按照法律、法规、规章、工程建设强制性标准和合同文件进行实地勘察，针对不良地质、特殊性岩土、有毒有害气体等不良情形或者其他可能引发工程生产安全事故的情形加以说明并提出防治建议"。这些管理办法分别针对各自专业特点对勘察单位安全生产作出了相应的规定。

另外，根据《建设工程勘察设计管理条例》第25条的规定，勘察单位应当依据项目批准文件、城乡规划、工程建设强制性标准、国家规定的建设工程勘察、设计深度要求以及铁路、交通、水利等专业建设工程的专业规划的要求为依据编制各类建设工程勘察文件。根据《建设工程勘察设计管理条例》第26条第1款的规定，编制建设工程勘察文件，应当真实、准确，满足建设工程规划、选址、设计、岩土治理和施工的需要。部门规章如《水利工程建设安全生产管理规定》第12条第1款规定，“勘察（测）单位应当按照法律、法规和工程建设强制性标准进行勘察（测），提供的勘察（测）文件必须真实、准确，满足水利工程建设安全生产的需要”。《公路水运工程安全生产监督管理办法》第29条第2款也规定，“勘察单位提交的勘察文件必须真实、准确，满足公路水运工程安全生产的需要”。

二、建设工程设计必须满足建设工程安全和施工安全的需要

（一）建设项目本身安全生产设施的设计要求

根据《建设工程勘察设计管理条例》第2条第3款的规定，建设工程设计是指根据建设工程的要求，对建设工程所需的技术、经济、资源、环境等条件进行综合分析、论证，编制建设工程设计文件的活动。建设工程设计专业性极强，设计成果直接关系公共利益和公共安全，所以工程设计是工程设施安全及施工安全的第二道防火墙。根据《安全生产法》第31条的规定，建设单位在新建、改建、扩建工程项目的安全设施时，“必须与主体工程同时设计、同时施工、同时投入生产和使用”。《安全生产法》就建设项目本身的安全生产设施对建设单位和设计单位提出了要求。

（二）工程项目建设过程中的设计要求

工程的安全生产除涉及项目的消防等安全设施本身，工程项目建设

过程的安全也极为关键。首先，根据《建设工程安全生产管理条例》第13条第1款的规定，建设项目的“设计单位应当按照法律、法规和工程建设强制性标准进行设计，防止因设计不合理导致生产安全事故的发生”。设计单位应根据《建筑法》《标准化法》等法律法规的规定实施设计工作，将国家强制性标准在具体项目的设计成果中落实。设计单位还应当按照《建设工程勘察设计管理条例》第25条的规定，依据主管部门对建设项目批准文件、城乡规划、工程建设强制性标准、国家规定的建设工程勘察、设计深度要求以及铁路、交通、水利等专业建设工程的专业规划的要求为依据编制各类建设工程设计文件。对于设计文件的深度要求，《建设工程勘察设计管理条例》第26条第2、3、4款规定，设计单位“编制方案设计文件，应当满足编制初步设计文件和控制概算的需要”；设计单位“编制初步设计文件，应当满足编制施工招标文件、主要设备材料订货和编制施工图设计文件的需要”；设计单位“编制施工图设计文件，应当满足设备材料采购、非标准设备制作和施工的需要，并注明建设工程合理使用年限”。根据《电力建设工程施工安全监督管理办法》第17条的规定，设计单位在电力工程的规划阶段应当“开展安全风险、地质灾害分析和评估，优化工程选线、选址方案；可行性研究阶段应当对涉及电力建设工程安全的重大问题进行分析和评价；初步设计应当提出相应施工方案和安全防护措施”。根据《水利工程建设安全生产管理规定》第13条第1款的规定，水利工程“设计单位应当按照法律、法规和工程建设强制性标准进行设计，并考虑项目周边环境对施工安全的影响，防止因设计不合理导致生产安全事故的发生”。根据《公路水运工程安全生产监督管理办法》第30条第1款的规定，“设计单位应当按照法律、法规、规章、工程建设强制性标准和合同文件进行设计，防止因设计不合理导致生产安全事故的发生”。《公路水运工程安全生产监督管理办法》增加了规章和合同文件作为设计的依据，比其他规章规定的更为细致。同时，根据《建设工程勘察设计管理条例》第27条第1款的规定，设计单位在“设计文件中选用的材料、构配件、设备，应当注明其规格、型号、性能等技术指标，其质量要求必须符合国家规定的标准"，满足工程安全和安全生产的要求。

（三）设计单位应依据项目特点设计并制定安全生产防护措施

根据《建设工程安全生产管理条例》第13条第2款的规定，"设计单位应当考虑施工安全操作和防护的需要，对涉及施工安全的重点部位和环节在设计文件中注明，并对防范生产安全事故提出指导意见"。根据《建筑法》第37条的规定，"建筑工程设计应当符合按照国家规定制定的建筑安全规程和技术规范，保证工程的安全性能"。这就要求设计单位在具体项目的设计时，依据项目具体特点制定安全生产防护措施，并为施工单位做技术交底，使得施工人员理解设计意图。对此，《电力建设工程施工安全监督管理办法》第19条规定，电力工程的"勘察设计单位应当根据施工安全操作和防护的需要，在设计文件中注明涉及施工安全的重点部位和环节，提出防范安全生产事故的指导意见；工程开工前，应当向参建单位进行技术和安全交底，说明设计意图；施工过程中，对不能满足安全生产要求的设计，应当及时变更"。而按照《公路水运工程安全生产监督管理办法》第30条第2款的规定，公路水运工程的"设计单位应当考虑施工安全操作和防护的需要，对涉及施工安全的重点部位和环节在设计文件中加以注明，提出安全防范意见。依据设计风险评估结论，对存在较高安全风险的工程部位还应当增加专项设计，并组织专家进行论证"。《水利工程建设安全生产管理规定》第13条第2款也规定，水利工程"设计单位应当考虑施工安全操作和防护的需要，对涉及施工安全的重点部位和环节在设计文件中注明，并对防范生产安全事故提出指导意见"。以上规章均对工程的主要部位的设计各自提出了本专业工程的设计要求，要求设计单位重点考虑施工安全和防护需要。

（四）设计单位为工程项目提供创新设计的要求

根据《建设工程安全生产管理条例》第13条第3款的规定，“采用新结构、新材料、新工艺的建设工程和特殊结构的建设工程，设计单位应当在设计中提出保障施工作业人员安全和预防生产安全事故的措施建议”。这是对设计单位为工程项目提供创新设计时提出的要求，设计单位在选择新技术、新方案、新材料的同时，应当在设计文件中有针对性地提出保障施工安全的具体措施和建议，以方便现场施工人员据此制定安全生产措施，避免施工人员对新工艺、新材料认识不足，预防安全生产事故的发生。同时，根据《建设工程勘察设计管理条例》第29条的规定，建设工程的勘察、设计文件中规定采用的新技术、新材料，可能影响建设工程质量和安全，又没有国家技术标准的，应当由国家认可的检测机构进行试验、论证，出具检测报告，并经国务院有关部门或者省级人民政府有关部门组织的建设工程技术专家委员会审定后，方可使用。对此，《电力建设工程施工安全监督管理办法》第18条规定，“对于采用新技术、新工艺、新流程、新设备、新材料和特殊结构的电力建设工程，勘察设计单位应当在设计文件中提出保障施工作业人员安全和预防生产安全事故的措施建议；不符合现行相关安全技术规范或标准规定的，应当提请建设单位组织专题技术论证，报送相应主管部门同意”。又如，《公路水运工程安全生产监督管理办法》第30条第3款规定，公路水运工程“采用新结构、新工艺、新材料的工程和特殊结构工程，设计单位应当在设计文件中提出保障施工作业人员安全和预防生产安全事故的措施建议”。再如，《水利工程建设安全生产管理规定》第13条第3款规定，水利工程“采用新结构、新材料、新工艺以及特殊结构的水利工程，设计单位应当在设计中提出保障施工作业人员安全和预防生产安全事故的措施建议”。部门规章在鼓励各行业采用新技术、新材料的同时，也都提出要求设计单位采用针对性的安全措施，预防安全生产事故的发生。

第四节　监理单位、检测机构的安全生产管理责任

工程建设项目施工过程中的监理、检测等第三方机构对工程施工负有监督、验证责任，在工程建设安全生产中具有重要地位。

一、建设工程监理的工程安全生产责任

所谓建设工程监理是建设单位委托的具有相关工程监理资质，依据国家批准的工程项目建设文件、有关工程建设的法律、法规规定以及工程建设监理合同、工程总承包合同等合同约定，对工程建设实施的监督管理的机构。根据《水利工程建设监理规定》第2条第3款的规定，水利工程建设监理“是指具有相应资质的水利工程建设监理单位（以下简称监理单位），受项目法人（建设单位，下同）委托，按照监理合同对水利工程建设项目实施中的质量、进度、资金、安全生产、环境保护等进行的管理活动，包括水利工程施工监理、水土保持工程施工监理、机电及金属结构设备制造监理、水利工程建设环境保护监理”。根据《煤炭工程建设监理规定》（煤基字〔1996〕第254号）第2条的规定，“煤炭工程建设监理是指监理单位受项目法人委托或有关部门委派对建设项目实行监督管理，是具有专业技术属性的社会监理”。

（一）国家实行建设工程强制监理制度

我国对建设工程实行法定监理制度，监理单位依据法律规定和监理合同约定履行监理职责。根据《建筑法》第30条的规定：“国家推行建筑

工程监理制度。国务院可以规定实行强制监理的建筑工程的范围。”对于实行强制监理的工程项目的范围，根据《建设工程监理范围和规模标准规定》（原建设部令第86号）第2条的规定，国家重点建设工程、大中型公用事业工程、成片开发建设的住宅小区工程、利用外国政府或者国际组织贷款或援助资金的工程以及国家规定必须实行监理的其他工程必须实行监理。根据《国家重点建设项目管理办法》第2条的规定，国家重点建设项目，是指从下列国家大中型基本建设项目中确定的对国民经济和社会发展有重大影响的骨干项目：（1）基础设施、基础产业和支柱产业中的大型项目；（2）高科技并能带动行业技术进步的项目；（3）跨地区并对全国经济发展或者区域经济发展有重大影响的项目；（4）对社会发展有重大影响的项目；（5）其他骨干项目。根据《建设工程监理范围和规模标准规定》，所谓“大中型公用事业工程”，是指项目总投资额在3000万元以上的供水、供电、供气、供热等市政工程项目，科技、教育、文化等项目，体育、旅游、商业等项目，卫生、社会福利等项目；所谓“成片开发建设的住宅小区工程项目”，是指建筑面积在5万平方米以上[1]的住宅建设工程或高层住宅及地基、结构复杂的多层住宅项目；所谓“利用外国政府或者国际组织贷款、援助资金的工程”，是指使用世界银行、亚洲开发银行等国际组织贷款资金的项目、使用国外政府及其机构贷款资金的项目、使用国际组织或者国外政府援助资金的项目；所谓“国家规定必须实行监理的其他工程”，是指学校、影剧院、体育场馆项目，以及项目总投资额在3000万元以上的煤炭、石油、化工、天然气、电力、新能源等项目，铁路、公路、管道、水运、民航以及其他交通运输业等项目，邮政、电信枢纽、通信、信息网络等项目，防洪、灌溉、排涝、发电、引（供）水、滩涂治理、水资源保护、水土保持等水利建设项目，道路、桥梁、地铁和轻轨交通、污水排放及处理、垃圾处理、地下

〔1〕《建设工程监理范围和规模标准规定》第5条规定，5万平方米以下的住宅建设工程，可以实行监理，具体范围和规模标准，由省、自治区、直辖市人民政府建设行政主管部门规定。

管道、公共停车场等城市基础设施项目，以及生态环境保护项目等基础设施项目，这些项目均涉及公共安全和公共利益，需要委托监理监管。但根据《水利工程建设监理规定》第3条的规定，对于关系社会公共利益或者公共安全、使用国有资金投资或者国家融资的或者使用外国政府或者国际组织贷款、援助资金的水利工程项目总投资200万元以上，应实行监理，且铁路、公路、城镇建设、矿山、电力、石油天然气、建材等开发建设项目的配套水土保持工程，符合该条件的，应当开展水土保持工程施工监理。这是国家对水利工程项目及水土保持工程项目监理的特殊规定。

（二）工程监理单位对建设工程安全生产负有主体责任

根据《建筑法》第32条第1款的规定："建筑工程监理应当依照法律、行政法规及有关的技术标准、设计文件和建筑工程承包合同，对承包单位在施工质量、建设工期和建设资金使用等方面，代表建设单位实施监督。"监理单位的具体责任如下：

第一，监理单位应为监理工作配置必备的人力资源、建立完善的监理制度。根据《电力建设工程施工安全监督管理办法》第33条的规定，电力工程的监理单位应当按照法律法规和工程建设强制性标准实施监理，履行电力建设工程安全生产管理的监理职责。监理单位资源配置应当满足工程监理要求，依据合同约定履行电力建设工程施工安全监理职责，确保安全生产监理与工程质量控制、工期控制、投资控制的同步实施。同时，监理单位应完善监理制度，监理台账，提高监理服务水平。根据《电力建设工程施工安全监督管理办法》第34条的规定，电力工程的监理单位应当建立健全安全监理工作制度，编制含有安全监理内容的监理规划和监理实施细则，明确监理人员安全职责以及相关工作安全监理措施和监理目标。根据《电力建设工程施工安全监督管理办法》第35条的规定："监理单位应当组织或参加各类安全检查活动，掌握现场安全生产动态，建立安全管理台帐。重点审查、监督下列工作：（一）按照工程建设强制性标准和安全生产标准及时审查施工组织设计中的安全技术措施和专项施工方案；（二）审查和验证分包单位的资质文件和拟签订的分包合同、人员资质、安全协议；（三）审查安全管理人员、特种作业人员、特种设备操作人员资格证明文件和主要施工机械、工器具、安全用具的安全性能证明文件是否符合国家有关标准；检查现场作业人员及设备配置是否满足安全施工的要求；（四）对大中型起重机械、脚手架、跨越架、施工用电、危险品库房等重要施工设施投入使用前进行安全检查签证。土建交付安装、安装交付调试及整套启动等重大工序交接前进行安全检查签证；（五）对工程关键部位、关键工序、特殊作业和危险作业进行旁站监理；对复杂自然条件、复杂结构、技术难度大及危险性较大分部分项工程专项施工方案的实施进行现场监理；监督交叉作业和工序交接中的安全施工措施的落实；（六）监督施工单位安全生产费的使用、安全教育培训情况。”而根据《公路水运工程安全生产监督管理办法》第31条的规定，公路水运工程的监理单位应当按照法律、法规、规章、工程建设强制性标准和合同文件进行监理，对工程安全生产承担监理责任。所以监理单位应当如实记录安全事故隐患和整改验收情况，对有关文字、影像资料应当妥善保存。

第二，监理单位负有审查施工安全技术方案的义务。根据《建设工程安全生产管理条例》第14条第1款的规定，“工程监理单位应当审查施工组织设计中的安全技术措施或者专项施工方案是否符合工程建设强制性标准”。根据《建筑法》第38条的规定，施工单位在编制施工组织设计时，应当根据建筑工程的特点在编制施工组织设计时制定相应的安全技术措施；对专业性较强的工程项目，应当编制专项安全施工组织设计，并采取安全技术措施。而对于施工单位编制的施工组织设计中安全技术方案是否科学合理、有针对性，是否符合国家强制性标准，监理单位负有审查责任。这对监理单位提出很高的要求，监理单位需要熟悉整个项目情况，包括勘察资料、设计图纸，尤其是需要对施工图中存在不符合强制性规定的问题提出书面审查意见。《水利工程建设监理规定》第18条第1款规定，水利工程的“监理单位应当审查被监理单位提出的安全技术措施、专项施工方案和环境保护措施是否符合工程建设强制性标准和环境保护要求，并监督实施”。根据《水利工程建设安全生产管理规定》第14条第2款的规定，“建设监理单位应当审查施工组织设计中的安全技术措施或者专项施工方案是否符合工程建设强制性标准”。《公路水运工程安全生产监督管理办法》第31条第2款也规定，公路、水运工程监理单位应当审核施工项目安全生产条件，审查施工组织设计中安全措施和专项施工方案。在工程开工前，监理工程师需要依据相关工程的监理规范对施工组织设计（包括安全生产技术措施和方案）进行审查，出具审查意见。目前我国各专业工程适用的监理规范有《建设工程监理规范》（GB/T 50319—2013）、《核电厂建设工程监理规范》（GB/T 50522—2019）等国家强制性标准以及《公路工程施工监理规范》（JTG G10—2016）、《水运工程施工监理规范》（JTS 252—2015）、《古建筑保护工程施工监理规范》（WW/T 0034—2012）、《电信专用房屋工程施工监理规范》（YD 5073—2021）等行业标准，这些技术标准是监理工程师审查安全技术措施的依据。监理工程师对施工组织设计中安全技术方案的审查要点一般包括：“1.安全管理、质量管理和安全保证体系的组织机构，包括项目经理、工长、安全管理人员、特种作业人员配备的人员数量及安全资格培训持证上岗情况；2.施工安全生产责任制、安全管理规章制度、安全操作规程的制定情况；3.起重机械设备、施工机具和电器设备等设置是否符合规范要求；4.基坑支护、模板、脚手架工程、起重机械设备和整体提升脚手架拆装等专项方案是否符合规范要求；5.事故应急救援预案的制定情况；6.冬期、雨期等季节性施工方案的制定情况；7.施工总平面图是否合理，办公、宿舍、食堂等措施是否符合有关技术标准和文明施工的要求。”〔1〕

第三，监理工程师发现施工单位在施工过程中存在的安全隐患，应及

〔1〕 国务院法制办农业资源环保法制司、建设部政策法规司、工程质量安全监督与行业发展司编：《建设工程安全生产管理条例释义》，知识产权出版社2004年版，第31~32页。

时要求整改。根据《建设工程安全生产管理条例》第14条第2款的规定，“工程监理单位在实施监理过程中，发现存在安全事故隐患的，应当要求施工单位整改；情况严重的，应当要求施工单位暂时停止施工，并及时报告建设单位。施工单位拒不整改或者不停止施工的，工程监理单位应当及时向有关主管部门报告”。根据《水利工程建设监理规定》第15条的规定，水利工程的“监理单位应当按照监理规范的要求，采取旁站、巡视、跟踪检测和平行检测等方式实施监理，发现问题应当及时纠正、报告。监理单位不得与项目法人或者被监理单位串通，弄虚作假、降低工程或者设备质量。监理人员不得将质量检测或者检验不合格的建设工程、建筑材料、建筑构配件和设备按照合格签字。未经监理工程师签字，建筑材料、建筑构配件和设备不得在工程上使用或者安装，不得进行下一道工序的施工”。根据《电力建设工程施工安全监督管理办法》第36条的规定，“在实施监理过程中，发现存在生产安全事故隐患的，应当要求施工单位及时整改；情节严重的，应当要求施工单位暂时或部分停止施工，并及时报告建设单位。施工单位拒不整改或者不停止施工的，监理单位应当及时向国家能源局派出机构和政府有关部门报告”。《公路水运工程安全生产监督管理办法》第31条第2款中也规定，监理单位在实施监理过程中，发现存在安全事故隐患的，应当要求施工单位整改；情节严重的，应当下达工程暂停令，并及时报告建设单位。施工单位拒不整改或者不停止施工的，监理单位应当及时向有关主管部门书面报告，并规定监理单位有权拒绝计量支付审核。《水利工程建设安全生产管理规定》第14条第3款规定，水利工程“建设监理单位在实施监理过程中，发现存在生产安全事故隐患的，应当要求施工单位整改；对情况严重的，应当要求施工单位暂时停止施工，并及时向水行政主管部门、流域管理机构或者其委托的安全生产监督机构以及项目法人报告”。施工作业人员为赶进度往往会忽视安全规范，监理单位在履行旁站监理或巡视时发现施工人员违反安全施工规范时，有责任按照监理规范立即要求施工人员纠正错误，及时消除安全隐患。监理工程师在工作中发现施工单位或者建设单位单位提供不符合设计或合同约定标准的建筑材料时，应及时要求施工单位更换；对施工单位违反安全技术规范的工序、方法要求及时更正。监理工程师发现施工中重大安全隐患，应该立即书面通知要求施工单位停工，并及时向建设单位报告，要求施工单位彻底整改，整改完毕后书面通知复工。如果施工单位拒不整改，继续违法冒险作业，监理单位应向建设行政主管单位报告施工单位违法施工行为，请求行政机关处理。

同时，监理工程师应对特种施工机械安装、使用进行监督，根据《建筑起重机械安全监督管理规定》（原建设部令第166号）第22条的规定："监理单位应当履行下列安全职责：（一）审核建筑起重机械特种设备制造许可证、产品合格证、制造监督检验证明、备案证明等文件；（二）审核建筑起重机械安装单位、使用单位的资质证书、安全生产许可证和特种作业人员的特种作业操作资格证书；（三）审核建筑起重机械安装、拆卸工程专项施工方案；（四）监督安装单位执行建筑起重机械安装、拆卸工程专项施工方案情况；（五）监督检查建筑起重机械的使用情况；（六）发现存在生产安全事故隐患的，应当要求安装单位、使用单位限期整改，对安装单位、使用单位拒不整改的，及时向建设单位报告。"

第四，根据《建设工程安全生产管理条例》第14条第3款的规定，"工程监理单位和监理工程师应当按照法律、法规和工程建设强制性标准实施监理，并对建设工程安全生产承担监理责任"。根据《建筑法》及《建设工程质量管理条例》的相关规定，我国对工程监理单位实行资质管理，监理单位在其资质许可的范围内从事监理业务。根据《工程监理企业资质管理规定》及《住房和城乡建设部关于印发建设工程企业资质管理制度改革方案的通知》（建市〔2020〕94号）的相关规定，工程监理资质分为综合资质和专业资质，综合资质不分等级；专业资质分为建筑工程、铁路工程、市政公用工程、电力工程、矿山工程、冶金工程、石油化工工程、通信工程、机电工程和民航工程10个类型，每个类型下分为甲级、乙级。我国对监理工程师实行注册执业管理制度。根据《注册监理工程师管理规定》第6条中的规定，“注册监理工程师依据其所学专业、工作经历、工程业绩，按照《工程监理企业资质管理规定》划分的工程类别，按专业注册”，第17条还规定，取得资格证书的人员，“从事工程监理执业活动的，应当受聘并注册于一个具有工程监理资质的单位”。根据《建设工程监理规范》的规定，工程监理实行总监理工程师负责制。总监理工程师享有合同赋予监理单位的全部权利，全面负责受委托的监理工作。监理单位要对整个项目的施工过程全面控制，采取旁站、巡视和平行检验等形式实施监理，以各个工序的过程质量来保证该项目工程的合格。[1]监理单位和监理工程师应依据法律法规和国家有关工程建设的强制性标准实施监理服务，确保施工安全。

二、建设工程检验检测机构的安全生产责任

根据《检验检测机构资质认定管理办法》（国家市场监督管理总局令第38号）第2条的规定，检验检测机构“是指依法成立，依据相关标准或者技术规范，利用仪器设备、环境设施等技术条件和专业技能，对产品或者法律法规规定的特定对象进行检验检测的专业技术组织”。建设工程施工机械质量检验检测机构和工程质量检验检测机构分别对施工过程中的安全生产和工程产品质量发挥重要的第三方监督作用，社会同样需要加强对建设工程检验、检测机构的监管，督促其依法履行好第三方检测职能。

（一）建设工程施工机械检验检测机构应对施工起重机械和整体自升式脚手架、模板等自升式架设设施检测结果负责

根据《建设工程安全生产管理条例》第19条的规定，“检验检测机构对检测合格的施工起重机械和整体提升脚手架、模板等自升式架设设施，应

〔1〕 国务院法制办农业资源环保法制司、建设部政策法规司、工程质量安全监督与行业发展司编：《建设工程安全生产管理条例释义》，知识产权出版社2004年版，第32~33页。

当出具安全合格证明文件，并对检测结果负责”。这里的检测机构是指具有国家颁发的施工起重机械和整体自升式脚手架、模板等自升式架设设施检测资质的机构，而被检测的对象为施工起重机械和整体提升脚手架、模板等自升式架设设施。所谓施工起重机械包括施工升降机、桅杆式起重机、履带式起重机、塔式起重机、轨道式起重机、爬升式塔式起重机、附着式塔式起重机、汽车起重机、缆索起重机、轮胎起重机、液压顶升机等，常见的如建筑起重机械，根据《建筑起重机械安全监督管理规定》的规定，是指纳入特种设备目录，在房屋建筑工地和市政工程工地安装、拆卸、使用的起重机械。整体升降式外脚手架是以电动倒链为提升机，使整个外脚手架沿建筑物外墙或柱整体向上爬升的建筑外脚手架。整体提升模板是集合加固系统、提升系统、脱模合模系统、操作平台为一体的多功能组合体系，使得模板加工制作更经济、作业效率更高，但安全技术性要求更高。自升式架设设施包括物料输送龙门架等。由于这些机械载重量大、作业技术难度高，管理不善易出现安全生产事故和质量问题，所以需要由第三方检测机构进行检测。第三方检测机构对施工起重机械和自升式架设设施进行检测时，检测工作人员必须依据国家发布的法律法规和检测技术标准出具检测真实可信的检测报告。检测报告必须经检测技术人员签字，并对报告结果负责，防止施工单位使用不合格的施工机械引发安全生产事故。

另外，根据《安全生产法》第72条的规定，承担检测、检验职责的机构应当具备国家规定的资质条件，并对其作出的检测、检验结果的合法性、真实性负责。且承担相关检测、检验职责的机构应当建立并实施服务公开和报告公开制度，不得租借资质、挂靠、出具虚假报告。《检验检测机构资质认定管理办法》第37条也规定：“检验检测机构违反本办法规定，转让、出租、出借资质认定证书或者标志，伪造、变造、冒用资质认定证书或者标志，使用已经过期或者被撤销、注销的资质认定证书或者标志的，由县级以上市场监督管理部门责令改正，处3万元以下罚款。”

（二）建设工程质量检验检测机构对工程产品质量安全负有监督作用

关于工程质量检测的定义，根据《建设工程质量检测管理办法》（住建部令第57号）第2条第2款的规定，建设工程质量检测“是指在新建、扩建、改建房屋建筑和市政基础设施工程活动中，建设工程质量检测机构（以下简称检测机构）接受委托，依据国家有关法律、法规和标准，对建设工程涉及结构安全、主要使用功能的检测项目，进入施工现场的建筑材料、建筑构配件、设备，以及工程实体质量等进行的检测”。根据《水利工程质量检测管理规定》第2条第2款中的规定，水利工程质量检测“是指水利工程质量检测单位（以下简称检测单位）依据国家有关法律、法规和标准，对水利工程实体以及用于水利工程的原材料、中间产品、金属结构和机电设备等进行的检查、测量、试验或者度量，并将结果与有关标准、要求进行比较以确定工程质量是否合格所进行的活动”。根据《建设工程质量管理条例》第31条的规定，“施工人员对涉及结构安全的试块、试件以及有关材料，应当在建设单位或者工程监理单位监督下现场取样，并送具有相应资质等级的质量检测单位进行检测”。为了保证建设工程施工质量，建设单位或施工单位必须将关键试块或者试件委托第三方检测机构检测合格后才能施工。

对于质量检测的业务内容，根据《建设工程质量检测管理办法》第3条以及第5条的规定，检测机构资质分为综合类资质、专项类资质，检测机构应取得建设工程质量检测机构资质，并在资质许可的范围内从事建设工程质量检测活动。同时，根据《建设工程质量检测机构资质标准》的规定，综合资质承担全部专项资质中已取得检测参数的检测业务，专项资质承担所取得专项资质范围内已取得检测参数的检测业务。《水利工程质量检测管理规定》中也没有具体划分检测业务内容，而是规定了检测机构资质类别，如其中第3条规定，检测单位资质分为岩土工程、混凝土工程、金属结构、机械电气和量测共5个类别，在资质等级许可的范围内承担质量检测业务。

检测机构及检测人员应对检测结果负责。《建设工程质量检测管理办法》第21条规定，检测报告经检测人员、审核人员、检测机构法定代表人或者其授权的签字人等签署，并加盖检测专用章后方可生效。检测报告中应当包括检测项目代表数量（批次）、检测依据、检测场所地址、检测数据、检测结果、见证人员单位及姓名等相关信息。非建设单位委托的检测机构出具的检测报告不得作为工程质量验收资料。《建设工程质量检测管理办法》第22条规定，“检测机构应当建立建设工程过程数据和结果数据、检测影像资料及检测报告记录与留存制度，对检测数据和检测报告的真实性、准确性负责”。《水利工程质量检测管理规定》第20条也规定，“检测人员应当按照法律、法规和标准开展质量检测工作，并对质量检测结果负责”。同时，检测机构不得涂抹、修改检测结论，检测机构应该及时报告检测不合格项目。《水利工程质量检测管理规定》第19条及《建设工程质量检测管理办法》第26条均规定，检测机构应当建立档案管理制度。检测机构与委托单位签署的检测合同、委托单、原始记录、质量检测报告应当按年度统一编号，编号应当连续，不得随意抽撤、涂改。检测机构应当单独建立检测结果不合格项目台账，以便及时通知被检测机构整改。

同时，检测机构应在资质许可的范围内从事检测业务，根据《建设工程质量检测管理办法》的规定，检测机构资质分为综合类资质和专项类资质。《水利工程质量检测管理规定》将水利工程质量检测机构检测单位资质分为岩土工程、混凝土工程、金属结构、机械电气和量测共5个类别，每个类别分为甲级、乙级。以上两个管理办法均规定，禁止检测机构涂改、倒卖、出租、出借或者以其他形式非法转让资质证书，以及承揽业务后违法分包或转包检测业务，否则应承担严重法律后果。

第五节　施工单位的安全生产管理责任

各类施工企业是建设工程安全生产的实施者，对施工过程中的安全生产工作负有主要责任。随着国家对施工企业安全管理的要求进一步提高，建筑施工企业对安全生产管理重视程度有很大的改善，安全生产管理水平有很大的提高，但在国家对几次重特大施工的调查中，仍然发现施工企业存在企业安全生产主体责任落实不到位、安全监管水平不足、应急救援机制不健全等问题，需要继续加强对施工单位安全生产监督管理。

一、施工单位应当在取得安全生产许可证和相关资质证书后，才能开展施工活动

根据《安全生产法》第20条的规定，施工应当具备《安全生产法》等有关法律、行政法规和国家标准或者行业标准规定的安全生产条件，不具备安全生产条件的，不得从事施工活动。根据《建设工程安全生产管理条例》第20条的规定，“施工单位从事建设工程的新建、扩建、改建和拆除等活动，应当具备国家规定的注册资本、专业技术人员、技术装备和安全生产等条件，依法取得相应等级的资质证书，并在其资质等级许可的范围内承揽工程”。根据《安全生产许可证条例》第2条的规定，建筑施工企业未取得安全生产许可证的，不得从事生产活动。其他相关专业工程的行业主管部门也作出了具体要求，如《电力建设工程施工安全监督管理办法》第20条规定，“施工单位应当具备相应的资质等级，具备国家规定的安全生产条件，取得安全生产许可证，在许可的范围内从事电力建设工程施工活动”；《公路水运工程安全生产监督管理办法》第14条第1款规定，“施工单位从事公路水运工程建设活动，应当取得安全生产许可证及相应等级的资质证书。施工单位的主要负责人和安全生产管理人员应当经交通运输主管部门对其安全生产知识和管理能力考核合格”；《水利工程建设安全生产管理规定》第17条规定，水利工程项目的“施工单位应当依法取得安全生产许可证后，方可从事水利工程施工活动”；《非煤矿山外包工程安全管理暂行办法》第19条第1款规定，“承包单位应当依法取得非煤矿山安全生产

许可证和相应等级的施工资质，并在其资质范围内承包工程”。

关于施工企业获取安全生产施工许可证的条件，根据《安全生产许可证条例》第6条中的规定，建筑业企业取得安全生产许可证，应当满足如下条件：“（一）建立、健全安全生产责任制，制定完备的安全生产规章制度和操作规程；（二）安全投入符合安全生产要求；（三）设置安全生产管理机构，配备专职安全生产管理人员；（四）主要负责人和安全生产管理人员经考核合格；（五）特种作业人员经有关业务主管部门考核合格，取得特种作业操作资格证书；（六）从业人员经安全生产教育和培训合格；（七）依法参加工伤保险，为从业人员缴纳保险费；（八）厂房、作业场所和安全设施、设备、工艺符合有关安全生产法律、法规、标准和规程的要求；（九）有职业危害防治措施，并为从业人员配备符合国家标准或者行业标准的劳动防护用品；（十）依法进行安全评价；（十一）有重大危险源检测、评估、监控措施和应急预案；（十二）有生产安全事故应急救援预案、应急救援组织或者应急救援人员，配备必要的应急救援器材、设备；（十三）法律、法规规定的其他条件。”所以施工单位在满足以上条件后才能申请获得安全生产许可证书。但在获得安全生产许可证之后，施工单位不得对外转让或者允许他人冒用自己的安全生产许可证，也不得降低安全生产条件。

我国对施工单位实行资质管理，不具备相关施工资质证书，不能承揽相应的工程施工项目。根据《建设工程质量管理条例》第25条中的规定，“施工单位应当依法取得相应等级的资质证书，并在其资质等级许可的范围内承揽工程”；“禁止施工单位超越本单位资质等级许可的业务范围或者以其他施工单位的名义承揽工程”。关于施工单位的资质，根据《建筑业企业资质管理规定》和《住房和城乡建设部关于印发建设工程企业资质管理制度改革方案的通知》（建市〔2020〕94号），将10类施工总承包企业特级资质调整为施工综合资质，不分等级，可承担各行业、各等级施工总承包业务；保留了12类施工总承包资质，分为甲、乙两级；将专业承包资质整合为18类；将施工劳务企业资质改为专业作业资质，不分等级，由审批制改为备案制。施工单位应在资质许可的范围内承揽施工项目。另外需要注意的是房屋建筑与市政工程、铁路工程及公路工程的总承包项目的承包单位需要同时具备该工程的设计资质与施工资质才能满足要求。

二、施工单位安全生产的组织人事保障工作

施工单位必须为安全生产管理工作投入人力资源并依法组织对员工进行教育培训。按照《安全生产法》第4条中的规定，施工单位应当落实全员安全生产责任制、建立各项安全生产规章制度，加大对安全生产人员的投入保障力度，加强安全生产标准化、信息化建设，构建安全风险分级管控和隐患排查治理双重预防机制，健全风险防范化解机制，提高安全生产管理水平，确保安全生产。根据《建筑法》第44条第2款的规定，“建筑施工企业的法定代表人对本企业的安全生产负责”。同时，《安全生产法》及《建设工程安全生产管理条例》也均规定施工单位的主要负责人对本单位的安全生产工作全面负责。《安全生产法》第21条还规定了主要负责人的安全生产职责，即其应负责建立健全并落实本单位全员安全生产责任制，加强安全生产标准化建设；组织制定并实施本单位安全生产规章制度和操作规程；组织制定并实施本单位安全生产教育和培训计划；保证本单位安全生产投入的有效实施；组织建立并落实安全风险分级管控和隐患排查治理双重预防工作机制，督促、检查本单位的安全生产工作，及时消除生产安全事故隐患；组织制定并实施本单位的生产安全事故应急救援预案等工作。施工单位的相关负责人重视安全生产并加强管理极为重要。反观最近几年的安全生产事故，均与施工单位的相关负责人对安全生产不重视有一定的关系。

（一）施工单位应落实安全生产法律法规和规章制度

首先，施工单位落实安全生产主体责任就应该在施工过程中落实安全

生产法律法规和规章制度，加强管理，在施工中要求施工单位全体员工按照国家“安全第一、预防为主、综合治理”的原则落实施工安全的各项规章制度，要求本单位各级领导、各作业岗位、职能部门、工程技术人员、岗位操作人员对安全生产层层负责、各负其责，预防安全生产事故。根据本单位实际项目情况，组建专门的安全生产管理部门，并根据承揽施工项目的实际需要配备安全生产管理人员，确保安全生产。根据《建设工程安全生产管理条例》第21条第1款的规定，“施工单位主要负责人依法对本单位的安全生产工作全面负责。施工单位应当建立健全安全生产责任制度和安全生产教育培训制度，制定安全生产规章制度和操作规程，保证本单位安全生产条件所需资金的投入，对所承担的建设工程进行定期和专项安全检查，并做好安全检查记录”。根据《电力建设工程施工安全监督管理办法》第21条的规定，“施工单位应当按照国家法律法规和标准规范组织施工，对其施工现场的安全生产负责。应当设立安全生产管理机构，按规定配备专（兼）职安全生产管理人员，制定安全管理制度和操作规程”。

（二）施工单位应当建立安全生产教育培训制度

根据《安全生产法》第28条的规定，建设单位应当对职工进行安全生产教育和培训，保证职工具备必要的安全生产知识，熟悉有关的安全生产规章制度和安全操作规程，尤其是需要职工掌握本岗位的安全操作技能，了解事故应急处理措施，知悉自身在安全生产方面的权利和义务。根据《公路水运工程安全生产监督管理办法》第15条的规定，“从业单位应当依法对从业人员进行安全生产教育和培训。未经安全生产教育和培训合格的从业人员，不得上岗作业”。《非煤矿山外包工程安全管理暂行办法》第24条规定，非煤矿山工程承包单位应当接受发包单位组织的安全生产培训与指导，加强对本单位从业人员的安全生产教育和培训，保证从业人员掌握必需的安全生产知识和操作技能。《电力建设工程施工安全监督管理办法》第30条也规定，“施工单位应当按照相关规定组织开展安全生产教育培训工作。企业主要负责人、项目负责人、专职安全生产管理人员、特种作业人员需经培训合格后持证上岗，新入场人员应当按规定经过三级安全教育”。根据《公路水运工程安全生产监督管理办法》第39条的规定，“施工单位应当将专业分包单位、劳务合作单位的作业人员及实习人员纳入本单位统一管理。新进人员和作业人员进入新的施工现场或者转入新的岗位前，施工单位应当对其进行安全生产培训考核。施工单位采用新技术、新工艺、新设备、新材料的，应当对作业人员进行相应的安全生产教育培训，生产作业前还应当开展岗位风险提示”。《水利工程建设安全生产管理规定》第22条规定，“垂直运输机械作业人员、安装拆卸工、爆破作业人员、起重信号工、登高架设作业人员等特种作业人员，必须按照国家有关规定经过专门的安全作业培训，并取得特种作业操作资格证书后，方可上岗作业”。施工单位应依法制定安全生产规章制度和操作规程，保证本单位在施工活动中投入的职工、分包队伍、劳务队伍牢记施工中安全生产制度和操作规范，预防安全生产事故。同时，施工单位还应定期进行安全生产教育培训检查，并做好检查记录以及考核，避免教育培训流于形式。这是因为施工单位对员工进行教育培训是施工单位预防安全生产事故的一项基础性工作，只有施工单位的全体员工安全生产意识提高了、预防安全生产事故的自觉性增强了，违反劳动纪律、违规冒险作业的情况才能减少。

一般而言，建筑施工单位的安全生产教育培训内容主要包括：一是全员定期进行安全生产教育培训，如年度安全生产教育培训，即建筑业施工企业每年一度的安全生产集体学习培训。上至企业负责人，下至一般员工，均需要参加培训。定期进行安全生产教育培训，还可能包括季节性和节假日前后的安全生产教育，或者针对某一特定问题、特定事件的隐患预防性、排查性安全生产教育。二是三级安全生产教育培训，对于新进场的作业人员必须进行企业、项目部和施工班组的三级安全生产教育，培训后经考核合格，方能上岗作业。三是岗位安全生产培训，主要是针对管理人员的岗位安全培训和特征作业人员的安全培训，培训合格才能上岗。四是变换工种、变换工地的安全培训教育，企业待岗、转岗的职工，在重新上岗前必须接受一次操作技能和安全操作知识培训。五是采用新技术、新工艺、新设备、新材料时，对施工单位相应的生产作业人员进行的培训等。[1]

（三）施工单位的项目经理应具备国家规定的资格能力并经安全生产培训合格，对施工项目的安全生产全面负责

根据《建筑施工企业项目经理资质管理办法》（建建〔1995〕第1号）第2条的规定，建筑施工企业项目经理，"是指受企业法定代表人委托对工程项目施工过程全面负责的项目管理者，是建筑施工企业法定代表人在工程项目上的代表人"。

关于项目经理的资格要求，根据《建设工程安全生产管理条例》第21条第2款的规定，"施工单位的项目负责人应当由取得相应执业资格的人员担任，对建设工程项目的安全施工负责，落实安全生产责任制度、安全生产规章制度和操作规程，确保安全生产费用的有效使用，并根据工程的特点组织制定安全施工措施，消除安全事故隐患，及时、如实报告生产安全事故"。根据《非煤矿山外包工程安全管理暂行办法》第21条第3款的规定，"项目部负责人应当取得安全生产管理人员安全资格证。承包地下矿山工程的项目部负责人不得同时兼任其他工程的项目部负责人"。《水利工程建设安全生产管理规定》第18条第2款规定，水利工程施工单位的项目经理应当由取得相应执业资格的人员担任，对水利工程建设项目的安全施工负责，落实安全生产责任制度、安全生产规章制度和操作规程，确保安全生产费用的有效使用，并根据工程的特点组织制定安全施工措施，消除安全事故隐患，及时、如实报告生产安全事故。施工单位派遣到项目上的项目经理对施工作业安全具有举足轻重的作用，其代表施工单位对施工活动中的人、财、物的调配行使决策权，对项目施工中的安全生产负有

〔1〕参见国务院法制办农业资源环保法制司、建设部政策法规司、工程质量安全监督与行业发展司编：《建设工程安全生产管理条例释义》，知识产权出版社2004年版，第47页。

全面管理责任，是项目安全生产的第一责任人。根据《建筑施工企业项目经理资质管理办法》第12条的规定，施工单位的项目经理实行持证上岗制度。从事工程项目施工管理的项目经理，必须经省级建设行政主管部门或国务院各有关部门组织培训、考核和注册，获得《全国建筑施工企业项目经理培训合格证》或《建筑施工企业项目经理资质证书》后方可上岗。同时，根据《建造师执业资格制度暂行规定》（人发〔2002〕111号）的规定，取得注册建造师资格的人员，可以建造师名义担任建设工程项目施工的项目经理。

关于项目经理的职责范围，根据《建筑施工企业项目经理资质管理办法》第8条中的规定，施工企业的项目经理应在企业法定代表人授权范围内，行使以下管理权力："（一）组织项目管理班子；（二）以企业法定代表人的代表身份处理与所承担的工程项目有关的外部关系，受委托签署有关合同；（三）指挥工程项目建设的生产经营活动，调配并管理进入工程项目的人力、资金、物资、机械设备等生产要素；（四）选择施工作业队伍；（五）进行合理的经济分配；（六）企业法定代表人授予的其他管理权力。"根据《公路水运工程安全生产监督管理办法》第35条的规定，施工单位项目负责人对项目安全生产工作负有下列职责："（一）建立项目安全生产责任制，实施相应的考核与奖惩；（二）按规定配足项目专职安全生产管理人员；（三）结合项目特点，组织制定项目安全生产规章制度和操作规程；（四）组织制定项目安全生产教育和培训计划；（五）督促项目安全生产费用的规范使用；（六）依据风险评估结论，完善施工组织设计和专项施工方案；（七）建立安全预防控制体系和隐患排查治理体系，督促、检查项目安全生产工作，确认重大事故隐患整改情况；（八）组织制定本合同段施工专项应急预案和现场处置方案，并定期组织演练；（九）及时、如实报告生产安全事故并组织自救。"所以项目经理应当认真履行安全生产管理责任，在施工作业管理中以身作则，严格要求项目管理班子和各分包单位严格执行安全生产管理制度。

（四）施工单位的安全生产管理机构，应按照要求配置安全生产专职管理人员，禁止违规冒险作业等违法施工行为

按照《建设工程安全生产管理条例》第23条的规定，施工单位的内部应当设立安全生产管理机构，配备专职安全生产管理人员。所谓“安全生产管理机构”，根据《建筑施工企业安全生产管理机构设置及专职安全生产管理人员配备办法》（建质〔2008〕91号）第3条中的规定，“是指建筑施工企业设置的负责安全生产管理工作的独立职能部门”；所谓“专职安全生产管理人员”，根据《建筑施工企业安全生产管理机构设置及专职安全生产管理人员配备办法》第4条中的规定，“是指经建设主管部门或者其他有关部门安全生产考核合格取得安全生产考核合格证书，并在建筑施工企业及其项目从事安全生产管理工作的专职人员”。专职安全生产管理人员负责对安全生产进行现场监督检查，在检查中发现安全事故隐患，应当及时向项目负责人和安全生产管理机构报告并对违章指挥、违章操作的，应当立即制止。根据《电力建设工程施工安全监督管理办法》第21条的规定，施工单位应当设立安全生产管理机构，按规定配备专（兼）职安全生产管理人员，制定安全管理制度和操作规程。《非煤矿山外包工程安全管理暂行办法》第21条中规定，承包单位应当设置安全生产管理机构，配备专职安全生产管理人员和有关工程技术人员。《公路水运工程安全生产监督管理办法》第14条第2款规定，施工单位应当设置安全生产管理机构或者配备专职安全生产管理人员。《水利工程建设安全生产管理规定》第20条第1款规定，水利工程项目的施工单位应当设立安全生产管理机构，按照国家有关规定配备专职安全生产管理人员。施工现场必须有专职安全生产管理人员。

根据《建筑施工企业安全生产管理机构设置及专职安全生产管理人员配备办法》第6条的规定，建筑施工企业安全生产管理机构具有以下职责：“（一）宣传和贯彻国家有关安全生产法律法规和标准；（二）编制并适

时更新安全生产管理制度并监督实施；（三）组织或参与企业生产安全事故应急救援预案的编制及演练；（四）组织开展安全教育培训与交流；（五）协调配备项目专职安全生产管理人员；（六）制订企业安全生产检查计划并组织实施；（七）监督在建项目安全生产费用的使用；（八）参与危险性较大工程安全专项施工方案专家论证会；（九）通报在建项目违规违章查处情况；（十）组织开展安全生产评优评先表彰工作；（十一）建立企业在建项目安全生产管理档案；（十二）考核评价分包企业安全生产业绩及项目安全生产管理情况；（十三）参加生产安全事故的调查和处理工作；（十四）企业明确的其他安全生产管理职责。”而建筑施工企业安全生产管理机构专职安全生产管理人员的职责，根据《建筑施工企业安全生产管理机构设置及专职安全生产管理人员配备办法》第7条的规定，“建筑施工企业安全生产管理机构专职安全生产管理人员在施工现场检查过程中具有以下职责：（一）查阅在建项目安全生产有关资料、核实有关情况；（二）检查危险性较大工程安全专项施工方案落实情况；（三）监督项目专职安全生产管理人员履责情况；（四）监督作业人员安全防护用品的配备及使用情况；（五）对发现的安全生产违章违规行为或安全隐患，有权当场予以纠正或作出处理决定；（六）对不符合安全生产条件的设施、设备、器材，有权当场作出查封的处理决定；（七）对施工现场存在的重大安全隐患有权越级报告或直接向建设主管部门报告；（八）企业明确的其他安全生产管理职责”。

除要求在建筑施工企业内设置专职安全生产管理人员外，《建筑施工企业安全生产管理机构设置及专职安全生产管理人员配备办法》第9条还要求建筑施工企业在各建设工程项目中实行专职安全生产管理人员委派制度。第12条规定，施工项目专职安全生产管理人员具有以下主要职责：“（一）负责施工现场安全生产日常检查并做好检查记录；（二）现场监督危险性较大工程安全专项施工方案实施情况；（三）对作业人员违规违章行为有权予以纠正或查处；（四）对施工现场存在的安全隐患有权责令立即整改；（五）对于发现的重大安全隐患，有权向企业安全生产管理机构报告；

（六）依法报告生产安全事故情况。”

关于安全生产管理人员的数量，国务院相关行业主管部门进行了明确的要求。根据《建筑施工企业安全生产管理机构设置及专职安全生产管理人员配备办法》第8条的规定，“建筑施工企业安全生产管理机构专职安全生产管理人员的配备应满足下列要求，并应根据企业经营规模、设备管理和生产需要予以增加：（一）建筑施工总承包资质序列企业：特级资质不少于6人；一级资质不少于4人；二级和二级以下资质企业不少于3人。（二）建筑施工专业承包资质序列企业：一级资质不少于3人；二级和二级以下资质企业不少于2人。（三）建筑施工劳务分包资质序列企业：不少于2人。（四）建筑施工企业的分公司、区域公司等较大的分支机构（以下简称分支机构）应依据实际生产情况配备不少于2人的专职安全生产管理人员”。采用施工总承包时，根据《建筑施工企业安全生产管理机构设置及专职安全生产管理人员配备办法》第13条的规定，总承包单位在建筑面积1万平方米以下的建筑工程、装修工程应配备专职安全生产管理人员不少于1人；1万～5万平方米的不少于2人；5万平方米及以上的不少于3人，且按专业配备专职安全生产管理人员。总承包单位在工程合同价5000万元以下的土木工程、线路管道、设备安装工程应配备专职安全生产管理人员不少于1人；5000万～1亿元的不少于2人；1亿元及以上的不少于3人，且按专业配备专职安全生产管理人员。对于分包单位专职安全生产管理人员的数量，根据《建筑施工企业安全生产管理机构设置及专职安全生产管理人员配备办法》第14条的规定，专业承包单位应当配置至少1人，并根据所承担的分部分项工程的工程量和施工危险程度增加。劳务分包单位的安全生产管理人员数量，施工人员在50人以下的，应当配备1名专职安全生产管理人员；50～200人的，应当配备2名专职安全生产管理人员；200人及以上的，应当配备3名及以上专职安全生产管理人员，并根据所承担的分部分项工程施工危险实际情况增加，不得少于工程施工人员总人数的5‰。对于公路或者水运工程项目，根据《公路水运工程安全生产监督管理办法》第14条第2款的规定，“施工单位应当设置安全生产管理机构或者配备专职安全生产管理人员。施工单位应当根据工程施工作业特点、安全风险以及施工组织难度，按照年度施工产值配备专职安全生产管理人员，不足5000万元的至少配备1名；5000万元以上不足2亿元的按每5000万元不少于1名的比例配备；2亿元以上的不少于5名，且按专业配备”。根据《非煤矿山外包工程安全管理暂行办法》第21条第2款的规定，“承包地下矿山工程的项目部应当配备与工程施工作业相适应的专职工程技术人员，其中至少有1名注册安全工程师或者具有5年以上井下工作经验的安全生产管理人员。项目部具备初中以上文化程度的从业人员比例应当不低于50%”。

三、施工单位应满足安全生产经费保障

首先，根据《安全生产法》的规定，建筑施工单位的决策机构、主要负责人必须保证本单位的安全生产投入以及承揽施工项目的安全生产经费投入，并对由于安全生产所必需的资金投入不足导致的后果承担责任。按照《建设工程安全生产管理条例》第22条的规定，“施工单位对列入建设工程概算的安全作业环境及安全施工措施所需费用，应当用于施工安全防护用具及设施的采购和更新、安全施工措施的落实、安全生产条件的改善，不得挪作他用”。关于“列入建设工程概算的安全作业环境及安全施工措施所需费用”，主要包括施工安全防护及设施的采购和更新费用、用于安全施工措施的落实费用以及安全生产条件改善的费用这三个部分。施工单位在组织施工管理时不得挪用，否则应承担严重法律后果。

相关行业主管部门结合本行业的实际情况，依据《建设工程安全生产管理条例》对安全生产费用分别作出相应规定。如《电力建设工程施工安全监督管理办法》第22条规定，“施工单位应当按照国家有关规定计列和使用安全生产费用。应当编制安全生产费用使用计划，专款专用”。《公路水运工程安全生产监督管理办法》第21条第3款规定，“施工单位在工程投

标报价中应当包含安全生产费用并单独计提，不得作为竞争性报价”。《民航专业工程安全生产费用管理办法（试行）》第11条第2项规定，“项目施工过程中，施工单位应当根据每一计量周期投入安全生产费用使用情况，按照合同文件规定，编制安全生产费用工程量清单计量申请表（附相关凭证）和下期使用计划，经专职安全员、安全生产负责人与项目经理签字盖章后，报送监理工程师审核”。《民航专业工程安全生产费用管理办法（试行）》第12条规定，“施工单位应当根据实际需要投入使用安全生产费用，因重大设计变更原因造成施工单位实际投入安全生产费用总额与合同约定不一致的，差额部分的安全生产费用由建设单位按批复变更金额和规定提取比例同时调整”。《水利工程建设安全生产管理规定》第19条规定，“施工单位在工程报价中应当包含工程施工的安全作业环境及安全施工措施所需费用。对列入建设工程概算的上述费用，应当用于施工安全防护用具及设施的采购和更新、安全施工措施的落实、安全生产条件的改善，不得挪作他用”。《建筑工程安全防护、文明施工措施费用及使用管理规定》第11条第1款规定，“施工单位应当确保安全防护、文明施工措施费专款专用，在财务管理中单独列出安全防护、文明施工措施项目费用清单备查。施工单位安全生产管理机构和专职安全生产管理人员负责对建筑工程安全防护、文明施工措施的组织实施进行现场监督检查，并有权向建设主管部门反映情况”。

其次，施工单位应依据建设项目概预算中列支的安全生产费用为基础据实支出，不得扣减或挪用。关于各类建设工程安全施工费用计提标准，依据《企业安全生产费用提取和使用管理办法》第17条的规定，矿山工程的施工安全费占建筑安装工程造价的3.5%；铁路工程、房屋建筑工程、城市轨道交通工程3%；水利水电工程、电力工程2.5%；冶炼工程、机电安装工程、化工石油工程、通信工程2%；市政公用工程、港口与航道工程、公路工程1.5%。建设工程施工企业编制投标报价应当包含并单列企业安全生产费用，竞标时不得删减。国家对基本建设投资概算另有规定的，从其规定。本办法实施前建设工程项目已经完成招投标并签订合同的，企业安全生产费用按照原规定提取标准执行。对于民用航空工程，根据《民航专业工程安全生产费用管理办法（试行）》第5条的规定，施工安全生产费用单独列支，以建筑安装工程费用为计算基数，费率原则上不低于1.5%。根据《建设工程安全生产管理条例》的规定，施工单位必须确保施工安全措施费支付到位，不得挪用，确保安全生产。根据《民航专业工程安全生产费用管理办法（试行）》第15条的规定，"施工单位未能在规定期限内完成对施工现场严重安全隐患整改的，建设单位可直接委托其他单位代为整改，相关费用在施工单位计量支付费用中扣除，并由建设单位直接支付给受委托单位"。

最后，国家规定工程总承包单位统一管理项目的安全费用，总承包单位不得转嫁分包单位。如《企业安全生产费用提取和使用管理办法》第18条同时规定，"建设单位应当在合同中单独约定并于工程开工日一个月内向承包单位支付至少50%企业安全生产费用。总包单位应当在合同中单独约定并于分包工程开工日一个月内将至少50%企业安全生产费用直接支付分包单位并监督使用，分包单位不再重复提取。工程竣工决算后结余的企业安全生产费用，应当退回建设单位"。《民航专业工程安全生产费用管理办法（试行）》第16条也规定，"民航专业工程安全生产费由工程承包单位统一管理。安全生产费用不得转嫁由分包单位承担"。

四、施工总承包单位对施工现场安全负有全面管理责任

（一）工程总承包单位对工程分包单位的质量安全承担连带责任

根据《建筑法》第29条的规定，建筑工程总承包单位经建设单位认可后可以将承包工程中的部分工程中的非主体工程发包给具有相应资质条件的分包单位。对于分包工程，总承包单位和分包单位应对建设单位承担

连带责任。《建筑法》第45条规定，实行施工总承包的项目，施工现场安全由总承包单位负责。各分包单位向施工总承包单位负责，服从施工总承包单位对施工现场的安全生产管理。根据《建设工程安全生产管理条例》第24条的规定，“建设工程实行施工总承包的，由总承包单位对施工现场的安全生产负总责。总承包单位应当自行完成建设工程主体结构的施工。总承包单位依法将建设工程分包给其他单位的，分包合同中应当明确各自的安全生产方面的权利、义务。总承包单位和分包单位对分包工程的安全生产承担连带责任。分包单位应当服从总承包单位的安全生产管理，分包单位不服从管理导致生产安全事故的，由分包单位承担主要责任”。以上法律法规均规定了施工总承包单位对建设工程施工中安全生产负总责，分包单位与总承包单位对分包项目的质量和安全生产对建设单位承担连带责任。建设工程实行施工总承包的，由施工总承包单位对施工现场的安全生产负总责更有利于施工安全生产的管理。这是由于施工总承包单位负责项目施工组织设计的编制和施工总平面图的布置，负责主体工程施工以及分包单位管理，负有全面检查施工现场活动安全生产的义务。施工单位应如实履约，法律禁止施工单位中标后违法分包或者非法转包项目。违法分包或转包问题在我国屡禁不止，也是造成安全生产事故的主要原因之一。国家发改委针对电力工程项目的违法分包和转包问题明确作出要求。《电力建设工程施工安全监督管理办法》第12条规定：“建设单位应当履行工程分包管理责任，严禁施工单位转包和违法分包，将分包单位纳入工程安全管理体系，严禁以包代管。”住建部针对房屋建筑与市政工程项目，依据《建筑法》《建设工程安全生产管理条例》等法律法规发布的《建筑工程施工发包与承包违法行为认定查处管理办法》(建市规〔2019〕1号)，对规范建筑工程施工发包与承包活动，保证工程质量和施工安全，作出更为详细的规定。

（二）施工总承包单位应做好施工总平面布置工作，确保施工现场办公、生活区域安全

根据《安全生产法》第42条第2款的规定，生产经营场所和员工宿舍应当设有符合紧急疏散要求、标志明显、保持畅通的出口、疏散通道。禁止占用、锁闭、封堵生产经营场所或者员工宿舍的出口、疏散通道。根据《建设工程安全生产管理条例》第29条第1款中的规定，施工单位应当将施工现场的办公、生活区与作业区分开设置，并保持安全距离；办公、生活区的选址应当符合安全性要求；职工的膳食、饮水、休息场所等应当符合卫生标准。

具体而言，施工现场应注意如下安全问题：其一，施工现场的临时办公设施和生活设施要满足国家规定的安全标准。根据住建部发布的《建筑施工安全检查标准》（JGJ 59-2011）的规定，施工人员生活区应该与施工作业区保持国家规定的安全距离，即应处在建筑物坠落半径之外，特殊情况下无法隔离在安全距离之外的，必须采取保障安全的具体措施。此外，施工现场用电也应满足原建设部发布的《施工现场临时用电安全技术规范》（JGJ 46-2005）的相关要求。其二，施工人员办公区和生活区的选址应符合安全要求，不得设置在河湖沟边、山崖边、强风口以及高墙下面，避免由于位置原因引起的安全事故。其三，根据《建设工程安全生产管理条例》第29条第2款中的规定，施工单位在施工现场临时搭建的建筑物应当符合安全使用要求；若在施工现场使用装配式活动房屋的，施工单位应当取得相关产品的质量合格证明文件，否则不得投入使用，以免发生安全事故。《建设工程安全生产管理条例》第29条第1款中还规定，“施工单位不得在尚未竣工的建筑物内设置员工集体宿舍”，以及《建设工程质量管理条例》第16条第3款规定，“建设工程经验收合格的，方可交付使用”。若建设工程未经验收擅自使用的，根据《建设工程质量管理条例》第58条的规定，项目建设单位应承担施工总承包合同价款2%以上4%以下的罚款；造

成损失的，依法承担赔偿责任。因此，若施工单位擅自安排施工作业人员住宿在未经竣工验收的建筑物里，建设单位可追究施工单位的违约赔偿责任。对于房屋建筑与市政工程，建设单位应该依据《房屋建筑和市政基础设施工程竣工验收规定》(建质〔2013〕171号)的规定组织验收后方可使用。对于其他工程项目，如民航局发布的《运输机场专业工程竣工验收管理办法》也规定了民航工程的竣工验收办法。另外，我国还对特殊建设工程实行消防验收制度，根据《建设工程消防设计审查验收管理暂行规定》(住建部令第51号)第26条第2款的规定，“特殊建设工程竣工验收后，建设单位应当向消防设计审查验收主管部门申请消防验收；未经消防验收或者消防验收不合格的，禁止投入使用”。所以，由于未经竣工验收的建筑物作为集体宿舍会带来各种风险，所以建筑物未经验收是不能安排施工人员住宿的。其四，施工人员的食堂、休息场所应符合卫生环保要求。施工后勤服务区的食堂、休息场所卫生环保条件直接影响全体员工的身心健康，所以员工的食堂、休息场所必须符合国家规定的卫生环保条件。食堂应与厕所、垃圾站点、有毒有害物质处理场所保持安全距离；食堂工作人员应身体健康，符合国家规定的体检条件；饮用水水质要符合国家规定的饮用水标准，水桶等盛水容器应定期消毒，保持24小时开水供应等；施工人员宿舍应保持舒适、安全、通风、保暖等环保要求，配置冬暖夏凉调节设备，蚊虫防范设备等。

(三)施工单位在施工管理计划方案中应充分设计保障安全生产的技术方案

施工单位在编制的施工组织方案中应包括安全技术方案和重要施工部位的专项安全方案。根据《建筑法》第38条的规定，施工单位在编制施工组织设计时，应当根据工程项目的具体特点制定相应的安全技术措施，尤其是针对专业性较强的工程项目，应当编制专项安全施工组织设计，并采取安全技术措施。根据《建设工程安全生产管理条例》第26条的规定，施工单位应当在施工组织设计中编制安全技术措施和施工现场临时用电方案，对下列达到一定规模的危险性较大的分部分项工程应编制专项施工方案，并附具安全验算结果，经施工单位技术负责人、总监理工程师签字后实施，由专职安全生产管理人员进行现场监督，具体包括：基坑支护与降水工程、土方开挖工程、模板工程、起重吊装工程、脚手架工程、拆除与爆破工程以及国务院建设行政主管部门或者其他有关部门规定的其他危险性较大的工程等。且对于工程中涉及深基坑、地下暗挖工程、高大模板工程的专项施工方案，施工单位还应当组织专家进行论证、审查，审查通过后方可实施。

施工单位编制的施工组织设计是指导施工全过程各项施工活动的资源投入、作业管理、指挥协调和质量控制的综合性技术方案，也是指导安全生产的基础性文件。《建筑法》特别强调施工单位应根据具体项目的特点有针对性地制定施工生产安全方案，作为施工组织设计的一个重要部分。这说明具体建设工程结构复杂，施工工艺要求不同、地理地质环境不同，需要对施工作业环境进行全面充分的考虑。同时，《建设工程安全生产管理条例》还强调施工现场临时用电安全问题，也是由于施工现场露天作业，工程环境复杂，电力使用监管风险较大。对于达到一定规模的危险性较大的分部分项工程，《建设工程安全生产管理条例》要求施工单位应该制定专项施工方案且附具安全验算结果。这是由于基坑支护与降水工程、土方开挖工程、模板工程、起重吊装工程、脚手架工程、拆除、爆破工程等达到一定规模的危险性较大的分部分项工程施工更为复杂和危险，发生安全生产事故的概率较高，国家专门要求加强对这部分工程的安全生产管控。

（四）施工单位在开工前，施工单位的项目管理人员有责任向各作业班组和人员进行安全技术交底

由于施工现场作业环境复杂，高空作业及交叉作业操作难度较大，加

之当前我国建筑也从业人员多为农民工，流动性较强，所以在开工前需要对施工班组进行详细的安全措施交底，降低安全生产事故发生率。根据《建设工程安全生产管理条例》第27条的规定，“建设工程施工前，施工单位负责项目管理的技术人员应当对有关安全施工的技术要求向施工作业班组、作业人员作出详细说明，并由双方签字确认”。根据《电力建设工程施工安全监督管理办法》第25条第2款的规定，在电力工程“部分项工程施工前，施工单位负责项目管理的技术人员应当向作业人员进行安全技术交底，如实告知作业场所和工作岗位可能存在的风险因素、防范措施以及现场应急处置方案，并由双方签字确认；对复杂自然条件、复杂结构、技术难度大及危险性较大的分部分项工程需编制专项施工方案并附安全验算结果，必要时召开专家会议论证确认”。所谓“安全技术交底”，是指施工单位派往现场的技术管理人员将预防和控制施工现场安全事故发生及减少其危害的技术以及工程项目、分部分项工程概况向作业人员作出说明，避免施工人员违规冒险作业，杜绝安全事故发生。安全技术交底的主要内容包括工程项目分部分项工程概况、工程项目和分部分项工程的危险部位、针对危险部位采取的预防措施、作业中应注意的安全事项、作业人员应遵守的操作规程、作业人员发现事故隐患应采取的措施、发生安全生产事故后应采取的应急措施等。技术管理人员对施工班组进行安全技术交底，首先应逐级进行技术交底，即由总承包单位向分包单位交底，分包单位的工程技术人员向施工班组长交底，施工班组长向各位作业人员交底；其次，安全技术交底必须具体明确、有针对性；再次，安全技术交底的内容应重点针对分部分项工程给作业人员带来的潜在危险因素和存在的问题；最后，应优先采用新技术措施。另外，安全技术交底应采用书面形式，且双方要签字确认。[1]

---

〔1〕 参见国务院法制办农业资源环保法制司、建设部政策法规司、工程质量安全监督与行业发展司编:《建设工程安全生产管理条例释义》，知识产权出版社2004年版，第60页。

（五）施工单位应当为施工作业人员配置安全防护工具

根据《安全生产法》第20条的规定，施工单位应当具备《安全生产法》和有关法律、行政法规和国家标准或者行业标准规定的安全生产条件；不具备安全生产条件的，不得从事生产经营活动。建设工程施工作业人员在开启施工前，首先必须拥有安全防护用具，才可以安全地施工。根据《建设工程安全生产管理条例》第32条第1款中的规定，施工单位应当向施工作业人员提供安全防护用具和安全防护服装，以防护其人身安全。对于塔机操作等危险工作岗位，施工单位还应书面告知作业人员危险岗位的操作规程和违章操作的危害。所谓"安全防护用具"，是指在施工作业过程中能够对施工作业人员的人身起到保护作用的物品，如安全帽、安全带、安全绳、防护镜、焊接面罩等安全防护用品，施工作业人员在作业时佩戴这些用品后，能够使得危险情况发生时，作业人员免遭人身危险或者减轻身体受损害的程度。所谓"安全防护服装"，是指施工作业人员在作业时穿戴的工作服、防滑鞋、绝缘鞋、绝缘手套等防护用专门服装，施工作业人员作业时必须穿戴安全防护服装，以防人身受损的危险。施工单位在工程项目施工开始前，必须安排专项费用，为施工作业人员置备必要的安全防护服。

同时，施工作业人员有权监督施工现场作业的安全条件，并有权拒绝施工单位的违规冒险作业要求。根据《安全生产法》第53条的规定，施工从业人员有权了解其作业场所和工作岗位存在的危险因素、防范措施及事故应急措施，有权对施工现场的安全生产工作提出建议。根据《建设工程安全生产管理条例》第32条第2款的规定，"作业人员有权对施工现场的作业条件、作业程序和作业方式中存在的安全问题提出批评、检举和控告，有权拒绝违章指挥和强令冒险作业"。由于施工现场的作业安全条件直接影响施工作业人员在作业期间的生命和健康问题，施工作业人员对施工现场的安全条件感触最深，也最有发言权，所以法律法规规定了施工作业人员对安全生产条件的批评建议权，有利于施工作业人员对施工单位的安全措施进行监督。同时，法律还规定了施工作业人员对施工单位管理人员违章指挥、违规冒险作业要求的拒绝配合权以及举报检举权利，这对施工单位的管理人员不接受现场作业人员的建议时，尤为有效，可以最大限度地发挥现场作业的监督权，防止安全生产事故的发生。

另外，法律还规定了施工作业人员的逃生权利。根据《建设工程安全生产管理条例》第32条第2款的规定，“在施工中发生危及人身安全的紧急情况时，作业人员有权立即停止作业或者在采取必要的应急措施后撤离危险区域”。由于工程建设活动是复杂的集合作业活动，施工现场安全受地质、环境、气候等外在环境影响，也受多单位作业面配合、资源配置合理性、劳保条件、作业人员技术水平等人为因素的影响，在施工现场偶尔会发生不可预测的紧急情况。在施工中如果已经发生了危及人身安全的紧急情况，作业人员有权立即停止作业，撤离现场，以防止人身伤害。如果情况危急，但危险尚未发生，现场作业人员也可以采取安全措施后，再撤离现场。

（六）施工单位应配置质量合格的施工器具

由于施工单位引入现场的施工安全防护器具、起重机等施工设备、施工机具等质量对施工现场作业安全影响很大，这些机具、机械的质量必须符合国家质量标准。根据《建设工程安全生产管理条例》第34条第1款的规定，“施工单位采购、租赁的安全防护用具、机械设备、施工机具及配件，应当具有生产（制造）许可证、产品合格证，并在进入施工现场前进行查验”。由于产品的质量与其使用安全直接相关，所以施工单位采购的施工作业人员安全防护用具、施工机具以及大型起重机、塔机等的质量必须符合国家标准，具有质量合格证明或者产品合格证。对于安全防护用具、安全防护服装以及小型施工机具，施工单位在采购时，应主要核实其质量合格证明文件，以保障采购质量。对于大型施工机械，根据《特种设备安全法》第32条的规定，施工单位应当使用取得许可生产并经检验合格的起重机械、场内专用机动车辆等特种设备，禁止使用国家明令淘汰和已经报废的特种设备。施工现场经常使用的塔式起重机、施工升降机等属于需要具有生产（制造）许可证或者需要经过强制性认证的产品，施工单位在采购、租用这类产品时应检查该等产品是否具备生产合格证、定期检验、检测合格报告或者强制性认证证明等资料。

根据《建设工程安全生产管理条例》第34条第2款的规定，“施工现场的安全防护用具、机械设备、施工机具及配件必须由专人管理，定期进行检查、维修和保养，建立相应的资料档案，并按照国家有关规定及时报废”。由于施工露天作业、野外作业、机具移动性频繁、工作环境较差等原因，施工机具需要配置专人进行经常性检查维修，以保证使用效能。为了加强对施工机具、安全防护用具、大型施工设备的管理，施工单位应设置专人负责管理和养护，以维护这些机具的性能稳定可靠。根据《特种设备安全法》第39条的规定，大型设备的使用单位应当对其使用的特种设备进行经常性维护保养和定期自行检查，并作出记录；设备使用单位应当对其使用的特种设备的安全附件、安全保护装置进行定期校验、检修，并作出记录。所以施工单位应当建立施工机具的日常保养制度，定期检查和维修，对于已到报废期的机具，应当及时报废和更换，以免机具质量问题引发安全事故。

（七）在城市施工时，施工单位应当封闭施工，且确保施工现场的安全文明施工

首先，根据《建设工程安全生产管理条例》第30条第3款的规定，施工单位在城市市区内施工时，应当对施工现场实行封闭围挡。一方面，对施工现场使用板材围挡或者密目式安全网封闭可以保护施工作业人员的安全，防止高空坠物等不安全因素，也能防止施工现场扬尘外泄，避免污染环境；另一方面，施工单位通过封闭围挡与外界隔离，禁止无关人员进入

施工场地，可以做到文明施工，防止施工扰民现象发生。

其次，关于安全文明施工问题，根据《建设工程安全生产管理条例》第30条第2款的规定，“施工单位应当遵守有关环境保护法律、法规的规定，在施工现场采取措施，防止或者减少粉尘、废气、废水、固体废物、噪声、振动和施工照明对人和环境的危害和污染”。众所周知，施工现场扬尘、噪声、强光等污染严重，需要采取专门的措施治理。根据《环境保护法》第42条的规定，施工单位在施工中应当采取措施，防止在施工活动中产生的废气、废水、废渣、粉尘以及噪声、振动、光辐射等对环境的污染和危害。对于施工中产生的污水严禁通过暗管、渗井、渗坑、灌注等方式违法排放，根据《噪声污染防治法》第五章的规定，施工单位在施工中应当按照规定制定噪声污染防治实施方案，采取有效措施，减少振动、降低噪声。尤其是在噪声敏感建筑物集中区域施工作业，施工单位应当优先使用低噪声施工工艺和设备。在噪声敏感建筑物集中区域，除了抢修、抢险施工作业，或者因生产工艺要求或者其他特殊需要必须连续施工作业的外，严禁施工单位在夜间进行产生噪声的建筑施工作业。根据《固体废物污染环境防治法》第63条第2、3款的规定，在施工中，建设工程施工单位应当及时清运工程施工过程中产生的建筑垃圾等固体废物，并按照环境卫生主管部门的规定进行利用或者处置；建设工程施工单位不得擅自倾倒、抛撒或者堆放工程施工过程中产生的建筑垃圾。为了防止和降低施工中产生的各种环境污染，施工单位应当采取防止扬尘的密目式安全网措施和减少噪声扰民的消声、吸声、隔声措施；禁止在施工现场熔融沥青或者焚烧有毒、有害化学成分的装饰废料、油毡、油漆、垃圾等，防止污染环境；排水系统设置沉淀池，防止施工产生的泥浆、污水外溢或者直排入城市下水道；对运输沙石、土方、渣土、建筑垃圾的车辆进行覆盖，防止泄漏、遗撒路面；夜间施工照明灯具亮度应严格控制，减少照明污染〔1〕。

〔1〕 参见国务院法制办农业资源环保法制司、建设部政策法规司、工程质量安全监督与行业发展司编:《建设工程安全生产管理条例释义》，知识产权出版社2004年版，第68页。

最后，施工单位还应重视施工现场的消防安全问题。根据《建设工程安全生产管理条例》第31条的规定，“施工单位应当在施工现场建立消防安全责任制度，确定消防安全责任人，制定用火、用电、使用易燃易爆材料等各项消防安全管理制度和操作规程，设置消防通道、消防水源，配备消防设施和灭火器材，并在施工现场入口处设置明显标志”。另外，《消防法》第16条第1款也规定，施工单位在施工中应落实消防安全责任制，制定本单位的消防安全制度、消防安全操作规程，制定灭火和应急疏散预案；按照国家标准、行业标准配置消防设施、器材，设置消防安全标志，并定期组织检验、维修，确保完好有效；保障施工场地疏散通道、安全出口、消防车通道畅通，保证防火防烟分区、防火间距符合消防技术标准；日常组织防火检查，及时消除火灾隐患；定期组织进行有针对性的消防演练等工作。以及根据《机关、团体、企业、事业单位消防安全管理规定》（公安部令第61号）第12条第1款的规定，“建筑工程施工现场的消防安全由施工单位负责。实行施工总承包的，由总承包单位负责。分包单位向总承包单位负责，服从总承包单位对施工现场的消防安全管理”。因此，施工单位对施工现场的消防安全负责，施工单位应当落实消防安全责任制，在施工现场建立消防安全管理制度和操作规程，防止火灾事故发生。施工单位还应结合施工现场的实际情况，制定用电、动火等施工作业消防管理规程，要求作业人员严格遵守。为了防止消防事故发生，施工单位应在施工现场备置消防通道、消防水源、消防设施和器材等以便消防车尽快灭火和施工人员逃生。施工单位应在施工现场出入口处设置明显的消防安全标志和火灾报经标志，在施工现场的安全通道上设置消防安全疏散标志，在重点防火部位设置消防防火标志。

（八）施工单位应当为现场作业人员办理意外伤害保险

《建设工程安全生产管理条例》第38条第1款规定，“施工单位应当为施工现场从事危险作业的人员办理意外伤害保险”。所谓建筑意外伤害保险，是指发包人给承包人员购买的当被保险人在从事建筑活动中遭受意外伤害使其人身残废或死亡时，保险公司依照合同约定给付保险金的人身保险。建筑意外伤害保险具有如下特征：（1）建筑意外伤害保险承保受外来的、剧烈的、突发的事故对人体造成的伤害，与职业环境密切相关，这一点与人寿保险不同。（2）建筑意外伤害保险在发生保险事故时，保险人按照事先约定的数额给付保险金，与健康保险按照实际花费支付医疗费不同。（3）建筑意外伤害保险具有经济补偿功能与安全服务功能。（4）建筑意外伤害保险的投保人是施工企业，被保险人是从事建筑活动的职工。（5）建筑意外伤害保险的责任范围，是指在保险期内被保险人从事建筑施工及与建筑施工有关的工作或在事故现场或施工期限指定的生活区域内，因遭受意外伤害事故而致身故或残废的赔偿责任（不包括合同除外责任）。保险人承保死亡给付和残废给付。（6）建筑意外伤害保险合同有赔偿责任期的特殊规定，即保险人仅对被保险人遭受意外伤害期之日起一定期限内造成死亡或残疾的才承担赔偿责任。（7）建筑意外伤害保险属于《建设工程安全生产管理条例》规定的强制性保险。目前我国常见的建筑意外伤害保险类型是建筑施工人员团体意外伤害保险。〔1〕在建设工程施工领域推广意外伤害保险是由于建设工程施工现场环境复杂，机械设备、施工机具、场内机动车辆和作业人员共处一处，危险性较大，特别是高处作业，具有天然的风险因素，所以发生安全事故概率相对较高。为了维护建筑业从业人员的合法权益，我国《建筑法》第48条也规定，“建筑施工企业应当依法为职工参加工伤保险缴纳工伤保险费。鼓励企业为从事危险作业的职工办理意外伤害保险，支付保险费”。无论施工单位是否愿意，都必须为现场作业人员投保意外伤害保险。而意外伤害保险的受益人是从事高危作业的职工，包括正式员工、农民工、长期工、短期工。关于意外伤害保险费的来源，根据《建设工程安全生产管理条例》第38条第2款的规定，“意外伤害

〔1〕 参见李宏远：《工程总承包（DB\EPC）项目法务指引》，法律出版社2021年版，第206页。

保险费由施工单位支付。实行施工总承包的，由总承包单位支付意外伤害保险费”。明确建设工程项目意外伤害保险费由施工单位支付，如果项目采用施工总承包方式发包，由施工总承包方支付意外伤害保险费。关于保险期限，《建设工程安全生产管理条例》第38条第2款中同时规定，“意外伤害保险期限自建设工程开工之日起至竣工验收合格止”。这意味着，意外伤害保险期限覆盖了整个项目施工过程。

五、施工单位在施工过程中应该加强安全生产管理，杜绝安全事故发生

第一，施工单位应重点关注危险施工部位的安全防范。根据《建设工程安全生产管理条例》第28条第1款中的规定，施工单位应当在施工现场入口处、施工起重机械、临时用电设施、脚手架、出入通道口、楼梯口、电梯井口、孔洞口、桥梁口、隧道口、基坑边沿、爆破物及有害危险气体和液体存放处等危险部位，设置明显的安全警示标志。安全警示标志分为安全标志和安全色。所谓安全标志，根据《安全标志》（GB 2894-96）的规定，是由图形符号、安全色、几何形状（边框）或文字组成的、用于表达特定安全信息的标志，它分为禁止标志、警告标志、指令标志和提示标志四种类别。所谓安全色，根据《安全色》（GB 2893-82）的规定，是指表达安全信息含义的颜色，分为红、黄、蓝、绿四种颜色，其中红色表示禁止、停止，黄色表示警告、注意，蓝色表示指令，绿色表示提示。施工单位应根据施工现场不同位置选择不同的安全标志和安全色。

第二，施工单位应根据项目的不同施工阶段、施工所处的季节及周边环境采取具体安全措施。根据《建设工程安全生产管理条例》第28条第2款的规定，施工单位应当根据同一个工程的不同施工阶段和周围环境及季节、气候的变化，因地制宜地在施工现场采取有针对性安全措施。不同的项目面临的施工环境是不同的，市政工程在城市施工与水利枢纽工程在野

外作业面临的周边环境差别很大。即便同一个项目在不同的施工阶段或者不同的季节，施工环境也会发生很大的变化，如房屋建筑工程，在基坑开挖阶段，需要采取基坑临边防护、基坑支护等措施；在主体结构施工阶段，就需要根据结构层采取临边护栏、密目网防护等措施；在雨季施工时则应注意防雷、防触电、防大风、防坍塌等安全措施；而冬季施工时应注意防冻、防滑、防中毒事件等措施。根据《建设工程安全生产管理条例》第30条第1款的规定，在施工过程，施工单位对因建设工程施工可能造成损害的毗邻建筑物、构筑物和地下管线等，还应当采取专项防护措施。

第三，在临时停工期间，施工单位应安排好安全保卫工作。根据《建设工程安全生产管理条例》第28条第2款的规定，特殊情况下的停工期间，施工单位应当做好现场防护工作。同时，对于停工期间产生的看护费、维护费，《建设工程安全生产管理条例》规定，应由造成停工的责任方承担，或者根据施工合同等工程合同约定的责任方承担。在建设项目开工之后，除因法定节假日及特殊天气原因需要停工之外，一般建设项目不得中间停工。如果发生临时停工的情况，建设单位与施工单位一般根据工程总承包合同的约定，由义务方承担停工期间的看护费、在建工程停工维护费、员工临时遣返费、施工机械租赁费及其他损失费等。但若发生非正常停工，如属于建设单位的原因导致的停工，由建设单位承担停工费，由施工单位或者分包单位等导致的停工，则由施工单位或者分包单位负责停工期间费用。实践中，停工损失争议纠纷也经常发生，这涉及较为复杂的合同管理问题。

第四，施工单位在施工期间应定期组织安全生产检查，杜绝安全隐患。根据《电力建设工程施工安全监督管理办法》第26条的规定，电力工程的“施工单位应当定期组织施工现场安全检查和隐患排查治理，严格落实施工现场安全措施，杜绝违章指挥、违章作业、违反劳动纪律行为发生”。根据《非煤矿山外包工程安全管理暂行办法》第20条的规定，非煤矿山工程的“承包单位应当加强对所属项目部的安全管理，每半年至少进行一次安全生产检查，对项目部人员每年至少进行一次安全生产教育培训与考核”。根据《公路水运工程安全生产监督管理办法》第41条的规定，公路工程或者水运工程的“施工单位应当按规定开展安全事故隐患排查治理，建立职工参与的工作机制，对隐患排查、登记、治理等全过程闭合管理情况予以记录。事故隐患排查治理情况应当向从业人员通报，重大事故隐患还应当按规定上报和专项治理”。

第六节　施工机械的出租、安拆单位的安全生产管理责任

随着我国建筑业的快速发展，施工机具尤其是大型设备的更新换代较快，催生了专门提供施工机具、设备租赁和安装、拆卸的企业，为了规范建筑设备租赁市场发展，发挥行业协会的自律作用，维护建筑施工机械租赁双方的合法权益，促进建筑施工机械租赁行业的健康发展，原建设部办公厅曾在2006年11月1日发布了《建筑施工机械租赁行业管理办法》(建协〔2006〕30号)〔1〕，根据该管理办法第2条的规定，“建筑施工机械，是指用于建筑施工的起重机械、混凝土机械、桩工机械、土石方机械、运输机械、掘进机械等，以及模板、脚手架等施工机具”，这些机具是建筑施工现场必需的器械，但一般采购价格昂贵，维护成本较高。但由于当前市场上施工机械出租单位数量较多，规模不大，也存在经营不规范的现象。最近房地产调控政策导致开工数量减少，尤其是2020年新冠疫情突然暴发以来，我国建筑施工机械设备租赁市场供求关系出现了转折，施工机械设备由供不应求转向市场饱和，租赁企业竞争压力加大，经营不规范的情况愈加明显。

---

〔1〕 该办法已被住建部办公厅于2018年2月13日发文废止。

但租赁企业仍需遵守相关法律法规的规定，以保证施工安全，避免承担相关法律责任。

一、施工机械设备租赁公司提供的设备和配件应当具有质量合格证明，且应保证提交的机械设备和配件检测合格

为了确保施工单位租用的施工机械质量可靠，根据《建设工程安全生产管理条例》第16条的规定，施工机械出租单位在出租设备时，“出租的机械设备和施工机具及配件，应当具有生产（制造）许可证、产品合格证。出租单位应当对出租的机械设备和施工机具及配件的安全性能进行检测，在签订租赁协议时，应当出具检测合格证明。禁止出租检测不合格的机械设备和施工机具及配件”。

首先，租赁公司出租的机械设备及配件，必须具有生产（制造）许可证、产品合格证明。鉴于施工现场使用的机械设备质量对现场安全生产极为重要，如果投入施工现场的机械设备及其零配件质量不合格或者没有及时维修，会大大增加事故的发生概率。所以，进入施工现场的施工机械设备必须具有合格证明文件。

其次，设备应该定期检测和维修保养的，应在定期检测和维修保养的有效期内。根据《特种设备安全法》第29条的规定，特种设备在出租期间的使用管理和维护保养义务由特种设备出租单位承担，法律另有规定或者当事人另有约定的除外。机械设备和施工机具的安全性能检测的内容一般包括外型、钢结构、主要焊接部位；各工作机构；限制器、险位、保险装置及防护罩等各类安全保护装置；各电气、液压系统；各部位零部件等[1]。这些设备和影响安全的关键部件应该定期进行检测。《建设工程安全生产

〔1〕参见国务院法制办农业资源环保法制司、建设部政策法规司、工程质量安全监督与行业发展司编：《建设工程安全生产管理条例释义》，知识产权出版社2004年版，第36页。

管理条例》第19条规定，施工起重设备和自升式模板脚手架检验检测机构应当对检测合格的施工起重机械和整体提升脚手架、模板等自升式架设设施出具安全合格证明文件，所以这些设备的施工单位应及时向检测机构索取检测合格证书。检测机构应具有施工起重设备器具的相关检测资质，其检测人员应利用其专业资质依法对机械设备器具提供检测服务并对出具的检测报告负责。

最后，《建设工程安全生产管理条例》同时规定，“禁止出租检测不合格的机械设备和施工机具及配件”。对于起重机械及施工现场内专业车辆，根据《特种设备安全法》第28条的规定，“特种设备出租单位不得出租未取得许可生产的特种设备或者国家明令淘汰和已经报废的特种设备，以及未按照安全技术规范的要求进行维护保养和未经检验或者检验不合格的特种设备”。这些机械和配件主要包括国家明令淘汰的设备、存在严重事故隐患的设备、超过安全技术标准规定年限的机械设备以及年检不合格的机械设备等，一旦这些被禁止使用的设备和配件继续在施工现场使用，将会增加安全事故发生的概率，严重影响施工现场作业人员的人身安全和财产安全。

二、国家对于施工现场安装、拆卸施工起重机械和整体提升脚手架、模板等自升式架设设施的安装、拆卸要求有资质的单位实施，在实施前应编制安装或拆卸的工作方案，而且在安装完毕后应进行检测

首先，根据《建设工程安全生产管理条例》第17条第1款的规定，“在施工现场安装、拆卸施工起重机械和整体提升脚手架、模板等自升式架设设施，必须由具有相应资质的单位承担”。我国对起重设备安装企业实行资质管理，不具备相应的资质，不能在我国从事起重设备安装和拆卸工作。《住房和城乡建设部关于印发建设工程企业资质管理制度改革方案的通知》（建市〔2020〕94号）对起重设备安装工程专业资质和模板脚手架专

业承包资质进行了规定。对于起重设备安装工程专业资质分设为甲、乙两级，具有专业甲级资质的企业可以承担塔式起重机、各类施工升降机和门式起重机的安装与拆卸；具有乙级资质的企业可以承担3150千牛·米以下塔式起重机、各类施工升降机和门式起重机的安装与拆卸。对于模板脚手架专业承包企业，不分资质级别，只要获得该专业资质，即可承担包括整体提升脚手架、模板在内的各类模板、脚手架工程的设计、制作、安装、施工和拆除。

其次，安装、拆卸大型自升式施工起重机和整体自升式脚手架、模板时，必须编制安装方案和拆卸方案，以避免发生安全事故。根据《建设工程安全生产管理条例》第17条第2款的规定，“安装、拆卸施工起重机械和整体提升脚手架、模板等自升式架设设施，应当编制拆装方案、制定安全施工措施，并由专业技术人员现场监督”。由于施工起重机械和整体提升脚手架、模板等自升式架设设施的安装或者拆除工作技术要求较高，安装、拆卸工作本身具有安全施工要求，同时被安装或拆除的机械设备、脚手架等要在施工期间频繁重复使用，是施工作业人员吊装建筑材料或组织施工的主要手段，所以国家严格要求在施工起重机械和整体提升脚手架、模板等自升式架设设施的安装或者拆除前，安装、拆卸单位必须结合施工现场的实际情况编制安装或者拆卸方案。该安装、拆卸方案还应作为施工单位施工组织设计的一部分，必须经过施工单位现场技术负责人、安全负责人以及监理工程师的审批后方可实施。一般施工起重机械和整体提升脚手架、模板等自升式架设设施的安装或者拆除方案包括安装、拆卸施工的作业环境分析；安装条件、安装拆卸作业前检查、安装制度；安装工艺流程及安装要点；升降及锚固作业工艺；安装后的检验内容和试验方法；拆卸工艺流程及拆卸要点；各工序、各部位有关的安全措施；安装、拆卸安全注意事项等内容。在安装、拆卸方案被批准后，起重机械等安装、拆卸施工单位应严格按照方案进行安装或者拆卸作业，保证方案的落实。

最后，根据《建设工程安全生产管理条例》第17条第3款的规定，“施工起重机械和整体提升脚手架、模板等自升式架设设施安装完毕后，安装单位应当自检，出具自检合格证明，并向施工单位进行安全使用说明，办理验收手续并签字”。施工起重机械等设备安装完毕后，安装单位应依据安装方案和专业经验对安装成果进行自检，全面检查设备零部件、构件、总成、安全防护装置等，对存在的问题进行纠正，自检合格的，应向施工单位签发自检合格证明并对安全事项以书面形式向施工单位出具说明和重点注意事项。安装单位和施工单位应当按照国家关于施工起重机械和自升式模板脚手架的相关质量要求进行验收，做好验收记录，双方还要办理交接手续。自检项目与双方验收手续一般包括电气装置、安全装置（包括各种限位、保险、限制器等）、控制器、照明和信号系统；金属结构、连接杆、吊笼、导轨架、附墙架梯子、信道、司机室和走台等；防护装置；传动机构、动力设备升降动力控制台；制动器、防坠防倾装置、安全器；吊钩、钢丝绳及链接；滑轮组、滑轮组的轴和固定零件；液压系统；架体结构、架体悬挑长度、架体高度、附着支撑结构、架体的防护；各部位链接紧固件及链接紧固件情况等。〔1〕

第七节　工程项目主要参建人员的安全生产管理责任

根据《建筑法》和《建设工程质量管理条例》的规定，建设项目的建设单位、勘察单位、设计单位、施工单位、监理单位、材料设备供应单位均对项目的质量和安全负有责任。根据《建筑工程五方责任主体项目负责人质

〔1〕 参见国务院法制办农业资源环保法制司、建设部政策法规司、工程质量安全监督与行业发展司编：《建设工程安全生产管理条例释义》，知识产权出版社2004年版，第39页。

量终身责任追究暂行办法》(建质〔2014〕124号)以及其他相关规章和政策的规定，建筑工程项目的建设单位项目负责人、勘察单位项目负责人、设计单位项目负责人、施工单位项目经理、监理单位总监理工程师对参与新建、扩建、改建的建筑项目的质量终身责任。同时这五方责任主体负责建设项目的资金拨付进度、资源配置、勘测设计、施工生产组织和监管等，对项目施工期间的安全生产也起到关键作用。住建部也发布《住房城乡建设部关于印发〈建设单位项目负责人质量安全责任八项规定(试行)〉等四个规定的通知》(建市〔2015〕35号)，专门规定了建设单位项目负责人、勘察项目负责人、设计项目负责人以及总监理工程师对工程质量安全的责任。另外，以上单位的一般工作人员对建设项目的安全生产也负有一定的责任，如下展开论述。

一、建设单位项目负责人的安全生产责任

根据《建设单位项目负责人质量安全责任八项规定(试行)》的规定，“建设单位项目负责人是指建设单位法定代表人或经法定代表人授权，代表建设单位全面负责工程项目建设全过程管理，并对工程质量承担终身责任的人员”。建设单位项目负责人应当严格遵守《建筑法》《招标投标法》《安全生产法》《建设工程质量管理条例》《建设工程安全生产管理条例》等法律法规，确保工程项目施工阶段的安全生产。

根据《建设单位项目负责人质量安全责任八项规定(试行)》的规定，一是在概算编制阶段，建设单位项目负责人在组织编制工程概算时，“应当将建筑工程安全生产措施费用和工伤保险费用单独列支，作为不可竞争费，不参与竞标”。二是在施工发包与签约阶段，“建设单位项目负责人应当依法组织发包，不得将工程发包给个人或不具有相应资质等级的单位；不得将一个单位工程的施工分解成若干部分发包给不同的施工总承包或专业承包单位；不得将施工合同范围内的单位工程或分部分项工程又另行

发包；不得违反合同约定，通过各种形式要求承包单位选择指定的分包单位”。而且建设单位项目负责人发现承包单位有转包、违法分包及挂靠等违法行为的，应当及时向住房城乡建设主管部门报告。建设单位项目负责人在组织发包时应当提出合理的造价和工期要求，“不得迫使承包单位以低于成本的价格竞标，不得与承包单位签订‘阴阳合同’，不得拖欠勘察设计、工程监理费用和工程款，不得任意压缩合理工期。确需压缩工期的，应当组织专家予以论证，并采取保证建筑工程质量安全的相应措施，支付相应的费用”。三是在施工准备阶段，建设单位项目负责人应当负责向勘察、设计、施工、工程监理等单位提供与建筑工程有关的真实、准确、齐全的原始资料，应当严格执行施工图设计文件审查制度，及时将施工图设计文件报有关机构审查，未经审查批准的，不得使用；发生重大设计变更的，应送原审图机构审查。四是在施工阶段，建设单位项目负责人应当在项目开工前按照国家有关规定办理工程质量、安全监督手续，依法申请领取施工许可证。尤其是对于依法应当实行监理的工程，应当通过招标方式委托工程监理单位进行监理。而且在施工期间，建设单位项目负责人应当依据国家法律法规和施工合同要求加强对工程质量安全的控制和管理，“不得以任何方式要求设计单位或者施工单位违反工程建设强制性标准，降低工程质量；不得以任何方式要求检测机构出具虚假报告；不得以任何方式要求施工单位使用不合格或者不符合设计要求的建筑材料、建筑构配件和设备；不得违反合同约定，指定承包单位购入用于工程建设的建筑材料、建筑构配件和设备或者指定生产厂、供应商”，避免因管理失误而导致安全生产事故发生。

二、勘察单位负责人的安全生产责任

在建筑工程勘察工作开始前，勘察单位法定代表人应当签署授权书，明确勘察项目负责人。根据《建筑工程勘察单位项目负责人质量安全责任七项规定（试行）》的规定，勘察项目负责人，“是指经勘察单位法定代表人授权，代表勘察单位负责建筑工程项目全过程勘察质量管理，并对建筑工程勘察质量安全承担总体责任的人员。勘察项目负责人应当由具备勘察质量安全管理能力的专业技术人员担任。甲、乙级岩土工程勘察的项目负责人应由注册土木工程师（岩土）担任”。勘察项目负责人应当严格依法实施勘察工作，向建设单位提供真实准确的勘察信息。

《建筑工程勘察单位项目负责人质量安全责任七项规定（试行）》具体规定了勘察项目负责人有关工程项目施工安全的七项义务：一是在勘察工作组织上，勘察项目负责人应当确认承担项目的勘察人员符合相应的注册执业资格要求，具备相应的专业技术能力，观测员、记录员、机长等现场作业人员符合专业培训要求。不得允许他人以本人的名义承担工程勘察项目。二是勘察项目负责人应当依据有关法律法规、工程建设强制性标准和勘察合同（包括勘察任务委托书），组织编写勘察纲要，就相关要求向勘察人员交底，组织开展工程勘察工作。三是勘察项目负责人应当负责勘察现场作业安全，要求勘察作业人员严格执行操作规程，并根据建设单位提供的资料和场地情况，采取措施保证各类人员，场地内和周边建筑物、构筑物及各类管线设施的安全。四是勘察项目负责人应当对原始取样、记录的真实性和准确性负责，组织人员及时整理、核对原始记录，核验有关现场和试验人员在记录上的签字，对原始记录、测试报告、土工试验成果等各项作业资料验收签字。五是勘察项目负责人应当对勘察成果的真实性和准确性负责，保证勘察文件符合国家规定的深度要求，在勘察文件上签字盖章。六是勘察项目负责人应当对勘察后期服务工作负责，组织相关勘察人员及时解决工程设计和施工中与勘察工作有关的问题；组织参与施工验槽；组织勘察人员参加工程竣工验收，验收合格后在相关验收文件上签字，对城市轨道交通工程，还应参加单位工程、项目工程验收并在验收文件上签字；组织勘察人员参与相关工程质量安全事故分析，并对因勘察原因造成的质量安全事故，提出与勘察工作有关的技术处理措施。七是勘察项目负责人应当对勘察资料的归档工作负责，组织相关勘察人员将全部资料分类编目，装订成册，归档保存。勘察项目负责人应履行好以上义务，避免因勘察失误导致安全生产事故发生。

三、设计单位负责人的安全生产责任

根据《建筑工程设计单位项目负责人质量安全责任七项规定（试行）》的规定，设计项目负责人，"是指经设计单位法定代表人授权，代表设计单位负责建筑工程项目全过程设计质量管理，对工程设计质量承担总体责任的人员。设计项目负责人应当由取得相应的工程建设类注册执业资格（主导专业未实行注册执业制度的除外），并具备设计质量管理能力的人员担任。承担民用房屋建筑工程的设计项目负责人原则上由注册建筑师担任"。设计项目负责人应对工程的质量安全承担设计责任。

根据《建筑工程设计单位项目负责人质量安全责任七项规定（试行）》的规定，设计项目负责人应当严格遵守以下规定：一是从设计工作组织上，设计项目负责人应当确认承担项目的设计人员符合相应的注册执业资格要求，具备相应的专业技术能力。不得允许他人以本人的名义承担工程设计项目。二是从设计工作依据上，设计项目负责人应当依据有关法律法规、项目批准文件、城乡规划、工程建设强制性标准、设计深度要求、设计合同（包括设计任务书）和工程勘察成果文件，就相关要求向设计人员交底，组织开展建筑工程设计工作，协调各专业之间及与外部各单位之间的技术接口工作。三是从设计资料要求上，设计项目负责人应当要求设计人员在设计文件中注明建筑工程合理使用年限，标明采用的建筑材料、建筑构配件和设备的规格、性能等技术指标，其质量要求必须符合国家规定的标准及建筑工程的功能需求。四是针对施工安全管理，设计项目负责人应当要求设计人员考虑施工安全操作和防护的需要，在设计文件中注明涉及施工安全的重点部位和环节，并对防范安全生产事故提出指导意见；采用新结构、新材料、新工艺和特殊结构的，应在设计中提出保障施工作业人员安全和预防生产安全事故的措施建议。五是从设计成果控制程序上，设计项目负责人应当核验各专业设计、校核、审核、审定等技术人员在相关设计文件上的签字，核验注册建筑师、注册结构工程师等注册执业人员在设计文件上的签章，并对各专业设计文件验收签字。六是从设计成果实施程序上，设计项目负责人应当在施工前就审查合格的施工图设计文件，组织设计人员向施工及监理单位作出详细说明；组织设计人员解决施工中出现的设计问题。不得在违反强制性标准或不满足设计要求的变更文件上签字，应当根据设计合同中约定的责任、权利、费用和时限，组织开展后期服务工作。七是从建设成果检验上，设计项目负责人应当组织设计人员参加建筑工程竣工验收，验收合格后在相关验收文件上签字；组织设计人员参与相关工程质量安全事故分析，并对因设计原因造成的质量安全事故，提出与设计工作相关的技术处理措施；组织相关人员及时将设计资料归档保存。设计项目负责人必须严格按照以上规定履行义务，确保设计质量过关，并对设计成果承担责任。

四、勘察、设计单位执业人员的安全生产责任

我国法律法规要求工程勘察设计单位及相关工作人员对勘察设计成果负责。如《公路水运工程安全生产监督管理办法》第29条第3款规定，“勘察单位及勘察人员对勘察结论负责”。《水利工程建设安全生产管理规定》第12条第3款规定，水利工程项目的“勘察（测）单位和有关勘察（测）人员应当对其勘察（测）成果负责”。两规章均要求勘察（测）单位及勘察（测）人员对勘察（测）结论负责。法律法规对设计单位和设计人要求更为严格。《安全生产法》第33条第1款规定，“建设项目安全设施的设计人、设计单位应当对安全设施设计负责”。《建设工程安全生产管理条例》第13条第4款规定，“设计单位和注册建筑师等注册执业人员应当对其设计负

责”。《公路水运工程安全生产监督管理办法》第30条第4款规定，“设计单位和设计人员应当对其设计负责，并按合同要求做好安全技术交底和现场服务”。《水利工程建设安全生产管理规定》第13条第4、5款规定，水利工程“设计单位和有关设计人员应当对其设计成果负责。设计单位应当参与与设计有关的生产安全事故分析，并承担相应的责任”。

勘察设计单位是受建设单位委托履行勘察设计任务的主体，对勘察设计成果应该承担责任。但由于勘察设计属于服务业，主要还是由勘察设计工程师及相关辅助人员负责履约。为了加强对建设工程勘察、设计注册工程师的管理，维护公共利益和建筑市场秩序，提高建设工程勘察、设计质量与水平，原建设部依据《建筑法》《建设工程勘察设计管理条例》等法律法规于2005年2月4日发布了《勘察设计注册工程师管理规定》（建设部令〔2005〕第137号）〔1〕，根据该管理规定，建设工程勘察、设计活动中形成的勘察、设计文件及其修改由相应专业注册工程师按照规定签字盖章后方可生效，注册工程师对勘察设计成果承担责任。根据《建筑工程五方责任主体项目负责人质量终身责任追究暂行办法》（建质〔2014〕124号）的规定，勘察单位项目负责人、设计单位项目负责人对项目勘察、设计质量承担终身责任，在工程设计使用年限内对工程质量承担相应责任。

五、总监理工程师的安全生产责任

我国对规模以上工程实行强制监理制度。而在具体施工现场，实行总监负责制度。根据《建筑工程项目总监理工程师质量安全责任六项规定（试行）》的规定，“建筑工程项目总监理工程师（以下简称项目总监）是指经工程监理单位法定代表人授权，代表工程监理单位主持建筑工程项目的

---

〔1〕 已被《住房城乡建设部关于修改〈勘察设计注册工程师管理规定〉等11个部门规章的决定》（住建部令第32号）修订。

全面监理工作并对其承担终身责任的人员”。项目总监对工程项目施工期间的质量安全生产责任重大。

根据《建筑工程项目总监理工程师质量安全责任六项规定（试行）》，项目总监一是应当按规定取得注册执业资格；不得违反规定受聘于两个及以上单位从事执业活动。二是项目总监应当在岗履职，应当组织审查施工单位提交的施工组织设计中的安全技术措施或者专项施工方案，并监督施工单位按已批准的施工组织设计中的安全技术措施或者专项施工方案组织施工；应当组织审查施工单位报审的分包单位资格，督促施工单位落实劳务人员持证上岗制度；发现施工单位存在转包和违法分包的，应当及时向建设单位和有关主管部门报告。三是工程监理单位应当选派具备相应资格的监理人员进驻项目现场，项目总监应当组织项目监理人员采取旁站、巡视和平行检验等形式实施工程监理，按照规定对施工单位报审的建筑材料、建筑构配件和设备进行检查，不得将不合格的建筑材料、建筑构配件和设备按合格签字。四是项目总监发现施工单位未按照设计文件施工、违反工程建设强制性标准施工或者发生质量事故的，应当按照建设工程监理规范规定及时签发工程暂停令。五是项目总监在实施监理过程中，发现存在安全事故隐患的，项目总监应当要求施工单位整改；情况严重的，应当要求施工单位暂时停止施工，并及时报告建设单位；施工单位拒不整改或者不停止施工的，项目总监应当及时向有关主管部门报告，主管部门接到项目总监报告后，应当及时处理。六是项目总监应当审查施工单位的竣工申请，并参加建设单位组织的工程竣工验收，不得将不合格工程按照合格签认。

六、施工单位主要负责人、项目负责人和专职安全管理人员的安全生产责任

施工现场的安全管理是人的管理，需要施工单位负责人尤其是施工

单位派往施工现场的项目负责人和专职安全管理人员加强对施工现场的管理，严格落实各项安全生产规章制度和安全作业规程，杜绝安全事故发生。根据《安全生产法》第5条的规定，施工单位的主要负责人是本单位安全生产第一责任人，对施工单位的安全生产工作全面负责。项目经理、专职安全员等其他负责人对职责范围内的安全生产工作负责。《建设工程安全生产管理条例》第36条第1款规定，“施工单位的主要负责人、项目负责人、专职安全生产管理人员应当经建设行政主管部门或者其他有关部门考核合格后方可任职”。根据《建筑施工企业主要负责人、项目负责人和专职安全生产管理人员安全生产管理规定》（住建部令第17号）第3条的规定，施工单位的主要负责人，“是指对本企业生产经营活动和安全生产工作具有决策权的领导人员”；施工项目的项目负责人，“是指取得相应注册执业资格，由企业法定代表人授权，负责具体工程项目管理的人员”；施工项目的专职安全生产管理人员，“是指在企业专职从事安全生产管理工作的人员，包括企业安全生产管理机构的人员和工程项目专职从事安全生产管理工作的人员”。关于施工单位主要负责人的范围，根据《建筑施工企业主要负责人、项目负责人和专职安全生产管理人员安全生产管理规定实施意见》（建质〔2015〕206号）第1条的规定，包括其法定代表人、总经理、分管安全生产的副总经理、分管生产经营的副总经理、技术负责人、安全总监等。而根据《水利水电工程施工企业主要负责人、项目负责人和专职安全生产管理人员安全生产考核管理办法》（水监督〔2022〕326号）第3条第1款的规定，施工企业主要负责人，“指企业的法定代表人和实际控制人”。关于施工项目负责人，一般是一位具体个人，根据《水利水电工程施工企业主要负责人、项目负责人和专职安全生产管理人员安全生产考核管理办法》第3条第2款的规定，“是指由企业法定代表人授权，负责水利水电工程项目施工管理的人员”。关于专职安全生产管理人员，根据《水利水电工程施工企业主要负责人、项目负责人和专职安全生产管理人员安全生产考核管理办法》第3条第3款的规定，专职安全生产管理人员，“是指在企业专职从事安全生产管理工作的人员，包括企业安全生产管理机构的人员和专职从事工程项目安全生产管理的人员”。该管理办法将企业主要负责人、项目负责人和专职安全生产管理人员统称为“安管人员”。而根据《建筑施工企业主要负责人、项目负责人和专职安全生产管理人员安全生产管理规定实施意见》第2条第1款的规定，“专职安全生产管理人员分为机械、土建、综合三类。机械类专职安全生产管理人员可以从事起重机械、土石方机械、桩工机械等安全生产管理工作。土建类专职安全生产管理人员可以从事除起重机械、土石方机械、桩工机械等安全生产管理工作以外的安全生产管理工作。综合类专职安全生产管理人员可以从事全部安全生产管理工作”。

根据《安全生产法》第27条的规定，施工单位的主要负责人和安全生产管理人员必须具备与本单位所从事的生产经营活动相应的安全生产知识和管理能力。对于施工单位的主要负责人、项目负责人、专职安全管理人员这三类安全人员，应当获取相关主管部门对其安全生产知识和管理能力考核合格证明之后，才可以任职。这是由于施工单位的主要负责人依法对本单位的安全生产管理工作全面负责，项目负责人对在建工程项目安全生产负责，而专职安全生产管理人员负责对本单位实施的项目的安全生产情况进行监督检查，他们的职务都是施工单位抓安全生产管理工作的关键岗位，他们的安全生产管理能力和水平直接关系本单位的安全生产管理水平。施工单位安全生产三类人员若未经相关行业主管部门考核合格，获得安全生产管理资格，就不能出任相关岗位。

七、施工现场作业人员的安全生产责任

在施工现场作业人员为施工生产的实施者，也是安全生产管理要求的具体落实者和受益者，对现场施工安全负有责任。

第一，根据《建设工程安全生产管理条例》第33条的规定，施工现场的

作业人员应当遵守安全施工的强制性标准、规章制度和操作规程，正确使用安全防护用具、机械设备等。工程建设强制性标准，直接涉及人民生命财产安全、施工人员的身体健康和环境质量，施工现场作业人员必须遵守。若施工作业人员违反强制性标准，必然会给工程带来重大安全隐患。安全生产规章制度是指施工单位根据有关安全生产的法律法规以及国家标准或者行业标准，结合本企业的实际情况制定的安全生产方面的具体制度，而安全操作规程是指为了保证安全生产，对施工操作的具体技术要求和实施程序作出的统一规定。施工单位安全生产规章制度和操作规程，对保护作业人员的人身安全具有针对性和可操作性。施工单位有义务教育现场作业人员严格遵守工程建设的强制性标准，执行本企业的安全生产规章制度和安全操作规程。而施工现场作业人员也有义务遵守工程建设强制性标准和安全生产规章制度、操作规程。

第二，施工现场作业人员应当正确使用安全防护用具及施工机械设备。安全防护用具是保护作业人员在施工过程安全的防御性装备，也是施工单位为保护作业人员的措施手段。鉴于我国施工现场大量使用农民工的情况，目前仍然存在施工作业人员不熟悉防护设备的使用方法的情况，以及施工作业人员不按照要求使用安全防护设备的习惯。那么为了发挥防护用具的作用，《建设工程安全生产管理条例》专门规定施工作业人员必须按照要求使用安防用具，否则要承担责任。同时，随着我国建筑业机械化程度的逐步提高，施工现场使用机械设备的品种和数量日渐增多，由于施工作业人员没能及时熟练掌握机械的操作技术以及正确佩戴安防设备，伤亡事故时有发生。为了预防机械设备安全事故，施工作业人员必须熟悉施工机械的操作规程和安防要求。

第三，根据《建设工程安全生产管理条例》第37条第1款的规定，“作业人员进入新的岗位或者新的施工现场前，应当接受安全生产教育培训。未经教育培训或者教育培训考核不合格的人员，不得上岗作业。施工单位在采用新技术、新工艺、新设备、新材料时，应当对作业人员进行相应的安全生产教育培训”。由于工程项目的复杂性，决定了施工作业环境、施工机械配置不同，这就需要施工作业人员在入职新岗位之前，必须接受安全生产培训，否则作业人员无法满足施工现场的需要。为了督促施工作业人员按照国家要求参加新工种培训，《建设工程安全生产管理条例》专门规定未接受安全教育培训并经考核合格的人员，不得进入施工现场上岗作业。另外，随着科技发展，建筑业新工艺、新技术、新材料、新设备不断涌现，提高了建筑业的工作效率和工程质量，但是对现场作业人员也提出了更高的要求，施工作业人员必须不断学习新知识、掌握新技能，否则无法满足建筑业的新发展。同时，施工作业人员还必须掌握与新技术相配套的新的安全防护技能，以满足使用新机械、新材料的需要。

第二章　工程总承包项目安全生产事故调查和责任认定

生产安全事故的报告和调查处理，是安全生产工作的重要一环。早前实施的1989年《特别重大事故调查程序暂行规定》和1991年《企业职工伤亡事故报告和调查处理规定》[1]对事故的报告和调查处理起到了重要的规范作用。但是，随着经济的持续发展，生产经营单位在内部决策、管理方面也变得复杂和多样，对安全生产工作的开展和监督提出了新的挑战；同时，建筑施工、矿山、道路交通等领域的安全生产事故仍旧频发，未能得到有效遏制；再加上社会公众对安全生产事故报告和调查处理的关注度在持续增加，为了适应新情况、新形势，国务院根据《安全生产法》及相关政策，颁布了《生产安全事故报告和调查处理条例》(国务院令第493号)。《生产安全事故报告和调查处理条例》对《安全生产法》中与"生产安全事故的应急救援与调查处理"相关的规定进行了细化，是全面、系统规范生产安全事故报告和调查处理的一部重要的行政法规，它的颁布实施为进一步强化事故责任追究、推动安全生产形势好转提供了有力的法律保障。本章将围绕相关法律法规的规定，并结合真实的案例及事故调查报告，对安全生产事故的报告制度、调查处理制度、应急救援制度以及事故责任的认定进行介绍。

---

〔1〕 两规定均已被《生产安全事故报告和调查处理条例》(2007年4月9日发布，2007年6月1日实施)废止。

第一节　我国建设工程安全生产管理事故报告制度

事故报告是事故调查处理的前提。在发生安全生产事故后，及时、准确、完整地对事故进行报告，有利于及时组织事故救援，在一定程度上减少事故所带来的损失。

一、事故报告的总体要求

《生产安全事故报告和调查处理条例》第4条第1款对事故报告提出了总体要求，即“事故报告应当及时、准确、完整，任何单位和个人对事故不得迟报、漏报、谎报或者瞒报”。由于现实中部分生产经营单位及有关人员，甚至政府部门及其有关人员在发生安全生产事故后，不将事故进行报告，或存在迟报、漏报、谎报的行为，还会发生销毁证据、破坏现场等情况。针对上述事故报告存在的重大问题，《生产安全事故报告和调查处理条例》第4条第1款提出了原则性要求。

如在“天津地铁4号线登州南路站‘10·12’较大坍塌事故”[1]中，涉事单位及相关人员就出现了谎报的行为。政府公布的调查报告显示：2021年10月12日15时35分左右，天津地铁4号线登州南路站南侧附属结构冠梁发生坍塌。15时38分左右，项目附属结构土建工程实际施工单位天津城建隧道股份有限公司(以下简称隧道公司)项目经理张某接天津城建隧道股份

〔1〕参见《地铁4号线登州南路站“10·12”较大坍塌事故调查报告》，载天津市应急管理局网2022年3月25日，http://yjgl.tj.gov.cn/ZWGK6939/SGDCBG354/202203/t20220325_5840095.html。

有限公司第三分公司（以下简称隧道三分公司）施工员于某电话报告发生生产安全事故后，向隧道公司党委书记、董事长郭某电话报告事故情况，郭某安排隧道公司总经理索某前往事故现场进行处置。16时至16时30分，隧道公司管理人员相继到达事故现场开展救援。经郭某授意，索某与张某共同商议后决定以“事故造成一人受伤”作为对外统一口径，并通过电话通知正在事故现场的隧道公司副总经理马某。马某、张某分别指挥徐某（隧道三分公司副经理、隧道公司天津地铁4号线南段工程登州南路站附属结构项目副经理）、于某等人对外统一口径。邢某（施工队负责人）准备拨打“110”报警时，徐某制止其报警，并要求邢某制止其他人报警。邢某按徐某的要求执行。16时27分左右和16时47分左右，在事故中受伤的工人冯某2次拨打“120”急救电话，告知事故现场有人受伤、3~4人被埋压。17时许，“120”急救中心5辆救护车陆续到达事发地点，隧道公司现场人员告诉急救人员只有1名伤者。急救人员在A2出入口B1层楼梯处对伤者进行包扎并送至天津医院;急救人员经与隧道公司现场负责人确认无其他人员伤亡后，其余4辆救护车离开。4名死者由工地负责人指派司机送往沙柳北路天盛殡葬服务处。由于索某提供虚假信息以及于某蓄意误导相关政府部门核查人员前往其他地点核实，导致市应急局、市公安局、市住房城乡建设委和东丽区人民政府均未在第一时间掌握事故造成人员伤亡的真实情况。19时34分左右，市公安局“110”指挥中心接到死者家属报警称，死者干活时因塌方受伤，医院告知已有3人死亡。接报后，东丽区应急局及公安东丽分局的工作人员再次赶赴事故现场进行核实。此时，索某承认事故造成4人死亡、1人受伤。东丽区住房建设委、区应急局及公安东丽分局立即组织力量迅速开展现场封锁、交通管制、信息核实、调查取证、人员控制和舆情监控等工作。

在这起事故中，事故有关责任单位及人员的谎报行为直接导致受伤工人未能得到及时的医疗救治，也使相关政府部门未能在第一时间掌握事故造成人员伤亡的实际情况，给后续的救援、协调及事故调查工作的开展设置了极大的障碍。

为尽可能地减少实践中迟报、漏报、谎报或者瞒报安全生产事故的情况，规范安全生产事故发生后的报告规则，《生产安全事故报告和调查处理条例》除明确事故报告制度的总体要求外，还设置了第二章“事故报告”专章，共十条，从事故报告的主体、程序、时限、内容，事故补报，以及接到事故报告后采取的措施、事故现场的保护、相关部门的职责等方面进行了具体的规定。

二、有关事故报告的具体规定

（一）落实事故报告的主体责任

根据2021年修订的《安全生产法》第83、84条以及《生产安全事故报告和调查处理条例》第9~11条的规定，负有事故报告的责任主体包括以下人员：（1）事故现场有关人员；（2）事故发生单位负责人；（3）安全生产监督管理部门和负有安全生产监督管理职责的有关部门；（4）有关地方人民政府。对于《生产安全事故报告和调查处理条例》第9条第1款规定的“事故现场有关人员”主要指在事故现场的事故发生单位有关工作人员，包括事故的伤者、在事故现场的其他工作人员；对于事故伤者重伤或死亡无法进行报告，事故现场又无其他工作人员的，任何发现事故的人都有义务立即进行事故报告。对于“单位负责人”，既包括事故发生单位的主要负责人，也包括其他分管安全生产工作的领导或者其他负责人，可以是有限责任公司、股份有限公司的董事长或者总经理或者个人经营的投资人，也可以是其他生产经营单位的厂长、经理、局长、矿长（含实际控制人）等人员。

（二）明确事故报告的程序和时限

根据《生产安全事故报告和调查处理条例》第9条的规定，事故发生后，事故现场有关人员应当立即向本单位负责人报告；单位负责人接到报告后，应当于1小时内向事故发生地县级以上人民政府安全生产监督管理部门和负有安全生产监督管理职责的有关部门报告。情况紧急时，事故现场有关人员可以直接向事故发生地县级以上人民政府安全生产监督管理部门和负有安全生产监督管理职责的有关部门报告。本条所述的报告情形是事故报告和事故处理流程中的第一个环节，对是否能够及时进行应急救援、减少人员伤亡和财产损失，防止安全生产事故进一步扩大起着至关重要的作用。根据《安全生产法》第83条的规定，生产经营单位发生生产安全事故后，事故现场有关人员应当立即报告本单位负责人。单位负责人接到事故报告后，应当迅速采取有效措施，组织抢救，防止事故扩大，减少人员伤亡和财产损失，并按照国家有关规定立即如实报告当地负有安全生产监督管理职责的部门，不得隐瞒不报、谎报或者迟报，不得故意破坏事故现场、毁灭有关证据。《生产安全事故报告和调查处理条例》第9条的规定是对《安全生产法》第83条规定的继承和补充，对以下几个事项作出了明确规定：(1)发生安全生产事故后，事故现场有关人员应当立即报告本单位负责人；(2)单位负责人接到安全生产事故报告后，应当向安全生产监督管理部门和负有安全生产监督管理职责的有关部门报告；(3)严格规定了单位负责人报告安全生产事故的时限——1小时，此处的限制性规定是在《生产安全事故报告和调查处理条例》第4条有关“事故报告应当及时”的规定的基础上，提高了事故报告时限的可操作性，由于单位负责人在接到事故报告后需要一定的时间核实事故的实际情况，赶赴事故现场并组织启动应急救援措施，在既要保证应急救援措施实施，又要保证安全生产监督管理部门和负有安全生产监督管理职责的有关部门能够及时了解事故情况的条件下，拟定“1小时”为事故报告的限制时间是较为合理的;[1](4)规定了事故现场有关人员在情况紧急时可以直接向事故发生地县级以上人民政府安全生产监督管理部门和负有安全生产监督管理职责的有关部门报告,对于《生产安全事故报告和调查处理条例》第9条第2款规定中的"情况紧急",在实践中应进行较为灵活的适用与解释,使其囊括更多种情形,以发挥事故报告制度的真正作用。

《生产安全事故报告和调查处理条例》第10条对安全生产监督管理部门和负有安全生产监督管理职责的有关部门接到事故报告后如何对事故上报进行了规定,不同的事故等级对应着不同的事故上报方式。《生产安全事故报告和调查处理条例》第3条将生产安全事故分为四个等级:(1)特别重大事故,是指造成30人以上死亡,或者100人以上重伤(包括急性工业中毒,下同),或者1亿元以上直接经济损失的事故;(2)重大事故,是指造成10人以上30人以下死亡,或者50人以上100人以下重伤,或者5000万元以上1亿元以下直接经济损失的事故;(3)较大事故,是指造成3人以上10人以下死亡,或者10人以上50人以下重伤,或者1000万元以上5000万元以下直接经济损失的事故;(4)一般事故,是指造成3人以下死亡,或者10人以下重伤,或者1000万元以下直接经济损失的事故。根据《生产安全事故报告和调查处理条例》第10条的规定,特别重大事故、重大事故应逐级上报至国务院安全生产监督管理部门和负有安全生产监督管理职责的有关部门;较大事故须逐级上报至省、自治区、直辖市人民政府安全生产监督管理部门和负有安全生产监督管理职责的有关部门;一般事故应上报至设区的市级人民政府安全生产监督管理部门和负有安全生产监督管理职责的有关部门。由于事故报告和事故调查处理是处理安全生产事故过程中密不可分的两个环节,事故调查处理的职权划分在一定程度上决定了事故

---

〔1〕 参见国务院法制办公室工交商事法制司、国家安全生产监督管理总局政策法规司联合编写:《生产安全事故报告和调查处理条例释义》,中国市场出版社2007年版,第49~50页。

报告的程序。[1]《生产安全事故报告和调查处理条例》第19条对事故调查的主体进行了职责规定："特别重大事故由国务院或者国务院授权有关部门组织事故调查组进行调查。重大事故、较大事故、一般事故分别由事故发生地省级人民政府、设区的市级人民政府、县级人民政府负责调查。省级人民政府、设区的市级人民政府、县级人民政府可以直接组织事故调查组进行调查，也可以授权或者委托有关部门组织事故调查组进行调查。未造成人员伤亡的一般事故，县级人民政府也可以委托事故发生单位组织事故调查组进行调查。"因此，报告制度需与事故调查制度在相关部门的职权划分上保持一致。

此外，《生产安全事故报告和调查处理条例》第10条还规定，安全生产监督管理部门和负有安全生产监督管理职责的有关部门接到事故报告后，除上报事故情况外，还应通知公安机关、劳动保障行政部门、工会和人民检察院。这条规定源于《安全生产法》第10条，该条要求政府有关部门依照《安全生产法》和其他有关法律、行政法规的规定，在各自的职责范围内对有关行业、领域的安全生产工作实施监督管理。相应地，政府有关部门在事故报告过程中也应发挥各自的监督管理职能。要求在上报事故的同时通知公安机关，有利于在事故发生初期维护事故现场秩序，保护事故现场痕迹；同时，公安机关主要负责安全生产事故中涉嫌犯罪行为的调查，为迅速开展调查取证工作，及时有效地打击安全生产犯罪行为，应将事故通知给公安机关。[2]安全生产事故一般发生在劳动者的劳动过程中，劳动保障行政部门作为主管全国劳动工作的部门，在吸取事故教训后，能够制定出更适应实际情况的政策。《生产安全事故报告和调查处理条例》第6

〔1〕 参见国务院法制办公室工交商事法制司、国家安全生产监督管理总局政策法规司联合编写：《生产安全事故报告和调查处理条例释义》，中国市场出版社2007年版，第52~53页。

〔2〕《生产安全事故报告和调查处理条例》第17条规定："事故发生地公安机关根据事故的情况，对涉嫌犯罪的，应当依法立案侦查，采取强制措施和侦查措施。犯罪嫌疑人逃匿的，公安机关应当迅速追捕归案。"

条规定了工会依法参加事故调查处理，有权向有关部门提出处理意见；第22条规定了工会应派人组成事故调查组。据此，安全生产监督管理部门和负有安全生产监督管理职责的有关部门在上报事故的同时应当通知工会。此外，工会组织代表职工的利益，依法维护职工的合法权益，安全生产事故会对职工的权益造成极大损害，工会作为代表，不仅要在事故发生后及时掌握事故情况，帮助受害职工维护自身合法权益，还应在日常生产经营活动中对生产经营单位进行监督，督促其对从业人员进行进行必要的安全生产教育和培训，提供必要的劳动防护用品等。《生产安全事故报告和调查处理条例》第22条也对人民检察院派人参加事故调查组进行了规定，对于安全生产事故中涉及的一般刑事犯罪以及国家机关工作人员的贪污、腐败、渎职等犯罪行为，人民法院应履行其作为国家公诉机关的侦查、起诉职责，上报事故时通知人民检察院，能够使其及时介入事故调查，依法查办安全生产事故中的犯罪行为，在保障人民生命财产安全的同时，维护国家机关及其工作人员公正、廉洁的社会形象。

值得注意的是，《生产安全事故报告和调查处理条例》第9条和第10条都明确了下级单位在对安全生产事故进行报告时，不仅要向上级安全生产监督管理部门报告，还要向负有安全生产监督管理职责的有关部门报告，即实行“双报告”制度。这是由于《安全生产法》第10条规定了国务院应急管理部门、县级以上地方各级人民政府应急管理部门依照《安全生产法》对全国、本行政区域内安全生产工作实施综合监督管理，国务院有关部门、县级以上地方各级人民政府有关部门依照《安全生产法》和其他有关法律、法规的规定，在各自的职责范围内对有关行业、领域的安全生产工作实施监督管理，这确立了我国综合监管与专项监管相结合的安全生产监督管理体制。[1]在事故报告过程中，安全生产监督管理部门与负有安全

〔1〕参见国务院法制办公室工交商事法制司、国家安全生产监督管理总局政策法规司联合编写：《生产安全事故报告和调查处理条例释义》，中国市场出版社2007年版，第52页。

生产监督管理职责的有关部门各司其职，共同协作，弥补并解决时间差及信息差给救援带来的各种问题，便于集中力量展开应急救援及后续的事故调查工作。

《生产安全事故报告和调查处理条例》第11条对安全生产监督管理部门和负有安全生产监督管理职责的有关部门逐级上报事故的时间进行了规定，即“每级上报的时间不得超过2小时”。结合《生产安全事故报告和调查处理条例》第9条第1款单位负责人报告事故“1小时”时限的规定，以特别重大事故的报告来举例，由单位负责人报告县级以上人民政府安全生产监督管理部门和负有安全生产监督管理职责的有关部门，再由县级安全生产有关部门、市级安全生产有关部门、省级安全生产有关部门、国务院管理部门依次向上级报告，直至将事故报告给国务院，如此计算下来，事故逐级报告所需时间总共不超过9小时。

再如在“江西丰城发电厂‘11·24’冷却塔施工平台坍塌特别重大事故”[1]中，江西省丰城市公安局“110”指挥中心于7时43分接到施工单位河北亿能烟塔工程有限公司现场施工人员报警，称丰城发电厂三期扩建工程发生坍塌事故。“110”指挥中心立即将接警信息通知丰城市公安消防大队、“120”急救中心、丰城市政府应急管理办公室等单位和部门。8时7分，丰城市委、市政府主要负责同志立即调派公安、安全监管、住房城乡建设、医疗、交通等单位携带挖掘机、吊车、铲车等重型机械设备赶赴现场处置。8时15分，丰城市委办公室、市政府应急管理办公室分别向宜春市委值班室、市政府应急管理办公室电话汇报事故情况。8时50分，丰城市委办公室、市政府应急管理办公室分别向宜春市委值班室、市政府应急管理办公室报告事故信息。9时3分，江西省政府相关负责同志调度了解事故现场伤亡情况后，启动省级安全生产事故灾难应急预案。9时13分，宜春市政

〔1〕 参见《江西丰城发电厂“11·24”冷却塔施工平台坍塌特别重大事故调查报告》，载江西省人民政府网，http://www.jiangxi.gov.cn/art/2018/10/19/art_5322_392475.html。

府值班室向江西省政府值班室报告事故信息。9时30分，国家安全生产应急救援指挥中心调度国家（区域)矿山应急救援乐平队、江西省矿山救护总队、丰城大队、新余大队、丰城市矿山救护队及部分安全生产应急救援骨干队伍携带无人机、生命探测仪、破拆及发电等设备参加救援。9时50分，江西省政府值班室向国务院应急办报告事故信息。10时30分，江西省政府主要负责同志抵达事故现场，对人员搜救等工作作出安排，决定成立事故救援指挥部（以下简称救援指挥部)，由江西省政府相关负责同志担任救援指挥部总指挥，救援指挥部下设现场救援、安全保卫、医疗等7个小组。11时20分，江西省委主要负责同志抵达事故现场指导救援和善后工作。在上述事故中，现场施工人员将事故报告至国务院应急办，花费将近3小时的时间，符合《生产安全事故报告和调查处理条例》要求的时限规定。同时我们可以看到，由于事故报告及时，相应的救援工作也开展得较为迅速。

"时间就是生命"，及时、快速上报安全生产事故首先有利于各级政府及部门了解事故情况，以最快速度安排救援工作的开展，如在丰城事故当中，各级政府及安全管理部门就及时调集了多方力量参与救援在一定程度上能够发挥更多的人力、物力资源优势，使救援工作得以有效进行。其次，事故发生后的善后工作也是事故调查处理过程中的重要一环，安全生产事故的及时上报，能够让事故发生单位、政府和安全管理部门及时对受害者家属进行安抚，并商议赔偿等事宜，避免家属因情绪激动而导致社会不稳定事件的发生。最后，如事故涉及危险化学品的泄漏、爆炸等，还有可能威胁到事故现场周边居民的生命安全，事故报告及时，就多给群众转移留出了时间。因此，事故单位和各级监管部门必须严格按照法律法规规定的时限要求将安全生产事故上报。

（三）事故报告的主要内容

根据《生产安全事故报告和调查处理条例》第12条的规定，报告事故时，内容应当涵盖事故发生单位的概况，事故发生的时间、地点及事故现场的情况，事故的简要经过，事故已经造成或者可能造成的伤亡人数（包括下落不明的人数）和初步估计的直接经济损失和已经采取的措施等。

1.事故发生单位的概况

事故发生单位的概况具体来说包括事故单位名称、地址、生产经营范围、持有的证照情况、单位负责人的基本情况等，对于不同的生产经营单位，报告的内容也有一定差异。

2.事故发生的时间、地点及事故现场的情况

在报告事故发生的时间时应当做到具体，精确至分钟。事故发生的地点应报告准确，包括事故发生的中心地点以及受到事故波及的区域范围。对于事故现场情况的报告，应当包含人员伤亡以及设备设施损毁情况，除此之外，还应尽量将事故发生前后的现场情况均进行报告，以便比较分析事故原因。

3.事故的简要经过

事故的简要经过，即“对事故全过程的简要叙述，核心要求在于‘全’和‘简’”。[1]在对事故经过进行相关叙述时，应对事故发生前现场工作人员、设备设施的细节情况进行梳理、汇报，往往事故发生前的行为会成为导致事故发生的重要原因之一。

4.事故已经造成或者可能造成的伤亡人数（包括下落不明的人数）和初步估计的直接经济损失

在报告伤亡人数时，必须做到实事求是，不可隐瞒事实真相。伤亡人数和经济损失情况会直接对事故等级的划分、判定造成影响，因此在报告时要力争做到准确。

5.已经采取的措施

《生产安全事故报告和调查处理条例》第14条至第16条对事故发生后

〔1〕参见国务院法制办公室工交商事法制司、国家安全生产监督管理总局政策法规司联合编写：《生产安全事故报告和调查处理条例释义》，中国市场出版社2007年版，第59页。

事故现场有关人员、事故发生单位负责人及安全生产管理部门应采取的各项措施进行了规定：事故发生单位负责人应当立即启动事故相应应急预案，或者采取有效措施，组织抢救，防止事故扩大，减少人员伤亡和财产损失；事故发生地有关地方人民政府、安全生产监督管理部门和负有安全生产监督管理职责的有关部门负责人应当立即赶赴事故现场，组织事故救援；有关单位和人员应当妥善保护事故现场以及相关证据，任何单位和个人不得破坏事故现场、毁灭相关证据。[1]

此外，《生产安全事故报告和调查处理条例》第13条还要求事故报告后出现新情况的，应当及时补报。事故伤亡人数自事故发生之日起30日内发生变化的，应当及时补报；道路交通事故、火灾事故造成的伤亡人数发生变化的，自发生之日起7日内应当及时补报。

例如，在“金华经济技术开发区湖畔里EPC总承包项目‘11·23’较大坍塌事故”[2]中，金华经济技术开发区应急管理局在向金华市应急管理局报告事故时，对事故发生单位、事故概况做了报告，同时说明了“11人被砸，伤者已送往医院抢救”的伤亡情况以及事故现场采取的措施。后金华经济技术开发区应急管理局严格按照《生产安全事故报告和调查处理条例》的规定持续向金华市应急管理局续报事故情况，金华市应急管理局也逐级向浙江省应急管理厅续报事故情况。上述事故报告的内容符合《生产安全事故报告和调查处理条例》第12条的规定，为后续事故的救援、事故原因的分析以及事故等级的划分奠定了基础。

（四）建立值班制度

为了方便人民群众对事故进行报告、举报，增强社会层面对安全生产

〔1〕 参见国务院法制办公室工交商事法制司、国家安全生产监督管理总局政策法规司联合编写：《生产安全事故报告和调查处理条例释义》，中国市场出版社2007年版，第58~60页。

〔2〕 参见《金华经济技术开发区湖畔里项目“11·23”较大坍塌事故调查报告》，载金华市应急管理局网，http://yjglj.jinhua.gov.cn/art/2022/1/26/art_1229682538_58896488.html。

工作的监督，《生产安全事故报告和调查处理条例》第18条对值班制度进行了规定，要求安全生产监督管理部门和负有安全生产监督管理职责的有关部门建立值班制度，并向社会公布值班电话，受理事故报告和举报。

三、未按要求进行事故报告的责任承担

由于事故相关人员及事故单位通常抱有侥幸心理，认为安全生产事故能够私下进行解决，为了使事故报告制度发挥其应有的作用，《安全生产法》及《生产安全事故报告和调查处理条例》均对隐瞒不报、谎报或迟报安全生产事故的行为规定了严格的法律责任。

根据《安全生产法》第110条第1款的规定，生产经营单位的主要负责人在本单位发生生产安全事故时，不立即组织抢救或者在事故调查处理期间擅离职守或者逃匿的，给予降级、撤职的处分，并由应急管理部门处上一年年收入60%至100%的罚款；对逃匿的处十五日以下拘留；构成犯罪的，依照刑法有关规定追究刑事责任。第110条第2款规定，生产经营单位的主要负责人对生产安全事故隐瞒不报、谎报或者迟报的，依照前款规定处罚。第111条规定，有关地方人民政府、负有安全生产监督管理职责的部门，对生产安全事故隐瞒不报、谎报或者迟报的，对直接负责的主管人员和其他直接责任人员依法给予处分；构成犯罪的，依照刑法有关规定追究刑事责任。

《生产安全事故报告和调查处理条例》第36条对事故发生单位及其有关人员谎报或者瞒报事故的责任进行了规定：对事故发生单位处100万元以上500万元以下的罚款；对主要负责人、直接负责的主管人员和其他直接责任人员处上一年年收入60%至100%的罚款；属于国家工作人员的，并依法给予处分；构成违反治安管理行为的，由公安机关依法给予治安管理处罚；构成犯罪的，依法追究刑事责任。第39条对有关地方人民政府、安全生产监督管理部门和负有安全生产监督管理职责的有关部门迟报、漏

报、谎报或者瞒报事故的责任进行了规定，对直接负责的主管人员和其他直接责任人员依法给予处分；构成犯罪的，依法追究刑事责任。

当违法成本高于违法收益，事故报告制度的作用就能得以实现，也能对生产经营单位起到一定的震慑作用，以促使其加强自身安全生产工作方面的管理与监督。

第二节　我国建设工程安全生产管理事故调查处理制度

新中国成立伊始，我国就对安全生产事故的调查处理给予了充分关注与政策支持。1956年5月，国务院颁布了《工厂安全卫生规程》[1]、《建筑安装工程安全技术规程》[2]和《工人职员伤亡事故报告规程》这三大制度，[3]其中，《工人职员伤亡事故报告规程》是新中国成立后第一部有关事故报告和调查处理的行政法规，[4]虽然只有短短的21条，内容也较为简略、粗糙，但其为我国安全生产事故调查处理制度的发展与实施奠定了坚实的基础。

随着经济社会的发展，为了更好地完成安全生产事故调查处理工作，国务院于20世纪80年代发布了多份规范事故调查处理工作的规定及标准文件，主要包括《企业职工伤亡事故调查分析规则》《企业职工伤亡事故调查分析规则》《企业职工伤亡事故分类标准》《特别重大事故调查程序暂行规定》[5]《国务院关于特大安全事故行政责任追究的规定》等。上述规定

[1] 被《国务院关于废止部分行政法规的决定》(2008年1月15日发布，2008年1月15日实施)废止。
[2] 被《国务院关于废止部分行政法规的决定》(2008年1月15日发布，2008年1月15日实施)废止。
[3] 被《企业职工伤亡事故报告和处理规定》(1991年2月22日发布，1991年5月1日实施)废止。
[4] 参见孟大鹏：《论生产安全事故调查制度的完善》，复旦大学2010年硕士学位论文，第10页。
[5] 被《生产安全事故报告和调查处理条例》(2007年4月9日发布，2007年6月1日实施)废止。

虽部分已经被废止，但其中的标准至今仍在适用。

当前，我国事故调查主要遵循的依据为《生产安全事故报告和调查处理条例》，其中在第4条确立了事故调查处理应当坚持的原则，即“实事求是，尊重科学”的八字方针。“实事求是”要求必须全面、彻底地查清楚安全生产事故发生的原因，不得夸大或缩小事实，不得弄虚作假；要坚持从实际出发，在弄清事故原因的基础上认定事故责任；要按照法律法规等相关规定提出事故的处理建议并确定事故责任，不能够进行主观判断，避免感情用事；要全面总结事故教训并坚决落实整改措施。“尊重科学”是要求事故调查要秉持科学的态度，充分发挥专家及技术人员的优势，并利用技术手段，查明事故原因，做到客观、公正。〔1〕

在此基础上，2021年新修订的《安全生产法》对事故调查提出了新的原则要求。根据新修订的《安全生产法》第86条第1款的规定，事故调查处理应当按照科学严谨、依法依规、实事求是、注重实效的原则，及时、准确地查清事故原因，查明事故性质和责任，评估应急处置工作，总结事故教训，提出整改措施，并对事故责任单位和人员提出处理建议。“科学严谨”与《生产安全事故报告和调查处理条例》所规定的“尊重科学”的含义基本一致，即事故调查要使用科学的方法，遵循事故发生的客观规律。“依法依规”即事故调查要严格按照相关法律法规的规定开展，事故调查程序及结果公正，事故责任的认定于法有据。《安全生产法》与《生产安全事故报告和调查处理条例》都要求安全生产事故的调查应当做到实事求是，含义也相同。“注重实效”是指在事故调查过程中，在准确、充分还原事故真相的同时，还要注重事故调查的效率，同时要及时总结经验，使安全生产事故不再发生。〔2〕

---

〔1〕 参见国务院法制办公室工交商事法制司、国家安全生产监督管理总局政策法规司联合编写：《生产安全事故报告和调查处理条例释义》，中国市场出版社2007年版，第37~38页。

〔2〕 参见詹瑜璞：《安全生产法的实践和理论》，知识产权出版社2011年版，第44~46页；赵亚伟：《生产安全事故调查处理的法律问题研究》，浙江工商大学2020年硕士学位论文，第14~15页。

《生产安全事故报告和调查处理条例》第三章专门对事故调查进行了规定，共13条，对组织事故调查的主体、事故调查组的组成、事故调查组成员具备的资格条件、事故调查组的职责、事故调查组的权利义务、事故调查的时限以及事故调查报告的内容等进行了规定，是《生产安全事故报告和调查处理条例》中极为重要的一章，对实践中的事故调查工作具有较高的指导价值。《生产安全事故报告和调查处理条例》第四章也用简明扼要的3条规定对事故处理的相关流程进行了规范。

安全生产事故调查处理的主要程序如图2-1所示：

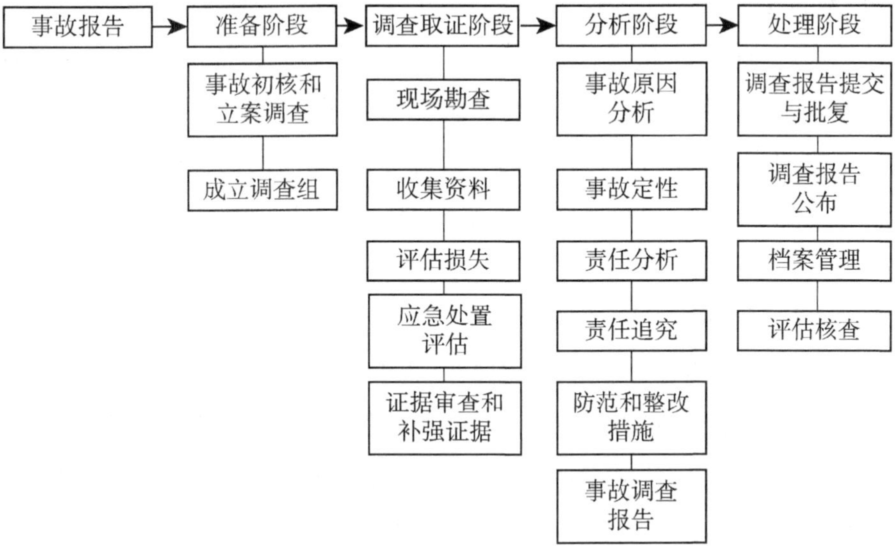

图2-1 安全生产事故调查处理的主要程序

（资料来源：参见乔树清：《生产安全事故调查处理程序与方法》，载《劳动保护》2016年第12期）

一、安全生产事故的调查主体

根据《生产安全事故报告和调查处理条例》第19条至第21条的规定，事故调查的主体是县级以上各级人民政府。特别重大事故由国务院或者国务院授权有关部门组织事故调查组进行调查；重大事故、较大事故、一般事故分别由事故发生地省级人民政府、设区的市级人民政府、县级人民政府负责调查，省级人民政府、设区的市级人民政府、县级人民政府可以直接组织事故调查组进行调查，也可以授权或者委托有关部门组织事故调查组进行调查；未造成人员伤亡的一般事故，县级人民政府也可以委托事故发生单位组织事故调查组进行调查。

《生产安全事故报告和调查处理条例》第19条体现了安全生产事故调查的分级负责以及属地原则，这是根据当前我国安全生产工作现状作出的，有利于在实际操作中进行落实。此条规定按照安全生产事故的等级，对负责事故调查的主体进行了划分，能够在很大程度上提高事故调查的效率。值得注意的是，无论哪一级别的事故，均需要由政府对事故调查进行领导、负责；无论是政府直接组织调查还是授权或委托有关部门进行事故调查，都应当是以政府的名义进行，是政府的调查行为。此外，事故调查还应遵循“属地原则”，即事故调查权归于事故发生地的有关人民政府。

事故调查也可能存在提级调查以及跨行政区域调查的情况，《生产安全事故报告和调查处理条例》第20条以及第21条专门对此进行了规定。为了落实各级政府的调查权，一般不进行提级调查，但对于一些等级不高，但情况比较复杂、影响较大的安全生产事故，就需要由上级政府来对事故进行调查，以保证事故调查的质量和效率。根据《生产安全事故报告和调查处理条例》第20条的规定，“上级人民政府认为必要时，可以调查由下级人民政府负责调查的事故”。本条中，“上级人民政府”不单单指上一级人民政府，必要时，国务院也可以组织提级调查，如中国石油吉化双苯厂“11·13”爆炸事故，就是由国务院组织事故调查组进行调查的。至于何时为“必要”，一般应满足如下几种条件：(1)事故造成的社会影响较大，性质较为恶劣；(2)在同一个地区连续多次发生同类事故的；(3)事故调查不能做到客观、公正的；(4)事故发生地对安全生产工作不重视，不吸取事故教训的;(5)社会公众对下级人民政府负责调查的事故反响强烈的。[1]另外,《生产安全事故报告和调查处理条例》第20条第2款对伤亡人数变化后导致的提级进行了规定,若自事故发生之日起30日内(道路交通事故、火灾事故自发生之日起7日内),因事故伤亡人数变化导致事故等级发生了变化,上级人民政府应当根据实际情况进行提级调查,但可以选择另行组织事故调查组或继续由原事故调查组进行调查。

由于生产经营活动是在不断流动的,现实中经常会发生安全生产事故的发生地与事故单位不在同一个行政区域,事故发生地人民政府和事故单位所在地人民政府相互争抢或相互推诿事故调查责任的情况,会对事故调查的有序进行产生一定的影响。《生产安全事故报告和调查处理条例》第21条即对此进行了明确规定,对于特别重大事故以下等级事故,如果事故发生地与事故发生单位不在同一个县级以上行政区域的,由事故发生地人民政府负责调查,事故发生单位所在地人民政府应当派人参加。首先,本条仅对特别重大事故以下等级的事故适用,因为特别重大事故由国务院或者国务院授权有关部门组织事故调查组进行调查,而国务院或者国务院授权的有关部门管辖范围为全国,不存在上述跨行政区域的情况。其次,本条规定实际上与《生产安全事故报告和调查处理条例》第19条的规定保持了一致,贯彻落实"属地原则",明确由事故发生地人民政府负责调查。

二、事故调查组的组成

《生产安全事故报告和调查处理条例》第22条第1款首先对事故调查组组成的原则进行了规定,即"精简、效能",本款规定也在一定程度上呼应了《生产安全事故报告和调查处理条例》第5条第3款"参加事故调查处理

〔1〕 参见国务院法制办公室工交商事法制司、国家安全生产监督管理总局政策法规司联合编写:《生产安全事故报告和调查处理条例释义》,中国市场出版社2007年版,第75页。

的部门和单位应当互相配合，提高事故调查处理工作的效率”，为提高事故调查处理工作的效率提供了保证。根据《生产安全事故报告和调查处理条例》第22条第2、3款的规定，事故调查组由有关人民政府、安全生产监督管理部门、负有安全生产监督管理职责的有关部门（根据事故的具体情况，决定由哪个部门参加）、监察机关、公安机关以及工会派人组成，并应当邀请人民检察院派人参加，也可以聘请有关专家参与调查。

事故调查组的成员应当具备事故调查所需要的知识和专长，且与所调查的事故没有直接利害关系。由于事故调查属于一项对专业度和技术度要求都较高的工作，需要调查人员深入事故发生现场，进行勘验、检测、对比等；同时，也需要调查人员全面了解事故发生经过，向事故相关人员进行询问、调查取证，并收集查阅有关文件资料；这一系列任务完成后，再对事故的原因进行分析，提出事故的整改防范措施，并对责任者提出相应的处理建议。综上所述，事故调查组成员的责任重大，专业性极强，因此需要对调查组成员的资格进行限制。

此外，由于事故调查涉及对事故责任者的处理建议，为了保证事故调查的公正性、客观性，事故调查组的成员也应当适用回避制度。《生产安全事故报告和调查处理条例》第23条中规定的“与所调查的事故没有直接利害关系”主要包括两个方面：第一，事故调查组成员与事故发生单位没有直接利害关系；第二，事故调查组成员与事故发生单位的主要负责人、主管人员、有关负责人没有直接利害关系。实践中，在事故调查组组成的过程当中，与所调查的事故有直接利害关系的人员应当主动回避，避免参加事故调查工作，若组织事故调查的人民政府或者有关部门发现调查组成员人选与所调查的事故有直接利害关系的，应予以调整；在事故调查组成立后，对于具有上述情况的成员，应及时予以更换或者停止其事故调查工作。

根据《生产安全事故报告和调查处理条例》第25条的规定，事故调查组履行下列职责：（1）查明事故发生的经过、原因、人员伤亡情况及直接经济损失；(2)认定事故的性质和事故责任；(3)提出对事故责任者的处理建议；(4)总结事故教训，提出防范和整改措施；(5)提交事故调查报告。《〈生产安全事故报告和调查处理条例〉释义》对上述职责进行了详细的解释，事故发生的经过包括事故发生前，事故发生单位生产作业状况；事故发生的具体时间、地点；事故现场状况及事故现场保护情况；事故发生后采取的应急处置措施情况；事故报告经过；事故抢救及事故救援情况；事故的善后处理情况以及其他与事故发生经过有关的情况。事故发生的原因则涵盖直接原因、间接原因和其他原因。人员伤亡情况需要涉及事故发生前，事故发生单位生产作业人员分布情况；事故发生时人员涉险情况；事故当场人员伤亡情况及人员失踪情况；事故抢救过程中人员伤亡情况；最终伤亡情况以及其他与事故发生有关的人员伤亡情况。对于事故的直接经济损失，应当查明人员伤亡后所支出的费用，如医疗费用、丧葬及抚恤费用、补助及救济费用、歇工工资等；事故善后处理费用，如处理事故的事务性费用、现场抢救费用、现场清理费用、事故罚款和赔偿费用等以及事故造成的财产损失费用，如固定资产损失价值、流动资产损失价值等。关于认定事故性质和事故责任，对认定为自然事故(非责任事故或者不可抗拒的事故)的，可不再认定或者追究事故责任人；对认定为责任事故的，要按照责任大小和承担责任的不同分别认定事故的直接责任者(其行为与事故发生有直接因果关系的人员，如违章作业人员)、主要责任者(对事故发生负有主要责任的人员，如违章指挥者)以及领导责任者(对事故发生负有领导责任的人员)。对事故责任者的处理建议主要包括行政、纪律处分建议；行政处罚建议；追究刑事责任及民事责任的建议。[1]对事故教训的总结应当做到覆盖面广，从事故发生单位到社会公众、政府及其有关部门，都应当能从事故中汲取经验教训。防范和整改措施是在事故调查分

〔1〕 参见国务院法制办公室工交商事法制司、国家安全生产监督管理总局政策法规司联合编写：《生产安全事故报告和调查处理条例释义》，中国市场出版社2007年版，第82~85页。

析的基础上针对事故发生单位在安全生产方面的薄弱环节、漏洞、隐患等提出的，要具备针对性、可操作性、普遍适用性和时效性。上述内容都应在事故调查组所提交的事故调查报告中进行体现，调查报告的内容应符合《生产安全事故报告和调查处理条例》第30条的规定，并应按照第29条规定的时限进行提交。

三、事故调查报告

事故调查组进行事故调查所形成的最终成果即事故调查报告。《生产安全事故报告和调查处理条例》第29条明确事故调查组应当自事故发生之日起60日内提交事故调查报告；特殊情况下，经负责事故调查的人民政府批准，提交事故调查报告的期限可以适当延长，但延长的期限最长不超过60日。《生产安全事故报告和调查处理条例》第30条规定，事故调查报告的内容应当包括事故发生单位概况、事故发生经过和事故救援情况、事故造成的人员伤亡和直接经济损失、事故发生的原因和事故性质、事故责任的认定以及对事故责任者的处理建议以及事故防范和整改措施，事故调查报告应当附随有关证据材料，事故调查组成员应当在事故调查报告上签名。关于事故原因，《企业职工伤亡事故调查分析规则》中将事故原因分为直接原因和间接原因，事故调查报告中也主要对上述两方面原因进行分析。直接原因通常直接导致事故的发生，以人的原因和物的原因两类为主，〔1〕人的原因指企业员工及从业人员做出的一系列不安全行为，如冒险作业、违反操作规程、未按要求佩戴防护用品等；物的原因指机械、物质或环境的不安全状态，如安全、防护装置的缺乏、缺陷等。〔2〕事故的间接原因主要包括技术和设计上的缺陷、安全操作规程缺失或不健全、安全生产教

---

〔1〕 参见丁宏宝、赵建德、汤兆兆：《劳动保护读本》，上海科学技术出版社2001年版，第260~263页。

〔2〕 参见孟大鹏：《论生产安全事故调查制度的完善》，复旦大学2010年硕士学位论文，第18页。

育和培训不够、劳动组织不合理、缺乏对现场工作的管理和检查、对事故隐患防范整改不力等。针对事故责任，对事故责任者的处理建议主要包括行政处分、纪律处分、行政处罚；涉及刑事犯罪的移交司法机关追究刑事责任；同时追究事故责任者的民事责任。

除事故调查组的责任外，《生产安全事故报告和调查处理条例》第26条还对事故发生单位负责人及有关人员的配合义务进行了规定。要求上述人员在事故调查期间不得擅离职守，并应当随时接受事故调查组的询问，如实提供有关情况。如有违反，事故发生单位负责人及有关人员应承担相应的法律责任。

2013年8月6日，原国家安监总局办公厅发布《关于深入推进安全生产信息公开工作的通知》（安监总厅〔2013〕119号），明确加强生产安全事故调查处理信息公开，“特别重大事故调查报告要及时在国家安全监管总局政府网站上全文公布”；“实现重大事故调查报告全部全文公开”；“较大事故中，对国务院安委会及其办公室挂牌督办或跟踪督办的，2014年要实现事故调查报告全部全文公开；对其他较大事故尤其是省级安委会及其办公室督办的，各省级安全监管监察部门要设定目标、明确要求，逐步提高较大事故调查报告全文公开的比例”。

事故调查报告向社会进行公布，一方面能够厘清事故当事各方的责任，便于有关行政机关及单位遵照执行、问责，例如在刑事诉讼中，安全生产事故调查报告可以作为证据使用，是检察机关办案中是否追究相关人员刑事责任的重要参考，但不应直接作为定案依据；此外，公布事故调查报告能够加强公众对事故调查处理工作的监督。另一方面，事故调查报告能够将事故原因、事故责任、对相关人员的处理建议及整改措施展现在其他企业及社会群众面前，起到一定的警示作用，使企业吸取事故教训，落实防范和整改措施，重视安全生产工作，避免类似事故再次发生。

四、事故处理

值得注意的是，事故报告的提交仅仅意味着调查工作结束，由于事故调查组是为了调查某一安全生产事故而临时组成的，其形成并提交的事故调查报告只有经政府批复后才具有行政约束力与执行效力，能够作为对行政相对人追究法律责任的依据。[1]根据《生产安全事故报告和调查处理条例》第32条第1款的规定，事故调查报告的批复主体为负责事故调查的人民政府。对于重大事故、较大事故和一般事故，分别由事故发生地省级人民政府、设区的市级人民政府、县级人民政府负责调查，调查报告也应由上述负责事故调查的不同级别的人民政府自收到事故调查报告之日起15日内作出批复；对于特别重大事故，由国务院或国务院授权有关部门组织事故调查组进行调查，相应地，国务院应在30日内对事故调查报告作出批复，特殊情况下，批复时间可以适当延长，但延长的时间最长不超过30日。

《生产安全事故报告和调查处理条例》第32条第2、3、4款分别对如何落实对事故调查的批复进行了规定。上述规定首先明确了落实批复的主体，即“有关机关”以及“事故发生单位”。该条款里的“有关机关”不单单指某一特定主体，需要根据批复的内容进行确定，可能指一个机关，也可能指多个机关，一般情况下会包括对事故调查报告作出批复的人民政府的有关部门，下级人民政府及其有关部门。有关机关落实批复，须“依照法律、行政法规规定的权限和程序”，即有关机关必须在法定职责权限范围内行使职权，不得法外设定权利，这也在一定程度上体现了“依法行政”的要求。同时，有关机关落实批复还要做到“程序正当”，在对事故发生单位及有关人员进行行政处罚时、对负有事故责任的国家工作人员进行处分时，必须要严格按照法律、行政法规规定的程序进行。根据《生产安全事

〔1〕 参见严一逵：《事故调查报告依法不应公开》，载《中国安全生产报》2009年第9期。

故报告和调查处理条例》，有关机关落实事故调查报告批复的内容主要包括两项，对事故发生单位和有关人员进行行政处罚，以及对负有事故责任的国家工作人员进行处分。根据《行政处罚法》第9条的规定，行政处罚的种类包括：(1)警告、通报批评；(2)罚款、没收违法所得、没收非法财物；(3)暂扣许可证件、降低资质等级、吊销许可证件；(4)限制开展生产经营活动、责令停产停业、责令关闭、限制从业；(5)行政拘留；(6)法律、行政法规规定的其他行政处罚。《生产安全事故报告和调查处理条例》中所指的行政处罚，一般为吊销许可证件、职业资格证书等。根据《监察法》《公务员法》等法律法规的规定，针对国家工作人员的处分，一般包括警告、记过、记大过、降级、撤职、开除等。对于给予安全生产事故责任单位及责任者的行政处罚以及对负有事故责任的国家工作人员的处分，将在后续章节中进行详细介绍。

事故发生单位也需要对事故调查报告的批复进行落实，根据《生产安全事故报告和调查处理条例》第32条第3款的规定，“事故发生单位应当按照负责事故调查的人民政府的批复，对本单位负有事故责任的人员进行处理”。此处的处理主要指事故发生单位根据其规章制度对相应责任人员的内部管理行为，不在行政处罚、行政处分的范畴中。

对事故进行调查与处理的最终目的是预防和减少事故的发生。《生产安全事故报告和调查处理条例》第33条对事故发生单位落实防范和整改措施以及安全生产监督管理部门、负有安全监督管理职责的有关部门的监督职责进行了规定。首先，事故发生单位应当认真吸取事故教训，落实防范和整改措施，防止事故再次发生。据统计，我国每年发生的安全生产事故中，绝大部分是由于生产经营单位及其有关人员违反了安全生产相关法律、法规、技术标准、规范等，实施了一系列违法行为，如生产经营单位及相关负责人没有对相关从业人员进行安全教育和培训，违章指挥；或职工违章冒险作业，不安规定正确佩戴和使用劳动防护用品；抑或生产经营单位的安全生产规章制度和操作规程不健全，作业场所不符合安全生产的规定等。在事故发生并调查处理完毕后，事故发生单位必须从中吸取教训，及时查找自身在安全生产工作管理方面的缺陷和漏洞，针对事故调查组提出的防范和整改措施，必须坚决予以落实。对于能够从源头解决的未建立健全安全生产规章制度等问题，事故发生单位应立即进行调整，防止类似安全隐患再次发生。

《生产安全事故报告和调查处理条例》第33条第1款还特意强调了工会与职工对落实防范和整改措施的监督职责。《工会法》第6条第1款规定："维护职工合法权益、竭诚服务职工群众是工会的基本职责。工会在维护全国人民总体利益的同时，代表和维护职工的合法权益。"第23条规定，企业、事业单位、社会组织违反劳动法律法规规定，不提供劳动安全卫生条件的，工会应当代表职工与企业、事业单位、社会组织交涉，要求企业、事业单位、社会组织采取措施予以改正；企业、事业单位、社会组织应当予以研究处理，并向工会作出答复；企业、事业单位、社会组织拒不改正的，工会可以提请当地人民政府依法作出处理。第25条规定："工会发现企业违章指挥、强令工人冒险作业，或者生产过程中发现明显重大事故隐患和职业危害，有权提出解决的建议，企业应当及时研究答复；发现危及职工生命安全的情况时，工会有权向企业建议组织职工撤离危险现场，企业必须及时作出处理决定。"根据上述规定，工会有权利也有义务对生产经营单位的安全生产工作进行监督，维护职工的合法权益。工会主要使用两种方式履行监督职责：一是直接与事故发生单位进行沟通，要求其落实防范和整改措施；二是向人民政府等有关部门依法进行反映，由其对事故发生单位进行督促、整改。事故的防范和整改措施会严重影响事故发生单位职工的生命安全及财产权益，因此，工会履行相应的监督职责意义重大。

根据《安全生产法》第10条第1、2款的规定："国务院应急管理部门依照本法，对全国安全生产工作实施综合监督管理；县级以上地方各级人民政府应急管理部门依照本法，对本行政区域内安全生产工作实施综合监督管理。国务院交通运输、住房和城乡建设、水利、民航等有关部门依照本法和其他有关法律、行政法规的规定，在各自的职责范围内对有关行业、领域的安全生产工作实施监督管理；县级以上地方各级人民政府有关部门依照本法和其他有关法律、法规的规定，在各自的职责范围内对有关行业、领域的安全生产工作实施监督管理。对新兴行业、领域的安全生产监督管理职责不明确的，由县级以上地方各级人民政府按照业务相近的原则确定监督管理部门。”《生产安全事故报告和调查处理条例》第33条第2款规定安全生产监督管理部门和负有安全生产监督管理职责的有关部门应当对事故发生单位负责落实防范和整改措施的情况进行监督检查，这是在落实《安全生产法》对于有关部门履行安全生产监督管理职责的要求。有关部门应当了解、掌握事故发生单位落实防范和整改措施的具体情况，对于未按要求进行落实的，依法进行督促或采取相应措施。

与事故调查报告向社会公布相同，《生产安全事故报告和调查处理条例》第34条规定事故处理情况也需要由负责事故调查的人民政府或者其授权的有关部门、机构向社会公布，依法应当保密的除外。向社会公布事故调查处理情况，有利于起到宣传及教育作用，促使各生产经营单位及其主要负责人发现本单位所存在的问题，排除事故隐患，加强安全生产管理，在一定程度上起到预防事故发生的作用；此外，也会对社会公众起到警示教育的作用，提高社会层面的安全生产意识。另外，向社会公布事故调查处理情况，有利于加强公众对事故调查处理工作的监督作用，使安全生产事故的调查处理工作更加公正、客观。事故调查处理情况也属于政府信息公开的范畴，对提高政府工作的透明度，建设法治政府，充分发挥政府信息对人民群众生产、生活和经济社会活动的服务作用具有重要的意义。本条款中“依法应当保密的”事故处理情况，应参照《国家安全法》《保守国家秘密法》等有关法律法规的规定执行。

五、安全生产事故的应急救援

2021年《安全生产法》第79条至第82条对生产安全事故的应急救援工作进行了规定，条文从国家、国务院应急管理部门、国务院其他有关部门、县级以上地方各级人民政府、乡镇人民政府和街道办事处以及生产经营单位几个方面入手，从上至下建立了一套较为完善的应急救援机制。

国家在重点行业、领域建立应急救援基地和应急救援队伍，并由国家安全生产应急救援机构统一协调指挥，同时，国家鼓励生产经营单位和其他社会力量建立应急救援队伍，配备相应的应急救援装备和物资，以提高我国应急救援的专业水平，提高对生产安全事故的应急处置能力。2021年《安全生产法》要求国务院应急管理部门牵头建立全国统一的生产安全事故应急救援信息系统，国务院其他相关部门，如交通运输部、水利部、住建部等和县级以上地方人民政府建立健全相关行业、领域、地区的生产安全事故应急救援信息系统，实现互联互通、信息共享，实现对安全生产的精准监管和监测。县级以上地方各级人民政府应当组织有关部门制定本行政区域内生产安全事故应急救援预案，建立应急救援体系，乡镇人民政府和街道办事处等也应制定生产安全事故应急救援预案，协助上级部门组织生产安全事故救援工作，履行自身安全生产相关工作职责。最重要的一点是生产经营单位也应当制定本单位生产安全事故应急救援预案，与所在地县级以上地方人民政府组织制定的生产安全事故应急救援预案相衔接，并定期组织演练。

2021年《安全生产法》第82条还对危险物品的生产、经营、储存单位以及矿山、金属冶炼、城市轨道交通运营、建筑施工单位提出了特别的要求，即上述单位应当建立应急救援组织，配备必要的应急救援器材、设备和物资，并进行经常性维护、保养，保证正常运转；若上述单位生产经营规模较小，可不建立应急救援组织，但须指定兼职的应急救援人员。

第三节　工程总承包项目各参建方及个人的行政责任

在工程总承包项目中，各单位均对建设过程中的安全生产负有责任。根据《安全生产法》《行政处罚法》等相关法律法规的规定，如若各单位未尽到规定的安全生产责任的，需承担相应的法律责任。我国现行法律法规对单位以及个人的安全生产行政责任进行了规定，其中，单位主要承担三类行政责任，一为罚款类，二为限制资质类，三为限制经营类；个人承担的行政责任主要包括罚款类、限制从业类以及行政拘留。

一、建设单位的行政责任

工程总承包项目建设单位作为项目业主，应对项目建设期的安全生产负责。若发生安全生产事故，且建设单位对安全生产事故发生负有责任的，由应急管理部门根据《安全生产法》第114条的规定处以罚款：发生一般事故的，处30万元以上100万元以下的罚款；发生较大事故的，处100万元以上200万元以下的罚款；发生重大事故的，处200万元以上1000万元以下的罚款；发生特别重大事故的，处1000万元以上2000万元以下的罚款。发生生产安全事故，情节特别严重、影响特别恶劣的，应急管理部门可以按照前款罚款数额的二倍以上五倍以下对负有责任的建设单位处以罚款。除此之外，根据建设单位所负有的其他安全生产义务，法律法规对其违反相关规定时所承担的行政责任进行了规定。

第一，建设单位须为安全生产管理工作配备必要的安全生产管理人员，并对员工进行教育和培训。根据《安全生产法》第97条的规定，建设单位存在如下情形的，责令限期改正，处10万元以下的罚款；逾期未改正的，责令停产停业整顿，并处10万元以上20万元以下的罚款，对其直接负责的主管人员和其他直接责任人员处2万元以上5万元以下的罚款：（1）未按照规定设置安全生产管理机构或者配备安全生产管理人员、注册安全工程师的；（2）未按照规定对从业人员、被派遣劳动者、实习学生进行安全生产教育和培训，或者未按照规定如实告知有关的安全生产事项的；（3）未如实记录安全生产教育和培训情况的。

第二，建设单位应当落实全员安全生产责任制和各项安全生产规章制度，构建安全风险分级管控和隐患排查治理双重预防机制，健全风险防范化解机制，制定生产安全事故应急救援预案并定期组织演练，以提高安全生产水平，确保安全生产。根据《安全生产法》第97、101条的规定，建设单位未按照规定制定生产安全事故应急救援预案或者未定期组织演练的；抑或未建立安全风险分级管控制度或者未按照安全风险分级采取相应管控措施，未建立事故隐患排查治理制度，或者重大事故隐患排查治理情况未按照规定报告的，责令限期改正，处10万元以下的罚款；逾期未改正的，责令停产停业整顿，并处10万元以上20万元以下的罚款，对其直接负责的主管人员和其他直接责任人员处2万元以上5万元以下的罚款。

第三，建设单位应当保证安全生产所必需的资金投入。根据《安全生产法》第93条的规定，生产经营单位的决策机构、主要负责人或者个人经营的投资人不依照本法规定保证安全生产所必需的资金投入，致使生产经营单位不具备安全生产条件的，责令限期改正，提供必需的资金；逾期未改正的，责令生产经营单位停产停业整顿。另根据《建设工程安全生产管理条例》第54条的规定，建设单位未提供建设工程安全生产作业环境及安全施工措施所需费用的，责令限期改正；逾期未改正的，责令该建设工程停止施工。

第四，建设单位在投入所必需的安全生产费用的同时，还应当关注并确保相关参建单位的安全生产资质条件，建设单位不得将工程发包给不具有相应资质等级的单位。《建筑法》第65条规定，发包单位将工程发包给不具有相应资质条件的承包单位的，或者违反本法规定将建筑工程肢解发包的，责令改正，处以罚款。《建设工程勘察设计管理条例》第38条规定发包方将建设工程勘察、设计业务发包给不具有相应资质等级的建设工程勘察、设计单位的，责令改正，处50万元以上100万元以下的罚款。根据《安全生产法》第103条的规定，建设单位将项目发包给不具备安全生产条件或者相应资质的单位或者个人的，责令限期改正，没收违法所得；违法所得10万元以上的，并处违法所得二倍以上五倍以下的罚款；没有违法所得或者违法所得不足10万元的，单处或者并处10万元以上20万元以下的罚款；对其直接负责的主管人员和其他直接责任人员处1万元以上2万元以下的罚款。《建设工程安全生产管理条例》第55条也规定建设单位将拆除工程发包给不具有相应资质等级的施工单位的，责令限期改正，处20万元以上50万元以下的罚款。此外，建设单位需要与承包单位签订专门的安全生产管理协议，或在承包合同中明确各自的安全生产管理职责，抑或对承包单位的安全生产进行统一协调、管理，否则，将被处以《安全生产法》第103条第2款[1]规定的罚款。

第五，在建设过程当中，建设单位应履行相应的安全生产责任，否则需要承担相应的行政责任。首先，建设单位应依法完成开工及报建手续。《建筑法》第64条规定，未取得施工许可证或者开工报告未经批准擅自施工的，责令改正，对不符合开工条件的责令停止施工，可以处以罚款。根据《建设工程质量管理条例》第57条的规定，罚款金额为工程合同价款1%以上2%以下。其次，建设单位应当督促各参建单位使用符合国家规定的安全防护用具、机械设备、施工机具及配件、消防设施和器材等。《安全生

〔1〕《安全生产法》第103条第2款规定："生产经营单位未与承包单位、承租单位签订专门的安全生产管理协议或者未在承包合同、租赁合同中明确各自的安全生产管理职责，或者未对承包单位、承租单位的安全生产统一协调、管理的，责令限期改正，处五万元以下的罚款，对其直接负责的主管人员和其他直接责任人员处一万元以下的罚款；逾期未改正的，责令停产停业整顿。"

产法》第99条列举了八项安全生产设备、设施不符合规定的情形，如未在有较大危险因素的生产经营场所和有关设施、设备上设置明显的安全警示标志的，安全设备的安装、使用、检测、改造和报废不符合国家标准或者行业标准的，未对安全设备进行经常性维护、保养和定期检测的，未为从业人员提供符合国家标准或者行业标准的劳动防护用品的等，如建设单位及其他各参建单位存在上述情况，则可能被责令限期改正，被处以5万元以下的罚款；若逾期未改正，则可能被处以5万元以上20万元以下的罚款，直接负责的主管人员和其他直接责任人员则可能被处以1万元以上2万元以下的罚款。《建设工程安全生产管理条例》第55条第1款规定建设单位不得对勘察、设计、施工、工程监理等单位提出不符合安全生产法律、法规和强制性标准规定的要求，否则有关部门可以责令建设单位限期改正，并处20万元以上50万元以下的罚款。最后，建设单位不得违背科学规律要求设计、施工单位简化施工程序、盲目赶工，不得压缩合同约定的工期。根据《建设工程安全生产管理条例》第55条第2款的规定，建设单位要求施工单位压缩合同约定的工期的，责令限期改正，处20万元以上50万元以下的罚款。

二、勘察、设计单位的行政责任

在工程总承包项目中，勘察、设计是安全施工的基础，勘察、设计单位在违反安全生产相关规定时，也需要承担一定的安全生产行政责任，主要包括以下几个方面：

第一，勘察、设计单位应当在其资质等级许可的范围内承揽建设工程勘察、设计业务。《建设工程勘察设计管理条例》第35条第1款规定，勘察、设计单位超越其资质等级许可的范围或者以其他建设工程勘察、设计单位的名义承揽建设工程勘察、设计业务的，责令停止违法行为，处合同约定的勘察费、设计费1倍以上2倍以下的罚款，有违法所得的，予以没收；可以责令停业整顿，降低资质等级；情节严重的，吊销资质证书。第2款规定，未取得资质证书承揽工程的，予以取缔，依照前款规定处以罚款；有违法所得的，予以没收。第3款规定，以欺骗手段取得资质证书承揽工程的，吊销资质证书，依照第1款的规定处以罚款；有违法所得的，予以没收。

第二，勘察、设计单位不得转包所承揽的建设工程勘察、设计。根据《建设工程勘察设计管理条例》第39条的规定，勘察、设计单位将所承揽的建设工程勘察、设计转包的，责令改正，没收违法所得，处合同约定的勘察费、设计费25%以上50%以下的罚款，可以责令停业整顿，降低资质等级；情节严重的，吊销资质证书。

第三，勘察、设计单位应当以国家法律、法规规定的建设工程勘察、设计深度要求，工程建设强制性标准，项目批准文件，城乡规划及专业规划等为依据进行勘察、设计。《建设工程勘察设计管理条例》第40条规定："违反本条例规定，勘察、设计单位未依据项目批准文件，城乡规划及专业规划，国家规定的建设工程勘察、设计深度要求编制建设工程勘察、设计文件的，责令限期改正；逾期不改正的，处10万元以上30万元以下的罚款；造成工程质量事故或者环境污染和生态破坏的，责令停业整顿，降低资质等级；情节严重的，吊销资质证书；造成损失的，依法承担赔偿责任。"《建设工程质量管理条例》第63条规定，勘察单位未按照工程建设强制性标准进行勘察的，设计单位未根据勘察成果文件进行工程设计的，设计单位指定建筑材料、建筑构配件的生产厂、供应商的，以及设计单位未按照工程建设强制性标准进行设计的，责令改正，处10万元以上30万元以下的罚款；造成工程质量事故的，责令停业整顿，降低资质等级；情节严重的，吊销资质证书；造成损失的，依法承担赔偿责任。《建设工程安全生产管理条例》第56条第1项[1]也对勘察、设计单位未按照法律、法规和工程建设强制

〔1〕《建设工程安全生产管理条例》第56条第1项规定："违反本条例的规定，勘察单位、设计单位有下列行为之一的，责令限期改正，处10万元以上30万元以下的罚款；情节严重的，责令停业整顿，降低资质等级，直至吊销资质证书；造成重大安全事故，构成犯罪的，对直接责任人员，依照刑法有关规定追究刑事责任；造成损失的，依法承担赔偿责任：(一)未按照法律、法规和工程建设强制性标准进行勘察、设计的……"

性标准进行勘察、设计的行政责任进行了规定。

此外,《建设工程安全生产管理条例》第56条第2项还要求设计单位在设计中对采用新结构、新材料、新工艺的建设工程和特殊结构的建设工程,提出保障施工作业人员安全和预防生产安全事故的措施建议,否则会被责令限期改正,处10万元以上30万元以下的罚款;情节严重的,会被责令停业整顿,降低资质等级,直至吊销资质证书。

三、监理单位的行政责任

在工程总承包项目中,监理单位应当依据我国现行法律法规的规定以及监理合同的约定履行监理职责,对承包单位在施工质量、建设工期和建设资金使用等方面,代表建设单位实施监督。根据《建设工程安全生产管理条例》第57条的规定,工程监理单位存在下述情形的,有关部门有权责令限期改正,逾期未改正的,责令停业整顿,并处10万元以上30万元以下的罚款,情节严重的,降低资质等级,直至吊销资质证书:(1)未对施工组织设计中的安全技术措施或者专项施工方案进行审查的;(2)发现安全事故隐患未及时要求施工单位整改或者暂时停止施工的;(3)施工单位拒不整改或者不停止施工,未及时向有关主管部门报告的;(4)未依照法律、法规和工程建设强制性标准实施监理的。

工程监理单位须保持自身的独立性。如工程监理单位存在与建设单位或者建筑施工企业串通、弄虚作假、降低工程质量的行为,相关部门有权责令改正,处以罚款,降低监理单位的资质等级或者吊销资质证书,有违法所得的,予以没收。工程监理单位与被监理工程的施工承包单位以及建筑材料、建筑构配件和设备供应单位有隶属关系或者其他利害关系,导致承包单位承担该项建设工程的监理业务的,责令改正,处5万元以上10万元以下的罚款,降低资质等级或者吊销资质证书;有违法所得的,予以没收。

此外，工程监理单位不得转让所承担的监理业务，否则可能被处以责令改正，没收违法所得，责令停业整顿，降低资质等级的处罚，情节严重的，还可能被吊销资质证书。

四、检验检测机构的行政责任

检验检测机构只有取得、具备相应的检测机构资质后，才能在建设过程中发挥重要的第三方监督作用，保证安全生产。对于检测检验机构未取得相应资质、资质证书已过有效期或者超出资质许可范围从事建设工程质量检测活动的，根据《建设工程质量检测管理办法》第39条的规定，其出具的检测报告无效，由县级以上地方人民政府住房和城乡建设主管部门处5万元以上10万元以下罚款；对于涂改、倒卖、出租、出借或者以其他形式非法转让资质证书的，根据《建设工程质量检测管理办法》第44条的规定，由县级以上地方人民政府住房和城乡建设主管部门责令改正，处5万元以上10万元以下罚款，同时根据《安全生产法》第92条的规定，检测检验机构因此获得的违法所得予以没收，违法所得在10万元以上的，并处违法所得2倍以上5倍以下的罚款，没有违法所得或者违法所得不足10万元的，单处或者并处10万元以上20万元以下的罚款；对检测检验机构直接负责的主管人员和其他直接责任人员处5万元以上10万元以下的罚款；给他人造成损害的，与生产经营单位承担连带赔偿责任；构成犯罪的，依照刑法有关规定追究刑事责任。对有前述违法行为的机构及其直接责任人员，吊销其相应资质和资格，5年内不得从事安全评价、认证、检测、检验等工作，情节严重的，实行终身行业和职业禁入。

检验检测机构及检验检测人员应对检测结果负责。对于检验检测机构伪造检测数据，出具虚假检测报告或者鉴定结论的，根据《建设工程质量检测管理办法》第43条的规定，由县级以上地方人民政府住房和城乡建设主管部门责令改正，处5万元以上10万元以下罚款。

针对检验检测机构的其他违法行为，如转包或者违法分包建设工程质量检测业务，违反工程建设强制性标准进行检测，使用不能满足所开展建设工程质量检测活动要求的检测人员或者仪器设备等，根据《建设工程质量检测管理办法》第44条的规定，由县级以上地方人民政府住房和城乡建设主管部门责令改正，处5万元以上10万元以下的罚款；造成危害后果的，处10万元以上20万元以下罚款。

五、施工单位的行政责任

施工单位作为各类建设工程项目的主要实施者，在安全生产工作中扮演着重要的角色。加强、落实施工单位的安全生产责任，对工程总承包项目安全生产监督管理工作的推进具有较大意义。

（一）施工单位的安全生产条件应当符合有关法律、行政法规和国家标准或者行业标准规定

施工单位未取得安全生产许可证擅自进行施工的，根据《安全生产许可证条例》第19条的规定，应责令停止其施工，没收违法所得，并处10万元以上50万元以下的罚款。施工单位的安全生产许可证有效期满未办理延期手续，继续进行施工的，根据《安全生产许可证条例》第20条的规定，责令其停止施工，限期补办延期手续，没收违法所得，并处5万元以上10万元以下的罚款；逾期仍不办理延期手续，继续进行施工的，依照《安全生产许可证条例》第19条的规定处罚。

根据《安全生产许可证条例》第21条的规定，施工单位转让安全生产许可证的，没收违法所得，处10万元以上50万元以下的罚款，并吊销其安全生产许可证。若施工单位冒用安全生产许可证或者使用伪造的安全生产许可证，依照《安全生产许可证条例》第19条的规定处罚。与此同时，施工单位应当在其资质等级许可的范围内承揽工程，不具备相关资质证

书，不能承揽相应的工程施工项目。根据《建筑法》第65条的规定，施工单位超越本单位资质等级承揽工程的，责令停止违法行为，处以罚款，可以责令停业整顿，降低资质等级；情节严重的，吊销资质证书；有违法所得的，予以没收；若施工单位未取得资质证书承揽工程，有关部门有权予以取缔，并处罚款，有违法所得的，予以没收；施工单位以欺骗手段取得资质证书的，相关部门可吊销其资质证书，并处以罚款。对于罚款的金额，《建设工程质量管理条例》第60条规定为“工程合同价款2%以上4%以下”。施工单位转让、出借资质证书或者以其他方式允许他人以本企业的名义承揽工程的，根据《建筑法》第66条的规定，相关部门有权责令改正，没收施工单位的违法所得，并处罚款，罚款的金额根据《建设工程质量管理条例》第60条规定为“工程合同价款2%以上4%以下”；同时有关部门可以责令施工单位停业整顿，降低其资质等级；情节严重的，施工单位的资质证书可能会被吊销。

（二）施工单位应当配备安全生产管理人员并对员工进行安全生产教育培训，投入符合国家标准的安全生产设施、设备，按照法律法规的规定采取安全生产措施

施工单位违反上述规定，应按照《安全生产法》第97条[1]以及第99

---

〔1〕《安全生产法》第97条规定：“生产经营单位有下列行为之一的，责令限期改正，处十万元以下的罚款；逾期未改正的，责令停产停业整顿，并处十万元以上二十万元以下的罚款，对其直接负责的主管人员和其他直接责任人员处二万元以上五万元以下的罚款：（一）未按照规定设置安全生产管理机构或者配备安全生产管理人员、注册安全工程师的；（二）危险物品的生产、经营、储存、装卸单位以及矿山、金属冶炼、建筑施工、运输单位的主要负责人和安全生产管理人员未按照规定经考核合格的；（三）未按照规定对从业人员、被派遣劳动者、实习学生进行安全生产教育和培训，或者未按照规定如实告知有关的安全生产事项的；（四）未如实记录安全生产教育和培训情况的；（五）未将事故隐患排查治理情况如实记录或者未向从业人员通报的；（六）未按照规定制定生产安全事故应急救援预案或者未定期组织演练的；（七）特种作业人员未按照规定经专门的安全作业培训并取得相应资格，上岗作业的。”

条[1]的规定承担相应的行政责任。除此之外,《建设工程安全生产管理条例》第62、64条以及第65条均对施工单位未配备安全生产管理人员、未按规定投入安全生产设施设备、安全施工措施不符合要求情况下的行政责任进行了规定，施工单位会被处以5万元至30万元的罚款；情节严重的，可能会被降低资质等级，直至吊销资质证书。施工单位也应当建立安全风险分级管控制度并按照安全风险分级采取相应管控措施，否则根据《安全生产法》第101条的规定，有关部门有权责令施工单位限期改正，处10万元以下的罚款；逾期未改正的，责令停产停业整顿，并处10万元以上20万元以下的罚款，对施工单位直接负责的主管人员和其他直接责任人员处2万元以上5万元以下的罚款。

对于列入建设工程概算的安全作业环境及安全施工措施所需费用，施工单位应当用于施工安全防护用具及设施的采购和更新、安全施工措施的落实、安全生产条件的改善，不得挪作他用。施工单位违反规定挪用相关费用的，根据《建设工程安全生产管理条例》第63条的规定，有关部门有权责令施工单位限期改正，并处挪用费用20%以上50%以下的罚款。

（三）在建设过程当中，施工单位不得将承包的工程转包，或进行违法分包

根据《建筑法》第67条的规定，施工单位“将承包的工程转包的，或者

---

〔1〕《安全生产法》第99条规定：“生产经营单位有下列行为之一的，责令限期改正，处五万元以下的罚款；逾期未改正的，处五万元以上二十万元以下的罚款，对其直接负责的主管人员和其他直接责任人员处一万元以上二万元以下的罚款；情节严重的，责令停产停业整顿；构成犯罪的，依照刑法有关规定追究刑事责任：(一)未在有较大危险因素的生产经营场所和有关设施、设备上设置明显的安全警示标志的；(二)安全设备的安装、使用、检测、改造和报废不符合国家标准或者行业标准的；(三)未对安全设备进行经常性维护、保养和定期检测的；(四)关闭、破坏直接关系生产安全的监控、报警、防护、救生设备、设施，或者篡改、隐瞒、销毁其相关数据、信息的；(五)未为从业人员提供符合国家标准或者行业标准的劳动防护用品的；(六)危险物品的容器、运输工具，以及涉及人身安全、危险性较大的海洋石油开采特种设备和矿山井下特种设备未经具有专业资质的机构检测、检验合格，取得安全使用证或者安全标志，投入使用的；(七)使用应当淘汰的危及生产安全的工艺、设备的；(八)餐饮等行业的生产经营单位使用燃气未安装可燃气体报警装置的。”

违反本法规定进行分包的，责令改正，没收违法所得，并处罚款，可以责令停业整顿，降低资质等级；情节严重的，吊销资质证书”。《建设工程质量管理条例》第62条对罚款金额进行了规定，即“工程合同价款0.5%以上1%以下”。

（四）施工单位还应当对工程质量及施工现场的安全生产负责

对于施工单位在施工中偷工减料的，使用不合格的建筑材料、建筑构配件和设备的，或者有其他不按照工程设计图纸或者施工技术标准施工的行为的，根据《建筑法》第74条以及《建设工程质量管理条例》第64条的规定，责令改正，处以工程合同价款2%以上4%以下的罚款；情节严重的，责令停业整顿，降低资质等级或者吊销资质证书；造成建筑工程质量不符合规定的质量标准的，负责返工、修理，并赔偿因此造成的损失。对于施工单位未对建筑材料、建筑构配件、设备和商品混凝土进行检验，或者未对涉及结构安全的试块、试件以及有关材料取样检测的，根据《建设工程质量管理条例》第65条的规定，责令改正，处10万元以上20万元以下的罚款；情节严重的，责令停业整顿，降低资质等级或者吊销资质证书。在工程总承包项目中，施工总承包单位对施工过程中的安全生产负总责，分包单位与总承包单位应就分包项目的质量和安全生产对建设单位承担连带责任。施工单位应当履行国家法律法规规定的以及合同约定的保修义务，否则，相关部门有权按照《建筑法》第75条以及《建设工程质量管理条例》第66条的规定，责令施工单位改正，并处10万元以上20万元以下的罚款。

若在施工过程中，因施工单位原因导致了安全生产事故的发生，根据《安全生产法》第114条的规定，发生一般事故的，处30万元以上100万元以下的罚款；发生较大事故的，处100万元以上200万元以下的罚款；发生重大事故的，处200万元以上1000万元以下的罚款；发生特别重大事故的，处1000万元以上2000万元以下的罚款。发生生产安全事故，情节特别严重、影响特别恶劣的，应急管理部门可以按照前款罚款数额的2倍以上5倍以下对负有责任的施工单位处以罚款。对于施工过程中可能发生的事故隐患，施工单位应当采取措施予以消除。根据《安全生产法》对102条以及《建筑法》第71条的规定，建筑施工单位违反规定，对建筑安全事故隐患不采取措施予以消除的，责令改正，处5万元以下的罚款；情节严重的，责令停业整顿，降低资质等级或者吊销资质证书，对其直接负责的主管人员和其他直接责任人员处5万元以上10万元以下的罚款。

六、施工机械的出租、安拆单位的行政责任

施工机械的出租、安拆单位的行政责任主要包括以下几个方面：第一，施工机械的出租、安拆单位提供的设备和配件应当具备质量合格证明，且须保证提供的机械设备和配件检测合格。根据《特种设备安全法》第82条的规定，特种设备经营单位销售、出租未取得许可生产，未经检验或者检验不合格的特种设备的，或者销售、出租国家明令淘汰、已经报废的特种设备，或者未按照安全技术规范的要求进行维护保养的特种设备的，责令停止经营，没收违法经营的特种设备，处3万元以上30万元以下罚款；有违法所得的，没收违法所得。同时，根据《建设工程安全生产管理条例》第60条的规定，出租单位出租未经安全性能检测或者经检测不合格的机械设备和施工机具及配件的，责令停业整顿，并处5万元以上10万元以下的罚款。第二，施工机械的出租、安拆单位应当配备具有资格的安全管理人员、检测人员和作业人员，还应当按照安全施工要求配备保险、限位等安全设施和装置。《特种设备安全法》第86条对施工机械的出租、安拆单位未配备相应人员的行政责任进行了规定，即未配备具有相应资格的特种设备安全管理人员、检测人员和作业人员的，使用未取得相应资格的人员从事特种设备安全管理、检测和作业的，或未对特种设备安全管理人员、检测人员和作业人员进行安全教育和技能培训的，责令限期改正，逾期未改正的，责令停止使用有关特种设备或者停产停业整顿，处1万元以上5万元以下罚

款。《建设工程安全生产管理条例》第59条要求为建设工程提供机械设备和配件的单位配备齐全有效的保险、限位等安全设施和装置，否则相关部门有权责令限期改正，并处以合同价款1倍以上3倍以下的罚款。《建设工程安全生产管理条例》第61条规定，若安装、拆卸单位未编制拆装方案、制定安全施工措施或未设置专业技术人员进行现场监督，相关部门可以责令限期改正，处5万元以上10万元以下的罚款；情节严重的，责令停业整顿，降低资质等级，直至吊销资质证书。第三，施工机械的出租、安拆单位应当向施工单位进行安全使用说明并办理相关验收手续，否则根据《建设工程安全生产管理条例》第61条的规定，将会被处以5万元以上10万元以下的罚款，甚至被责令停业整顿，降低资质等级，直至吊销资质证书。[1]

七、工程项目主要参建人员的行政责任

在工程总承包项目中，根据《建筑工程五方责任主体项目负责人质量终身责任追究暂行办法》《建设单位项目负责人质量安全责任八项规定（试行）》《建筑工程勘察单位项目负责人质量安全责任七项规定（试行）》《建筑工程设计单位项目负责人质量安全责任七项规定（试行）》《建筑工程项目总监理工程师质量安全责任六项规定（试行）》等文件的规定，各参建单位项目负责人对工程质量以及安全生产均负有相应的责任，各参建单位的其他工作人员也承担着对建设项目安全生产的一定责任。如各参建单位存在违反《安全生产法》等法律法规的行为，相关部门除依据法律法规对单位进行行政处罚外，还会对各参建单位的主要负责人、其他负责人以及安全生产管理人员等进行相应处罚，在此不再对各项违法行为中个人的行政责任进行赘述，下文主要对发生安全生产事故后，工程项目主要参建人员可能承担的行政责任进行论述。

---

〔1〕 参见《建设工程安全生产管理条例》第61条第4项的规定。

根据《安全生产法》第95条的规定，各参建单位的主要负责人未履行规定的安全生产管理职责，导致发生生产安全事故的，由应急管理部门依照下列规定处以罚款：（1）发生一般事故的，处上一年年收入40%的罚款；（2）发生较大事故的，处上一年年收入60%的罚款；（3）发生重大事故的，处上一年年收入80%的罚款；（4）发生特别重大事故的，处上一年年收入100%的罚款。第96条规定，其他负责人和安全生产管理人员未履行本法规定的安全生产管理职责的，责令限期改正，处1万元以上3万元以下的罚款；导致发生生产安全事故的，暂停或者吊销其与安全生产有关的资格，并处上一年年收入20%以上50%以下的罚款。

《生产安全事故报告和调查处理条例》对事故责任承担的主体范围进行了扩大，为“事故发生单位及其有关人员”。事故发生单位有关人员包括负有责任的主要负责人、直接负责的主管人员和其他直接责任人员。“主要负责人”包括企业法定代表人、实际控制人等对生产经营活动负全面领导责任、有主要决策指挥权的负责人；“直接负责的主管人员”包括负有直接领导、管理责任的有关负责人、安全管理机构的负责人和管理人员；“其他直接责任人员”包括负有直接责任的从业人员和其他人员。《安全生产法》及《生产安全事故报告和调查处理条例》对安全生产事故调查处理过程中事故发生单位及其有关人员的行政责任规定如表2-1所示：

表2-1　事故发生单位及其有关人员的行政责任

法律条文	违法行为	责任承担主体	行政责任
《生产安全事故报告和调查处理条例》第35条、《安全生产法》第110条	（1）不立即组织事故抢救的； （2）迟报或者漏报事故的； （3）在事故调查处理期间擅离职守的。	事故发生单位主要负责人	（1）罚款：《生产安全事故报告和调查处理条例》规定为上一年年收入40%至80%，《安全生产法》规定为上一年年收入60%至100%； （2）属于国家工作人员的，并依法给予处分； （3）对逃匿的处15日以下拘留。

续表

法律条文	违法行为	责任承担主体	行政责任
《生产安全事故报告和调查处理条例》第36条	(1)谎报或者瞒报事故的； (2)伪造或者故意破坏事故现场的； (3)转移、隐匿资金、财产，或者销毁有关证据、资料的； (4)拒绝接受调查或者拒绝提供有关情况和资料的； (5)在事故调查中作伪证或者指使他人作伪证的； (6)事故发生后逃匿的。	事故发生单位及其有关人员	(1)罚款：上一年年收入60%至100%； (2)属于国家工作人员的，并依法给予处分； (3)构成违反治安管理行为的，由公安机关依法给予治安管理处罚。

除罚款之外，对事故发生单位主要负责人、直接负责的主管人员和其他直接责任人员依法暂停或者撤销其与安全生产有关的执业资格、岗位证书；属于国家工作人员的，依法给予处分；构成违反治安管理行为的，由公安机关依法给予治安管理处罚；构成犯罪的，依法追究刑事责任；事故发生单位主要负责人受到刑事处罚或者撤职处分的，自刑罚执行完毕或者受处分之日起，五年内不得担任任何生产经营单位的主要负责人；对重大、特别重大生产安全事故负有责任的，终身不得担任本行业生产经营单位的主要负责人。对于主要负责人在本单位发生生产安全事故时逃匿的情形，《安全生产法》还规定了行政拘留这一处罚，目的在于用更严厉的手段规制违法行为，进一步加强各单位及其负责人、相关人员的安全生产意识，使安全生产管理更上一个台阶，有效防止施工中安全生产事故的发生。

第四节　工程总承包项目各参建方及个人的刑事责任

一、重大责任事故罪

关于“重大责任事故罪”，《刑法》第134条第1款规定：“在生产、作业中违反有关安全管理的规定，因而发生重大伤亡事故或者造成其他严重后果的，处三年以下有期徒刑或者拘役；情节特别恶劣的，处三年以上七年以下有期徒刑。”该条是我国现行《刑法》关于重大责任事故罪的概念和量刑标准的规定。

（一）重大责任事故罪的构成要件

1.犯罪主体

根据《最高人民法院、最高人民检察院关于办理危害生产安全刑事案件适用法律若干问题的解释》（法释〔2015〕22号）第1条的规定：“刑法第一百三十四条第一款规定的犯罪主体，包括对生产、作业负有组织、指挥或者管理职责的负责人、管理人员、实际控制人、投资人等人员，以及直接从事生产、作业的人员。”根据上述规定，本罪的主体为年满16周岁的自然人，单位不是本罪的行为主体。

但本罪行为主体涵盖的范围较为广泛，行为人所在企业的性质不影响本罪的成立，无施工资质的经营者，劳改企业中直接从事生产的人员，合作经营组织或者个体经营户的从业人员，以及无证开采的小煤矿从业人员均可成为本罪的行为主体。另外，通过投资、幕后管理等方式对生产经营单位实施实际控制的人员也属于本罪的行为主体。在实践中，危害生产安全犯罪案件所造成的危害结果经常是由不同行为人的多个过失行为共同导致，除追究在事故现场直接从事生产、作业的人员责任外，还应当根据监督、管理者是否违反有关安全管理的规定，依法合理确定安全生产监督管理人员的刑事责任。从法条含义上来讲，《刑法》第134条的“有关安全管理的规定”，包含我国《安全生产法》要求的生产经营单位主要负责人对于本单位安全生产工作负有的监督、管理职责，若监督、管理者履行监管责任不到位，就有可能承担相应的监督过失责任。根据《公司法》第216条以及其他有关法律法规的规定，实际控制人虽不是公司的股东或者企业的显名管理人员，但其能够通过投资关系、协议或者其他安排，对公司行为进行实际支配，对生产、作业负有组织、指挥或者管理职责，符合重大责任事故罪的犯罪主体要件，如其实施了未取得经营资质和安全生产许可证、未制定安全生产管理规定或规章制度、不提供安全生产条件和必要设施等不履行安全监管职责的行为，在此情况下进行生产、作业，导致发生重大伤亡事故或者造成其他严重后果的，须承担相应的刑事责任。

2.主观方面

本罪属于过失犯罪，即行为人应当预见自己违反安全管理规定生产、作业可能会造成重大安全事故或者其他严重后果，因疏忽大意而未预见；或者虽然已经预见，但轻信能够避免。

3.犯罪客体

本罪的犯罪客体为工厂、矿山、林场、建筑企业或者其他企业、事业单位的劳动安全，即劳动者的生命、健康和重大公私财产的安全。

4.客观方面

第一，行为人的犯罪行为须发生在"生产、作业中"，从字面意义来说，"生产"即创造物质财富的活动和过程；"作业"即生产单位给工人或者工作人员布置的一种生产活动。应对《刑法》第134条"生产、作业"的范围作较为宽泛的理解，其具有调整生产、作业中的一切行为的可能性。[1]

第二，本罪中行为人必须实施"违反有关安全管理的规定"的行为。根据《关于进一步加强危害生产安全刑事案件审判工作的意见》(法发〔2011〕20号)的有关规定，认定相关人员是否违反有关安全管理规定，应当根据相关法律、行政法规，参照地方性法规、规章及国家标准、行业标准，必要时可参考公认的惯例和生产经营单位制定的安全生产规章制度、操作规程。

第三，根据《刑法》第134条第1款的规定，行为人除有以上"违反有关安全管理的规定"的行为外，成立本罪还须有"发生重大伤亡事故或者造

〔1〕 参见孙加柱：《重大责任事故罪的法律适用问题》，载《法制博览》2022年第10期。

成其他严重后果”的情形，根据《最高人民法院、最高人民检察院关于办理危害生产安全刑事案件适用法律若干问题的解释》第6条第1款的规定：“实施刑法第一百三十二条、第一百三十四条第一款、第一百三十五条、第一百三十五条之一、第一百三十六条、第一百三十九条规定的行为，因而发生安全事故，具有下列情形之一的，应当认定为‘造成严重后果’或者‘发生重大伤亡事故或者造成其他严重后果’，对相关责任人员，处三年以下有期徒刑或者拘役：(一)造成死亡一人以上，或者重伤三人以上的；(二)造成直接经济损失一百万元以上的；(三)其他造成严重后果或者重大安全事故的情形。”

第四，本罪成立，需要满足违反有关安全管理规定与事故结果之间存在因果关系的条件。在实践中，对于因果关系的认定存在较大困难。根据德国学者罗克辛提出的客观归责理念，一项结果归责于行为人，需要具备三项条件：(1)行为人的行为制造了法律不允许的危险；(2)该危险现实化为实害结果；(3)该实害结果没有超出构成要件的保护范围。[1]具体到本罪，因果关系的判定应考虑如下因素：

(1)行为人的行为制造了法律不允许的危险。如果行为人的行为没有制造危险，没有制造法律不允许的危险或降低了危险时，应排除其责任。例如，生产经营单位负责人未要求工人在上岗前进行安全培训，施工管理人为保证安全聘请专业人员对工人进行了岗前培训，但工人在操作过程中未按要求进行作业，在此种情况下，生产经营单位负责人和工人就制造了法律不允许的风险，而施工管理人降低了此种风险，应排除施工管理人的责任。

(2)该危险现实化为实害结果。若行为人的行为制造了危险，但实害结果的发生并非由该危险导致，则应排除其责任。例如在高空作业中，施工管理人员未提供高空作业所需的安全装备，工人自带安全绳并将安全绳

---

〔1〕 参见柏浪涛：《刑法攻略》，中国民主法治出版社2019年版，第47~48页。

系在由其他施工团队设置的固定支架上，但因为固定支架不牢固导致支架坍塌，工人从高处坠落死亡。此种情况下，虽然施工管理人员制造了不被法律允许的危险，但最终的结果并不是由“未提供安全装备”这一危险而导致的，就不能将责任归于施工管理人员。此外，若行为人的危险行为没有转化为实害结果，也应排除其责任。

（3）该实害结果没有超出构成要件的保护范围。若被害人意识到有危险但同意该危险时，应排除追责；如果防止该实害结果的发生属于他人的责任范围，则该结果不能归责于行为人。例如，施工管理人员提供了安全装备并明确告知高空作业必须配备相应装备，但工人仍然不配备相应装备进行作业导致坠落死亡的，不能追究施工管理人员的责任。再如，生产经营单位负责人明确同一车间A负责生产质量、B负责生产安全，无论何种原因发生的安全生产事故，都不应追究A的责任。[1]

（二）立案追诉

《最高人民检察院、公安部关于公安机关管辖的刑事案件立案追诉标准的规定（一）》（公通字〔2008〕36号）第8条规定：“在生产、作业中违反有关安全管理的规定，涉嫌下列情形之一的，应予立案追诉：（一）造成死亡一人以上，或者重伤三人以上；（二）造成直接经济损失五十万元以上的；（三）发生矿山生产安全事故，造成直接经济损失一百万元以上的；（四）其他造成严重后果的情形。”

（三）重大责任事故罪的量刑

根据《刑法》第134条第1款的规定，犯重大责任事故罪的，处三年以下有期徒刑或者拘役；情节特别恶劣的，处三年以上七年以下有期徒刑。

---

〔1〕 参见吴宇云、魏国巍：《重大责任事故罪责任如何认定》，载江苏检察网，http://www.jsjc.gov.cn/qingfengyuan/202204/t20220414_1373157.shtml。

根据《关于进一步加强危害生产安全刑事案件审判工作的意见》第13条的规定，“审理危害生产安全刑事案件，应综合考虑生产安全事故所造成的伤亡人数、经济损失、环境污染、社会影响、事故原因与被告人职责的关联程度、被告人主观过错大小、事故发生后被告人的施救表现、履行赔偿责任情况等，正确适用刑罚，确保裁判法律效果和社会效果相统一”。

1.法定刑升格事由——情节特别恶劣

根据《最高人民法院、最高人民检察院关于办理危害生产安全刑事案件适用法律若干问题的解释》第7条的规定，实施《刑法》第134条第1款规定的行为，因而发生安全事故，具有下列情形之一的，对相关责任人员，处3年以上7年以下有期徒刑：（1）造成死亡3人以上或者重伤10人以上，负事故主要责任的；（2）造成直接经济损失500万元以上，负事故主要责任的；（3）其他造成特别严重后果、情节特别恶劣或者后果特别严重的情形。

根据《关于进一步加强危害生产安全刑事案件审判工作的意见》第14条的规定：“造成《关于办理危害矿山生产安全刑事案件具体应用法律若干问题的解释》第四条规定的‘重大伤亡事故或者其他严重后果’，同时具有下列情形之一的，也可以认定为刑法第一百三十四条、第一百三十五条规定的‘情节特别恶劣’：（一）非法、违法生产的；（二）无基本劳动安全设施或未向生产、作业人员提供必要的劳动防护用品，生产、作业人员劳动安全无保障的；（三）曾因安全生产设施或者安全生产条件不符合国家规定，被监督管理部门处罚或责令改正，一年内再次违规生产致使发生重大生产安全事故的；（四）关闭、故意破坏必要安全警示设备的；（五）已发现事故隐患，未采取有效措施，导致发生重大事故的；（六）事故发生后不积极抢救人员，或者毁灭、伪造、隐藏影响事故调查的证据，或者转移财产逃避责任的；（七）其他特别恶劣的情节。”

2.从重处罚情节

根据《最高人民法院、最高人民检察院关于办理危害生产安全刑事案件适用法律若干问题的解释》第12条的规定：“实施刑法第一百三十二条、

第一百三十四条至第一百三十九条之一规定的犯罪行为，具有下列情形之一的，从重处罚：（一）未依法取得安全许可证件或者安全许可证件过期、被暂扣、吊销、注销后从事生产经营活动的；（二）关闭、破坏必要的安全监控和报警设备的；（三）已经发现事故隐患，经有关部门或者个人提出后，仍不采取措施的；（四）一年内曾因危害生产安全违法犯罪活动受过行政处罚或者刑事处罚的；（五）采取弄虚作假、行贿等手段，故意逃避、阻挠负有安全监督管理职责的部门实施监督检查的；（六）安全事故发生后转移财产意图逃避承担责任的；（七）其他从重处罚的情形。实施前款第五项规定的行为，同时构成刑法第三百八十九条规定的犯罪的，依照数罪并罚的规定处罚。"

根据《关于进一步加强危害生产安全刑事案件审判工作的意见》第15条的规定："相关犯罪中，具有以下情形之一的，依法从重处罚：（一）国家工作人员违反规定投资入股生产经营企业，构成危害生产安全犯罪的；（二）贪污贿赂行为与事故发生存在关联性的；（三）国家工作人员的职务犯罪与事故存在直接因果关系的；（四）以行贿方式逃避安全生产监督管理，或者非法、违法生产、作业的；（五）生产安全事故发生后，负有报告职责的国家工作人员不报或者谎报事故情况，贻误事故抢救，尚未构成不报、谎报安全事故罪的；（六）事故发生后，采取转移、藏匿、毁灭遇难人员尸体，或者毁灭、伪造、隐藏影响事故调查的证据，或者转移财产，逃避责任的；（七）曾因安全生产设施或者安全生产条件不符合国家规定，被监督管理部门处罚或责令改正，一年内再次违规生产致使发生重大生产安全事故的。"

3.从轻、从宽处罚情节

根据《最高人民法院、最高人民检察院关于办理危害生产安全刑事案件适用法律若干问题的解释》第13条的规定："实施刑法第一百三十二条、第一百三十四条至第一百三十九条之一规定的犯罪行为，在安全事故发生后积极组织、参与事故抢救，或者积极配合调查、主动赔偿损失的，可以酌情从轻处罚。"

根据《关于进一步加强危害生产安全刑事案件审判工作的意见》第16条的规定："对于事故发生后，积极施救，努力挽回事故损失，有效避免损失扩大；积极配合调查，赔偿受害人损失的，可依法从宽处罚。"

4.职业禁止

根据《最高人民法院、最高人民检察院关于办理危害生产安全刑事案件适用法律若干问题的解释》第16条的规定："对于实施危害生产安全犯罪适用缓刑的犯罪分子，可以根据犯罪情况，禁止其在缓刑考验期限内从事与安全生产相关联的特定活动；对于被判处刑罚的犯罪分子，可以根据犯罪情况和预防再犯罪的需要，禁止其自刑罚执行完毕之日或者假释之日起三年至五年内从事与安全生产相关的职业。"

二、强令、组织他人违章冒险作业罪

关于"强令、组织他人违章冒险作业罪"，根据《刑法》第134条第2款的规定："强令他人违章冒险作业，或者明知存在重大事故隐患而不排除，仍冒险组织作业，因而发生重大伤亡事故或者造成其他严重后果的，处五年以下有期徒刑或者拘役；情节特别恶劣的，处五年以上有期徒刑。"该条是我国现行《刑法》关于强令、组织他人违章冒险作业罪的概念和量刑标准的规定。强令、组织他人违章冒险作业罪是《刑法修正案（六）》增加的罪名，是从重大责任事故罪分立出来的罪名。

（一）强令、组织他人违章冒险作业罪的构成要件

1.犯罪主体

根据《最高人民法院、最高人民检察院关于办理危害生产安全刑事案件适用法律若干问题的解释》第2条的规定："刑法第一百三十四条第二款规定的犯罪主体，包括对生产、作业负有组织、指挥或者管理职责的负责人、管理人员、实际控制人、投资人等人员。"本罪与重大责任事故罪有所

区别，重大责任事故罪涵盖的行为主体为生产、作业的所有从业人员，既包括指挥者、管理者、实际控制人、投资人等，也包括一线作业人员；而本罪的行为主体仅指向负有一定管理职责的人员。

2.主观方面

本罪也是过失犯罪，指行为人对所发生的后果而言属于过失；但对于违章、冒险作业行为则是明知，即行为人明知生产、作业中存在重大隐患，但轻信能够避免危害结果的发生，从而强令他人违章冒险作业或冒险组织作业。

3.犯罪客体

本罪中行为人侵害的法益是生产安全秩序，属于公共安全的一种。

4.客观方面

"强令他人违章冒险作业"行为，指那些负有生产、作业指挥和管理职责的人员，为了获取高额利润，明知存在安全生产隐患，或者为了获得高额利润，采取违反安全管理规定的行为，在生产、作业人员拒绝的情况下，利用职权或者其他强制手段强令工人冒险作业，因而发生重大伤亡事故或者造成其他严重后果的行为。这里的"强令"不一定表现为恶劣的态度、强硬的语言或者行动，只要是利用组织、指挥、管理职权，能够对工人产生精神强制，使其不敢违抗命令，不得不违章冒险作业的，均可构成"强令"。《最高人民法院、最高人民检察院关于办理危害生产安全刑事案件适用法律若干问题的解释》第5条规定了"强令他人违章冒险作业"的四类情形是：(1)利用组织、指挥、管理职权，强制他人违章作业的；(2)采取威逼、胁迫、恐吓等手段，强制他人违章作业的；(3)故意掩盖事故隐患，组织他人违章作业的；(4)其他强令他人违章作业的行为。

《刑法》第134条第2款中的"重大事故隐患"，应执行《安全生产法》第118条第2款[1]的规定，按照法律、行政法规或者安全生产监督管理部门

〔1〕《安全生产法》第118条第2款规定："国务院应急管理部门和其他负有安全生产监督管理职责的部门应当根据各自的职责分工，制定相关行业、领域重大危险源的辨识标准和重大事故隐患的判定标准。"

发布的有关国家、行业标准确定。

《刑法》第134条第2款规定成立本罪须满足“发生重大伤亡事故或者造成其他严重后果”这一条件，根据《最高人民法院、最高人民检察院关于办理危害生产安全刑事案件适用法律若干问题的解释》第6条第2款的规定：“实施刑法第一百三十四条第二款规定的行为，因而发生安全事故，具有本条第一款规定情形的，应当认定为‘发生重大伤亡事故或者造成其他严重后果’，对相关责任人员，处五年以下有期徒刑或者拘役。”

（二）立案追诉

根据《最高人民检察院、公安部关于公安机关管辖的刑事案件立案追诉标准的规定（一）》第9条的规定，“强令他人违章冒险作业，涉嫌下列情形之一的，应予立案追诉：（一）造成死亡一人以上，或者重伤三人以上；（二）造成直接经济损失五十万元以上的；（三）发生矿山生产安全事故，造成直接经济损失一百万元以上的；（四）其他造成严重后果的情形”。

（三）强令、组织他人违章冒险作业罪的量刑

根据《刑法》第134条第2款的规定，犯强令、组织他人违章冒险作业罪的，处5年以下有期徒刑或者拘役；情节特别恶劣的，处5年以上有期徒刑。

1.法定刑升格事由——情节特别恶劣

根据《最高人民法院、最高人民检察院关于办理危害生产安全刑事案件适用法律若干问题的解释》第7条第2款的规定：“实施刑法第一百三十四条第二款规定的行为，因而发生安全事故，具有本条第一款规定情形的，对相关责任人员，处五年以上有期徒刑。”而根据《最高人民法院、最高人民检察院关于办理危害生产安全刑事案件适用法律若干问题的解释》第7条第1款的规定：“实施刑法第一百三十二条、第一百三十四条第一款、第一百三十五条、第一百三十五条之一、第一百三十六条、第

一百三十九条规定的行为，因而发生安全事故，具有下列情形之一的，对相关责任人员，处三年以上七年以下有期徒刑：（一）造成死亡三人以上或者重伤十人以上，负事故主要责任的；（二）造成直接经济损失五百万元以上，负事故主要责任的；（三）其他造成特别严重后果、情节特别恶劣或者后果特别严重的情形。”

2.从重处罚、从轻处罚

强令、组织他人违章冒险作业罪的从重处罚、从轻处罚事由均与以上重大责任事故罪一致。

三、危险作业罪

关于“危险作业罪”，根据《刑法》第134条之一的规定：“生产、作业中违反有关安全管理的规定，有下列情形之一，具有发生重大伤亡事故或者其他严重后果的现实危险的，处一年以下有期徒刑、拘役或者管制：（一）关闭、破坏直接关系生产安全的监控、报警、防护、救生设备、设施，或者篡改、隐瞒、销毁其相关数据、信息的；（二）因存在重大事故隐患被依法责令停产停业、停止施工、停止使用有关设备、设施、场所或者立即采取排除危险的整改措施，而拒不执行的；（三）涉及安全生产的事项未经依法批准或者许可，擅自从事矿山开采、金属冶炼、建筑施工，以及危险物品生产、经营、储存等高度危险的生产作业活动的。”

危险作业罪是《刑法修正案（十一）》新增设的罪名。由于一般的安全生产领域中犯罪都需要满足“造成严重后果或者发生重大伤亡事故”这一条件，即发生施害结果，在没有造成施害结果的情况下，司法机关就无法追究相关人员的刑事责任，只能对行为人施以行政处罚，这不利于安全生产管理工作的推进，也不能起到预防安全生产事故发生的作用。因此，《刑法修正案（十一）》增设了危险作业罪，对安全生产事故发生前的违法行为加以禁止和规范，填补了对安全生产犯罪行为处罚的空白。

（一）危险作业罪的构成要件

1.犯罪主体

危险作业罪的行为主体实质上与重大责任事故罪的行为主体一致，为年满16周岁的自然人，包括对生产、作业负有组织、指挥或者管理职责的负责人、管理人员、实际控制人、投资人员，以及直接从事生产、作业的一线从业人员。单位不是该罪的主体。

2.主观方面

危险作业罪为过失犯罪，这里所谓的过失是指行为人对所发生的后果而言的，即应当预见自己的行为可能会导致发生严重后果的现实危险，但因为疏忽大意而没有预见，或者已经预见到行为会导致发生严重后果的现实危险状态，但轻信能够避免。[1]

3.犯罪客体

本罪侵犯的客体是生产、作业中有关安全生产的管理制度和公共安全。

4.犯罪客观方面

《刑法》第134条之一以列举的方式明确了构成本罪的三种行为类型，且未设置兜底条款，对实践中适用本罪进行了严格的限制。

（1）行为人关闭、破坏直接关系生产安全的监控、报警、防护、救生设备、设施，或者篡改、隐瞒、销毁其相关数据、信息的。针对“关闭、破坏直接关系生产安全的监控、报警、防护、救生设备、设施”的行为，成立本罪须同时满足以下两点：①行为人所关闭、破坏的设备设施属于“直接关系生产安全”的设备设施；②行为人所关闭、破坏的设备设施具有“监控、报警、防护、救生”功能。针对“篡改、隐瞒、销毁其相关数据、信息”的行为，根据法条的叙述，其造成的危害结果，应与关闭、破坏等行为所造成的

---

〔1〕 参见赵秉志：《〈刑法修正案（十一）〉理解与适用》，中国人民大学出版社2021年版，第83页。

危害后果具有相当性，否则不能以本罪来对行为人进行定罪。此外，行为人的行为与危害结果之间应存在因果关系，如果关闭破坏设备设施、篡改隐瞒销毁数据信息等行为与危害后果的发生之间不具有直接关系，或者该现实危险已经存在，上述行为不会增加危险，便不应以危险作业罪进行评价。如果上述行为不会导致重大伤亡事故发生，或者不足以造成其他严重后果的现实危险的，也不能构成本罪。

（2）行为人因存在重大事故隐患被依法责令停产停业、停止施工、停止使用有关设备、设施、场所或者立即采取排除危险的整改措施，而拒不执行的。本条款适用的条件较为严格。首先，隐患须为“重大事故隐患”。《安全生产法》第118条第2款规定：“国务院应急管理部门和其他负有安全生产监督管理职责的部门应当根据各自的职责分工，制定相关行业、领域重大危险源的辨识标准和重大事故隐患的判定标准。”《安全生产事故隐患排查治理暂行规定》第3条第2款规定：“事故隐患分为一般事故隐患和重大事故隐患。一般事故隐患，是指危害和整改难度较小，发现后能够立即整改排除的隐患。重大事故隐患，是指危害和整改难度较大，应当全部或者局部停产停业，并经过一定时间整改治理方能排除的隐患，或者因外部因素影响致使生产经营单位自身难以排除的隐患。”成立本罪，应先行根据相关行政部门制定的判定标准认定隐患是否为“重大事故隐患”，如为一般事故隐患，则不能构成本罪。但截至目前，仅矿山、工贸、化工及危险化学品等领域出台了重大事故隐患判定标准，其他领域重大事故隐患判定标准尚未出台。[1]其次，行为人对安全生产监督管理部门所作出的整改决定应具有执行能力，如行为人不具备执行能力，则不应以本罪追究其刑事责任。

（3）行为人涉及安全生产的事项未经依法批准或者许可，擅自从事矿

---

〔1〕 参见代海军：《风险刑法背景下我国惩治危害生产安全犯罪功能转向——基于〈刑法修正案（十一）〉危险作业罪的分析》，载《中国法律评论》2021年第5期。

山开采、金属冶炼、建筑施工，以及危险物品生产、经营、储存等高度危险的生产作业活动的。对于上述行为的认定，首先需要满足“涉及安全生产的事项属于必须事先经过相关部门批准或者许可的领域，但行为人未经依法批准或者许可”这一条件，如果是无须许可的，未经批准从事则不构成本罪。根据相关法律法规的规定，依法需要批准的涉及安全生产的事项包括：重大煤矿建设项目安全核准;矿山、金属冶炼建设项目和用于生产、储存、装卸危险物品的建设项目安全设施“三同时”审查;建设项目职业卫生“三同时”审查等。依法需要许可的涉及安全生产的事项包括：矿山建设项目和用于生产、储存危险物品的建设项目的安全设施设计审查、竣工验收；危险化学品生产、储存建设项目安全条件审查;矿山企业、建筑施工企业和危险化学品、烟花爆竹、民用爆炸物品生产企业安全生产许可;使用有毒物品作业场所职业卫生安全许可;新建、扩建、改建建设项目和技术改造、技术引进项目职业病危害预防评价报告审核;医疗机构放射性职业病危害严重的建设项目的防护设施设计审查、医疗机构可能产生放射性职业病危害的建设项目竣工验收等。[1]需要注意的是，“未经依法批准或者许可”不仅指自始至终从未经过批准或许可的情形，原有批准或许可失效、超过批准或许可的范围和期限、通过非法手段获得批准或许可仍然从事此类生产经营活动的，也属于“未经依法批准或者许可”的范畴，应当按照本款的规定追究行为人的刑事责任。此外，本款使用“高度危险的生产作业活动”对可能适用本款的行为进行了兜底。对于“高度危险作业”的认定，可以参考《民法典》第七编第八章“高度危险责任”的相关规定，即包括高空作业、高压作业、易燃易爆作业、剧毒作业、高放射性作业、强腐蚀性作业、高致病性作业、高速运输工具作业等。

此外，行为人的以上行为还须造成严重结果，即最终是否构成本罪还需要考量行为人的行为是否产生了“发生重大伤亡事故或其他严重后果的

〔1〕 参见陈志军:《危险作业罪认定中的三个疑难问题研究》，载《江西社会科学》2022年第6期。

现实危险”。“现实危险”这一表述来源于《安全生产法》第70条，要理解其含义，就应在《安全生产法》的语境下，结合刑法理论与实践，在个案中进行具体的考量。2022年6月21日，最高人民检察院发布《关于印发落实最高人民检察院“八号检察建议”典型案例的通知》，其在于某香、于某明等危险作业案[1]中，明确了“具有发生重大伤亡事故或者其他严重后果的现实危险”的定义，即“现实危险”一般是指现实存在的、紧迫的危险，如果这种危险持续存在，将可能随时导致发生重大伤亡事故或者其他严重后果。由此我们可以得出以下两个判断“现实危险”的标准：

（1）“现实危险”的发生应具有较强的紧迫性。刑法是最严厉的法律，是最后法、补充法，不到万不得已不应轻易动用，因此，只有在行为人的行为危害性很大，且可能出现严重实害结果的情况下，才有必要动用刑法予以规制，以保护法益。对于危险作业罪来说，其属于具体危险犯，现实危险必须要达到使法益侵害能够具体转化成现实的程度，即危险必须具有较强的紧迫性。在司法实践当中，判断是否为“现实危险”应当结合行业属性、行为对象、现场环境、违规行为严重程度、纠正整改措施的及时性和有效性等因素；专业性强、认定难度大的，司法机关还可委托有关监管部门或有关机构出具是否存在“现实危险”的评估意见，结合其他证据进行判断；构成危险作业罪需要形成证明存在具体危险的完整的证据链条。上述判断标准均在一定程度上避免了重刑主义倾向，遵从了刑法的谦抑性、罪刑相适应等原则。

（2）“现实危险”将可能随时导致发生重大伤亡事故或者其他严重后果。目前，对于危险作业罪的司法解释尚未出台，在司法实践中对于“重大伤亡事故或者其他严重后果”的认定标准存在不一致。《生产安全事故报告和调查处理条例》第3条中规定，“重大事故，是指造成10人以上30人

---

〔1〕 一审：辽宁省东港市人民法院刑事判决书，（2021）辽0681刑初526号；二审：辽宁省丹东市中级人民法院刑事判决书，（2021）辽06刑终216号。

以下死亡，或者50人以上100人以下重伤，或者5000万元以上1亿元以下直接经济损失的事故"。《最高人民法院、最高人民检察院关于办理危害生产安全刑事案件适用法律若干问题的解释》第6条规定造成死亡1人以上，或者重伤3人以上的，或造成直接经济损失100万元以上的，或其他造成严重后果或者重大安全事故的情形应被认定为"发生重大伤亡事故或者造成其他严重后果"。不难看出，二者对于"重大"的标准存在较为明显的出入，需要厘清应采用哪种标准作为判断依据。笔者认为应适用《最高人民法院、最高人民检察院关于办理危害生产安全刑事案件适用法律若干问题的解释》的标准。首先，尽管危险作业罪为《刑法》新设罪名，但其仍属于危害生产安全犯罪的范畴，无法脱离整个体系单独存在，应适用《最高人民法院、最高人民检察院关于办理危害生产安全刑事案件适用法律若干问题的解释》的规定。其次，如果适用《生产安全事故报告和调查处理条例》第3条的规定，则危险作业罪的入罪门槛将被大大提高，不能起到预防安全生产事故发生的作用，与增设该罪名的目的相悖。如果行为人的行为危险性较低，不会导致"发生重大伤亡事故或者造成其他严重后果"，则该行为不应为认定为存在"现实危险"。此外，在判断"现实危险"时还应增加一个消极的危险认定要件，即假设不存在救助行为，重大事故是否仍然会发生。在最高人民法院发布的平安中国建设第一批典型案例中，一审法院在潘某某危险作业案[1]的裁判理由中写道，"潘某某在加油作业过程中违反有关安全管理的规定，导致其用于加油的改装面包车起火，只是因为消防救援人员及时赶到才未酿成重大火灾，充分表明其违法生产、作业行为存在重大安全隐患，具有发生重大伤亡事故或者其他严重后果的现实危险"。如果不存在后续的补救行为，重大事故仍然会发生，那么应当认定该行为所造成危险的现实性；如果存在后续的补救行为，但补救行为仍不能阻断

〔1〕 参见《最高法发布平安中国建设第一批典型案例》，载中华人民共和国最高人民法院网2021年12月31日，https://www.court.gov.cn/fuwu-xiangqing-339541.html。

重大事故的发生，事实上已经造成了“重大伤亡事故或者造成其他严重后果”，则不应以本罪的危险性进行判断，应当直接以《刑法》第134条规定的重大责任事故罪的危险性进行判断，予以定罪。

（二）立案追诉

根据前文所述，在未出台专门针对危险作业罪的立案追诉标准之前，危险作业罪作为危害生产安全犯罪的一种，应参考适用《最高人民检察院、公安部关于公安机关管辖的刑事案件立案追诉标准的规定（一）》有关安全生产犯罪立案追诉标准的规定。

（三）危险作业罪的量刑

根据《刑法》第134条之一的规定，犯危险作业罪的，处1年以下有期徒刑、拘役或者管制。

四、重大劳动安全事故罪

我国《刑法》第135条规定：“安全生产设施或者安全生产条件不符合国家规定，因而发生重大伤亡事故或者造成其他严重后果的，对直接负责的主管人员和其他直接责任人员，处三年以下有期徒刑或者拘役；情节特别恶劣的，处三年以上七年以下有期徒刑。”这是《刑法》关于重大劳动安全事故罪的规定。

（一）重大劳动安全事故罪的构成要件

1.犯罪主体

根据《刑法》第135条的规定，犯重大劳动安全事故罪的，仅处罚“直接负责的主管人员和其他直接责任人员”，这里指年满16周岁的自然人。但对于“直接负责的主管人员和其他直接责任人员”的理解，应按照《最高人民法院、最高人民检察院关于办理危害生产安全刑事案件适用法律若干问题的解释》第3条的规定执行，即“指对安全生产设施或者安全生产条件不符合国家规定负有直接责任的生产经营单位负责人、管理人员、实际控制人、投资人，以及其他对安全生产设施或者安全生产条件负有管理、维护职责的人员”。在司法实践中，重大劳动安全事故罪主要发生在从事生产、经营的企业和个体经济组织中。对排除事故隐患，防止事故发生负有职责义务的主管人员和其他直接责任人员，通常是指用人单位的法定代表人、厂长、经理、主管劳动安全和劳动卫生的副厂长、副经理，以及直接负责有关劳动安全和劳动卫生工作的安全员、电工等。由于国家工作人员失职造成重大事故的，可以直接依照本法的规定，以他罪追究处罚，所以，本罪的主体中不包括国家工作人员。

但学术界对于重大劳动安全事故罪的行为主体始终存在争议：部分学者认为本罪的行为主体为特殊主体，即对安全生产设施或者安全生产条件直接负责的主管人员和其他直接责任人员；〔1〕有的学者则认为本罪实质上应为单位犯罪，单位是本罪的行为主体，一般自然人无法构成本罪。〔2〕笔者同意第二个观点，即本罪的行为主体为单位。

关于单位负刑事责任的范围，根据《刑法》第30条的规定：“公司、企业、事业单位、机关、团体实施的危害社会的行为，法律规定为单位犯罪的，应当负刑事责任。”由此可见，是否被认定为单位犯罪，应当以“法律规定”为准，但此处的“法律”不应仅限于《刑法》的范围，还应当包括其他法律。同时，对于《刑法》第135条“不符合国家规定”的解释，根据《刑法》第96条规定的“违反国家规定”是指违反全国人民代表大会及其常务委员会制定的法律和决定，国务院制定的行政法规、规定的行政措施、发布的决定和命令。因此，在认定重大责任事故罪的主体时，也需要考虑除

〔1〕参见黄太云：《立法解读：刑法修正案及刑法立法解释》，人民法院出版社2006年版，第108页。

〔2〕参见张明楷：《刑法学》，法律出版社2007年版，第545页。

《刑法》外其他法律法规等的规定。如《安全生产法》第4条第1款[1]、第20条[2]、第23条[3]都要求生产经营单位具备符合规定的安全生产条件。《劳动法》第52条[4]、第53条第1款[5]、第54条[6]规定用人单位必须建立、健全劳动安全卫生制度，严格执行国家劳动安全卫生规程和标准，为劳动者提供符合国家规定的劳动安全卫生条件和必要的劳动防护用品。《矿山安全法》第28条规定矿山企业必须向职工发放保障安全生产所需的劳动防护用品。《国务院关于预防煤矿生产安全事故的特别规定》(国务院令第638号)第2条规定："煤矿企业是预防煤矿生产安全事故的责任主体。煤矿企业负责人（包括一些煤矿企业的实际控制人）对预防煤矿生产安全事故负主要责任。"上述法律法规的规定均表明单位负有安全生产责任，提供符合国家规定的安全生产设施或者安全生产条件属于单位的义务。同时，单位职工的职务行为应被视为单位行为，职工在职务上的过错应由单位承担，而非个人承担。此外，生产经营单位在安全生产设施及安全生产条件方面均需要进行一定的支出，偷工减料甚至不采取措施往往能够为单位节省不少的资金，若此类非法利益由单位享受，而处罚由个人承担，未免有失公

---

〔1〕《安全生产法》第4条第1款规定："生产经营单位必须遵守本法和其他有关安全生产的法律、法规，加强安全生产管理，建立健全全员安全生产责任制和安全生产规章制度，加大对安全生产资金、物资、技术、人员的投入保障力度，改善安全生产条件，加强安全生产标准化、信息化建设，构建安全风险分级管控和隐患排查治理双重预防机制，健全风险防范化解机制，提高安全生产水平，确保安全生产。"

〔2〕《安全生产法》第20条规定："生产经营单位应当具备本法和有关法律、行政法规和国家标准或者行业标准规定的安全生产条件；不具备安全生产条件的，不得从事生产经营活动。"

〔3〕《安全生产法》第23条规定："生产经营单位应当具备的安全生产条件所必需的资金投入，由生产经营单位的决策机构、主要负责人或者个人经营的投资人予以保证，并对由于安全生产所必需的资金投入不足导致的后果承担责任。有关生产经营单位应当按照规定提取和使用安全生产费用，专门用于改善安全生产条件。安全生产费用在成本中据实列支。安全生产费用提取、使用和监督管理的具体办法由国务院财政部门会同国务院应急管理部门征求国务院有关部门意见后制定。"

〔4〕《劳动法》第52条规定："用人单位必须建立、健全劳动安全卫生制度，严格执行国家劳动安全卫生规程和标准，对劳动者进行劳动安全卫生教育，防止劳动过程中的事故，减少职业危害。"

〔5〕《劳动法》第53条第1款规定："劳动安全卫生设施必须符合国家规定的标准。"

〔6〕《劳动法》第54条规定："用人单位必须为劳动者提供符合国家规定的劳动安全卫生条件和必要的劳动防护用品，对从事有职业危害作业的劳动者应当定期进行健康检查。"

正。[1]综上所述，重大劳动安全事故罪的行为主体应为单位。但《刑法》第135条将处罚对象限于直接负责的主管人员和其他直接责任人员，实行单罚制，笔者认为此种处罚原则不甚合理，应同时处罚单位以及直接负责的主管人员和其他直接责任人员。由于《刑法》第135条仅规定了“直接负责的主管人员和其他直接责任人员”承担刑事责任，本书按照《刑法》规定展开论述。

2.主观方面

重大劳动安全事故罪在主观方面表现为过失，即有关直接责任人员对发生的重大伤亡事故或者造成其他严重后果应当预见，由于疏忽大意而没有预见或者虽已经预见但轻信能够避免。但是对于单位存在事故隐患，有关直接责任人则是明知或者应知的，有的甚至是应急管理部门多次责令改正而未及时改正。造成这种情况的原因，有的是片面追求经济效益，不肯在劳动安全和劳动卫生方面进行投入；有的是工作不负责任，疏忽怠惰；有的是心存侥幸心理。

3.犯罪客体

本罪侵犯的客体是劳动者的生命、健康和重大公私财产的安全。

4.客观方面

（1）危害行为

根据《刑法》第135条的规定，重大劳动安全事故罪的危害行为是指安全生产设施或者安全生产条件不符合国家规定的行为。认定是否为重大劳动安全事故罪的危害行为，主要需要对“安全生产设施或者安全生产条件”以及“不符合国家规定”这两个要素进行判断。

针对“不符合国家规定”这一要件，上文提到，应按照《刑法》第96条的规定进行解释，即指违反全国人民代表大会及其常务委员会制定的法律和决定，国务院制定的行政法规、规定的行政措施、发布的决定和命令。

〔1〕 参见周铭川、黄丽勤：《论重大劳动安全事故罪》，载《法学论坛》2006年第3期。

表2-2列举了我国法律法规、政策规定等对于生产经营单位安全生产设施及安全生产条件的要求，若安全生产设施或者安全生产条件违反了下述任一规定，均属于“不符合国家规定”。

表2-2　生产经营单位安全生产设施及安全生产条件的相关规定

名称	内容
《安全生产法》	**第20条**　生产经营单位应当具备本法和有关法律、行政法规和国家标准或者行业标准规定的安全生产条件；不具备安全生产条件的，不得从事生产经营活动。 **第23条**　生产经营单位应当具备的安全生产条件所必需的资金投入，由生产经营单位的决策机构、主要负责人或者个人经营的投资人予以保证，并对由于安全生产所必需的资金投入不足导致的后果承担责任。有关生产经营单位应当按照规定提取和使用安全生产费用，专门用于改善安全生产条件。安全生产费用在成本中据实列支。安全生产费用提取、使用和监督管理的具体办法由国务院财政部门会同国务院应急管理部门征求国务院有关部门意见后制定。
《劳动法》	**第53条**　劳动安全卫生设施必须符合国家规定的标准。新建、改建、扩建工程的劳动安全卫生设施必须与主体工程同时设计、同时施工、同时投入生产和使用。 **第54条**　用人单位必须为劳动者提供符合国家规定的劳动安全卫生条件和必要的劳动防护用品，对从事有职业危害作业的劳动者应当定期进行健康检查。 **第92条**　用人单位的劳动安全设施和劳动卫生条件不符合国家规定或者未向劳动者提供必要的劳动防护用品和劳动保护设施的，由劳动行政部门或者有关部门责令改正，可以处以罚款；情节严重的，提请县级以上人民政府决定责令停产整顿；对事故隐患不采取措施，致使发生重大事故，造成劳动者生命和财产损失的，对责任人员依照刑法有关规定追究刑事责任。
《矿山安全法》	**第3条**　矿山企业必须具有保障安全生产的设施，建立、健全安全管理制度，采取有效措施改善职工劳动条件，加强矿山安全管理工作，保证安全生产。 **第7条**　矿山建设工程的安全设施必须和主体工程同时设计、同时施工、同时投入生产和使用。 **第8条第2款**　矿山建设工程安全设施的设计必须有劳动行政主管部门参加审查。 **第12条第2款**　矿山建设工程安全设施竣工后，由管理矿山企业的主管部门验收，并须有劳动行政主管部门参加；不符合矿山安全规程和行业技术规范的，不得验收，不得投入生产。

续表

名称	内容
	第13条 矿山开采必须具备保障安全生产的条件，执行开采不同矿种的矿山安全规程和行业技术规范。 **第32条** 矿山企业必须从矿产品销售额中按照国家规定提取安全技术措施专项费用。安全技术措施专项费用必须全部用于改善矿山安全生产条件，不得挪作他用。 **第42条** 矿山建设工程安全设施的设计未经批准擅自施工的，由管理矿山企业的主管部门责令停止施工；拒不执行的，由管理矿山企业的主管部门提请县级以上人民政府决定由有关主管部门吊销其采矿许可证和营业执照。 **第43条** 矿山建设工程的安全设施未经验收或者验收不合格擅自投入生产的，由劳动行政主管部门会同管理矿山企业的主管部门责令停止生产，并由劳动行政主管部门处以罚款；拒不停止生产的，由劳动行政主管部门提请县级以上人民政府决定由有关主管部门吊销其采矿许可证和营业执照。 **第44条** 已经投入生产的矿山企业，不具备安全生产条件而强行开采的，由劳动行政主管部门会同管理矿山企业的主管部门责令限期改进；逾期仍不具备安全生产条件的，由劳动行政主管部门提请县级以上人民政府决定责令停产整顿或者由有关主管部门吊销其采矿许可证和营业执照。
《煤炭法》	**第20条** 煤矿投入生产前，煤矿企业应当依照有关安全生产的法律、行政法规的规定取得安全生产许可证。未取得安全生产许可证的，不得从事煤炭生产。 **第33条第1款** 煤矿企业应当对职工进行安全生产教育、培训；未经安全生产教育、培训的，不得上岗作业。 **第36条** 煤矿企业必须为职工提供保障安全生产所需的劳动保护用品。 **第38条** 煤矿企业使用的设备、器材、火工产品和安全仪器，必须符合国家标准或者行业标准。
《职业病防治法》	**第4条第1、2款** 劳动者依法享有职业卫生保护的权利。用人单位应当为劳动者创造符合国家职业卫生标准和卫生要求的工作环境和条件，并采取措施保障劳动者获得职业卫生保护。工会组织依法对职业病防治工作进行监督，维护劳动者的合法权益。用人单位制定或者修改有关职业病防治的规章制度，应当听取工会组织的意见。

续表

名称	内容
	第15条　产生职业病危害的用人单位的设立除应当符合法律、行政法规规定的设立条件外，其工作场所还应当符合下列职业卫生要求：(一)职业病危害因素的强度或者浓度符合国家职业卫生标准；(二)有与职业病危害防护相适应的设施；(三)生产布局合理，符合有害与无害作业分开的原则；(四)有配套的更衣间、洗浴间、孕妇休息间等卫生设施；(五)设备、工具、用具等设施符合保护劳动者生理、心理健康的要求；(六)法律、行政法规和国务院卫生行政部门关于保护劳动者健康的其他要求。 **第18条**　建设项目的职业病防护设施所需费用应当纳入建设项目工程预算，并与主体工程同时设计，同时施工，同时投入生产和使用。建设项目的职业病防护设施设计应当符合国家职业卫生标准和卫生要求；其中，医疗机构放射性职业病危害严重的建设项目的防护设施设计，应当经卫生行政部门审查同意后，方可施工。建设项目在竣工验收前，建设单位应当进行职业病危害控制效果评价。医疗机构可能产生放射性职业病危害的建设项目竣工验收时，其放射性职业病防护设施经卫生行政部门验收合格后，方可投入使用；其他建设项目的职业病防护设施应当由建设单位负责依法组织验收，验收合格后，方可投入生产和使用。卫生行政部门应当加强对建设单位组织的验收活动和验收结果的监督核查。 **第22条**　用人单位必须采用有效的职业病防护设施，并为劳动者提供个人使用的职业病防护用品。
《安全生产许可证条例》	**第6条**　企业取得安全生产许可证，应当具备下列安全生产条件：(一)建立、健全安全生产责任制，制定完备的安全生产规章制度和操作规程；(二)安全投入符合安全生产要求；(三)设置安全生产管理机构，配备专职安全生产管理人员；(四)主要负责人和安全生产管理人员经考核合格；(五)特种作业人员经有关业务主管部门考核合格，取得特种作业操作资格证书；(六)从业人员经安全生产教育和培训合格；(七)依法参加工伤保险，为从业人员缴纳保险费；(八)厂房、作业场所和安全设施、设备、工艺符合有关安全生产法律、法规、标准和规程的要求；(九)有职业危害防治措施，并为从业人员配备符合国家标准或者行业标准的劳动防护用品；(十)依法进行安全评价；(十一)有重大危险源检测、评估、监控措施和应急预案；(十二)有生产安全事故应急救援预案、应急救援组织或者应急救援人员，配备必要的应急救援器材、设备；(十三)法律、法规规定的其他条件。
《国务院关于预防煤矿生产安全事故的特别规定》	**第8条第1款**　煤矿的通风、防瓦斯、防水、防火、防煤尘、防冒顶等安全设备、设施和条件应当符合国家标准、行业标准，并有防范生产安全事故发生的措施和完善的应急处理预案。

此外，需要明确的是，“安全生产设施或者安全生产条件不符合国家规定”应包括以下几种情形：一是完全未安装、配备安全生产设施，未创设安全生产条件；二是安装、配备不符合要求的安全生产设施，未创设符合要求的安全生产条件；三是安装、配备了符合要求的安全生产设施，也创设了符合要求的安全生产条件，但随着时间的推移或其他原因倒追上述设施及条件不再符合国家规定。

对于“安全生产设施”及“安全生产条件”的认定，《公检法办案标准与适用》中写明：“生产设施，是指生产设备及附属设施。附属安全设施是指为了防止和消除在生产过程中的伤亡事故，防止生产设施遭到破坏，用以保障劳动者安全的技术设备、设施和各种用品，如防护装置、保险装置、信号装置、危险牌示和识别标志。生产条件是从整体上来讲，指生产经营单位进行正常生产应具备的条件或生产经营单位已具有的安全条件。”〔1〕因此，安全生产设施或者安全生产条件主要指在生产过程当中起到保护人员安全及保障正常生产的设备设施、环境。特别需要提示的是，很多法律法规都对生产经营单位投入安全生产资金进行了要求，这也应属于“安全生产条件”的范畴。

（2）因果关系

违法行为与恶劣结果之间应存在因果关系。《刑法》第135条规定成立本罪需满足“发生重大伤亡事故或者造成其他严重后果”这一条件，根据《最高人民法院、最高人民检察院关于办理危害生产安全刑事案件适用法律若干问题的解释》第6条第1款的规定，实施《刑法》第135条规定的行为，因而发生安全事故，具有下列情形之一的，应当认定为“造成严重后果”或者“发生重大伤亡事故或者造成其他严重后果”，对相关责任人员，处3年以下有期徒刑或者拘役：（1）造成死亡1人以上，或者重伤3人以上

〔1〕 参见李少平、朱孝清、李伟：《公检法办案标准与适用》（第1卷），人民法院出版社2014年版，第810页。

的；（2）造成直接经济损失一百万元以上的；（3）其他造成严重后果或者重大安全事故的情形。

重大劳动安全事故罪的危害行为，应是行为主体的职务或业务行为违反国家规定，若危害行为并非与职务、业务相关，即使发生了本罪所规定的危害结果，即发生重大伤亡事故或者造成其他严重后果，也不成立本罪的因果关系，从而不应被认定为本罪。本罪的危害行为应属于不作为行为，即行为主体应当能履行安全生产相关义务但未履行，从而造成发生重大伤亡事故或者造成其他严重后果。

本罪的危害行为与危害结果之间须具备相关性及顺序性。首先，“安全生产设施或者安全生产条件不符合国家规定”应导致“发生重大伤亡事故或者造成其他严重后果”；其次，“安全生产设施或者安全生产条件不符合国家规定”应先于“重大伤亡事故或者其他严重后果”发生。

（二）立案追诉

根据《最高人民检察院、公安部关于公安机关管辖的刑事案件立案追诉标准的规定（一）》第10条的规定，“安全生产设施或者安全生产条件不符合国家规定，涉嫌下列情形之一的，应予立案追诉：（一）造成死亡一人以上，或者重伤三人以上；（二）造成直接经济损失五十万元以上的；（三）发生矿山生产安全事故，造成直接经济损失一百万元以上的；（四）其他造成严重后果的情形。”

（三）重大劳动安全事故罪的量刑

根据《刑法》第135条的规定，犯本罪的，处三年以下有期徒刑或者拘役；情节特别恶劣的，处三年以上七年以下有期徒刑。

1.法定刑升格事由——情节特别恶劣

根据《最高人民法院、最高人民检察院关于办理危害生产安全刑事案件适用法律若干问题的解释》第7条第1款的规定：“实施刑法第一百三十二条、第一百三十四条第一款、第一百三十五条、第一百三十五条之一、第一百三十六条、第一百三十九条规定的行为，因而发生安全事故，具有下列情形之一的，对相关责任人员，处三年以上七年以下有期徒刑：(一)造成死亡三人以上或者重伤十人以上，负事故主要责任的；(二)造成直接经济损失五百万元以上，负事故主要责任的；(三)其他造成特别严重后果、情节特别恶劣或者后果特别严重的情形。”

2.从重处罚、从轻处罚

重大劳动安全事故罪的从重处罚、从轻处罚事由均与重大责任事故罪一致。

五、工程重大安全事故罪

根据《刑法》第137条的规定：“建设单位、设计单位、施工单位、工程监理单位违反国家规定，降低工程质量标准，造成重大安全事故的，对直接责任人员，处五年以下有期徒刑或者拘役，并处罚金；后果特别严重的，处五年以上十年以下有期徒刑，并处罚金。”这是我国《刑法》对工程重大安全事故罪的规定。

(一)构成要件

1.犯罪主体

对于本罪的行为主体，理论界及司法实务界均有较大争议。第一种观点认为，本罪的行为主体应为特殊主体，即单位，包括建设单位、设计单位、施工单位以及工程监理单位；[1]第二种观点认为，本罪的主体为自然人，即建设单位、设计单位、施工单位、工程监理单位中对工程安全质量负有直接责任的人员；第三种观点认为，本罪的主体既包括单位，也包括自

〔1〕 参见沙君俊：《单位犯罪的定罪与量刑》，人民法院出版社2002年版，第193页。

然人，即建设单位、设计单位、施工单位、工程监理单位及其直接责任人员。[1]

笔者认为，本罪的主体为特殊主体，即为单位犯罪。而《刑法》采用了代罚制，规定承担刑事责任的主体为单位犯罪中的直接责任人员，即建设单位、设计单位或者是施工单位及工程监理单位中，对建筑工程质量安全负有直接责任的人员。本罪的犯罪主体和承担刑事责任的主体不一致，容易造成司法实践中定罪量刑的混乱，如何规避这一问题，还需要《刑法》对此进一步进行明确。

《刑法》第137条所规定的“单位”，根据《刑法》第30条以及《最高人民法院关于审理单位犯罪案件具体应用法律有关问题的解释》（法释〔1999〕14号）的相关规定，应包括公司、企业、事业单位、机关及团体，“公司、企业、事业单位”，既包括国有、集体所有的公司、企业、事业单位，也包括依法设立的合资经营、合作经营企业和具有法人资格的独资、私营等公司、企业、事业单位；对于团体的解释，根据《社会团体登记管理条例》第2条的规定，是指中国公民自愿组成，为实现会员共同意愿，按照其章程开展活动的非营利性社会组织。根据上述规定，“单位”应指具有法人资格的各类组织。但在李某奇、张某东、张某敏工程重大安全事故罪案[2]中，河南省济源市人民法院将不属于“单位”的民间建筑队的直接责任人认定为了工程重大责任事故罪的行为主体。在本案中，被告人李某奇的辩护人认为工程重大责任事故罪是单位犯罪，李某奇只是民间建筑队而非施工单位，不符合工程重大责任事故罪的主体要件。但河南省济源市人民法院认为，李某奇施工队虽然不具备法人的形式要件，但作为施工单位负责建造水仓，李某奇作为承揽工程的施工队负责人，在该起事故中负有直接责任，符合工程重大责任事故罪的主体要件。因此，在实践中，只要是以

〔1〕 参见曲新久：《从“身份”到行为——工程重大安全事故罪的一个解释问题》，载《人民检察》2011年第17期。

〔2〕 河南省济源市人民法院刑事判决书，（2011）济刑初字第409号。

实际参与人的身份参与了工程建设的各个环节，无论是否为具备法人资格的单位，也无论单位是否具有承揽工程的合法资质，都可能成为本罪的犯罪主体。

在挂靠情形中，若挂靠单位自行降低工程质量标准，被挂靠单位明知其存在违法行为但未予制止，轻信能够避免，导致发生工程重大安全事故，在此情况下，挂靠单位及被挂靠单位均应被追究刑事责任。

在分包情形中，若为合法分包，分包单位违反国家规定降低工程质量标准，造成重大安全事故，在总承包单位对分包工程正确履行了质量监督管理义务的情况下，应以工程重大安全事故罪追究分包单位的责任，但总承包单位也应承担相应的选任过失责任。〔1〕如总承包单位未履行质量监督管理义务，则分包单位及总承包单位均应构成工程重大安全事故罪。若为违法分包，分包单位及总承包单位均属于故意违反国家法律法规的情形，因降低工程质量标准，造成重大安全事故的，双方均构成工程重大安全事故罪。但是，建设单位擅自进行违法分包的，总承包单位不应就分包工程承担刑事责任。〔2〕

在转包情形中，只要出现违反国家规定降低工程质量标准，造成重大安全事故的情况，原承包单位及转包单位均构成工程重大安全事故罪。

此外，需要注意的是，勘察单位并非本罪的主体。

2.主观方面

本罪在主观方面表现为过失，这种过失可以是出于疏忽大意的过失，也可以是过于自信的过失。但无论哪种过失，行为人对违反国家规定是明知故犯的。行为人明知是违反了国家规定，应当预见到可能发生严重后果，但因疏忽大意而没有预见，或者已经预见到会发生某种严重后果，但

〔1〕 参见刘茵：《浅析“工程重大安全事故罪”规定之问题及其修改》，载《重庆科技学院学报（社会科学版）》2012年第12期。

〔2〕 参见孟庆鹏、刘飞：《工程重大安全事故罪的主体范围探析》，载《沈阳建筑大学学报（社会科学版）》2010年第1期。

轻信能够避免，以致发生了严重后果。

3.犯罪客体

工程重大安全事故罪侵犯的客体是人民的财产和生命安全以及国家的建筑管理制度。

4.客观方面

首先，工程重大安全事故罪的行为表现为“违反国家规定”以及“降低工程质量标准”的行为。而“违反国家规定”是成立本罪的前提条件。根据《刑法》第96条的规定，违反国家规定，是指违反全国人民代表大会及其常务委员会制定的法律和决定，国务院制定的行政法规、规定的行政措施、发布的决定和命令。主要包括《安全生产法》《建筑法》《建设工程质量管理条例》等相关法律法规。违反地方政府制定的地方性法规、行业法规、行业准则等均不属于“违反国家规定”，从而不能成立本罪。

但对于“工程质量标准”，主要是指《建筑工程施工质量验收统一标准》等国家标准。《建设工程质量管理条例》对建设、设计、施工及工程监理单位的质量责任和义务进行了明确、详细的规定，建设单位的违规行为主要包括要求设计单位或者施工单位压缩工程造价、压缩工期，从而导致工程质量降低;或明示、暗示施工单位使用不合格的建筑材料、建筑构配件和设备，从而导致工程质量下降。设计单位的违规行为主要包括未按照工程建设强制性标准进行设计；或其在设计文件中选用的建筑材料、建筑构配件和设备，其质量要求不符合国家规定的标准。施工单位的违规行为主要包括在施工中偷工减料，使用不合格的建筑材料、建筑构配件和设备；擅自修改工程设计，不按设计图纸施工；或不按施工技术标准施工。工程监理单位的违规行为主要是未能依照法律、法规以及有关技术标准、设计文件和建设工程承包合同，代表建设单位对施工质量实施监理等。

其次，以上违法行为须造成实害结果。《刑法》第137条规定成立本罪需满足“造成重大安全事故”这一条件，根据《最高人民法院、最高人民检察院关于办理危害生产安全刑事案件适用法律若干问题的解释》第6条第3

款的规定："实施刑法第一百三十七条规定的行为，因而发生安全事故，具有本条第一款规定情形的，应当认定为'造成重大安全事故'，对直接责任人员，处五年以下有期徒刑或者拘役，并处罚金。"[1]

在本罪中，工程质量标准的降低应与行为人违反国家规定之间存在因果关系，如若行为人违反国家规定并未导致工程质量标准降低，则不应以本罪论处。但在司法实践中，存在发生重大安全事故后，只要单位具有违反国家规定的行为，即被认定为构成本罪的情况，而不论工程质量标准是否被降低。

（二）立案追诉

根据《最高人民检察院、公安部关于公安机关管辖的刑事案件立案追诉标准的规定（一）》第13条的规定，"建设单位、设计单位、施工单位、工程监理单位违反国家规定，降低工程质量标准，涉嫌下列情形之一的，应予立案追诉：（一）造成死亡一人以上，或者重伤三人以上；（二）造成直接经济损失五十万元以上的；（三）其他造成严重后果的情形。"

（三）工程重大安全事故罪的量刑

根据《刑法》第137条的规定，犯本罪的，处5年以下有期徒刑或者拘役，并处罚金；后果特别严重的，处5年以上10年以下有期徒刑，并处罚金。

1.法定刑升格事由——后果特别严重

《最高人民法院、最高人民检察院关于办理危害生产安全刑事案件适

[1]《最高人民法院、最高人民检察院关于办理危害生产安全刑事案件适用法律若干问题的解释》第6条第1款规定："实施刑法第一百三十二条、第一百三十四条第一款、第一百三十五条、第一百三十五条之一、第一百三十六条、第一百三十九条规定的行为，因而发生安全事故，具有下列情形之一的，应当认定为'造成严重后果'或者'发生重大伤亡事故或者造成其他严重后果'，对相关责任人员，处三年以下有期徒刑或者拘役：（一）造成死亡一人以上，或者重伤三人以上的；（二）造成直接经济损失一百万元以上的；（三）其他造成严重后果或者重大安全事故的情形。"

用法律若干问题的解释》第7条第3款规定："实施刑法第一百三十七条规定的行为，因而发生安全事故，具有本条第一款规定情形的，对直接责任人员，处五年以上十年以下有期徒刑，并处罚金。"

2.从重处罚、从轻处罚

重大劳动安全事故罪的从重处罚、从轻处罚事由均与重大责任事故罪一致。

六、不报、谎报安全事故罪

《刑法》第139条之一规定："在安全事故发生后，负有报告职责的人员不报或者谎报事故情况，贻误事故抢救，情节严重的，处三年以下有期徒刑或者拘役；情节特别严重的，处三年以上七年以下有期徒刑。"这是《刑法》对不报、谎报安全事故罪的规定，是《刑法修正案（六）》新增设的犯罪。

（一）构成要件

1.犯罪主体

本罪的犯罪主体是特殊主体，为对安全事故"负有报告职责的人员"。根据《最高人民法院、最高人民检察院关于办理危害生产安全刑事案件适用法律若干问题的解释》第4条的规定："刑法第一百三十九条之一规定的'负有报告职责的人员'，是指负有组织、指挥或者管理职责的负责人、管理人员、实际控制人、投资人，以及其他负有报告职责的人员。"根据《安全生产法》第84条的规定："负有安全生产监督管理职责的部门接到事故报告后，应当立即按照国家有关规定上报事故情况。负有安全生产监督管理职责的部门和有关地方人民政府对事故情况不得隐瞒不报、谎报或者迟报。"因此，除生产经营单位相关人员外，负有报告职责的安全生产监督管理职责的部门以及有关地方人民政府的相关人员也属于本罪的行为主体。

此外，根据《关于进一步加强危害生产安全刑事案件审判工作的意见》(法发〔2011〕20号）的规定,安全事故发生后，负有报告职责的国家工作人员不报或者谎报事故情况，贻误事故抢救，情节严重，构成不报、谎报安全事故罪，同时构成职务犯罪或其他危害生产安全犯罪的，依照数罪并罚的规定处罚。

2.主观方面

不报、谎报安全事故罪的主观方面属于故意，即明知在安全生产事故发生之后，不报、谎报行为属于违反安全事故监管制度的行为，仍然不报、谎报。

3.犯罪客体

不报、谎报安全事故罪侵犯的是国家关于安全事故的监管制度。

4.客观方面

(1)时间条件

成立本罪存在一个重要的前提条件，即“安全事故发生后”，意味着安全事故已经发生，而非正在发生或还未发生。若行为主体明知危险的存在，因不报、谎报危险而最终导致安全事故发生的，不构成本罪，应以其他的安全事故罪名论处。安全事故的等级不影响本罪的成立。《生产安全事故报告和调查处理条例》第3条将安全生产事故分为四个等级：特别重大事故、重大事故、较大事故以及一般事故。无论是以上哪种等级的事故，都能构成本罪成立的前提。

(2)行为分类

《生产安全事故报告和调查处理条例》第9、11条还对事故报告的时限进行了要求。事故现场有关人员应当立即向本单位负责人报告；单位负责人接到报告后，应当于1小时内向事故发生地县级以上人民政府安全生产监督管理部门和负有安全生产监督管理职责的有关部门报告。安全生产监督管理部门和负有安全生产监督管理职责的有关部门逐级上报事故情况，每级上报的时间不得超过2小时。若负有报告职责的人员进行事故报告超过了上述时限的规定，是否也应当被认定为“不报、谎报”呢？笔者认为，应根据实际情况进行个案区分。对于因客观原因导致知道安全生产事故发生的时间较晚的，不应被认定为“不报、谎报”；而对于明知事故发生，为避免承担责任不报，后因事情败露不得不报导致超过了时限规定，则当然应按照本罪论处。

构成本罪的行为包括两种，即不报和谎报，可分别成立不报安全事故罪、谎报安全事故罪，若两种行为均存在，则以不报、谎报安全事故罪论处。“不报”指“在安全事故发生后，负有报告职责的人员，明知发生了安全事故，为了逃避责任或其他目的，故意不向有关机关报告”〔1〕的行为。若行为人不知道安全生产事故的发生，则不能以本罪论处。“谎报”指在安全事故发生后，以编造或篡改的虚假情况进行报告的行为，〔2〕主要包括以下情形：①事故发生但谎称未发生；②编造程度较轻的人员伤亡或直接经济损失情况，或谎称不存在人员伤亡或直接经济损失；③谎报安全事故发生的时间、地点、原因、采取的措施等。在实践中，可能出现相关人员“漏报”事故情况的可能性，如为故意，则应当构成本罪；如因疏忽大意而漏报，则不应视为“谎报”。

（3）因果关系

行为人的不报、谎报行为还须导致了严重后果。成立本罪要求不报、谎报行为导致贻误事故抢救且情节严重。也就是说，不报、谎报行为与贻误事故抢救之间应具有因果关系。最高人民检察院在第96号指导性案例中也明确，“认定本罪，应重点审查谎报事故的行为与贻误事故抢救结果之间是否存在刑法上的因果关系。只有谎报事故的行为造成贻误事故抢救的后果，即造成事故后果扩大或致使不能及时有效开展事故抢救，才可能构成本罪。如果事故已经完成抢救，或者没有抢救时机（危害结果不可能

〔1〕 参见尤金亮：《不报、谎报安全事故罪争议问题探讨》，载《重庆科技学院学报（社会科学版）》2012年第11期。

〔2〕 参见刘艳红：《中华人民共和国刑法修正案（六）之解读》，载《法商研究》2006年第6期。

加重或扩大），则不构成本罪”〔1〕。

对于“情节严重”的认定，应当根据《最高人民法院、最高人民检察院关于办理危害生产安全刑事案件适用法律若干问题的解释》第8条第1款的规定执行，“在安全事故发生后，负有报告职责的人员不报或者谎报事故情况，贻误事故抢救，具有下列情形之一的，应当认定为刑法第一百三十九条之一规定的‘情节严重’：（一）导致事故后果扩大，增加死亡一人以上，或者增加重伤三人以上，或者增加直接经济损失一百万元以上的；（二）实施下列行为之一，致使不能及时有效开展事故抢救的：1.决定不报、迟报、谎报事故情况或者指使、串通有关人员不报、迟报、谎报事故情况的；2.在事故抢救期间擅离职守或者逃匿的；3.伪造、破坏事故现场，或者转移、藏匿、毁灭遇难人员尸体，或者转移、藏匿受伤人员的；4.毁灭、伪造、隐匿与事故有关的图纸、记录、计算机数据等资料以及其他证据的；（三）其他情节严重的情形”。

（二）立案追诉

根据《最高人民检察院、公安部关于公安机关管辖的刑事案件立案追诉标准的规定（一）的补充规定》（公通字〔2017〕12号）第1条的规定：“在安全事故发生后，负有报告职责的人员不报或者谎报事故情况，贻误事故抢救，涉嫌下列情形之一的，应予立案追诉：（一）导致事故后果扩大，增加死亡一人以上，或者增加重伤三人以上，或者增加直接经济损失一百万元以上的；（二）实施下列行为之一，致使不能及时有效开展事故抢救的：1.决定不报、迟报、谎报事故情况或者指使、串通有关人员不报、迟报、谎报事故情况的；2.在事故抢救期间擅离职守或者逃匿的；3.伪造、破坏事故现场，或者转移、藏匿、毁灭遇难人员尸体，或者转移、藏匿受伤人员的；4.毁灭、伪造、隐匿与事故有关的图纸、记录、计算机数据等资料以及其他

〔1〕 黄某某等人重大责任事故、谎报安全事故案，最高人民检察院第二十五批指导性案例第96号。

证据的；（三）其他不报、谎报安全事故情节严重的情形。”

（三）不报、谎报安全事故罪的量刑

根据《刑法》第139条之一的规定，犯本罪情节严重的，处3年以下有期徒刑或者拘役；情节特别严重的，处3年以上7年以下有期徒刑。

1.法定刑升格事由——情节特别严重

根据《最高人民法院、最高人民检察院关于办理危害生产安全刑事案件适用法律若干问题的解释》第8条第2款的规定："具有下列情形之一的，应当认定为刑法第一百三十九条之一规定的'情节特别严重'：（一）导致事故后果扩大，增加死亡三人以上，或者增加重伤十人以上，或者增加直接经济损失五百万元以上的；（二）采用暴力、胁迫、命令等方式阻止他人报告事故情况，导致事故后果扩大的；（三）其他情节特别严重的情形。"

2.从重处罚

不报、谎报安全事故罪的从重处罚、从轻处罚事由均与重大责任事故罪一致。

第五节　工程总承包项目各参建方及个人的民事责任

所谓民事责任，是指民事主体违反民事义务应当承担的民事法律后果。[1]根据不同的标准，可以对民事责任进行不同类型的划分。最常见的一种分类方式是根据责任发生的依据，将民事责任划分为合同责任（通常也被称为违约责任）、侵权责任以及其他责任。合同责任是指因违反合同

---

〔1〕 参见王利明：《中华人民共和国民法总则详解》（下册），中国法制出版社2017年版，第806页。

约定的义务、合同附随义务或违反《民法典》等法律法规规定的义务而产生的责任。侵权责任是指因侵犯他人的财产权益或人身权益而产生的责任。其他责任是指合同责任与侵权责任之外的其他民事责任,主要包括基于不当得利、无因管理而产生的责任等。合同责任与侵权责任很重要的一个区别就在于二者的归责原则不同。关于合同责任的归责原则,《民法典》第577条规定,"当事人一方不履行合同义务或者履行合同义务不符合约定的,应当承担继续履行、采取补救措施或者赔偿损失等违约责任"。上述条款并未要求承担违约责任需要以主观过错为要件,也未规定若当事人证明自己没有过错则不应承担违约责任。因此,合同责任的归责原则也通常被认为是严格责任原则。严格责任原则比过错责任原则在外延上更广泛,即使债务人无过错,其仍应承担违约责任,除非存在不可抗力等法律规定的免责情形。[1]我国侵权责任归责原则体系由过错责任原则、过错推定责任原则和无过错责任原则三个归责原则构成。其中,过错责任为原则,根据《民法典》第1165条的规定,行为人因过错侵害他人民事权益造成损害的,应当承担侵权责任;依照法律规定推定行为人有过错,其不能证明自己没有过错的,应当承担侵权责任。无过错责任为例外,即行为人造成他人民事权益损害,不论行为人有无过错,法律规定应当承担侵权责任的,行为人就应当承担侵权责任。在《民法典》中,一共规定了12种无过错责任的情形,与工程总承包项目安全生产息息相关的主要包括两种,各参建单位应当予以重点关注:第一种类型为《民法典》第1191条规定的用人单位的工作人员因执行工作任务造成他人损害的,由用人单位承担侵权责任;用人单位承担侵权责任后,可以向有故意或者重大过失的工作人员追偿。第二种类型为《民法典》第1252条规定的建筑物、构筑物或者其他设施倒塌、塌陷造成他人损害的,由建设单位与施工单位承担连带赔偿责任,

---

〔1〕 参见陈善珊、周双:《金融借款人已逝,逾期罚息、复利应否支付?》,载江苏法院网2022年10月20日,https://www.jsfy.gov.cn/article/94453.html。

但是建设单位与施工单位能够证明不存在质量缺陷的除外；建设单位、施工单位赔偿后，有其他责任人的，有权向其他责任人追偿。

根据《民法典》第179条的规定，承担民事责任的方式主要有以下11种：（1）停止侵害；（2）排除妨碍；（3）消除危险；（4）返还财产；（5）恢复原状；（6）修理、重作、更换；（7）继续履行；（8）赔偿损失；（9）支付违约金；（10）消除影响、恢复名誉；（11）赔礼道歉。上述承担民事责任的方式，可以单独适用，也可以合并适用。在安全生产方面，《安全生产法》等相关法律法规规定的生产经营单位承担民事责任的方式一般为"赔偿损失"。在工程总承包项目所涉及的各类合同中，通常也会对参建各方的安全生产责任进行约定，如当事人一方存在违反合同约定的行为，守约方可以要求违约方承担合同约定的违约责任；若违约行为损害对方人身权益、财产权益的，根据《民法典》第186条的规定，受损害的当事人有权选择请求其承担违约责任或侵权责任。

一、《安全生产法》对于参建各方及个人民事责任的规定

2021年《安全生产法》用4个条款对相关单位的安全生产民事责任进行了规定。

（一）生产经营单位对因生产安全事故受到损害的从业人员的赔偿责任

根据《安全生产法》第56条第2款的规定，因生产安全事故受到损害的从业人员，除依法享有工伤保险外，依照有关民事法律尚有获得赔偿的权利的，有权提出赔偿要求。此项民事责任适用于工程总承包项目中的各个参建单位。《安全生产法》第51条明确要求生产经营单位必须依法参加工伤保险，为从业人员缴纳保险费。但在实践当中，工伤保险可能难以补偿从业人员在安全生产事故中遭受到的全部损害，因此，为了最大限度地弥

补从业人员因生产安全事故受到的损害，如果生产经营单位对生产安全事故的发生、救援等存在过错，受到事故伤害的劳动者或其近亲属还可以要求用人单位承担民事赔偿责任。

（二）检验检测机构出具失实报告，或租借资质、挂靠、出具虚假报告应当承担的民事责任

检验检测机构应当具备符合国家法律法规规定的资质，且应对检测结果负责。根据《安全生产法》第92条的规定，承担安全评价、认证、检测、检验职责的机构出具失实报告，给他人造成损害的，依法承担赔偿责任；承担安全评价、认证、检测、检验职责的机构租借资质、挂靠、出具虚假报告，给他人造成损害的，与生产经营单位承担连带赔偿责任。

（三）生产经营单位将生产经营项目、场所、设备发包或者出租给不具备安全生产条件或者相应资质的单位或者个人，导致发生生产安全事故给他人造成损害应当承担的民事责任

《安全生产法》第103条规定，生产经营单位将生产经营项目、场所、设备发包或者出租给不具备安全生产条件或者相应资质的单位或者个人，导致发生生产安全事故给他人造成损害的，与承包方、承租方承担连带赔偿责任。受损害方有权要求发包单位、出租单位、承包方或承租方任何一方承担全部赔偿责任。此项民事责任适用于工程总承包项目中的建设单位、施工单位以及施工机械的出租、安拆单位等参建单位。建设单位应当将工程项目发包给具有相应资质等级的承包单位，施工单位应当在其资质等级许可的范围内承揽工程，工程总承包单位应当根据法律法规的规定将承包工程中的部分工程发包给具有相应资质条件的分包单位，施工机械的出租、安拆单位在出租设备时也应当关注承租单位、个人的安全生产条件及资质，以避免承担赔偿责任。

（四）生产经营单位发生生产安全事故造成人员伤亡、他人财产损失的赔偿责任以及生产安全事故责任人的赔偿责任

根据《安全生产法》第116条的规定，生产经营单位发生生产安全事故，造成人员伤亡、他人财产损失的，应当依法承担赔偿责任；拒不承担或者其负责人逃匿的，由人民法院依法强制执行；生产安全事故的责任人未依法承担赔偿责任，经人民法院依法采取执行措施后，仍不能对受害人给予足额赔偿的，应当继续履行赔偿义务；受害人发现责任人有其他财产的，可以随时请求人民法院执行。此项民事责任应适用于工程总承包项目中的各个参建单位。

但本条规定在执行的过程中会存在一定的问题。第一，是安全生产事故的赔偿主体问题。《安全生产法》第116条第1款规定："生产经营单位发生生产安全事故造成人员伤亡、他人财产损失的，应当依法承担赔偿责任；拒不承担或者其负责人逃匿的，由人民法院依法强制执行。"这一款规定的赔偿主体为"生产经营单位"。第116条第2款规定："生产安全事故的责任人未依法承担赔偿责任，经人民法院依法采取执行措施后，仍不能对受害人给予足额赔偿的，应当继续履行赔偿义务；受害人发现责任人有其他财产的，可以随时请求人民法院执行。"第2款规定的赔偿主体为"生产安全事故的责任人"。通过对比上述两个条款可以发现，"生产经营单位"承担赔偿责任的情形为"生产经营单位发生生产安全事故造成人员伤亡、他人财产损失"，但《安全生产法》第116条第2款并未明确规定"生产安全事故的责任人"承担赔偿责任的情形，且《安全生产法》第六章法律责任其他条款仅规定了"生产安全事故的责任人"须承担行政、刑事责任的情形，未列举"生产安全事故的责任人"应承担民事赔偿责任的情形。"生产安全事故的责任人"应在何种情况下承担赔偿责任并未明确。同时，根据《民法典》第1191条的规定，用人单位的工作人员因执行工作任务造成他人损害的，由用人单位承担侵权责任，即生产安全事故的责任人履行职务

的行为造成生产安全事故的，责任应由生产经营单位承担，而并非由责任人承担。《民法典》这一条款的规定显然与《安全生产法》第116条第2款的规定不符。《安全生产法》第116条也未明确规定生产经营单位、生产安全事故的责任人承担责任的形式，即二者应当承担连带赔偿责任还是按份承担赔偿责任？此外，生产安全事故的责任人可能涉及多人，如生产经营单位的主要负责人、其他负责人、安全管理人员、从业人员以及负有安全生产监督管理职责的部门的工作人员等，如何对上述人员的民事责任进行分配，《安全生产法》第116条也未予以规定。

第二，是人民法院强制执行的程序问题。根据《民事诉讼法》第245条以及第259条的规定，强制执行需要依据公证机关依法赋予强制执行效力的公证债权文书或人民法院出具的判决、裁定和其他法律文书进行，前提是被执行人不履行生效法律文书确定的义务，且强制执行需要经当事人申请。但《安全生产法》第116条第1款仅规定强制执行的前提条件为“生产经营单位拒不承担或者其负责人逃匿”，生产经营单位的负责人逃匿可能但不必然导致生效法律文书确定的义务不被履行，与《民事诉讼法》的规定存在一定出入。上述问题可能导致在实践中法院适用法律的不一致，需要在后续对相关规定进行解释与完善。

二、参建各方的民事责任

除《安全生产法》规定了工程总承包项目各参建单位的民事责任外，《建筑法》《建设工程安全生产管理条例》《建设工程质量管理条例》等法律法规也对相关单位的安全生产民事责任进行了规定。由于目前我国工程总承包项目较多以联合体的形式进行承包，同时工程总承包项目中还包括监理、检测、设备供应单位等，为了方便论述、阅读，本书将对工程总承包项目中建设单位、监理单位、勘察、设计单位、施工单位、设备供应单位等参建单位的安全生产民事责任分别展开描述。但值得注意的是，在工程总承包项目中，联合体各方需要对发包人承担连带责任。《建筑法》第27条第1款规定："大型建筑工程或者结构复杂的建筑工程，可以由两个以上的承包单位联合共同承包。共同承包的各方对承包合同的履行承担连带责任。"《招标投标法》第31条第3款规定："联合体各方应当签订共同投标协议，明确约定各方拟承担的工作和责任，并将共同投标协议连同投标文件一并提交招标人。联合体中标的，联合体各方应当共同与招标人签订合同，就中标项目向招标人承担连带责任。"除此之外，《建设项目工程总承包合同（示范文本）》（GF-2020-0216）通用合同条件第4.6.1条也明确约定了"联合体各方应为履行合同向发包人承担连带责任"。发包人在追究联合体的连带责任时，根据《民法典》第178条第1、2款规定，"二人以上依法承担连带责任的，权利人有权请求部分或者全部连带责任人承担责任。连带责任人的责任份额根据各自责任大小确定；难以确定责任大小的，平均承担责任。实际承担责任超过自己责任份额的连带责任人，有权向其他连带责任人追偿"。发包人有权请求部分联合体成员承担责任，也有权要求全部联合体成员承担责任。但联合体一方成员在承担了超过自己责任份额部分之后，有权依据联合体协议的约定向应负责任的联合体成员追偿。[1]

（一）建设单位的民事责任

根据《建设工程安全生产管理条例》第55条的规定，建设单位存在下列情形之一，造成损失的，须依法承担赔偿责任：（1）对勘察、设计、施工、工程监理等单位提出不符合安全生产法律、法规和强制性标准规定的要求的；（2）要求施工单位压缩合同约定的工期的；（3）将拆除工程发包给不具有相应资质等级的施工单位的。

《建筑法》第61条第2款规定，建筑工程竣工经验收合格后，方可交付

[1] 参见李宏远：《工程总承包（DB/EPC）项目法务指引》，法律出版社2021年版，第110~114页。

使用；未经验收或者验收不合格的，不得交付使用。据此，建设单位在将工程交付使用前必须组织竣工验收，且须验收合格。如果建设单位存在以下行为：第一，未组织竣工验收，擅自交付使用的；第二，验收不合格，擅自交付使用的；第三，对不合格的建设工程按照合格工程验收的，根据《建设工程质量管理条例》第58条的规定，若上述行为造成损失，建设单位应当依法承担赔偿责任。

建设单位还有可能因工程质量问题对施工单位承担违约责任。根据《民法典》第806条以及《最高人民法院关于审理建设工程施工合同纠纷案件适用法律问题的解释（一）》第13条的规定，若建设单位存在：（1）不履行协助义务；（2）提供的设计有缺陷；（3）提供或者指定购买的建筑材料、建筑构配件、设备不符合强制性标准；（4）直接指定分包人分包专业工程这几种情形，因此造成工程质量有缺陷的，建设单位应承担过错责任。

（二）监理单位的民事责任

监理单位是受建设单位委托，协助建设单位对工程建设进行监督、检查，解决工程技术问题的专业单位。[1]针对监理单位可能承担的侵权责任，根据《建筑法》第32条第1款的规定，“建筑工程监理应当依照法律、行政法规及有关的技术标准、设计文件和建筑工程承包合同，对承包单位在施工质量、建设工期和建设资金使用等方面，代表建设单位实施监督”。工程监理单位存在下列行为之一，造成损失的，应当按照《建设工程安全生产管理条例》第57条的有关规定依法向受损害方承担赔偿责任：（1）未对施工组织设计中的安全技术措施或者专项施工方案进行审查的；（2）发现安全事故隐患未及时要求施工单位整改或者暂时停止施工的；（3）施工单位拒不整改或者不停止施工，未及时向有关主管部门报告的；（4）未依照

〔1〕 参见孙玉军、山楠、徐嘉：《建设工程质量问题导致的民事责任》，载威科先行·法律信息库网，https://law.wkinfo.com.cn/professional-articles/detail/NjAwMDAxNjI3NTM%3D?q=，最后访问时间：2022年12月28日。

法律、法规和工程建设强制性标准实施监理的。同时，工程监理单位不按照委托监理合同的约定履行监理义务，对应当监督检查的项目不检查或者不按照规定检查，给建设单位造成损失的，应当根据《建筑法》第35条第1款的规定，承担相应的赔偿责任；若工程监理单位存在与承包单位串通，为承包单位谋取非法利益的行为，给建设单位造成损失的，需要按照《建筑法》第35条第2款的规定与承包单位承担连带赔偿责任。

工程监理单位还应对承包单位的施工质量进行监督。根据《建筑法》第69条以及《建设工程质量管理条例》第67条第1款的规定，工程监理单位与建设单位或者建筑施工企业串通，弄虚作假、降低工程质量，从而造成损失的，监理单位应与建设单位或施工单位承担连带赔偿责任。此外，若工程监理单位将不合格的建设工程、建筑材料、建筑构配件和设备按照合格签字造成损失的，根据《建设工程质量管理条例》第67条第2款的规定，工程监理单位应与提供不合格建设工程、建筑材料、建筑构配件和设备的单位向受损害方承担连带赔偿责任。

此外，对于监理单位的违约责任，《建设工程监理合同（示范文本）》（GF−2012−0202）通用条件第4.1条约定，监理人未履行本合同义务的，应承担相应的责任。因监理人违反本合同约定给委托人造成损失的，监理人应当赔偿委托人损失。赔偿金额的确定方法在专用条件中约定。监理人承担部分赔偿责任的，其承担赔偿金额由双方协商确定。监理人向委托人的索赔不成立时，监理人应赔偿委托人由此发生的费用。专用条件第4.1.1条对赔偿金额的计算方法进行了约定，即“赔偿金＝直接经济损失 × 正常工作酬金 ÷ 工程概算投资额（或建筑安装工程费）”。通用条件第4.3条第1款还对监理单位的除外责任进行了约定，“因非监理人的原因，且监理人无过错，发生工程质量事故、安全事故、工期延误等造成的损失，监理人不承担赔偿责任”。

（三）勘察、设计单位的民事责任

根据《建设工程勘察设计管理条例》第25条的规定，勘察、设计单位应当依据项目批准文件、城乡规划、工程建设强制性标准以及国家规定的建设工程勘察、设计深度要求等编制建设工程勘察、设计文件。《建筑法》第73条[1]、《建设工程安全生产管理条例》第56条第1项[2]、《建设工程质量管理条例》第63条[3]以及《建设工程勘察设计管理条例》第40条[4]均对勘察、设计单位未按照上述依据进行勘察、设计的民事责任进行了规定，即造成损失的，应依法向受损害方承担赔偿责任。

若勘察、设计工作的质量不符合合同约定，给建设单位造成损失的，根据《民法典》第800条的规定，勘察、设计单位也应当对建设单位承担相应的违约责任，即勘察人、设计人应当继续完善勘察、设计，减收或者免收勘察、设计费并赔偿损失。《建设项目工程总承包合同（示范文本）》（GF-2020-0216）通用合同条件第5.1.1条中规定，"承包人应当按照法律规定，国家、行业和地方的规范和标准，以及《发包人要求》和合同约定完成设计工作和设计相关的其他服务，并对工程的设计负责"，否则，应按照合同约

---

〔1〕《建筑法》第73条规定："建筑设计单位不按照建筑工程质量、安全标准进行设计的，责令改正，处以罚款；造成工程质量事故的，责令停业整顿，降低资质等级或者吊销资质证书，没收违法所得，并处罚款；造成损失的，承担赔偿责任；构成犯罪的，依法追究刑事责任。"

〔2〕《建设工程安全生产管理条例》第56条第1项规定，"违反本条例的规定，勘察单位、设计单位有下列行为之一的，责令限期改正，处10万元以上30万元以下的罚款；情节严重的，责令停业整顿，降低资质等级，直至吊销资质证书；造成重大安全事故，构成犯罪的，对直接责任人员，依照刑法有关规定追究刑事责任；造成损失的，依法承担赔偿责任：（一）未按照法律、法规和工程建设强制性标准进行勘察、设计的……"

〔3〕《建设工程质量管理条例》第63条规定："违反本条例规定，有下列行为之一的，责令改正，处10万元以上30万元以下的罚款：（一）勘察单位未按照工程建设强制性标准进行勘察的；（二）设计单位未根据勘察成果文件进行工程设计的；（三）设计单位指定建筑材料、建筑构配件的生产厂、供应商的；（四）设计单位未按照工程建设强制性标准进行设计的。有前款所列行为，造成工程质量事故的，责令停业整顿，降低资质等级；情节严重的，吊销资质证书；造成损失的，依法承担赔偿责任。"

〔4〕《建设工程勘察设计管理条例》第40条规定："违反本条例规定，勘察、设计单位未依据项目批准文件，城乡规划及专业规划，国家规定的建设工程勘察、设计深度要求编制建设工程勘察、设计文件的，责令限期改正；逾期不改正的，处10万元以上30万元以下的罚款；造成工程质量事故或者环境污染和生态破坏的，责令停业整顿，降低资质等级；情节严重的，吊销资质证书；造成损失的，依法承担赔偿责任。"

定向发包人承担违约责任。《建设工程勘察合同（示范文本）》（GF-2016-0203）通用合同条款第14.2.2（3）条约定："因勘察人原因造成成果资料质量达不到合同约定的质量标准，勘察人应负责无偿给予补充完善使其达到质量合格。因勘察人原因导致工程质量安全事故或其他事故时，勘察人除负责采取补救措施外，应通过所投工程勘察责任保险向发包人承担赔偿责任或根据直接经济损失程度按专用合同条款约定向发包人支付赔偿金。"《建设工程设计合同示范文本（房屋建筑工程）》（GF-2015-0209）通用合同条款第14.2.3条约定："设计人对工程设计文件出现的遗漏或错误负责修改或补充。由于设计人原因产生的设计问题造成工程质量事故或其他事故时，设计人除负责采取补救措施外，应当通过所投建设工程设计责任保险向发包人承担赔偿责任或者根据直接经济损失程度按专用合同条款约定向发包人支付赔偿金。"

对于设计单位，法律法规还规定了其他两种情况下的民事责任。采用新结构、新材料、新工艺的建设工程和特殊结构的建设工程，如果设计单位未在设计中提出保障施工作业人员安全和预防生产安全事故的措施建议，造成损失的，根据《建设工程安全生产管理条例》第56条第2款的规定，应当依法向受损害方承担赔偿责任。同时，根据《建设工程质量管理条例》第63条第3款的规定，设计单位指定建筑材料、建筑构配件的生产厂、供应商从而造成损失的，也应当依法向受损害方承担赔偿责任。

此外，勘察、设计从业人员若出现违反法律法规规定的行为，也需要承担相应的民事责任。根据《建设工程勘察设计管理条例》第36条的规定，勘察、设计从业人员未经注册，擅自以注册建设工程勘察、设计人员的名义从事建设工程勘察、设计活动给他人造成损失的，应依法承担赔偿责任。第37条规定，建设工程勘察、设计注册执业人员和其他专业技术人员未受聘于一个建设工程勘察、设计单位或者同时受聘于两个以上建设工程勘察、设计单位，从事建设工程勘察、设计活动给他人造成损失的，应依法承担赔偿责任。

（四）施工单位的民事责任

1.施工单位违反安全生产法律法规的民事责任

在工程总承包项目中，施工单位应包含总承包单位、分包单位、甲指分包单位[1]、甲方独立发包单位以及实际施工人等。施工单位应当具备《安全生产法》等有关法律、行政法规和国家标准或者行业标准规定的安全生产条件，在施工过程中落实安全生产法律法规和规章制度，并加强安全生产管理，杜绝安全事故发生。《建设工程安全生产管理条例》第63条至第65条列举了七项施工单位违反安全生产相关法律法规的规定，造成损失，应依法向受损害方承担赔偿责任的情形，具体包括：（1）施工单位挪用列入建设工程概算的安全生产作业环境及安全施工措施所需费用的；（2）施工现场临时搭建的建筑物不符合安全使用要求的；（3）未对因建设工程施工可能造成损害的毗邻建筑物、构筑物和地下管线等采取专项防护措施的；（4）安全防护用具、机械设备、施工机具及配件在进入施工现场前未经查验或者查验不合格即投入使用的；（5）使用未经验收或者验收不合格的施工起重机械和整体提升脚手架、模板等自升式架设设施的；（6）委托不具有相应资质的单位承担施工现场安装、拆卸施工起重机械和整体提升脚手架、模板等自升式架设设施的；（7）在施工组织设计中未编制安全技术措施、施工现场临时用电方案或者专项施工方案的。

2.施工单位不具备相应资质的民事责任

施工单位应当具备所承包工程对应的相应资质。根据《建筑法》第66条的规定，建筑施工企业转让、出借资质证书或者以其他方式允许他人以本企业的名义承揽工程的，对因该项承揽工程不符合规定的质量标准造成的损失，建筑施工企业与使用本企业名义的单位或者个人承担连带赔偿责任。

---

〔1〕 即建设单位指定分包单位。

3.施工单位在工程质量不合格时应承担的民事责任

施工单位应当对工程质量负责。根据《建筑法》《建设工程质量管理条例》等相关法律法规的规定，施工单位需承担工程质量责任的情形主要包括：(1)将承包的工程转包的，或者违反规定进行分包的；(2)在施工中偷工减料的，使用不合格的建筑材料、建筑构配件和设备的，或者有不按照工程设计图纸或者施工技术标准施工的其他行为的；(3)未对建筑材料、建筑构配件、设备和商品混凝土进行检验，或者未对涉及结构安全的试块、试件以及有关材料取样检测的；(4)涉及建筑主体或者承重结构变动的装修工程，没有设计方案擅自施工的。上述行为均可能导致工程质量不合格，如造成损失，施工单位须依法承担赔偿责任。根据《民法典》第793、806条以及《最高人民法院关于审理建设工程施工合同纠纷案件适用法律问题的解释(一)》第12、16条的规定，因施工单位原因导致工程质量不符合约定的，施工单位应向发包单位承担相应的违约责任，发包单位有权要求施工单位在合理期限内无偿修理、返工、改建，如施工单位拒绝的，不但无权获得相应工程价款，发包单位还有权向施工单位追偿修理、返工、改建的合理费用。同时，发包单位还有权根据合同约定主张质量不符合约定的违约金，如修理、返工、改建导致工期延误，发包单位也有权主张工期延误的违约金。

施工单位除须对因自身原因导致工程质量不合格承担民事责任外，对于其他参建单位的违法行为，若施工单位未尽到指正、拒绝施工的义务，则也需要对工程质量缺陷造成的损失承担一定的责任。如在海擎重工机械有限公司与江苏中兴建设有限公司、中国建设银行股份有限公司泰兴支行建设工程施工合同纠纷[1]案中，虽然最高人民法院认为造成此案工程质量问题发生的原因主要是建设单位在签订合同之前未提交岩土工程详细勘查报告，未提交经过审核的施工图纸，但施工单位在没有看到岩土详细

[1] 最高人民法院民事判决书，(2012)民提字第20号。

勘查报告及经过审核的施工图情况下，即投标承揽工程，本身不够慎重，发现特殊地质情况后虽提出建议，但在建设单位不予认可后仍不计后果冒险施工，对桩基出现的质量问题采取了一种放任态度。如果施工单位真正关心工程质量，应当与建设单位就地质情况所带来的问题进行协商，协商不成，明知工程无法继续采取措施避免损失的扩大。但施工单位为了自身的合同利益一味蛮干，应当承担次要责任。最终最高人民法院判决建设单位承担70%的责任，施工单位承担30%的责任。

4.总承包单位与分包单位的连带责任

在工程总承包项目中，工程质量由工程总承包单位负责，总承包单位应对分包单位进行工程质量管理。根据《建筑法》第55条的规定，总承包单位将建筑工程分包给其他单位的，若分包工程质量不合格，总承包单位应当对分包工程的质量与分包单位承担连带责任。同时，若总承包单位存在挂靠、转包以及违法分包等违法行为，且因实际施工人原因导致工程质量不合格的，根据《建筑法》第66、67条以及《最高人民法院关于审理建设工程施工合同纠纷案件适用法律问题的解释（一）》第7条的规定，总承包单位应与实际施工人对质量不合格造成的损失承担连带赔偿责任。

5.施工单位的保修义务

施工单位对保修期内属于保修范围的质量缺陷负有保修义务。根据《建筑法》第75条、《建设工程质量管理条例》第41、66条以及《最高人民法院关于审理建设工程施工合同纠纷案件适用法律问题的解释（一）》第18条的规定，施工单位不履行保修义务或者拖延履行保修义务的，应当对在保修期内因屋顶、墙面渗漏、开裂等质量缺陷造成的人身损害、财产损失，承担赔偿责任。

6.施工单位的合同责任

此外，《建设项目工程总承包合同（示范文本）》（GF-2020-0216）通用合同条件第15.2.1条也对承包人在施工过程中可能对发包人承担的合同责任进行了约定，违约情形如下：（1）承包人的原因导致的承包人文件、实施和竣工的工程不符合法律法规、工程质量验收标准以及合同约定；（2）承包人违反合同约定进行转包或违法分包的；（3）承包人违反约定采购和使用不合格材料或工程设备；（4）因承包人原因导致工程质量不符合合同要求的；（5）承包人未经工程师批准，擅自将已按合同约定进入施工现场的施工设备、临时设施或材料撤离施工现场；（6）承包人未能按项目进度计划及时完成合同约定的工作，造成工期延误；（7）由于承包人原因未能通过竣工试验或竣工后试验的；（8）承包人在缺陷责任期及保修期内，未能在合理期限对工程缺陷进行修复，或拒绝按发包人指示进行修复的；（9）承包人明确表示或者以其行为表明不履行合同主要义务的；（10）承包人未能按照合同约定履行其他义务的。若承包人在施工过程中存在上述违约情形，应按照合同的约定承担因其违约行为而增加的费用和（或）延误的工期。

（五）检验检测机构的民事责任

除《安全生产法》第92条的规定外，若检验检测机构存在违反与委托人签订的合同约定的行为，还应当按照合同的约定对委托人承担违约责任。

（六）设备供应单位的民事责任

针对设备供应单位的合同责任，根据《标准设备采购招标文件（2017年版）》第四章合同条款及格式通用合同条款第14条，卖方不履行合同义务、履行合同义务不符合约定或者违反合同项下所作保证的，应向买方承担继续履行、采取修理、更换、退货等补救措施或者赔偿损失等违约责任。卖方未能按时交付合同设备的(包括仅迟延交付技术资料但足以导致合同设备安装、调试、考核、验收工作推迟的)，应向买方支付迟延交付违约金。

对于设备供应单位的侵权责任，根据《建设工程安全生产管理条例》第59条的规定，为建设工程提供机械设备和配件的单位，未按照安全施工的要求配备齐全有效的保险、限位等安全设施和装置，造成损失的，应依法向受损害方承担赔偿责任。同时，由于建设工程施工过程中使用的部分设备，如起重机械等，属于特种设备，根据《特种设备安全法》第27条第1款的规定，“特种设备销售单位销售的特种设备，应当符合安全技术规范及相关标准的要求，其设计文件、产品质量合格证明、安装及使用维护保养说明、监督检验证明等相关技术资料和文件应当齐全”。设备供应单位违反《特种设备安全法》规定，造成人身、财产损害的，应当按照该法第97条的规定依法承担民事责任。

（七）施工机械的出租、安拆单位的民事责任

《建设工程安全生产管理条例》第60、61条对施工机械的出租、安拆单位违反相关规定应承担的民事责任进行了规定。根据第60条的规定，出租单位出租未经安全性能检测或者经检测不合格的机械设备和施工机具及配件造成损失的，应依法向受损害方承担赔偿责任。对于施工起重机械和整体提升脚手架、模板等自升式架设设施安装、拆卸单位，如存在下列行为之一，且造成损失的，根据《建设工程安全生产管理条例》第61条的规定，须依法向受损害方承担赔偿责任：（1）未编制拆装方案、制定安全施工措施的；（2）未由专业技术人员现场监督的；（3）未出具自检合格证明或者出具虚假证明的；（4）未向施工单位进行安全使用说明，办理移交手续的。若施工机械的出租、安拆单位存在违反与承租人签订的合同约定的行为，还应当按照合同的约定对承租人承担违约责任。

第三章　工程总承包项目安全生产事故案例分析

第一节　某发电厂冷却塔施工平台坍塌特别重大事故的警示

根据国务院事故调查组出具的事故调查报告〔1〕，2016年冬季，某股份公司投资建设的某发电厂三期工程冷却塔施工平台坍塌，造成73人死亡，直接经济损失1亿多元。根据《生产安全事故报告和调查处理条例》关于事故等级的规定，本起事故为特别重大事故。

一、涉事工程项目施工现场布置

由某股份公司投资建设的某发电厂工程建设规模为2x1000MW发电机组，经核准的项目总投资为76.7亿元。其中建筑和安装部分主要包括两个机组建筑安装工程，电厂成套设备以外的辅助设施建筑安装工程，两个冷却塔和两个烟囱工程。涉事工程为其中一个冷却塔工程，该冷却塔工程采用逆流式双曲线自然通风技术模式，建筑采用钢筋混凝土结构，设计塔

---

〔1〕 参见《江西丰城发电厂"11 · 24"冷却塔施工平台坍塌特别重大事故调查报告》，载江西省人民政府网，http://www.jiangxi.gov.cn/art/2018/10/19/art_5322_392475.html。

高165米，塔底直径132.5米，喉部高度132米，喉部直径75.19米，筒壁厚度0.23~1.1米。筒壁工程施工采用悬挂式脚手架翻模工艺，以三层模架（模板和悬挂式脚手架）为一个循环单元循环向上翻转施工，即以自下而上的第1节、第2节、第3节筒壁施工完成后，第4节筒壁施工使用第1节筒壁的模架；随后，第5节筒壁施工使用第2节筒壁的模架，以此类推，依次循环向上施工。施工脚手架悬挂在模板上，铺板后形成施工平台，筒壁模板安拆、钢筋绑扎、混凝土浇筑均在施工平台及下挂的吊篮上进行。模板自身及施工荷载由浇筑好的混凝土筒壁承担。涉事冷却塔内布置一台由平桥、普通塔式起重机和施工升降机组合为一体的液压顶升平桥，距离塔心30.98米。

涉事冷却塔项目于2016年4月12日开始基坑土方开挖，8月18日完成基础浇筑，9月27日开始筒壁混凝土浇筑，11月24日事故发生时，已浇筑完成第52节筒壁混凝土，高度为76.7米。

二、涉事工程现场管理

1.项目建设组织情况

（1）建设单位。为了促进本项目建设，某股份公司的上级控股股东某投资集团、某公司组建三期电厂领导小组，领导小组下设工程建设指挥部，指挥部下设项目工程部、综合部、安全监督部和生产准备办等机构。

（2）监理单位。建设单位选择具有电力工程、机电安装工程和房屋建筑工程监理甲级资质的监理单位为本项目提供监理服务。根据监理合同约定，监理单位对项目施工准备、试桩、地基处理、采购、土建、安装及调试、竣工验收、达标创优、工程竣工结算及保修服务进行全过程监理。监理单位为本项目成立了项目监理部，下设综合管理组、土建监理组、安全调试监理组、安全监理组。

（3）工程总承包单位。建设单位将本项目以EPC模式发包给具有甲级工程设计综合资质且持有建筑施工安全生产许可证的某设计院。

（4）土建施工分包单位。工程总承包单位将本项目的土建施工分包给具有建筑工程施工总承包一级资质的某建筑公司，根据土建施工合同，工程总承包单位将本项目中冷却塔和烟囱施工分包给某公司。该建筑公司成立项目部，具体负责冷却塔施工。

（5）劳务分包单位。负责土建施工的某公司将分包工程中劳务作业分包给具有模板脚手架专业承包资质及建筑施工安全生产许可证的某劳务公司，根据劳务分包合同，劳务公司的承包方式为包清工+包部分材料机具，劳务公司负责冷却塔主体工程施工图设计范围内所有劳务作业。

（6）混凝土供应单位。负责土建施工的某公司与某混凝土供应单位签署了商品混凝土采购合同，由该混凝土供应单位为本项目供应商品混凝土。

2.项目施工管理情况

工程总承包单位2015年11月与建设单位签署EPC总承包合同，约定工期自2015年11月30日至2018年2月28日；根据EPC总承包合同约定，工程总承包单位的承包范围为包括全部工程勘察设计，设备材料采购供应，工程实施全面管理、建筑、安装、调试、试运、技术服务、培训、功能试验直至验收交付生产，工程创优以及质量保修期内的消缺保修服务等全过程的EPC总承包。工程总承包单位为本项目成立了总承包项目部，对工程项目进行组织和实施，对本项目的质量、安全和进度目标全面负责。

随后工程总承包单位于2016年3月与土建施工分包单位签署冷却塔与烟囱施工合同，约定主要施工内容包括涉案冷却塔和烟囱；约定案涉冷却塔部分工程的施工工期为2016年4月15日至2017年6月25日，共437天。土建施工分包单位2016年4月与劳务分包单位签署冷却塔主体工程施工合同，承包方式为包清工+包部分材料机具，并负责涉案冷却塔主体工程施工图范围内所有劳务作业。但实际承担劳务作业的队伍为某自然人挂靠劳务分包单位承揽工程，且在筒壁施工期间，挂靠的劳务队伍发生更换。混凝土供应单位2016年4月在项目施工现场设立混凝土搅拌站，开始供应混凝土，2016年7月与土建施工分包单位补签商品混凝土采购合同。

土建施工分包单位2016年4月1日编制的《施工组织设计》将涉案冷却塔工期调整为2016年4月15日至2017年4月30日，缩短了56天；其中筒壁工程工期为2016年10月1日至2017年4月30日，共212天。但在施工中，应建设单位赶工的要求，工程总承包单位与土建施工分包单位将案涉冷却塔的工期调整为2017年1月18日结构封顶，即筒壁工程的工期由212天压缩为110天。在施工方案调整后，建设单位和监理单位在多次监理会议上要求工程总承包单位组织“大干100天”活动。2016年9月13日，建设单位、监理单位、工程总承包单位签订“大干100天”目标责任书，明确案涉冷却塔要在2017年1月18日封顶。2016年9月14日，土建施工分包单位项目部编制《冷却塔筒壁施工方案》，经项目部、工程部、质检部、安监部会签，并经项目部总工程师批准后报经项目监理部、建设单位工程指挥部完成审查。2016年11月21日至24日，施工当地气温从17℃～21℃骤降至4℃～5℃，且为阴有小雨天气，当时筒壁施工进行至第50～52节混凝土施工期间。11月24日清晨，在施工班组分布在筒壁四周施工平台上拆除第50节模板及安装第53节模板时，突然第50～52节筒壁混凝土一部位开始坍塌，沿圆周方向向两侧连续倾塌坠落，施工平台及平桥上的作业人员随同筒壁混凝土及模架体系一起坠落，在筒壁坍塌过程中，平桥晃动、倾斜后整体向东倾倒，事故持续时间24秒。

3.事故原因分析

根据调查报告，本次事故没有人为破坏原因以及其他不可抗力原因，导致事故发生的直接原因是土建施工分包单位在涉事冷却塔第50节筒壁混凝土强度不足的情况下，违规拆除第50节模板，致使第50节筒壁混凝土失去模板支护，不足以承载上部压力，引发第50节筒壁从底部承载压力最大处开始坍塌，造成第50节及以上筒壁混凝土和模架体系连续倾塌坠落。坠落物冲击与筒壁内侧连接的平桥附着拉索，导致平桥也整体倾塌。在涉案冷却塔筒壁工程施工过程中存在诸多违规操作之处。

（1）土建施工分包单位存在违法进行劳务分包问题，工程总承包单位、监理单位均未尽到监督责任。根据《建筑法》第45条的规定："施工现场安全由建筑施工企业负责。实行施工总承包的，由总承包单位负责。分包单位向总承包单位负责，服从总承包单位对施工现场的安全生产管理。"根据《电力建设工程施工安全监督管理办法》第23条的规定："电力建设工程实行施工总承包的，由施工总承包单位对施工现场的安全生产负总责，具体包括：（一）施工单位或施工总承包单位应当自行完成主体工程的施工，除可依法对劳务作业进行劳务分包外，不得对主体工程进行其它形式的施工分包；禁止任何形式的转包和违法分包；（二）施工单位或施工总承包单位依法将主体工程以外项目进行专业分包的，分包单位必须具有相应资质和安全生产许可证，合同中应当明确双方在安全生产方面的权利和义务。施工单位或施工总承包单位履行电力建设工程安全生产监督管理职责，承担工程安全生产连带管理责任，分包单位对其承包的施工现场安全生产负责；（三）施工单位或施工总承包单位和专业承包单位实行劳务分包的，应当分包给具有相应资质的单位，并对施工现场的安全生产承担主体责任。"根据调查报告介绍，本项目建设单位将工程以EPC模式整体发包给工程总承包单位，工程总承包单位又将土建工程分包给土建施工分包单位。土建施工分包单位在与工程总承包单位签署完毕冷却塔与烟囱施工合同后，随即与劳务分包单位签署冷却塔主体工程施工合同，承包方式为包清工+包部分材料机具。本案中土建施工分包单位与劳务分包单位理应签署劳务分包合同，但实际上签署了施工合同，且合同要求劳务分包单位提供部分施工机具[1]，根据《建筑工程施工发包与承包违法行为认定查处管理办法》（建市规〔2019〕1号）第12条第4项的规定，"专业分包单位将其承包的

---

〔1〕 需要根据分包合同具体分析土建分包单位要求建筑劳务公司提供的施工机具是否为辅助工具，提供的材料是否为主材。若劳务分包队伍提供的为辅助工具，则不能算作管理办法规定的提供施工机具；若提供的材料为辅助材料，则不能算作管理办法规定的提供材料。

专业工程中非劳务作业部分再分包的”，属于违法分包行为。同时，某自然人挂靠劳务分包单位为土建施工分包单位提供劳务服务，根据《建筑工程施工发包与承包违法行为认定查处管理办法》第9条的规定，“个人以其他有资质的施工单位的名义承揽工程的行为”，属于挂靠行为。根据《电力建设工程施工安全监督管理办法》第35条的规定，监理单位应当审查和验证分包单位的资质文件和拟签订的分包合同、人员资质、安全协议等。但监理单位并没有发现土建施工分包单位的违法分包和劳务分包中自然人挂靠问题。

（2）建设单位、监理单位、工程总承包单位、土建施工分包单位联手任意压缩合理工期，导致筒壁工程拆模前混凝土养护时间减少，混凝土强度不足。根据调查报告介绍，土建施工分包单位与工程总承包单位签署的施工合同约定的冷却塔筒壁工程工期原为212天，后因建设单位、监理单位及工程总承包单位组织“大干100天”等抢工活动，筒壁工程的工期被人为压缩至110天。

关于工期调整的审查程序，有关建设工程安全生产的法律法规均有明确规定。根据《建设工程质量管理条例》第10条的规定，建设单位不得任意压缩合理工期。否则，行政管理部门可以对建设单位处以20万元以上50万元以下的罚款。根据《建设工程安全生产管理条例》第7条的规定，“建设单位不得对勘察、设计、施工、工程监理等单位提出不符合建设工程安全生产法律、法规和强制性标准规定的要求，不得压缩合同约定的工期”。而根据《电力建设工程施工安全监督管理办法》第11条的规定，“建设单位应当执行定额工期，不得压缩合同约定的工期。如工期确需调整，应当对安全影响进行论证和评估。论证和评估应当提出相应的施工组织措施和安全保障措施”。但本案中建设单位不顾工程施工工序，要求工程总承包单位加快工期进度，将合同约定的筒壁工程的工期压缩近50%，且没有按照电力工程施工安全的相关规定组织专家论证。根据《建筑法》第32条第1款的规定，“建筑工程监理应当依照法律、行政法规及有关的技术标准、设计文件和建筑工程承包合同，对承包单位在施工质量、建设工期和建设资金使用等方面，代表建设单位实施监督”。根据《电力建设工程施工安全监督管理办法》第33条的规定，“监理单位应当按照法律法规和工程建设强制性标准实施监理，履行电力建设工程安全生产管理的监理职责。监理单位资源配置应当满足工程监理要求，依据合同约定履行电力建设工程施工安全监理职责，确保安全生产监理与工程质量控制、工期控制、投资控制的同步实施”。建设单位在监理会议上5次要求工程总承包单位组织施工分包单位拟定抢工方案，面对建设单位抢工的要求，监理单位对压缩工期事宜没有质疑。在土建施工分包单位按照建设单位的抢工要求制定完毕《筒壁工程施工方案》提交工程总承包单位、监理单位、建设单位审查时，各单位也均未对《筒壁工程施工方案》中不符合《电力建设安全工作规程》的缺漏项提出质疑。

（3）冷却塔筒壁工程施工方案存在严重缺陷，未按规定将筒壁工程定义为危险性较大的分部分项工程，未按照法律规定进行论证，也未制定模板拆除的针对性管理控制措施。根据《建筑法》第38条的规定，“建筑施工企业在编制施工组织设计时，应当根据建筑工程的特点制定相应的安全技术措施；对专业性较强的工程项目，应当编制专项安全施工组织设计，并采取安全技术措施”。根据《建设工程安全生产管理条例》第26条的规定，针对施工单位高大模板工程的专项施工方案，施工单位还应当组织专家进行论证、审查。但土建施工分包单位在9月18日内部审查完毕《冷却塔筒壁施工方案》且递交工程总承包项目部、项目监理部、建设单位工程建设指挥部审查后，也并没有依法对筒壁施工方案中涉及模板工程施工方案进行专门的论证，9月20日完成后也未提出模板工程施工方案的修改意见。根据调查报告介绍，土建施工分包单位在《冷却塔筒壁工程施工方案》的危险源辨识及环境辨识控制部分，对模板工程和混凝土工程中可能发生的坍塌事故仅辨识1项危险源，即“在未充分加固的模板上作业”，并未针对模板拆除工程设计专门性的安全保障措施。

（4）在施工期间气温骤降的情况下，土建施工分包单位没有采取加快混凝土凝固的专门措施。根据《建设工程安全生产管理条例》第28条第2款的规定，“施工单位应当根据不同施工阶段和周围环境及季节、气候的变化，在施工现场采取相应的安全施工措施”。在冷却塔筒壁施工至第50～52节时，当地气温从11月21日的17℃～21℃骤降至24日的4℃～5℃，气温降低会延长混凝土的凝固时间。在获悉气温将要降低的天气预报后，土建施工分包单位项目部总工程师安排项目工程部通知实验室往混凝土中增加早强剂并调整混凝土的配比，以便促进筒壁混凝土的按时凝固。但直到事故发生，项目部总工程师的要求没得到落实。且早在11月14日，土建施工分包单位公司总部印发《关于冬期施工的通知》，要求公司下属各项目部制定本项目的《冬期施工方案》，并应在11月17日报公司工程部审批、备案且严格执行。但土建施工分包单位项目部总工程师、工程部长认为本项目所在地当时尚未达到冬季施工的标准，直至事故发生时，项目部也未制定《冬期施工方案》。

（5）土建施工分包单位混凝土试块送检、拆模管理失控，没有按照要求进行混凝土试块试验，且工程总承包单位、监理单位监督不到位，劳务作业队自行决定拆模。《电力建设工程施工安全生产管理办法》第35条规定，监理单位应对工程关键部位、关键工序、特殊作业和危险作业进行旁站监理；对复杂自然条件、复杂结构、技术难度大及危险性较大分部分项工程专项施工方案的实施进行现场监理；监督交叉作业和工序交接中的安全施工措施的落实。对本项目施工筒壁的混凝土强度，《冷却塔筒壁施工方案》明确执行国家强制性标准《双曲线冷却塔施工与质量验收规范》（GB 50573—2010），即本项目采用悬挂式脚手架施工筒壁，在拆模时其上节混凝土强度应达到6Mpa。同时，按照《冷却塔筒壁工程施工方案》中拆模的正常工序，在各节筒壁混凝土拆模前，土建施工分包单位的实验员应将本节及上一节混凝土同条件养护试块送交工程总承包单位项目部委托的第三方检测质量检测机构进行混凝土强度检测，并将检测结果报告土建施工分包单位项目部工程部长，工程部长视情况再安排劳务作业队伍进行拆模作业。同时，根据土建施工分包单位项目部报送的冷却塔工程施工质量验收划分表，筒壁工程的模板安装和拆除作业属于现场见证点，需要土建施工分包单位、工程总承包单位、监理单位共同见证和验收拆模作业。

但根据调查报告介绍，土建施工分包单位从未将混凝土同条件养护试块送交工程总承包单位委托的第三方检测机构进行强度检测，偶尔将试块送到混凝土供应单位在施工现场设立的搅拌站进行强度检测。在事故发生前一天下午，土建施工分包单位项目部的实验员在进行冷却塔第50节模板拆除前的试块强度送检时，发现第50节、第51节筒壁混凝土同条件养护试块未完全凝固无法脱模，因此将2块烟囱工程的试块取出送到混凝土搅拌站代替筒壁混凝土同条件养护试块进行强度检测，检测结果不足1Mpa。实验员将偷梁换柱后的检测结果报给土建施工分包单位的工程部部长后，直至事故发生，该工程部部长未按照规定采取相应的措施。

在拆模工序管理方面，土建施工分包单位没有遵守拆模作业管理的相关规定，从模板施工开始直至事故发生，土建施工分包单位没有任何关于拆模的书面控制记录，也从未在拆模前通知工程总承包单位和监理单位见证作业。拆模工程中的模板搭设、混凝土浇筑、钢筋帮扎、拆模等全部工序，一直由劳务队伍在无监管的情况下自行循环施工。

除了以上直接原因，根据调查报告，项目参建单位在本项目施工管理中主要存在下列管理漏洞：

1.项目建设单位及其上级单位存在的问题

(1)本项目建设单位未经论证任意压缩冷却塔工程合理工期。建设单位在决定压缩涉事冷却塔工期后，未按照《建设工程安全生产管理条例》及《电力建设工程施工安全监督管理办法》要求组织监理单位、工程总承包单位等对工期调整的安全影响进行必要的论证和评估。在赶工期的情况下，未督促监理、工程承包单位及土建施工分包单位采取必要的安全防范措施。

（2）项目安全质量监督管理工作不力。建设单位对进场监理人员资格不符合监理合同约定的问题把关不严，未按照监理合同约定定期对监理人员进行考核。在项目开工之前，未向工程总承包单位进行安全技术交底，对施工方案审查把关不严格，未发现施工方案缺少拆模工序管理措施问题，未发现施工现场长时间垂直交叉作业的问题，且对监理单位和工程总承包单位施工现场监督不力的问题失察。

（3）项目建设组织管理混乱。建设单位虽然组建了建设指挥部，但指挥部成员无明确的管理分工，未对指挥部下设部门和人员确定工作职责。项目建设总指挥全面负责项目建设，但他不是项目法人的人员，也不对决策文件进行签批，且不是涉案工程安全管理委员会的成员，没有依法承担安全生产责任人的角色。建设单位和其上级管理单位对涉案项目建设管理关系不清，指挥部相关领导权责不一。未为项目配置业主工程师，未安排专人对监理单位和工程总承包单位、土建施工分包单位开展监督检查工作。

（4）对工程总承包单位分包情况监管不够。根据《电力建设工程施工安全监督管理办法》第12条的规定，“建设单位应当履行工程分包管理责任，严禁施工单位转包和违法分包，将分包单位纳入工程安全管理体系，严禁以包代管”。根据《电力建设工程施工安全监督管理办法》第23条的相关规定，施工单位或专业承包单位实行劳务分包的，应当分包给具有相应资质的单位，并对施工现场的安全生产承担主体责任。《建筑工程施工发包与承包违法行为认定查处管理办法》规定，承包单位将其承包的工程分包给个人的属于违法分包，没有资质的单位或个人借用其他施工单位的资质承揽工程的属于挂靠。而在案涉工程土建施工管理中，建设单位没有按照管理办法规定严格对工程总承包单位的土建分包单位进行监管，没有及时纠正土建分包施工管理中存在的以包代管现象，以及没有及时发现土建施工分包单位违法劳务分包问题，导致土建施工作业监管失控。

（5）在项目建设管理中，建设单位上级单位设立的工程建设领导小组和工程建设指挥部对工程的管理权限划分不明确。建设单位的上级单位未履行项目设计、质量安全控制、进度控制的监督责任，未派员到项目现场督促协调相关工作，对未经科学论证压缩工期的问题失察。对合同签订、开工许可检查、土建分包施工单位资质、重大项目施工作业等环节的安全管理监督不力。

2.监理单位的问题

（1）监理单位对本项目监理部监督管理不力。监理单位对涉案项目的监理人员配置不满足监理合同要求，项目监理部土建监理工程师人数不满足现场日常监理需要，部分新入职监理员未进行监理工作业务岗前培训。项目监理部现场存在严重工作失职行为，监理单位监管不严，没有发现并要求纠正。

（2）没有对冷却塔施工中拆模工序等重要风险控制点监管到位。《电力建设工程施工安全监督管理办法》第35条规定，监理单位应对工程关键部位、关键工序、特殊作业和危险作业进行旁站监理；对复杂自然条件、复杂结构、技术难度大及危险性较大分部分项工程专项施工方案的实施进行现场监理；监督交叉作业和工序交接中的安全施工措施的落实。项目监理部未按照监理规定有针对性地制定详细的监理措施，对拆模工序未要求现场监理人员进行见证。未对土建分包单位制定的冷却塔施工方案进行严格审查，未发现施工方案中缺少拆模工序管理措施的问题，未纠正施工单位不按照施工技术标准施工、在拆模前不进行混凝土试块强度检测的违规行为。

（3）对土建施工分包单位违法分包行为监管不力，没有及时发现并要求纠正。《电力建设工程施工安全监督管理办法》及《建筑工程施工发包与承包违法行为认定查处管理办法》均规定了违法分包或者挂靠问题，在工程总承包单位将土建工程分包给土建施工分包单位之后，土建施工分包单位可以进行劳务分包，但是不能以劳务分包的名义实施工程分包，也不能将劳务作业分包给不具有劳务作业资质的个人承担。但在土建分包工程实施期间出现了违法分包和挂靠问题，监理单位没有发现并要求纠正。

（4）项目现场监理工作严重失职。项目监理部未针对项目施工进度调整现场监理工作，未督促工程总承包单位和土建施工分包单位采取有效措施强化现场安全管理。现场监理巡查不到位，对冷却塔施工中垂直交叉作业问题未进行有效监督并督促整改，未按照监理规范在混凝土浇筑时旁站监理。没有纠正土建施工分包单位项目经理长期不在岗的问题。对土建监理工程师及监理员管理不严，安排未经岗前监理业务培训的人员独立开展旁站及见证等监理工作。

（5）监理单位的上级单位作为央企对电力建设的监理业务安全工作重视不够，未及时督促监理单位解决管理能力与业务发展不匹配的问题。根据《中央企业安全生产监督管理暂行办法》（国务院国资委令第21号）第11条的规定，中央企业应当监督管理独资及控股子企业安全生产条件具备情况；安全生产监督管理组织机构设置情况；安全生产责任制、安全生产各项规章制度建立情况；安全生产投入和隐患排查治理情况；安全生产应急管理情况；及时、如实报告生产安全事故。而监理单位的上级公司对监理单位的业务缺乏过程监督指导，对其安全质量工作中存在的问题督促检查不力。

3.工程总承包单位的问题

（1）对工程总承包单位负责施工管理的意识不强，对施工安全生产管理重要性认识不足。根据《安全生产法》第24条的规定，建筑施工单位应当设置安全生产管理机构或者配备专职安全生产管理人员。根据《建设工程安全生产管理条例》第23条的规定，工程总承包单位应当设立安全生产管理机构，配备专职安全生产管理人员。根据《电力建设工程施工安全监督管理办法》第21条的规定，施工单位应当按照国家法律法规和标准规范组织施工，对其施工现场的安全生产负责；应当设立安全生产管理机构，按规定配备专（兼）职安全生产管理人员，制定安全管理制度和操作规程。而本项目工程总承包单位公司内部没有设置专职安全生产管理机构，配置的安全生产管理人员不足，频繁调整安全生产工作分管负责人，也没有根据其上级集团公司要求设置安全总监岗位。本项目工程总承包单位为以勘察设计为主业的企业，在经营业务延伸到工程总承包业务后，仍保持之前设计单位的工作思路，对工程总承包单位应履行的设计施工全过程安全生产管理责任认识不足，安全生产管理制度强度不够，甚至没有按照集团制度要求设置安全总监岗位。所以该家单位在大量承揽工程总承包项目、负有对施工安全管理责任之后，全过程安全生产管理意识仍很薄弱，出现安全管理漏洞进而引发安全生产事故绝不是偶然的。

（2）总承包施工管理缺位，对土建施工分包单位缺乏有效管控。在工程总承包单位完成设计任务之后，即按照土建施工分包合同将土建工作转交土建施工分包单位实施，之后土建施工分包单位以劳务作业分包的名义将工程劳务作业分包给挂靠某劳务作业单位的个人。工程总承包单位对土建分包管理失控，没有发现并要求纠正土建施工分包单位的违法分包问题。

根据《建设工程安全生产管理条例》第26条的相关规定，施工单位对达到一定规模的模板拆除等危险性较大的分部分项工程应编制专项施工方案，并附具安全验算结果，经施工单位技术负责人、总监理工程师签字后实施，由专职安全生产管理人员进行现场监督。根据《电力建设工程施工安全监督管理办法》第25条第2款的规定，在分部分项工程施工前，施工单位负责项目管理的技术人员应当向作业人员进行安全技术交底，如实告知作业场所和工作岗位可能存在的风险因素、防范措施以及现场应急处置方案，并由双方签字确认；对复杂自然条件、复杂结构、技术难度大及危险性较大的分部分项工程需编制专项施工方案并附安全验算结果，必要时召开专家会议论证确认。但在冷却塔筒壁工程作业过程中，工程总承包单位并没有要求土建施工分包单位将筒壁工程作为危险性较大的分部分项工程进行管理，对筒壁工程施工方案审查不严，未发现筒壁工程施工方案中存在的重大缺陷。在天气发生变化、当地气温骤降后，未督促土建施工分包单位项目部及时采取相应的技术措施。

（3）对现场施工的安全检查不认真。鉴于工程总承包单位公司内部安全生产组织机构不健全，安全生产管理制度不严格，案涉项目现场工程总承包项目部安全生产检查不认真、不深入，未及时发现和制止土建施工分包单位项目部违规拆模和浇筑混凝土等不按施工技术标准施工的行为。

（4）工程总承包单位对项目现场管理流于形式。根据调查报告，工程总承包单位派遣的项目经理每月常驻施工现场的时间不满足总承包合同的要求，项目部未按规定派员在现场见证筒壁工程拆模作业，未对拆模作业进行验收，未严格执行施工现场混凝土浇筑申请的相关审核规定。未组织对冷却塔工期缩短的可行性和安全性评估，未针对性地提出安全措施。

（5）对施工现场安全教育培训和应急演练不重视。根据《建设工程安全生产管理条例》第48条的规定，“施工单位应当制定本单位生产安全事故应急救援预案，建立应急救援组织或者配备应急救援人员，配备必要的应急救援器材、设备，并定期组织演练”。根据《电力建设工程施工安全监督管理办法》第30条的规定，“施工单位应当按照相关规定组织开展安全生产教育培训工作。企业主要负责人、项目负责人、专职安全生产管理人员、特种作业人员需经培训合格后持证上岗，新入场人员应当按规定经过三级安全教育”。而工程总承包单位项目部自成立至事故发生，未组织开展过全员安全生产应急演练。

（6）工程总承包单位部分管理人员无证上岗，不履行岗位职责。根据《建设工程安全生产管理条例》第36条的规定，“施工单位的主要负责人、项目负责人、专职安全生产管理人员应当经建设行政主管部门或者其他有关部门考核合格后方可任职。施工单位应当对管理人员和作业人员每年至少进行一次安全生产教育培训，其教育培训情况记入个人工作档案。安全生产教育培训考核不合格的人员，不得上岗”。根据《电力建设工程施工安全监督管理办法》第30条的规定，“施工单位应当按照相关规定组织开展安全生产教育培训工作。企业主要负责人、项目负责人、专职安全生产管理人员、特种作业人员需经培训合格后持证上岗，新入场人员应当按规定经过三级安全教育”。工程总承包单位及派往项目部的部分人员未取得相应岗位资格证书，工程部、质安部相关人员没有冷却塔施工管理经验，不具备管理涉案项目的业务能力，对相关业务要求不了解，没能发现施工现场隐患，也不掌握整改措施。

（7）工程总承包单位的控股股东单位为中央企业，未正确处理安全与发展的关系，对工程总承包项目安全生产监督管理不到位。未按照《中央企业安全生产监督管理暂行办法》第11条的规定，监督工程总承包单位的安全生产监督管理组织机构设置情况，安全生产责任制、安全生产各项规章制度建立情况，安全生产投入和隐患排查治理情况，以及安全生产应急管理情况等。股东也未建立健全与工程总承包项目发展规模相匹配的安全生产管理制度，也未配置独立的安全生产管理机构和安全总监岗位，未按照上级要求部署安全大检查工作，对下级单位的安全生产问题疏于管理，未将案涉项目作为重点监控项目加强安全生产督促。

4.土建施工分包单位的问题

（1）土建施工分包单位企业安全生产管理机制不健全，安全生产管理人员配置不符合规定，未落实“一岗双责”制度。根据《建筑施工企业安全生产管理机构设置及专职安全生产管理人员配备办法》（建质〔2008〕91号）第3条的规定，施工企业的安全生产管理机构是指建筑施工企业设置的负责安全生产管理工作的独立职能部门，经查土建施工分包单位企业总部没有按照《安全生产法》、《建设工程安全生产管理条例》及《建筑施工企业安全生产管理机构设置及专职安全生产管理人员配备办法》的要求设置专职的安全生产管理机构。根据《建筑施工企业安全生产管理机构设置及专职安全生产管理人员配备办法》第8条的规定，土建施工分包单位应配置不少于4名专职安全生产管理人员，但经查土建施工分包单位不符合要求。根据《国家安全监管总局关于印发企业安全生产责任体系五落实五到位规定的通知》（安监总办〔2015〕27号）的相关规定，施工企业管理人员必须落实安全生产“一岗双责”，经查土建施工分包单位企业内部没有建立安全生产“一岗双责”责任体系，未按规定组织召开公司安全生产委员会会议，对安全生产工作部署不足。企业及项目部技术管理、安全管理力量与承建的项目规模不匹配，对施工现场的安全、质量管理重点把控不准确。

（2）土建施工分包单位对项目部管理不力，项目经理长期缺岗。根据《建筑施工项目经理质量安全责任十项规定（试行）》（建质〔2014〕123号）第1条的规定，建筑施工项目经理“必须按规定取得相应执业资格和安全生产考核合格证书；合同约定的项目经理必须在岗履职，不得违反规定同时在两个及两个以上的工程项目担任项目经理”。根据《建筑施工企业项目经理资质管理办法》（建建字〔1995〕第1号）第12条规定，“项目经理实行持证上岗制度。从事工程项目施工管理的项目经理，必须经各省、自治区、直辖市建设行政主管部门或国务院各有关部门组织培训、考核和注册，获得《全国建筑施工企业项目经理培训合格证》（以下简称‘项目经理培训合格证’）或《建筑施工企业项目经理资质证书》”，第30条规定，“没有取得项目经理培训合格证书或资质证书的人员担任项目经理工作的，或越级承担工程项目施工管理工作的，由工程所在地的建设行政主管部门责令其离岗，对于其所在单位可以根据情节轻重分别给予通报批评、罚款的处罚”。涉案土建施工分包单位派驻的项目经理长期不在岗，安排无相应资质的人员实际负责项目施工组织。土建施工分包单位未要求项目部将筒壁工程作为危险性较大的分部分项工程进行管理，对项目部的施工进度管理不到位。对施工现场检查不深入，缺少技术、质量等方面检查内容，未发现施工现场拆模等关键工序管理失控和技术管理漏洞等问题。

（3）土建施工分包单位现场管理混乱，违法进行劳务分包。根据《建筑工程施工发包与承包违法行为认定查处管理办法》（建市规〔2019〕1号）第12条的相关规定，"承包单位将其承包的工程分包给个人的"，"专业作业承包人除计取劳务作业费用外，还计取主要建筑材料款和大中型施工机械设备、主要周转材料费用的"，属于违法分包。根据《建筑工程施工发包与承包违法行为认定查处管理办法》第10条的规定，"个人借用其他施工单位的资质承揽工程的"，属于挂靠。土建施工分包单位指定社会自然人挂靠有劳务作业的公司与其签署劳务分包合同，且劳务分包合同中要求劳务作业人员提供施工机具及材料，存在违法分包行为。在施工管理中，项目部对劳务作业队伍以包代管，夜间作业时没有安排人员代班管理。根据《电力建设工程施工安全监督管理办法》第25条第2款的规定，"分部分项工程施工前，施工单位负责项目管理的技术人员应当向作业人员进行安全技术交底，如实告知作业场所和工作岗位可能存在的风险因素、防范措施以及现场应急处置方案，并由双方签字确认；对复杂自然条件、复杂结构、技术难度大及危险性较大的分部分项工程需编制专项施工方案并附安全验算结果，必要时召开专家会议论证确认"。但项目部对劳务作业队伍的安全教育培训不扎实，安全技术交底不认真，未组织全员交底，交底内容缺乏针对性。根据《电力建设安全工作规程》（DL_5009.1−2014）第4.10.2条的相关规定，交叉作业时"不得在同一垂直方向上操作"，"进行高处拆除作业时，下方不得有人，应设置警戒区，由专人监护"。但涉案项目施工现场违规安排垂直交叉作业，项目部未督促劳务作业队伍按照规程施工，未要求劳务队伍整改习惯性违章作业问题。

（4）安全技术措施存在严重漏洞。根据《建筑施工组织设计规范》（GB/T 50502−2009）第6.2.3条的规定，施工单位应该针对工程的重点和难点，进行施工作业安排并简述主要管理和技术措施。但根据调查报告，土建施工分包单位项目部未将筒壁工程作为危险性较大的分部分项工程进行管理，筒壁工程施工方案存在重大缺陷，未按要求在施工方案中制定拆模管理控制措施，未辨识出拆模作业中存在的重大风险。同时，根据《建筑施工组织设计规范》(GB/T 50502-2009)第6.5.4条的规定，施工单位应根据施工地点的实际气候特点，提出针对性的施工措施。在施工过程中，还应根据气象部门的天气预报，对具体措施进行细化。而在2016年11月22日气温骤降、外部施工条件已经发生变化的情况下，土建施工分包单位的项目部没有采取针对性的技术措施，尤其是在公司总部对冬季施工提出加强管理后，项目部仍未按照总部的要求制定冬季施工方案。

（5）拆模等关键工序管理失控，筒壁混凝土强度不够。根据《双曲线冷却塔施工与质量验收规范》(GB 50573—2010)第6.3.15条的规定，案涉工程冷却塔筒壁采用悬挂式脚手架方式施工，拆模时其上节混凝土强度应达到6Mpa以上；但由于项目部对劳务分包队伍管理不善，长期任由劳务作业队伍盲目施工，对拆模工序缺乏管理，劳务作业队伍未按照施工技术标准施工，劳务作业队伍自行决定拆模和浇筑混凝土。《双曲线冷却塔施工与质量验收规范》(GB 50573—2010)第12.0.4条规定，采用翻模或爬模工艺时，混凝土未达到规定强度不得提升或翻模。但土建施工分包单位在没有检测混凝土强度之前，任由劳务作业队伍擅自拆模，违反项目质量验收规定的拆模前必须报告总承包单位及监理单位批准的管理要求。且对筒壁工程混凝土同条件养护试压块强度检测管理缺失，大部分筒节混凝土未经试压即拆模。

5.劳务分包单位的问题。根据《劳动法》的规定，用工单位应当与劳动者签署劳动合同，确定劳动关系。根据《建筑工程施工发包与承包违法行为认定查处管理办法》的规定，劳务分包单位不得允许个人以本单位的名义承揽工程。而本项目中劳务分包单位违规出借资质，以内部承包的形式，允许与本单位没有签署劳动合同的个人以公司名义与土建施工分包单位签订劳务分包合同，仅收取管理费，没有进行施工安全管理。且劳务作业队伍仅配置无资质的兼职安全员，长期违章作业。

6.预拌混凝土供应单位的问题。根据《江西省预拌混凝土和预拌砂浆生产企业内部试验室管理办法》(赣散预发〔2012〕26号)第3条的规定，预拌混凝土和预拌砂浆生产企业内部试验室负责生产过程质量控制和产品出厂确认、验证工作，协助企业质量管理机构进行产品的设计、开发和检(试)验工作。该办法第10条关于“试验室人员配备要求”包括：“(一)试验室主任：具备三年以上混凝土(砂浆)生产经验，具有相关专业工程师以上技术职称，并取得由省级散装水泥和预拌混凝土管理机构(以下简称‘省散预办’)颁发的岗位资格证书，熟知预拌混凝土(砂浆)生产技术以及有关的各项标准和质量法规，认真负责，人员应保持相对稳定。(二)检(试)验人员：具有相关专业中专(或相当于中专)以上文化水平，熟知本岗位的操作规程及检(试)验方法，取得由省散预办颁发的岗位资格证书，年龄应在六十周岁以下。从事检(试)验的技术人员应在五名以上，每个检(试)验项目持证上岗人员应在两名以上，人员应保持相对稳定。(三)质量统计人员：具有相关专业中专(或相当于中专)以上学历，掌握预拌混凝土(砂浆)相关统计技术，经专业培训，取得由省散预办颁发的岗位资格证书。”而本项目预拌混凝土供应单位在无工商许可、无预拌混凝土专业承包资格、未通过环保批复和设立批复的情况下违规向项目供应商品砼。生产经理不具备混凝土生产相关知识和经验，内部实验室人员配备不符合以上规定。生产关键环节把控不严，未严格按照混凝土配合比例添加外加剂，无浇筑申请单即供应混凝土。

三、事故对安全生产管理的警示

该起事故，共造成73人死亡，直接经济损失1亿多元。建设单位总经理构成重大责任事故罪、贪污罪、受贿罪和国有公司、企业人员滥用职权罪，予以数罪并罚，被判处有期徒刑十八年，并处罚金人民币220万元；建设单位派驻建设指挥部成员、项目质量监督项目站站长、电力质监总站监督处负责人、国家能源局华中监管局电力安全监管处副处长、丰城市工信委党委书记、主任等9人分别被以玩忽职守罪或滥用职权罪判处二年至五年不等的有期徒刑。监理单位派遣的项目监理部总监理工程师及土建专业工程师，工程总承包项目部总工程师，土建分包单位法定代表人、董事长以及该公司派往项目部的执行经理，劳务分包单位派往7号冷却塔的施工队队长等14人构成重大责任事故罪，分别被判处二年六个月至七年不等的有期徒刑。混凝土供应单位因犯生产、销售伪劣产品罪，被判处罚金人民币200万元，公司法定代表人、董事长和生产经理分别被判处有期徒刑四年、并处罚金人民币60万元和有期徒刑三年三个月、并处罚金人民币60万元。事故造成的后果极为恶劣，给建设市场各单位均带来警示：

1.单一设计单位承揽工程总承包项目存在施工安全管理短板，工程总承包项目发包应实行设计与施工双资质管理

关于工程总承包单位的资质条件，根据原住建部发布的《关于培育发展工程总承包和工程项目管理企业的指导意见》（建市〔2003〕30号）的规定，国家“鼓励具有工程勘察、设计或施工总承包资质的勘察、设计和施工企业，通过改造和重组，建立与工程总承包业务相适应的组织机构、项目管理体系，充实项目管理专业人员，提高融资能力，发展成为具有设计、采购、施工（施工管理）综合功能的工程公司，在其勘察、设计或施工总承包资质等级许可的工程项目范围内开展工程总承包业务”，“工程总承包企业按照合同约定对工程项目的质量、工期、造价等向业主负责。工程总承包企业可依法将所承包工程中的部分工作发包给具有相应资质的分包企业；分包企业按照分包合同的约定对总承包企业负责”。根据住建部发布的《关于进一步推进工程总承包发展的若干意见》（建市〔2016〕93号）的规定，“工程总承包企业应当具有与工程规模相适应的工程设计资质或者施工资质，相应的财务、风险承担能力，同时具有相应的组织机构、项目管理体系、项目管理专业人员和工程业绩”，“工程总承包企业可以在其资质证书许可的工程项目范围内自行实施设计和施工，也可以根据合同约定或者经建设单位同意，直接将工程项目的设计或者施工业务择优分包给具有相

应资质的企业。仅具有设计资质的企业承接工程总承包项目时，应当将工程总承包项目中的施工业务依法分包给具有相应施工资质的企业。仅具有施工资质的企业承接工程总承包项目时，应当将工程总承包项目中的设计业务依法分包给具有相应设计资质的企业"，但"工程总承包企业自行实施设计的，不得将工程总承包项目工程主体部分的设计业务分包给其他单位。工程总承包企业自行实施施工的，不得将工程总承包项目工程主体结构的施工业务分包给其他单位"。根据以上两份文件的精神，工程总承包单位具有承揽项目的勘察、设计或者施工的一项资质即可签署工程总承包合同，对于本身没有资质的勘察设计或者施工项目，可以分包给具有相应资质的单位实施。根据《安全生产许可证条例》的规定，从事建筑施工的企业必须具备安全生产许可证。按照惯例，拟从事工程总承包的勘察设计单位具备安全生产许可证之后即可承揽工程总承包项目。但由于设计单位在施工阶段现场管理力量较弱，一般会将施工管理分包给相关施工单位自行管理，但在此种情况下容易出现设计与施工管理的脱节，作为总承包商的设计单位对项目施工情况不了解，对现场安全管理隐患不清楚。

本事故发生之后，住建部总结了事故的经验，在2019年联合国家发改委发布了《房屋建筑和市政基础设施项目工程总承包管理办法》，明确要求房屋建筑与市政工程总承包项目的承包单位必须同时具备设计与施工资质，才能承揽相应项目的工程总承包业务。2020年民航局机场司发布的《民航专业工程总承包管理办法（征求意见稿）》也要求承揽民航工程总承包的单位必须同时具备设计与施工总承包资质。目的都是加强工程总承包项目建设管理中的设计与施工协调，全方位加强设计单位、施工单位对施工阶段安全生产的管理，杜绝安全生产事故发生。

2.实际施工中出现的非法转包、违法分包、挂靠等违法行为导致安全生产事故的，属于加重处罚情节

《民法典》第791条第3款明确规定，"禁止承包人将工程分包给不具备相应资质条件的单位。禁止分包单位将其承包的工程再分包。建设工程

主体结构的施工必须由承包人自行完成”。我国《建筑法》及《建设工程资质管理条例》等法律法规及政策均严格要求总承包单位不得将相关专业工程违法分包给不具有资质的单位，且专业分包单位除劳务作业之外，不得再进行专业工程分包，也不得以劳务分包的名义实行专业工程分包；无论总承包单位还是专业分包单位，在进行劳务分包的时候均不得将劳务作业分包给不具有相关劳务作业资质的个人。在《房屋建筑和市政基础设施项目工程总承包管理办法》实施之前，《关于进一步推进工程总承包发展的若干意见》有关单位资质的规定也明确要求，设计单位作为工程总承包时，主体部分的设计工作必须自行完成；施工单位做工程总承包的，主体结构的施工必须自行完成。涉案工程是设计单位作为工程总承包，将施工部分分包给了土建施工分包单位实施符合当时政策规定。土建施工分包单位在与工程总承包单位签署完毕冷却塔与烟囱施工合同后，随即与劳务分包单位签署冷却塔主体工程施工合同，而不是劳务分包合同，承包方式为包清工+包部分材料机具，超出了劳务分包的范围，属于违法再次分包行为，且承揽再次分包的劳务分包单位没有专业工程资质。同时，土建施工分包单位允许的自然人挂靠劳务分包单位名义提供建筑劳务，没有资质的个人借用其他施工单位的资质承揽工程的行为，属于《建筑工程施工发包与承包违法行为认定查处管理办法》第9条规定的挂靠行为。这些行为均违反《建筑法》与《建设工程质量管理条例》的强制性规定，扰乱了建筑市场秩序且最终引发安全生产事故。

对于挂靠导致发包人损失的，根据《最高人民法院关于审理建设工程施工合同纠纷案件适用法律问题的解释（一）》（法释〔2020〕25号）第7条的规定，“缺乏资质的单位或者个人借用有资质的建筑施工企业名义签订建设工程施工合同，发包人请求出借方与借用方对建设工程质量不合格等因出借资质造成的损失承担连带赔偿责任的，人民法院应予支持”，所以出借资质允许挂靠的单位对挂靠人的工程成果承担连带责任。但对于挂靠导致安全生产事故的，根据《建设工程安全生产管理条例》第65条的规定，施工单位“委托不具有相应资质的单位承担施工现场安装、拆卸施工起重机械和整体提升脚手架、模板等自升式架设设施的”，责令限期改正；逾期未改正的，责令停业整顿，并处10万元以上30万元以下的罚款；情节严重的，降低资质等级，直至吊销资质证书；造成重大安全事故，构成犯罪的，对直接责任人员，依照刑法有关规定追究刑事责任；造成损失的，依法承担赔偿责任。

3.违背科学规律，不经充分论证，任意压缩合理工期，是安全生产事故的重大隐患

根据《建设工程安全生产管理条例》第7条的规定，建设单位还应遵守合同约定，不得压缩合理工期而盲目要求设计、施工单位抢工，以免引发安全生产事故。《电力建设工程施工安全监督管理办法》第11条也规定，建设单位应当执行定额工期，不得压缩合同约定的工期。如工期确需调整，应当对安全影响进行论证和评估。论证和评估应当提出相应的施工组织措施和安全保障措施。根据《建筑法》，工程监理单位应当依照法律、行政法规及有关的技术标准、设计文件和建筑工程承包合同，对承包单位在建设工期等方面，代表建设单位实施监督。但根据调查报告，本项目建设单位要求监理单位、工程总承包单位加快施工进度，组织“大干100天”的抢工活动，未经充分论证，筒壁工程的工期被人为压缩100多天。根据《建设工程安全生产管理条例》第55条的规定，建设单位“要求施工单位压缩合同约定的工期的”，责令限期改正，处20万元以上50万元以下的罚款；造成重大安全事故，构成犯罪的，对直接责任人员，依照刑法有关规定追究刑事责任；造成损失的，依法承担赔偿责任。

4.各参建单位应重视重大专项施工组织方案审查，否则，造成安全生产事故将承担法律责任

无论是建设单位、监理单位，还是工程总承包单位及土建施工分包单位，在决定压缩冷却塔工期之前，均未重视对新施工方案进行论证，严重违反《建设工程安全生产管理条例》以及《电力建设工程安全生产监督管

理办法》的相关规定。本案中监理单位并未对冷却塔施工平台拆模施工方案进行专项审查，在施工单位组织劳务队伍违章拆模施工中，未能及时发现问题，未要求土建施工分包单位进行整改。根据《建设工程安全生产管理条例》第57条的规定，“违反本条例的规定，工程监理单位有下列行为之一的，责令限期改正；逾期未改正的，责令停业整顿，并处10万元以上30万元以下的罚款；情节严重的，降低资质等级，直至吊销资质证书；造成重大安全事故，构成犯罪的，对直接责任人员，依照刑法有关规定追究刑事责任；造成损失的，依法承担赔偿责任：（一）未对施工组织设计中的安全技术措施或者专项施工方案进行审查的；（二）发现安全事故隐患未及时要求施工单位整改或者暂时停止施工的；（三）施工单位拒不整改或者不停止施工，未及时向有关主管部门报告的；（四）未依照法律、法规和工程建设强制性标准实施监理的”。根据《建设工程安全生产管理条例》第65条的规定，施工单位“在施工组织设计中未编制安全技术措施、施工现场临时用电方案或者专项施工方案的”，责令限期改正；逾期未改正的，责令停业整顿，并处10万元以上30万元以下的罚款；情节严重的，降低资质等级，直至吊销资质证书；造成重大安全事故，构成犯罪的，对直接责任人员，依照刑法有关规定追究刑事责任；造成损失的，依法承担赔偿责任。

5.施工单位及劳务作业单位应设立安全生产管理机构，并对员工进行安全生产培训，预防安全生产事故

本案中，无论是工程总承包单位还是土建施工分包单位，均未设置专职安全生产管理机构，工程总承包单位的专职安全生产管理人员由其他部门负责人兼任且经常更换，土建施工分包单位内部没有设置专职安全生产管理机构，配置人员过少，项目部安全生产管理人员未经过专门的安全生产培训。根据《建设工程安全生产管理条例》第62条的规定，施工单位“未设立安全生产管理机构、配备专职安全生产管理人员或者分部分项工程施工时无专职安全生产管理人员现场监督的”或“施工单位的主要负责

人、项目负责人、专职安全生产管理人员、作业人员或者特种作业人员，未经安全教育培训或者经考核不合格即从事相关工作的”，责令限期改正；逾期未改正的，责令停业整顿，依照《安全生产法》的有关规定处以罚款；造成重大安全事故，构成犯罪的，对直接责任人员，依照刑法有关规定追究刑事责任。

6.在施工前，施工单位应对安全施工的技术要求进行详细说明，并根据施工现场气候的变化，有针对性地制定安全防范措施

本案中土建施工分包单位将冷却塔施工业务分包给无资质的个人，并未将拆模工程的安全生产技术措施对劳务队伍进行说明，任由劳务队伍凭借经验施工作业。在天气发生变化后，也未针对气温降低采取冬季施工措施。根据《建设工程安全生产管理条例》第64条的规定，施工单位“施工前未对有关安全施工的技术要求作出详细说明的”或“未根据不同施工阶段和周围环境及季节、气候的变化，在施工现场采取相应的安全施工措施”，责令限期改正；逾期未改正的，责令停业整顿，并处5万元以上10万元以下的罚款；造成重大安全事故，构成犯罪的，对直接责任人员，依照刑法有关规定追究刑事责任。

7.国有企业应按照安全生产法律法规和政策要求对下级单位的安全生产工作承担相应监管责任

根据调查报告显示，涉案工程项目的建设单位为某省级国资委下属企业集团公司的控股企业，监理单位和工程总承包单位均为中央企业的下属全资子公司。根据《中央企业安全生产监督管理暂行办法》第7条第1款的规定，“中央企业必须建立健全安全生产的组织机构，包括：（一）安全生产工作的领导机构——安全生产委员会（以下简称安委会），负责统一领导本企业的安全生产工作，研究决策企业安全生产的重大问题。安委会主任应当由企业安全生产第一责任人担任。安委会应当建立工作制度和例会制度。（二）与企业生产经营相适应的安全生产监督管理机构”。建设单位和工程总承包单位均没有设置专职安全生产管理机构，建设单位的

建设指挥部上下级单位人员交叉任职，负责安全生产的岗位职责规定不明，工程总承包单位没有建立与企业生产经营相适应的安全生产监督管理机构。

根据《中央企业安全生产监督管理暂行办法》第11条的相关规定，中央企业首先应当对其独资及控股子企业（包括境外子企业）的安全生产履行监督管理责任。第一，中央企业应“监督管理独资及控股子企业安全生产条件具备情况；安全生产监督管理组织机构设置情况；安全生产责任制、安全生产各项规章制度建立情况；安全生产投入和隐患排查治理情况；安全生产应急管理情况；及时、如实报告生产安全事故”。第二，中央企业应“将独资及控股子企业纳入中央企业安全生产管理体系，对其项目建设、收购、并购、转让、运行、停产等影响安全生产的重大事项实行报批制度，严格安全生产的检查、考核、奖惩和责任追究”。第三，“对控股但不负责管理的子企业，中央企业应当与管理方商定管理模式，按照《中华人民共和国安全生产法》的要求，通过经营合同、公司章程、协议书等明确安全生产管理责任、目标和要求等”。第四，“对参股并负有管理职责的企业，中央企业应当按照有关法律法规的规定与参股企业签订安全生产管理协议书，明确安全生产管理责任”。所以中央企业集团应对下属全资、控股或参股并负责管理的企业的安全生产工作负有相应的监督管理责任，在日常经营管理工作中应督促下属企业做好安全生产管理工作，切实保障人员生命安全。

其次，中央企业应按照国家规定做好安全生产工作。第一，中央企业应按照《中央企业安全生产监督管理暂行办法》的规定制订中长期安全生产发展规划；建立健全安全生产管理体系；结合行业特点和企业实际建立职业健康安全管理体系；建立健全企业安全生产应急管理体系；加强安全生产风险辨识和评估工作，制定重大危险源的监控措施和管理方案；建立健全生产安全事故隐患排查和治理工作制度等，完善安全生产管理体系建设。第二，中央企业应当严格按照《安全生产法》等国家和行业的有关规定，足额提取安全生产费用，确保安全生产必要的支出。第三，应当按照《安全生产法》等法律法规的规定，建立健全安全生产的教育和培训制度，严格落实企业负责人、安全生产监督管理人员、特种作业人员的持证上岗制度和培训考核制度；严格落实从业人员的安全生产教育培训制度。第四，应当按照《中央企业安全生产监督管理暂行办法》等政策要求，建立完善的安全生产考核和奖惩机制，并在工程项目执行过程中及时进行必要的督导检查，使执行的项目全过程受控。

第二节　某氧化铝沉降槽拆除作业重大坠落事故的警示

根据河南省事故调查组出具的事故调查报告〔1〕，2016年6月下旬，某国企河南分公司投资建设的某氧化铝沉降槽拆除作业发生重大坠落事故，造成13人死亡，6人受伤，直接经济损失1200万元。根据《生产安全事故报告和调查处理条例》关于事故等级的规定，本次事故为重大事故。事故被国务院安委会作为重大生产安全事故查处挂牌督办。

一、涉事工程项目简介

由某国企投资建设的某氧化铝节能减排升级改造项目，2015年5月经河南省发改委备案确认，该项目为河南省2016年第一批重点项目。2015年11月某国企委托有资质的机构对该项目进行可行性分析，出具可行性研究

〔1〕 参见《中铝河南分公司氧化铝厂沉降槽拆除施工“6·22”坠落重大事故技术报告》，载百度文库网，https://wenku.baidu.com/view/e03fb408bfd126fff705cc1755270722192e598b.html，最后访问时间：2022年11月7日。

报告。2016年3月，该项目实施方案经上级批准后实施，具体为在现有场地建设2条80万吨/年氧化铝生产线，置换原有老系统160万吨/年氧化铝产能，并对现有新系统进行改造，最终形成240万吨/年氧化铝产能。上级批复同意先行实施包括一组管道化溶出机组、11台直径16米分解槽、一组深锥沉降系统、矿浆制备及配套系统等，工程费用3.9亿元，其中沉降系统搬迁工程项目总投资约4500万元。

沉降系统搬迁工程项目是氧化铝节能减排升级改造项目的子项目，沉降系统始建于2011年，2012年3月投入生产使用，2015年12月停止生产。该系统共有7个沉降槽，呈直线形排列，每个沉降槽槽体直径22米，高度22米，上段为圆柱状约16米、下段为锥体约6米；槽体中心筒直径约6.5米，高度约6米。

该项目采用EPC模式实施，经过公开招标，某设计院、施工单位与设备供应商三家单位组成的联合体中标。EPC工程中标单位将搬迁工程的劳务工作分包给某建安公司的分部实施。

二、涉事工程现场管理情况

1.项目建设组织情况

（1）建设单位：氧化铝节能减排升级改造项目的建设单位为某铝业股份公司河南分公司，由其负责项目的投资、建设管理。

（2）监理单位：由建设单位采用邀请招标方式确定项目施工监理单位，2016年3月确定山西某建设工程项目管理有限公司为中标单位。监理单位具有住建部颁发的房屋建筑工程、冶炼工程、矿山工程监理甲级资质。营业执照登记的经营范围：冶金工程监理、房屋建筑工程监理、矿山工程监理、化工石油工程监理、市政公用工程监理等。

（3）工程总承包单位：建设单位将本项目以EPC模式建设。2016年4月，建设单位委托某招标代理机构发出投标邀请函，2016年5月开标，由某设计院（作为牵头人）、某工程公司和某装备公司联合体中标。联合体投标牵头人与建设单位签订总承包合同，合同总价约4400多万元，由某工程公司和某装备公司承担项目施工。根据调查报告，承担沉降系统搬迁工程的施工企业某工程公司和某装备公司均不具有冶金工程施工总承包资质，中标单位联合体资质不符合《建筑法》《建筑企业资质标准》等相关法律法规的规定。同时，沉降系统搬迁工程项目是节能减排升级改造项目的子项目，其招投标未按规定向地方有关部门报备。

联合体中标后内部分工：联合体牵头方某设计院负责项目设计、档案管理。联合体成员方某工程公司负责所有土建工程、照明工程、保温工程、4台沉降槽拆除安装和保修工作。联合体成员方某装备公司负责3台沉降槽拆除安装、絮凝剂厂房设备及结构拆除安装等子项工程制作、安装和保修。

联合体牵头方某设计院具有住建部颁发的冶金行业（金属冶炼工程）专业甲级资质、河南省住房和城乡建设厅颁发的工程设计资质建筑行业（建筑工程）乙级，以及轻型钢结构工程设计专业乙级资质。营业执照登记的经营范围为冶金工程设计、建筑工程设计等。

联合体成员方某工程公司具有河南省住房和城乡建设厅颁发的建筑工程施工总承包二级资质和安全生产许可证以及郑州市城乡建设委员会颁发的建筑机电安装工程专业承包三级资质。营业执照登记的经营范围：房屋建筑工程施工（总承包二级）、机电设备安装（专业三级）、土石方工程、机电设备维修、压力管道安装、改造、维修，搬运及装卸等。该工程公司没有冶金工程施工资质。

某装备公司具有河南省住房和城乡建设厅颁发的机电设备安装工程专业承包三级资质和安全生产许可证。营业执照登记的经营范围为压力管道安装改造维修，压力容器设计、制造，机电设备安装工程施工，普通设备制造、安装、修理。该装备公司也没有冶金工程施工资质。

（4）劳务分包单位。负责土建施工的某工程公司和某装备公司内部通过邀请招标方式将氧化铝工程中劳务作业分包给某建安公司的某分公司实施，劳务分包合同估价为1000万元，该劳务分包单位负责沉降设备、槽子、槽顶钢结构、管架、管道拆除运输安装劳务工作。在事故发生前已经拟定好合同版本，但尚未签署书面合同。

根据调查报告，该建安公司为集体所有制企业，具有河南省住房和城乡建设厅颁发的建筑工程施工总承包三级资质证书和安全生产许可证。该建安公司的营业执照有效期为长期，发证机关为某县工商行政管理局，经营范围为土木工程建筑。该建安公司某分公司工商营业执照登记的经营范围为土木工程建筑、维修。该分公司每年向总公司上缴管理费。

（5）招标代理单位。建设单位通过询价比选方式确定了招标代理机构。招标代理单位承担建设的氧化铝升级改造项目沉降系统搬迁工程招标代理工作，成立于2011年，具有国家发展和改革委员会颁发的中央投资项目招标代理机构乙级资质以及宁夏回族自治区住房和城乡建设厅颁发的工程招标代理机构乙级资质。营业执照上登记的经营范围：招标代理咨询服务等。

（6）有色金属工业建设工程质量监督总站及某企业质量监督站。有色金属工业建设工程质量监督总站是国资委举办、中央机构编制委员会批复成立的事业单位，由中国有色金属工业协会代管，其业务范围：有色金属行业基本建设和大中型技术改造项目工程质量监督，有色金属行业规程质量检测及相关工程监理人员资质管理。

某企业质量监督站是有色金属工业建设工程质量监督总站下设的有色质量监督站，负责建设工程现场质量监督管理工作。有色金属工业建设工程质量监督总站批准同意某企业质量监督站管理机构调整，工作人员由建设单位人员兼任。建设单位氧化铝节能减排升级改造项目在该站备案建档。

2.项目施工管理情况

工程总承包单位联合体与建设单位签署完毕沉降系统搬迁工程EPC

工程总承包合同之后，工程总承包联合体中负责施工的某工程公司和某装备公司即进行了沉降系统搬迁工程劳务分包，在签署劳务分包合同之前即让劳务分包单位进场施工。

2016年6月4日，劳务分包施工人员进场施工，进行拆除前的准备工作，保护性拆除桁架梁上的设备、管架、管道、焊接安装抱杆，在顶盖工字钢上制作吊耳，在槽顶辐射工字钢离槽壁600毫米处，呈圆形加固一圈160毫米工字钢，使槽顶盖外缘成为一个整体；在槽顶辐射工字钢离外沿500毫米处，离槽体内壁400毫米处将槽顶36根辐射工字钢斜切开，再沿圆弧将槽顶切开，并把槽顶盖作为工作平台。

6月21日下午进行沉降槽4#槽体顶盖拆除，24名工人在槽顶操作手拉葫芦，使槽顶盖沿槽壁缓慢向下降落，槽顶盖下降约300毫米，停止作业观察施工效果。6月22日，施工人员进场未发现异常继续作业，11时10分左右，5#槽顶施工人员发现4#沉降槽部分抱杆弯曲，用手机拍照通过微信发给王某，王某随即打电话告诉正在4#槽施工负责人刘某，此时槽体顶盖下降约1400毫米，刘某通知施工人员停止作业。中午刘某安排工人在4#槽原槽顶盖端部下方约300毫米处，沉降槽内壁焊接9个吊耳，其中5个吊耳用于替换抱杆弯曲上的手拉葫芦，3个吊耳加挂3个手拉葫芦，1个未使用。14时30分许，23名工人回到4#槽顶继续作业，槽体顶盖下降约1600毫米。16时20分左右，1名工人发现一个手拉葫芦故障，工人们停止作业，准备更换手拉葫芦；工人于某去取备用手拉葫芦，3名工人在原岗位休息（未取下安全带），其他工人取下安全带到有阴凉的地方休息（桁架梁下方）。此时，刘某认为只有1名工人操作中心筒6个手拉葫芦，整个吊装作业进度太慢，就指挥工人摘除中心筒上6个手拉葫芦的吊钩；于某取回备用手拉葫芦未来及更换，已发生坠落事故。19人随同顶盖坠落，3名工人吊挂在槽体内壁，1名工人在桁架梁上，当场造成11人死亡，2人重伤，6人轻伤。2名重伤人员因救治无效相继死亡。

三、事故性质及原因分析

1.事故性质

调查组认定，该起氧化铝沉降槽拆除作业重大坠落事故是一起生产安全责任事故。事故共造成13人死亡，6人受伤，直接经济损失1200万元。根据《生产安全事故报告和调查处理条例》关于事故等级的规定，本次事故等级为重大事故。

2.事故原因

根据调查报告，本次事故没有人为破坏原因以及其他不可抗力原因，导致事故发生的直接原因是劳务分包单位违章指挥，违规操作，不按施工方案组织施工，改变拆除顺序，改变吊装抱杆规格。具体分析如下：

（1）劳务分包单位在4#沉降槽顶盖拆除下落过程中，负责人刘某指挥摘除发生故障的手拉葫芦和中心筒6个手拉葫芦吊钩，使原有27个手拉葫芦承载减为20个，从而导致各受力点承载量增大且受力不均。

（2）劳务分包单位未按照施工方案施工，擅自改变拆除顺序，未将中心筒卸掉后下降到槽底再进行顶盖下降作业，未及时清除中心筒结疤，致使槽顶吊载增加到77.22吨（原计划载重42吨，增加35.22吨，其中：中心筒结疤重量26.62吨，计划先下降的中心筒重量7吨，施工人员的重量1.6吨），施工载荷严重超重。

（3）劳务分包单位将原施工方案中用于吊装的抱杆由Φ219×10毫米改为Φ159×5毫米，造成槽体顶盖下降过程中抱杆拉弯破坏；吊耳孔切割形状不规则，受力边缘宽窄不一，未作打磨处理，受力超载剪切破坏。

（4）劳务分包单位派往4#槽顶盖拆除作业的负责人违章指挥，施工人员违章操作，不按规定系安全带。

同时，导致事故发生的间接原因为施工单位超越资质承包工程、违法分包，监理单位监督缺失等，具体为：

（1）劳务分包单位的问题。劳务分包单位在投标时向某工程公司提供某建安公司《授权委托书》时弄虚作假，冒用某建安公司的民用承包三级资质和安全生产许可证进行投标，超资质范围承揽沉降槽拆除业务，违反《建筑法》等法律法规规定，以劳务分包名义承揽专业工程。劳务分包单位未对施工人员进行安全教育培训，未按施工方案要求进行施工，未要求施工人员按规定使用安全防护用品，施工管理人员、现场安全员和施工人员无相应资质即上岗作业。

某建安公司作为劳务分包单位的上级机构，未履行监管责任。安全管理制度不健全、不规范，未制定并落实有效的安全管理制度；只收费不管理，未对劳务分包单位的安全员和施工人员进行安全教育，未对劳务分包单位利用其资质承揽工程定期检查，对劳务分包单位利用其资质招标的项目没有落实安全监管责任。

（2）监理单位的问题。项目监理单位对监理人员履职情况进行监督考核不力，现场监理人员对施工单位无开工令的施工行为未及时下达停工通知，事故发生后参与伪造开工手续，补签开工令；对施工单位不按施工方案施工、施工人员无证上岗和不系安全带、改变施工抱杆规格等问题未及时发现并下达书面整改或停工建议；对中标单位资质和施工人员资质审查不严，对未签订施工合同施工未提出书面整改意见。

（3）工程总承包联合体的问题。根据《工程建设项目施工招标投标办法》第35条的规定，“为招标项目的前期准备或者监理工作提供设计、咨询服务的任何法人及其任何附属机构（单位），都无资格参加该招标项目的投标”。而根据调查，某设计单位在参加工程总承包项目招标前已经为氧化铝节能减排升级改造项目提供前期咨询服务，所以该设计公司招标前接受委托并开展项目设计后仍违规参加投标，违反《招标投标法》及《招标投标法实施条例》的相关规定，侵害了其他竞标单位的权益。同时，该设计单位在编制投标文件中，违反规定替换项目经理，更换后的项目经理资质不符合要求。设计单位作为工程承包联合体牵头单位，未履行安全责任，未提示负责施工的某工程公司加强安全生产管理。

负责项目施工的某工程公司作为施工承包联合体成员单位及施工单位，对劳务分包单位资质和相关资料审查不严，违反《建筑法》等法律法规规定，以劳务分包名义分包专业工程。施工组织机构混乱，项目、安全负责人随意调换；施工程序混乱，无开工报告、无安全文明施工协议组织施工；对施工方案技术参数审查不严，未进行技术交底，未对施工抱杆规格进行校验；未采取有效措施对施工人员资质、安全防护措施等进行监督；6月21日试验性拆除中，项目、技术、安全负责人对施工单位不按施工方案进行施工未予制止。

某装备公司作为工程承包联合体成员单位，未认真履行安全管理责任。同时，某装备公司在分包管理中违反《建筑法》等法律法规规定，违规将沉降系统拆除工程以劳务分包名义转包给劳务分包单位，并对劳务分包单位的资质和相关资料审查不严。

某工程公司与某装备公司的上级单位对两公司监督管理不力，督促某工程公司和某装备公司履行承包单位安全责任不力；签订安全目标责任书后，未采取有效措施督促两公司落实安全责任。

（4）建设单位的问题。作为氧化铝节能减排升级改造项目的建设单位，未对参与项目建设的单位进行有效的管理和监督。鉴于氧化铝节能减排升级改造项目为投资额巨大的固定资产投资项目，根据《工程建设项目施工招标投标办法》第10条的规定，建设单位应“按照国家有关规定需要履行项目审批、核准手续的依法必须进行施工招标的工程建设项目，其招标范围、招标方式、招标组织形式应当报项目审批部门审批、核准”。根据调查报告，该项目立项、审批、招标、开工许可等环节，均按建设单位集团内部程序组织，未向地方政府及相关部门上报、备案及许可。安全责任不明确，项目相关部门和人员安全职责划分不清、责任不明；讨论方案、现场检查中未能及时发现并纠正违规分包、不按施工方案施工、改变施工抱杆规格等问题，未督促承包单位对施工方案技术参数进行严格审查；违规采取邀请招标，违反邀标至投标时间间隔规定。

（5）招标代理机构的问题。沉降系统搬迁工程项目招标代理机构，未认真履行职责，对建设单位邀请招标没有提出异议并制止；在招标确认阶段资格预审把关不严，向不具备施工总承包资质和没有安全生产许可证资质的某设计单位发出投标邀请；对不具备冶金资质的某工程公司参与组建联合体并承揽施工任务审核不严，违反邀标至投标时间间隔规定擅自开标，且未按规定对5名评标委员会专家资质进行审查，未按规定向评标专家下发聘任书等。

四、事故对安全生产管理的警示

经调查组调查认定，事故造成13人死亡，6人受伤，直接经济损失1200多万元。根据事故等级的规定，本次事故被认定为重大事故。涉事劳务分包单位及监理单位4人、项目总监被以重大责任事故罪追究刑事责任，分别判决一年十一个月至三年不等的有期徒刑[1]。涉事建设单位及其上级单位8人受到党纪、政纪处分；EPC总承包联合体各单位10人受到党纪、政纪处分，负责施工的某工程公司及其总经理受到罚款经济处罚，公司受到资质降级处罚；监理单位监理员受到资质降级处罚，总经理受到党纪、政纪处分；招标代理机构受到资质降级处罚，1人受到党纪、政纪处分；劳务分包单位的上级总公司及其法定代表人受到罚款处罚、法定代表人受到资质降级处罚，劳务分包单位负责人受到罚款处罚。该事故对社会安全生产管理警示意义重大。

1.工程总承包项目招标应严格执行《招标投标法》及其实施条例的规定

第一，案涉氧化铝沉降系统搬迁工程项目投资额4400多万元，属于依

〔1〕 参见中国裁判文书网，网址：https://wenshu.court.gov.cn/website/wenshu/181107ANFZ0BXSK4/index.html?docId=OUD3Tm7EvEQLHoDfRNz7Gq9DECvvTzu90vyPmRvVriQythVKyWKhXp/dgBYosE2geP8MPyV1izrOu6ZV0ksUCoGo0faXi7z+n3aBFvaGyKFe9e3438HwgXb60vS0z6LS，最后访问时间：2022年11月7日。

法必须招标的一般工业建设项目，且不属于《招标投标法》第11条及《招标投标法实施条例》第8条规定的可以采用邀请招标方式的项目。而建设单位及招标代理机构违反《招标投标法》及《招标投标法实施条例》的规定，对氧化铝沉降系统搬迁工程项目进行了邀请招标，影响较坏。

第二，根据《招标投标法》第24条的规定，“依法必须进行招标的项目，自招标文件开始发出之日起至投标人提交投标文件截止之日止，最短不得少于二十日”，而招标代理机构2016年4月29日发出氧化铝沉降系统搬迁工程项目EPC项目投标邀请函，2016年5月6日即开标，给与投标人的准备时间远远低于20日。

第三，氧化铝沉降系统搬迁工程项目属于冶金工程，根据《建筑法》第13条及第20条的相关规定，承揽本项目设计任务的设计单位应具有冶金行业工程设计甲级资质；承揽本项目施工任务的承包人应具有冶金工程施工总承包一级及以上资质。根据《招标投标法》第18条的规定，建设单位及招标代理机构应在氧化铝沉降系统搬迁工程EPC项目招标文件中明确要求投标人具备冶金工程设计资质和施工总承包资质，若投标人为联合体的，联合体成员中应具有冶金工程设计资质和冶金工程施工总承包资质，但招标代理机构对氧化铝沉降系统搬迁工程项目EPC项目投标资格把关不严，邀请不具备冶金工程施工总承包资质的某工程公司和某装备公司投标。

第四，如前所述，某设计公司提前参与了项目的咨询，与建设单位（招标人）已经形成了利害关系，属于《招标投标法实施条例》第34条规定的可能“影响招标公正性”的利害关系人，不应继续参与氧化铝沉降系统搬迁工程EPC项目（含施工）联合体投标。

第五，根据《招标投标法》第37条及《评标委员会和评标方法暂行规定》的相关规定，依法必须进行招标的项目，其评标委员会由招标人的代表和有关技术、经济等方面的专家组成，成员人数为五人以上单数，其中技术、经济等方面的专家不得少于成员总数的三分之二，且相关专家应当从事相关领域工作满八年并具有高级职称或者具有同等专业水平，由招标人从国务院有关部门或者省、自治区、直辖市人民政府有关部门提供的专家名册或者招标代理机构的专家库内的相关专业的专家名单中确定；一般招标项目可以采取随机抽取方式，特殊招标项目可以由招标人直接确定。根据调查报告显示，招标代理机构没有按照国家规定组建评标委员会，导致不具备资质的单位中标。

在本案中建设单位、招标代理公司、设计公司、工程公司、装备公司违反《建筑法》和《招标投标法》的规定，项目招标事宜未在当地管理机构备案，未能主动接受地方监督，招投标程序走过场，明知设计公司前期为本项目提供了咨询服务，工程公司及装备公司不具备冶金工程施工总承包资质，依然发出投标邀请；招标代理公司作为招投标专业机构，明知项目不符合邀请招标条件，依然配合违规邀请招标且给与投标人的投标准备时间不足法定期限；设计公司、工程公司、装备公司作为建筑类公司，明知不具备投标资质条件，还积极应标，三方均明知故犯，根据《招标投标法》第54条的相关规定，涉案项目招投标属于“以其他方式弄虚作假”骗取中标，中标无效，签署的EPC工程总承包合同无效，为事故的发生埋下了隐患，也属于安全生产事故处理过程中的加重处罚情节。

这起事故警示央企集团规范重大建设项目管理，要求各地分公司、子公司按照地方政府要求，完善项目立项审批手续。各建设单位，尤其是中央企业，要严格执行国家重大建设项目有关法律法规规章制度，严禁以集团重点工程、重大项目等集团内部规定等理由简化项目立项、审批、许可、备案、招采手续，严禁在未经科学论证的情况下擅自改变施工规格标准和工艺等。要加强对工程总承包单位、监理单位落实安全生产责任制情况的监督，在执行本集团内部各项审批程序的同时，要按规定在属地政府及其相关部门办理项目立项、审批、施工许可、招投标等各种备案手续，注重与各级政府监督管理部门信息沟通，主动要求地方政府加强生产安全监管，确保监督管理信息畅通。同时，也警示招标代理机构在受托办理招标事宜时，应该严格执行国家法律法规和政策要求，作为专业机构更应维护《招标投标法》等法律法规和国家政策，尤其是在为央企、国企服务时，要主动提示相关企业人员在招采过程中守法守规，避免被质疑、投诉，或者因招采程序瑕疵导致签署的合同无效的情况发生。

2.施工单位超越资质承揽工程施工项目，为安全生产事故发生埋下重大隐患

建设单位决定对氧化铝沉降系统搬迁工程采用EPC模式实施，并允许投标人组成联合体参加投标，根据《招标投标法》第31条的相关规定，投标联合体各方均应当具备承担招标项目的相应能力；国家有关规定或者招标文件对投标人资格条件有规定的，联合体各方均应当具备规定的相应资格条件。仅就资质而言，本项目的中标联合体仅设计公司具备承揽本项目设计的甲级资质，但设计公司不具备施工资质和安全生产许可证，不得承揽施工业务。中标联合体成员中工程公司和装备公司均不具备冶金工程施工总承包一级资质，工程公司具有房屋建筑工程施工总承包一级资质，装备公司具备冶金工程施工总承包三级资质，根据《建筑法》《招标投标法》《民法典》的相关规定，联合体不具备承揽涉案工程的施工资质，其中标无效，签署的EPC工程总承包合同无效，属于事故责任加重处罚情节。

负责施工生产的工程公司与装备公司没有组织冶金工程施工生产的经验，超越资质承揽工程，对劳务分包单位现场施工安全问题监管不到位，导致了重大安全生产事故发生。这起事故提示施工单位一定需要加强企业资质管理，严格按照《建筑法》《建筑业企业资质管理规定》的要求承揽施工业务，建立和完善安全管理制度，避免安全生产事故发生。

3.施工单位违法分包行为导致安全生产事故的，属于加重处罚情节

根据《民法典》第791条的相关规定，国家禁止承包人将工程分包给不具备相应资质条件的单位。本案中负责施工的工程公司和装备公司均不具备冶金工程施工总承包资质，根据调查组认定，工程公司和装备公司通过邀请招标形式，将涉案项目中的专业工程以劳务分包的形式分包给劳务

分包单位，且劳务分包单位不具备相关劳务作业资质，根据《建筑工程施工发包与承包违法行为认定查处管理办法》[1]第12条关于违法分包的相关规定，属于违法分包行为，违反了《建筑法》和《建设工程资质管理条例》的相关规定，根据《安全生产法》和《建设工程安全生产管理条例》，应承担行政处罚责任，相关责任人承担行政处罚和刑事处罚责任。

4.监理单位应重视对施工作业的监督检查，否则，一旦造成安全生产事故要承担法律责任

本案中监理单位未重视对施工过程进行监督检查，严重违反《建设工程安全生产管理条例》的相关规定。本案中监理单位不仅对监理人员履职情况监督考核不力，且现场监理人员对施工单位无开工令的施工行为未及时下达停工通知；对施工单位不按施工方案施工、施工人员无证上岗和不系安全带、改变施工抱杆规格等问题未及时发现并下达书面整改或停工建议；对中标单位资质和施工人员资质审查不严，对未签订施工合同即施工未提出书面整改意见，没有尽到监理责任，对事故的发生负有监理责任。根据《建设工程安全生产管理条例》的有关规定，应承担行政处罚责任，相关责任人承担行政处罚和刑事处罚责任。

5.施工单位及劳务作业单位应对员工进行安全生产培训，预防安全生产事故

本案中，无论是工程总承包联合体还是劳务分包单位，均未设置专职安全生产管理机构，劳务分包单位内部没有设置专职安全生产管理机构，未对作业人员进行专门的安全生产培训。根据《建设工程安全生产管理条例》第62条的规定，施工单位“未设立安全生产管理机构、配备专职安全生产管理人员或者分部分项工程施工时无专职安全生产管理人员现场监督的”或“施工单位的主要负责人、项目负责人、专职安全生产管理人员、

---

〔1〕 案发时适用《建筑工程施工转包违法分包等违法行为认定查处管理办法（试行）》（建市〔2014〕118号）。

作业人员或者特种作业人员，未经安全教育培训或者经考核不合格即从事相关工作的”，责令限期改正；逾期未改正的，责令停业整顿，依照《安全生产法》的有关规定处以罚款；造成重大安全事故，构成犯罪的，对直接责任人员，依照刑法有关规定追究刑事责任。

这起事故警示劳务分包单位、建筑企业与分支机构之间要层层落实安全责任制，杜绝只收费不管理、借用资质、挂靠资质等行为。调查报告要求建筑公司尤其是对企业总部以外设立的分公司、分部的建设工程项目，要明确专人负责安全监督管理，健全安全生产管理制度，按照国家要求设置安全生产管理岗位，经常性地开展监督检查，按规定要求落实长期安全防护措施。

6.在施工前，施工单位应对安全施工的技术要求进行详细说明，发现作业人员违规作业应及时制止

本案中劳务作业人员明显违规作业，但施工单位在分包合同尚未签署、安全生产管理协议尚未落实的情况下，为了抢工期，允许劳务作业队伍进场施工，导致安全技术措施不到位。而且施工单位发现安全问题之后未及时制止，任由劳务作业队伍擅自违章冒险作业，导致事故发生。根据《建设工程安全生产管理条例》的规定，施工单位应承担行政处罚责任，相关责任人员应承担行政处罚和刑事责任。这起事故警示施工单位一定要加强对劳务作业人员的安全生产教育培训，不经培训不得进场作业。同时，发现安全措施不到位时，不能侥幸，应该及时整改，避免事故发生。

7.国有企业集团公司应按照安全生产法律法规和政策要求对下级单位做好安全生产工作，否则，一旦出现安全生产事故，集团公司也要承担责任

根据调查报告显示，涉案工程项目的建设单位和总承包联合体单位均为某央企的下属企业。根据《中央企业安全生产监督管理暂行办法》第11条的相关规定，央企应要求下属企业做好安全生产工作；建立健全安全生产管理体系；结合生产和施工等行业特点和企业实际建立职业健康安全管理体系；建立健全企业安全生产应急管理体系；加强安全生产风险辨识和

评估工作，制定重大危险源的监控措施和管理方案；建立健全生产安全事故隐患排查和治理工作制度等，完善安全生产管理体系建设；并要求下属企业建立健全安全生产的教育和培训制度，严格落实企业负责人、安全生产监督管理人员、特种作业人员的持证上岗制度和培训考核制度；严格落实从业人员的安全生产教育培训制度。根据以上规定，建设单位的上级单位和EPC承包单位联合体的上级单位均对本次事故负有责任，事故责任单位的相关领导均受到了党纪、政纪处分。

根据调查报告披露，这起事故充分暴露了大型国有企业分级属地监管职责不清，监管中既有对同一单位同一问题的重复监管、叠加监管，又有对专业项目的监管漏项、存在监管盲区问题，地方各级政府及专业监管、行业监管部门应依照有关法律法规明确职责范围，对有关行业、领域企业贯彻执行安全生产法律法规的情况履行监管职责。国企集团内部也要理顺安全监管职责和体制机制，实行分类、分层级监管，明确监管部门和监管层级，实现监管部门、监管层级、监管职责界限清晰、责任明确。

第三节　某商业综合体酒店裙楼宴会厅钢结构屋顶坍塌较大坠落事故的警示

根据浙江省某市事故调查组出具的事故调查报告[1]，2021年11月下旬，某产业开发集团投资建设的某商业综合体项目裙房宴会厅钢结构屋面进行刚性保护层混凝土浇捣施工时发生坍塌事故，造成6人死亡，6人受伤，直接经济损失1097.55万元。根据《生产安全事故报告和调查处理条

〔1〕 参见《金华经济技术开发区湖畔里项目“11·23”较大坍塌事故调查报告》，载金华市应急管理局网，http://yjglj.jinhua.gov.cn/art/2022/1/26/art_1229682538_58896488.html。

例》关于事故等级的规定，本次事故为较大事故。

一、涉事工程项目简介

（一）项目建设手续

涉事工程为由某产业开发集团投资的城市综合体项目，包括地上商业4层、酒店14层，地下2层，集购物、餐饮、娱乐、住宿、邻里配套工程为一体的社区商业综合体项目，项目总建筑面积约10万平方米。2018年6月某产业开发集团下属执业公司取得项目建设用地使用权，2019年9月获得建设用地规划许可证，2020年8月取得建筑工程施工许可证，2020年12月取得建设工程规划许可证。2020年8月5日，项目开工建设。2021年6月26日，项目结构封顶。截至2021年11月下旬事故发生时，项目正在进行宴会厅裙楼屋顶施工。

（二）工程项目组织管理情况

1.建设单位：某产业开发集团下属置业公司作为备案开发建设主体，实际控制人为某产业开发集团。

2.勘察单位：核工业某勘测设计院公司，经营范围：建设工程勘察；基础地质勘察等。

3.设计单位：某建设集团，经营范围：建筑工程设计、咨询、施工；人防工程设计等。设计资质：建筑行业（建筑工程、人防工程）甲级。

建筑设计公司，经营范围：建筑工程设计，室内外装饰设计。设计资质：建筑工程专业甲级。

某设计工作室，经营范围：图文设计制作；广告设计、代理；广告制作等。该工作室无建筑工程设计资质。

4.施工单位：某建设集团。经营范围：建筑工程设计、咨询、施工；人防工程设计等。设计资质：建筑行业（建筑工程、人防工程）甲级。施工资质：建筑工程总承包特级资质。有安全生产许可证。实际承包人为两位自然人挂靠某建设集团施工。

建设单位以EPC模式实施项目建设，2020年3月，两位自然人（下称实际承包人）挂靠某建设集团与建设单位签署建设项目工程总承包合同，负责项目的EPC（设计采购施工一体化）总承包，合同内容包括：（1）设计部分：全部施工图设计；（2）施工部分：材料设备采购、施工、交（竣）工验收（包含专项验收）等，约定项目总工期为180日历天，合同总金额约为4.6亿元。2020年10月，工程总承包单位与实际承包人之一签订EPC项目工程项目责任承包合同，另一实际承包人为担保人，承包范围为涉事EPC项目建设项目工程总承包合同内全部内容。

5.全过程咨询服务单位。联合体成员之一，经营范围：建设工程监理，工程造价咨询业务，建设工程设计，建设工程质量检测。联合体成员之二，经营范围：建设工程设计、建筑智能化系统设计等。设计资质：建筑行业（建筑工程）甲级资质。为了有效实施工程项目，2019年12月，建设单位经过招标选定某项目公司与设计集团联合体为项目提供全过程工程咨询服务，签署了全过程工程咨询合同，主要服务内容为设计管理、项目管理、工程监理。

6.施工图审查单位。经营范围：房屋建筑工程施工图文件审查。

7.第三方安全巡查服务单位。业务范围：建设工程监理等。为该地建设局委托的在建工程第三方安全巡查服务单位。

（三）项目设计与施工情况

1.项目设计实施情况

项目实际承包人在与建设集团签署完毕工程项目责任承包合同之后，与某建筑设计公司签署建设工程设计合同，约定由该建筑设计公司负责EPC项目全部设计，工程设计费约为760万元。2020年8月该建筑设计公司又将EPC项目的设计任务转包给某设计工作室朱某设计，该设计工作室朱某又将该项目主体结构专业施工图转给张某设计，张某又将其中宴会厅钢结构屋面专业施工图设计转包给陈某设计。2021年9月，建设集团与建筑设计公司补签建设工程设计服务合同，设计服务内容为各专业优化（深化）设计及施工全阶段设计配合服务。

图纸设计过程中，宴会厅屋面钢结构施工图设计按屋面为彩钢瓦、檀条、钢梁构造计算荷载，恒荷载取值为0.3KN/m²。而建筑施工图设计中宴会厅屋面构造做法从上到下依次为50mm厚C20细石混凝土刚性保护层、无纺布隔离层、3mm厚防水卷材、1.5mm厚防水涂膜、20mm厚水泥砂浆找平层、120mm厚岩棉板保温层、镀锌钢丝网、1.2mm厚钢地板。由于建筑设计公司与设计工作室朱某就设计之间没有协调一致，钢结构施工图设计未计取建筑设计施工图中构造做法的荷载。8月24日，建筑设计公司相继将项目各专业设计图纸发给建设集团设计院校对审核，建设集团设计院在校对审核过程中未发现宴会厅钢结构屋面设计与建筑构造做法不一致的问题，对设计图纸审核通过并签字盖章。8月26日，建设单位通过该市建筑和市政工程施工图联合审查系统将EPC项目上报至该市建设工程图审中心。11月上旬，建筑设计公司利用建设集团设计院的专用账号将施工图设计文件上传至该市建设工程图审中心。11月10日，该市建设工程图审中心受理 EPC项目施工图审查业务，审查过程中也未发现宴会厅钢结构屋面设计与建筑构造做法不一致的问题。12月9日，该市建设工程图审中心出具了审查合格书。

2.项目施工情况

2020年8月5日，实际承包人对EPC项目开工建设，2021年6月26日主体结构封顶，9月30日宴会厅钢结构屋面安装完成，准备实施屋面混凝土浇筑等施工。10月初，施工人宋某向项目监理部总监戴某提出岩棉板铺设20mm厚的水泥砂浆找平层会导致防水涂层不便施工，后期容易开裂，需要重新修改图纸，将20mm厚的水泥砂浆找平层修改为50mm厚，戴某让宋某与建筑设计公司联系，建筑设计公司未提出反对意见，宋某在建筑施工图构造做法未变更的情况下，擅自让项目部修改方案施工。10月31日项目部浇筑宴会厅钢结构屋面找平层，按照50mm厚细石混凝土施工。11月23日进行钢结构屋面刚性保护层混凝土浇捣施工。

二、事故简要经过回顾

2021年11月23日9时许，项目施工泥瓦班组11人进行酒店宴会厅钢结构屋面C20细石混凝土刚性保护层施工，计划浇筑厚度为50mm，采用汽车泵将混凝土输送至浇筑部位。13时许，作业面上工13人施工，13时20分许，浇捣至⑫－⑯轴交－轴时，⑩－⑯轴交－轴钢结构屋面发生整体坍塌。事发时，除1人迅速逃离至安全地带，1人跌落在内脚手架上，其余11名工人从屋面坠落至三层楼面。

事故发生后，现场管理人员立即组织救援并联系“110”报警。该市政府立即组织市区两级救援指挥部展开积极救援。15时52分，现场营救出11人立即送往医院救治。11月24日3时14分，现场最后1位被困人员被找到，立即送往医院救治。经最后确认，医院收治的伤员有6人死亡。

三、事故性质及原因分析

1.事故性质

经调查组认定，该坍塌事故是一起生产安全责任事故。事故共造成6人死亡，6人受伤，直接经济损失1097.55万元。根据《生产安全事故报告和调查处理条例》关于事故等级的规定，本次事故等级为较大事故。

2.事故原因

根据调查报告，本次事故排除因地震、恶劣天气等自然灾害因素引发事故的可能性。经认定，本次事故的直接原因为：屋面钢结构设计存在重大错误，结构设计计算荷载取值与建筑构造做法不一致，钢梁按排架设计，未与混凝土结构进行整体计算分析；未按经施工图审查的设计图纸施工，将钢结构屋面构造中20mm厚水泥砂浆找平层改为50mm厚细石混凝土，且浇筑细石混凝土超厚，进一步增加了屋面荷载。因上述原因造成钢梁跨中拼接点高强螺栓滑丝、钢梁铰接支座锚栓剪刀和拉弯破坏，导致⑪、⑫轴二榀屋面钢梁坍塌。

但造成本次事故的间接原因，为工程总承包单位违法出借资质、承包商管理违规，其他参建单位监管不到位等。具体如下：

（1）实际承包人。实际承包人为两位自然人，违法挂靠建设集团名下承揽工程。某两位自然人非法挂靠某建设集团名下中标EPC项目，与该建设集团签署工程项目责任承包合同实施工程，管理不善，将项目设计业务非法转包，无力监管设计质量，实际承包人项目部未按照审查后的图纸施工，擅自变更施工方案，导致事故发生。

（2）工程总承包单位某建设集团，违法转包工程，没有根据其与实际承包人签署的工程项目责任承包合同约定，往EPC项目派遣技术与管理人员，任由实际承包人违规管理工程设计与施工，导致部分技术、安全岗位人员与向政府部门报备人员严重不一致，尤其是安全岗位人员无资质证书，导致事故发生。

（3）建筑设计公司，违法承揽设计业务，以他人名义对外出具设计图纸。且存在非法向外分包工程设计任务的行为，将承揽的设计工作非法转包给不具有设计资质的个人工作室承担，导致事故发生。

（4）设计工作室，在未取得设计资质的情况下，非法承接建筑工程设计业务。

（5）图审单位，未依法对建筑工程施工图涉及公共利益、公共安全和工程建设强制性标准的内容进行审查，未发现项目工程设计存在重大错误，尤其是钢梁承载力不足的重大设计错误，是导致事故发生的重要原因。

（6）全过程咨询单位，未按照全过程工程咨询合同的约定对项目施工质量、施工图设计审核，未履行设计变更审查义务；且作为监理单位，无视项目部长期存在的问题，对施工单位五类人员未到岗履职的情况未监管，未向建设单位和政府主管部门反映和汇报，默认项目部相关台账、资料造假，对事故发生负主要责任。

（7）第三方安全巡查单位，作为住建局委托的第三方安全巡查单位，未切实履行合同约定的安全巡查义务，对项目巡查工作开展不深入、不全面，在项目巡查中未发现人证不符、人员严重缺位问题，对项目台账资料不实等问题跟踪审查不到位。

（8）建设单位，实际操盘建设的某产业集团未落实建设单位工程质量首要责任，未按要求履行工程质量管理职责，未有效督促参建各方做好施工现场安全生产、工程质量审查工作，对事故项目承包人非法挂靠、转包、分包，施工单位项目部管理机构虚设、人员严重缺岗，管理流于形式等问题未履行监管职责。未认真督促监理单位履行施工图审核、设计变更审查、施工质量监管等监理职责。

四、事故对安全生产管理的警示

经调查组调查认定，该起事故造成6人死亡，6人受伤，直接经济损失1097.55万元。根据《生产安全事故报告和调查处理条例》关于事故等级的规定，本次事故为较大事故。

建设单位某产业集团法定代表人、总工程师及项目负责人3人涉嫌重大责任事故罪被批捕；项目实际承包人（两位自然人）及项目经理、项目现场负责人、技术负责人等5人涉嫌重大责任事故罪被批捕；建筑设计公司设计牵头人、设计工作室实际负责人、设计人员朱某、张某、陈某，建设集团设计院设计负责人以及图审中心人员等7人涉嫌重大责任事故罪被批捕；全过程咨询单位两位监理负责人涉嫌重大责任事故罪被批捕；当地住建部门等10位公职人员受到党纪、政纪处分。涉案单位和相关个人受到相应的行政处罚。当地应急管理部门对建设集团及主要负责人分别作出行政处罚；当地建设管理部门分别对建设集团、建筑设计公司、设计工作室、全过程工程咨询单位、图审中心有关责任人员作出行政处罚。该事故对社会安全生产管理警示意义重大。

1.建设单位应严格按照国家规定的程序做好项目建设准备，在项目开工建设前一定要完善土地、规划手续和施工许可手续，严格依照《建筑法》及工程建设强制性标准组织项目建设，先设计、后施工，杜绝边设计、边施工现象，确保安全生产责任制和各项安全监管措施落实到位。同时，建设单位要认真履行对监理、设计、施工等参建单位的监督责任，杜绝建筑市场和施工领域存在的资质挂靠、工程转包、违法分包、备案资料造假等现象发生。

另外，建设单位要落实安全生产首要责任。建设单位在工程项目管理中要严格按照国家法律法规和标准规范实施项目，落实项目法人责任制和建设单位对工程质量的首要责任。建设单位要加强对工程建设全过程的质量、安全管理和对工程总承包单位、监理单位的履约管理，加强施工过程中的统筹协调，及时解决施工过程中各方面的问题，保障施工安全。

2.EPC工程总承包单位应严格遵守《建筑法》《建设工程质量管理条例》《建设工程勘察设计管理条例》的规定从事建筑工程业务，不得非法转包、违法分包工程，不得出借资质、允许其他单位与个人挂靠工程。根据《建筑法》第26条的相关规定，工程承包单位应当持有依法取得的资质证书，并在其资质等级许可的业务范围内承揽工程，“禁止建筑施工企业超越本企业资质等级许可的业务范围或者以任何形式用其他建筑施工企业的名义承揽工程。禁止建筑施工企业以任何形式允许其他单位或者个人使用本企业的资质证书、营业执照，以本企业的名义承揽工程”。根据调查报告显示，建设集团没有按照与实际承包人（两位自然人）的约定向EPC工程项目部派遣管理人员和技术人员，根据《建筑工程施工发包与承包违法行为认定查处管理办法》第8条第3项的相关规定，工程总承包单位未派驻项目负责人、技术负责人、质量管理负责人、安全管理负责人等主要管理人员，或派驻的项目负责人、技术负责人、质量管理负责人、安全管理负责人中一人及以上与施工单位没有订立劳动合同且没有建立劳动工资和社会养老保险关系，或派驻的项目负责人未对该工程的施工活动进行组织管理，又不能进行合理解释并提供相应证明的，视为转包。根据《建设工程质量管理条例》第18条的相关规定，勘察设计单位应当依法取得相应等级的资质证书，并在其资质等级许可的范围内承揽工程，“禁止勘察、设计单位超越其资质等级许可的范围或者以其他勘察、设计单位的名义承揽工程。禁止勘察、设计单位允许其他单位或者个人以本单位的名义承揽工程”，“勘察、设计单位不得转包或者违法分包所承揽的工程”。《建设工程勘察设计管理条例》第8条第2款也规定，“禁止建设工程勘察、设计单位超越其资质等级许可的范围或者以其他建设工程勘察、设计单位的名义承揽建设工程勘察、设计业务。禁止建设工程勘察、设计单位允许其他单位或者个人以本单位的名义承揽建设工程勘察、设计业务”。但涉案项目工程总承包单位，允许自然人借用单位资质、营业执照承揽工程，将承揽的设计业务转包，允许建筑设计公司以自己的名义出具设计图纸、提交图审，且未履行设计监督管理责任，严重违反了以上法律、行政法规的规定。本案中建设集团转包施工和设计业务，允许无资质的自然人以本单位名义承揽工程，是造成事故的主要原因之一。事故发生之后，建设集团应向建设单位赔偿经济损失，建设集团及其主要负责人应受到当地应急管理部门和建设管理部门的处罚，且相关负责人还要承担刑事责任。根据《建筑法》第67条的相关规定，工程总承包单位将承包的工程转包或者违法进行分包的，责令改正，没收违法所得，并处罚款，可以责令停业整顿，降低资质等级；情节严重的，吊销资质证书。对因转包工程或者违法分包工程不符合规定的质量标准造成的损失，与接受转包或者分包的单位承担连带赔偿责任。根据《建设工程质量管理条例》第61条的相关规定，设计、施工单位允许其他单位或者个人以本单位名义承揽工程的，责令改正，没收违法所得，对设计单位处合同约定的设计费1倍以上2倍以下的罚款；对施工单位处工程合同价款2%以上4%以下的罚款；可以责令停业整顿，降低资质等级；情节严重的，吊销资质证书。根据《建设工程勘察设计管理条例》第35条的相关规定，设计单位非法转包、违法分包或者允许他人以自己名义设计的，处合同约定的设计费1倍以上2倍以下的罚款，有违法所得的，予以没收；可以责令停业整顿，降低资质等级；情节严重的，吊销资质证书。

此外，工程总承包单位在项目管理中不得违法、违约。根据实际承包人与建设集团签署的工程项目责任承包合同，建设集团应为实际承包人提供技术支持、人员配备、工程质量、安全管控等支持，但建设集团违反合同约定以及违反《建设工程质量管理条例》的相关规定，没有实际按照备案对项目部管理机构派遣人员，导致项目部管理机构虚设，备案人员未到岗，管理制度没有执行，允许实际承包人自己派员进行管理，导致部分技术、安全岗位人员无资格证书，为事故发生埋下隐患。鉴于本项目采用工程总承包模式实施，根据《建设工程质量管理条例》第26条的相关规定，建设集团应对建设工程的施工质量负责，应当建立质量责任制，确定工程项目的项目经理、技术负责人和施工管理负责人。

3.实际承包人应该按图施工，不经设计单位审批同意，不得擅自改变施工方案。根据《建设工程质量管理条例》第28条的规定，施工单位必须按照工程设计图纸和施工技术标准施工，不得擅自修改工程设计，不得偷工减料。而本案中实际承包人项目部的人员在酒店裙楼宴会厅屋顶施工中，未按照经审查的施工图施工，擅自修改了施工方案，直接导致了事故发生。根据《建设工程质量管理条例》第64条的相关规定，施工单位有不按照工程设计图纸或者施工技术标准施工的其他行为的，责令改正，处工程合同价款2%以上4%以下的罚款；造成建设工程质量不符合规定的质量标准的，负责返工、修理，并赔偿因此造成的损失；情节严重的，责令停业整顿，降低资质等级或者吊销资质证书。

4.建筑设计公司不应违规承揽工程，不应违法分包工程。本案中建筑设计公司违反严重违反了《建设工程质量管理条例》第18条以及《建设工程勘察设计管理条例》第8条的规定，违规承包设计工作，并以建设集团的名义出具设计图纸。同时，根据《建设工程勘察设计管理条例》第19条及第20条的相关规定，建设工程设计单位不得将所承揽的建设工程勘察、设计转包，建设工程设计单位不得将设计分包给不具有相应资质的单位，也不得将主体结构工作分包给其他单位实施。而本案中建筑设计公司违法将EPC项目结构专业分包给不具有设计资质的设计工作室，导致设计质量低下。

5.不具有相应设计师资格的个人不应承揽建设工程设计工作。根据《建设工程勘察设计管理条例》第21条的规定，“承包方必须在建设工程勘察、设计资质证书规定的资质等级和业务范围内承揽建设工程的勘察、设计业务”。本案中设计工作室在未取得设计资质的情况下，非法承揽EPC项目主体结构设计业务，违反以上规定。

6.施工图审查机构应依法对设计文件中涉及公共利益、公共安全的部位及建设强制性标准进行审查，对不符合要求的部分，要求修改。根据《建设工程勘察设计管理条例》第33条第1款的相关规定，“施工图设计文件审查机构应当对房屋建筑工程、市政基础设施工程施工图设计文件中涉及公共利益、公众安全、工程建设强制性标准的内容进行审查”。根据《房屋建筑和市政基础设施工程施工图设计文件审查管理办法》第3条及第11条的相关规定，我国实行施工图设计文件审查制度。施工图未经审查合格的，不得使用。施工图是否符合工程建设强制性标准、地基基础和主体结构的安全性等内容必须审查。根据调查报告显示，图纸设计过程中，宴会厅屋面钢结构施工图设计未计取建筑设计施工图中构造做法的荷载。施工图审查机构未在审图时未发现这一漏洞，没有要求设计单位进行修改，导致酒店裙楼宴会厅屋顶结构设计的错误没有得到纠正。

7.监理单位应尽到工程质量监理职责和工程安全管理监理职责。涉案项目的监理单位为全过程咨询机构，根据《建筑法》第32条的相关规定，监理单位应当依照法律、行政法规及有关的技术标准、设计文件和建筑工程承包合同，对承包单位在施工质量、建设工期和建设资金使用等方面，代表建设单位实施监督。监理工程师发现工程施工不符合工程设计要求、施工技术标准和合同约定的，有权要求建筑施工企业改正。监理工程师发现工程设计不符合建筑工程质量标准或者合同约定的质量要求的，应当报告建设单位要求设计单位改正。《建设工程质量管理条例》第36条也有相同的规定，即监理单位应当依照法律、法规以及有关技术标准、设计文件和建设工程承包合同，代表建设单位对施工质量实施监理，并对施工质量承担监理责任。但承揽本项目监理职责的全过程监理单位，没有按照法律规定和全过程工程咨询合同的约定对项目施工质量、施工图设计审核、设计变更等管理职责。

另外，全过程咨询单位无视实际承包人项目部长期存在的不规范管理问题，对建设集团五类人员未到岗履职的情况未提出异议，未向建设单位及建设行政主管部门汇报，默认项目部相关台账、资料造假。根据《建筑法》第35条的规定，监理单位不按照全过程工程咨询合同的约定履行监理义务，对应当监督检查的项目不检查或者不按照规定检查，给建设单位造成损失的，应当承担相应的赔偿责任。

8.政府委托的第三方安全巡查单位应严格按照合同要求履行安全巡查义务。根据调查报告显示，当地政府专门委托了第三方安全巡查单位对行政区域范围内的在建工程项目进行安全施工巡查，但该第三方安全巡查单位未切实履行合同约定的义务，对项目存查工作开展不深入、不全面，对EPC项目巡查过程发现的人证不相符、人员严重缺位、制度执行流于形式、台账资料不实等问题跟踪复查、督促整改不到位，未形成闭环。这一情况也提示政府加强对委托合同的管理，依据合同约定对受托方定期进行绩效考核，并定时检查受托方的合同执行情况，以免受托方懈怠。

第四节　某正本清源工程EPC项目“12·24”高处坠落死亡事故调查报告的警示

根据广东省深圳市某区事故调查组出具的事故调查报告[1]，2018年12月下旬，某区政府下属治水提质办公室建设的正本清源工程（三标段）EPC项目施工在进行污水管吊卸货作业时发生坠落事故，造成1人死亡，直接经济损失105万元。根据《生产安全事故报告和调查处理条例》关于事故等级的规定，本次事故为一般事故。

一、涉事工程项目简介

由某区政府下属治水提质办公室投资建设的正本清源工程三标段采用EPC模式实施。某区正本清源工程（三标段）EPC总承包项目工程开工时间为2018年7月25日，计划工期180日。

2018年7月，某区政府下属治水提质办公室与工程总承包单位签订了坪山区正本清源工程（三标段）EPC总承包合同，随后工程总承包单位成立了正本清源工程（三标段）EPC总承包项目经理部。2018年12月6日，工程总承包单位项目部与管材供应商某建材科技有限公司签订了管材采购合同，合同金额约为1600万元。合同约定采购货物污水管材由商某建材科技有限公司负责运输，运输费用和卸货费用由该管材供应商承担。2018年12月10日，工程总承包项目部与劳务分包单位某建筑劳务有限公司签订了排

---

〔1〕 参见《深圳市坪山区正本清源工程（三标段）EPC项目“12·24”高处坠落死亡事故调查报告》，载坪山区人民政府网2019年2月25日，http://www.szpsq.gov.cn/xxgk/zdlyxxgk/aqsc/dcbg/content/post_4268158.html。

水小区、工业区正本清源及雨污分流达标工程工序劳务作业合同，合同期限为2018年12月10日至2019年6月30日。合同约定的作业范围为龙田街道的龙田、老坑2个社区，坑梓街道的坑梓、沙田、秀新、金沙4个社区。合同约定的作业内容为各类排水小区、正本清源及雨污分流达标工程。合同暂定金额约5105.6万元。工程实施中相关单位基本情况如下：

1.建设单位：某区政府下属治水提质办公室。

2.工程总承包单位：某央企下属集团有限公司，经营范围主要是施工总承包、专业承包，市政工程设计、公路工程设计、铁路工程设计、建筑工程设计，物业管理、机械设备租赁、技术咨询等。具有公路工程施工总承包特级资质、水利水电工程施工总承包一级资质、建筑工程施工总承包特级资质、市政公用工程施工总承包特级资质、工程设计市政行业甲级资质、工程设计公路行业甲级资质、工程设计铁路行业甲（Ⅱ）级资质、工程设计建筑行业甲级资质，具有建筑施工安全生产许可证。

3.监理单位：某项目管理有限公司，经营范围主要是工程造价咨询甲级（具体按资质证书经营），工程招标代理甲级（具体按资格证书经营）等。具有市政公用工程监理甲级工程监理资质证书。

4.劳务分包单位：某建筑劳务有限公司，经营范围主要是建筑工程、市政公用工程、建筑劳务分包等。

5.管材供应商：某建材科技有限公司，经营范围主要是销售塑料管道及配件、建筑材料、机电设备等。

二、事故经过

1.事故发生背景

工程总承包单位向管材供应商订购了一批污水管，由管材供应商负责运输至工地。该管材供应商找物流公司派出车辆将厂家生产的污水管运送到该工程总承包项目部指定的地点。在运输污水管时，管材供应商会安排员工跟车送货和卸货。卸货时，通常使用叉车或吊车卸货，不采用人工的方式卸货。

2018年12月22日，工程总承包单位项目部材料管理员李某再次将污水管采购需求电话报给管材供应商吴某，吴某派遣一辆重型货车（车牌为赣F151××，车主为陈某）运输了一批污水管（共101条，每条长度6m、直径30cm、重量72kg）至项目部指定地点，但因车头无牌照被交警扣押，停放在扣车场。随后，吴某联系物流公司车主陈某，要求将污水管运送至工地，陈某委托熊某帮忙将污水管运送到工地。

2018年12月24日，熊某驾驶重型仓栅式货车将污水管运往工地，此次管材供应商未安排专人跟车送货和卸货。16时许，吴某打电话给劳务分包单位现场负责人严某，请严某找人帮忙卸货，并支付卸货的人工费，严某同意在晚饭后找人帮忙卸货。16时27分许，熊某驾驶的重型仓栅式货车到达工地后，就给工程总承包单位项目部材料管理员李某打电话说材料到了。李某接到电话后就让严某安排卸货地点，然后严某就安排了劳务分包单位工人帮忙卸材料。李某和严某在安排完之后，他们并没有去现场监督材料卸货过程和卸货情况；直到最后发生事故时，工程总承包单位项目部也没有安排人员在现场监督。

事故发生的具体位置为施工现场。事故发生单位为劳务分包单位。

2.事故发生经过

2018年12月24日18时许，劳务分包单位现场负责人严某安排了田某等4人加班卸货。18时40分许，该4人跟着严某来到了熊某驾驶的重型仓栅式货车停放处。随后，严某离开了现场。田某等4人在现场进行了工作分工，然后田某爬上车顶站在污水管上，使用绳子将污水管朝向车尾的一端绑住，另外3人在地面抓住绳子的另一端把绑住的污水管从车上拉下来，同时田某在车顶上推污水管，当第一根污水管拉下来时，田某突然大叫一声并从车顶上掉下地面，现场其他人员发现田某侧躺在地上，头上流了很多血。其他人立即拨打“120”急救电话，大约30分钟后，“120”救护车到达现场，经医护人员抢救无效确认田某死亡。

三、事故性质及原因分析

1.事故性质

经调查认定，"12·24" 高处坠落事故是一起生产安全责任事故。事故共造成1人死亡，直接经济损失105万元。根据《生产安全事故报告和调查处理条例》关于事故等级的规定，本次事故等级为一般事故。

2.事故原因

根据调查报告，本次事故排除因地震、恶劣天气等自然灾害因素引发事故的可能性。经认定，本次事故的原因为：

（一）直接原因

1.污水管堆放不安全。经调查，熊某驾驶的重型仓栅式货车的车辆尺寸为长11995mm、宽2500mm、高3920mm，车厢内堆放了两垛污水管（共101条，每条长度为6m），装载货物后实际测量尺寸为长15195mm、宽2500mm、高3850mm，装载货物长度超过车厢3.2m，且污水管堆放不整齐、不平整。

2.卸货作业操作不当。经调查，事发前事发地点有小雨，田某踩在车顶的污水管上推第一根污水管，另外3人在地面用绳子拉污水管，由于污水管外表面为螺纹状，受人体体重、拉力及污水管表面湿滑等因素影响，田某脚踩的污水管失稳滑落，导致田某从车厢顶部掉下地面。

3.高处作业未系安全带和未正确佩戴安全帽。经查，田某在车顶上进行高处作业时，未按规定系好安全带，也未将安全帽的下颚带拴紧，在发生高处坠落时，其安全帽脱落，导致颅脑损伤而死亡。

（二）间接原因

1.劳务分包单位安全生产组织管理不到位，对作业现场安全管理不到位。劳务分包单位组织管材装卸作业前，未编制高处作业方案，未做好安全警示标志，无高空作业的防护措施和防滑措施，作业前未检查作业人员安全帽等佩戴情况，未安排专人进行现场监护，未对作业人员进行专门的安全教育培训，未向作业人员说明现场危险因素、作业安全要求和应急措施，导致高处作业缺乏事故防范措施。

2.材料供应商安全生产组织管理不到位，安全生产责任落实不到位。材料供应商未履行安全生产管理职责，未派专人现场指导装卸作业，导致员工缺乏足够的事故防范意识。

3.工程总承包单位项目部安全生产组织管理不到位，该单位的材料管理员未到现场监督和指导做好卸货作业安全工作，未督促劳务分包单位做好现场作业安全管理工作，疏忽对材料入场单位的安全管理，最终导致事故发生。

四、事故对安全生产管理的警示

经调查组调查认定，本次事故为一般生产安全事故，事故造成1人死亡，直接经济损失105万元。根据调查组发现的问题，本次事故需要参建各方在未来工程管理中关注如下问题：

1.工程总承包单位应加强安全生产管理工作，认真履行总包单位安全生产管理职责，对分包单位的安全生产工作要统一协调和管理，定期进行安全检查巡查，发现存在安全隐患及各种安全生产违法违规行为的，应当及时督促相关责任方加以整改。工程总承包单位在材料采购过程中，也要加强材料运输、装卸环节安全生产管理，避免因小疏忽造成安全生产事故。

2.劳务分包单位应加强作业现场安全管理。在进行高处作业前，应编制高处作业方案，确认现场作业条件和检查作业人员正确佩戴使用劳动防护用品情况，安排专门人员进行现场管理，对作业人员进行专门的安全教育培训，向作业人员说明现场危险因素、作业安全要求和应急措施，认真实施事故防范措施，杜绝类似事故再次发生。

3.材料供应商应从此次事故中吸取深刻教训，认真开展安全隐患排查自查自纠，及时发现和消除安全隐患，杜绝类似事故再次发生。在材料设备承运人选择及装卸安排方面要加强管理，尤其是加强高处作业安全防范。

4.建筑材料运送单位或个人，应严格按照交通运输法律法规进行运营，不得违法违规装载、装卸。

第五节　随州市Z公司康某等人重大责任事故案的警示——安全生产合规不起诉制度

在如今复杂的社会经济环境中，一些建筑业企业可能因为偶然的安全生产违法行为遭遇刑事案件，这些案件往往会对建筑业企业、企业家产生巨大影响。随着近年来我国社会的不断发展，加之最近三年疫情对经济的影响与冲击，对包括企业及企业家加强保护，已经成为社会各界普遍达成的一项共识，也成为我国司法机关改革的重要方向。为了避免民营企业一旦涉及刑事案件就可能面临影响其经营发展或被“毁掉”的情况，检察机关尝试在审查起诉的程序中引入企业合规机制，探索并推行出了“企业合规不起诉制度”。在此背景下，2020年3月，最高人民检察院决定在上海市浦东新区、金山区人民检察院，广东省深圳市南山区、宝安区人民检察院，江苏省张家港市人民检察院以及山东省郯城县人民检察院6家基层检察院开展企业合规改革第一期试点工作，试点检察院对民营企业负责人涉经营类犯罪，依法能不捕的不捕、能不诉的不诉、能不判实刑的提出适用缓刑的量刑建议。同时，探索督促涉案企业合规管理，促进“严管”制度化，防范“厚爱”被滥用，得到当地党委政府和社会各界的认可、支持。在第十三届全国人大第四次会议上，张军检察长专门报告了这项工作，得到全国人大代表、全国政协委员的充分肯定。2021年3月，最高人民检察院启动了企业合规改革第二期试点工作，试点范围扩大至北京、上海、广东、江苏、浙江、辽宁、福建、山东、湖北、湖南十个省（市），相关工作方案特别强调在“有序”和“规范”上狠下功夫，试点范围的扩大势必会促进合规不起诉制度继续完善。

在安全生产犯罪方面，检察机关对合规不起诉制度进行了适用。在随州市Z公司康某等人重大责任事故案〔1〕中，湖北省随州市Z公司系某外资在华食品加工企业，康某、周某、朱某分别担任该公司行政总监、安全环保部责任人、行政部负责人。2020年，Z公司与随州市高新区某保洁经营部法定代表人曹某签订污水沟清理协议，将食品厂洗衣房至污水站下水道、污水沟内垃圾、污泥的清理工作交由曹某承包。随后，曹某与其同事刘某违规进入未将盖板挖开的污水沟内作业时，有硫化氢等有毒气体溢出，导致二人与前来救助的吴某先后中毒身亡。随州市政府事故调查组调查后认定该事故为生产安全责任事故。曹某作为清污工程的承包方，在不具备有限空间作业的安全生产条件，未为作业人员配备应急救援装备及物资，未对作业人员进行安全培训的情况下，违规从事污水沟清淤作业，导致事故发生，对事故负有直接责任。康某、周某、朱某作为Z公司分管和负责安全生产责任人，在与曹某签订合同以及曹某实施清污工程期间把关不严，未认真履行工作职责，未及时发现事故隐患，导致发生生产安全事故。案发后，Z公司对曹某等三人家属分别进行赔偿并取得了谅解，同时康某、周

〔1〕 参见《企业合规典型案例（第二批）》，载中华人民共和国最高人民检察院网2021年12月15日，https://www.spp.gov.cn/spp/xwfbh/wsfbt/202112/t20211215_538815.shtml#2。

某、朱某先后被公安机关采取取保候审措施。2021年，随州市公安局曾都区分局以康某、周某、朱某涉嫌重大责任事故罪，将三人移送随州市曾都区检察院审查起诉。检察机关经审查认为，该案件反映出涉案企业存在安全生产管理制度不健全、操作规程执行不到位等问题。由于Z公司是当地引进的重点企业，Z公司所属集团正在积极准备上市，如果康某等三人被判刑，对公司发展将造成较大影响。2021年5月，检察机关征询Z公司意见后，Z公司提交开展企业合规申请，检察机关经审查，对Z公司作出合规考察决定。检察机关委托当地应急管理局、市场监督管理局、工商联及安全生产协会，共同组成了第三方监督评估组织。第三方组织指导涉案企业结合事故调查报告和整改要求，按照合规管理体系的标准格式制订、完善合规计划，建立以法定代表人为负责人、企业部门全覆盖的合规组织架构；健全企业经营管理接受合规审查和评估的审查监督、风险预警机制；完善安全生产管理制度和定期检查排查机制，从制度上预防安全事故再发生，初步形成安全生产领域“合规模板”。Z公司通过开展合规建设，逐步建立完备的生产经营、安全防范、合规内控的管理体系，企业管理人员和员工的安全生产意识和责任感明显增强，生产效益得到进一步提升。2021年8月，第三方组织对Z公司合规整改及其合规建设情况进行评估，并报第三方机制管委会审核，Z公司通过企业合规考察。检察机关组织召开公开听证会，并邀请社会各界代表参加听证，参会人员一致同意对康某等三人作出不起诉处理。随后，检察机关依法对康某、周某、朱某作出不起诉决定。

从上述案例中可以看出，检察机关在涉企危害生产安全犯罪案件中适用企业合规，有利于推动企业强化安全生产意识，遏制生产安全事故多发、频发势头，保护人民群众生命财产安全，同时提高了企业的安全生产隐患排查和事故防范能力，有效防止再次发生危害生产安全违法行为，最重要的是避免了企业因刑事制裁而导致衰亡。因此，安全生产相关企业应当对合规不起诉制度进行学习、研究，并在涉及刑事犯罪可以适用此制度时申请适用。

一、企业合规不起诉制度的概述

企业合规不起诉制度是指检察机关对于涉嫌犯罪的企业，发现其具有建立合规体系意愿且具备合规基础条件的，可以责令其针对违法犯罪事实，提出专项合规计划，督促其推进企业合规管理体系的建设，在企业通过考核评估后，作出相对不起诉决定的制度。[1]由于我国《刑法》以及《刑事诉讼法》还未对企业合规不起诉制度进行明确规定，因此从法律性质上来看，企业合规不起诉应属于相对不起诉的一种，即根据《刑事诉讼法》第177条第2款的规定，“对于犯罪情节轻微，依照刑法规定不需要判处刑罚或者免除刑罚的，人民检察院可以作出不起诉决定”。对于企业合规不起诉制度的法律效果，一方面涉案企业背负着可能被处以刑事处罚的压力，在检察机关的监管下，可以不断提高自身合法合规的经营水平；另一方面，避免了企业因为被定罪量刑从而出现停止经营，损害员工、债权人、投资人等相关人员利益的情况。[2]

合规不起诉分为“检察建议模式”和“附条件不起诉模式”。“检察建议模式”指检察机关根据法律规定对涉案企业作出相对不起诉的决定后，向涉案企业同步送达检察建议，责令涉案企业在一定的期限内建立并完善合规管理体系。“附条件不起诉模式”是指对于提交合规管理计划的涉案企业，检察机关作出暂缓起诉、合规考察或者附条件不起诉的决定，设置一定的考验期限，责令其聘请合规监管人对涉案企业合规进展情况进行全流程监管，并定期提交合规进展报告，在考验期满后，检察机关根据涉案企业合规的推进情况，对其作出起诉或者不起诉决定。[3]目前，我国检察机关结合司法实践中的实际情况，主要采用的是附条件不起诉模式。除设置两批企业合规改革试点外，有关部门还出台了相关政策法规，建立了涉

---

〔1〕 参见陈瑞华：《企业合规基本理论》（第3版），法律出版社2022年版，第368页。

〔2〕 参见陈瑞华：《企业合规基本理论》（第3版），法律出版社2022年版，第380页。

〔3〕 参见陈瑞华：《企业合规基本理论》（第3版），法律出版社2022年版，第370~379页。

案企业合规第三方监督评估机制。下文将对第三方监督评估机制进行具体介绍。

二、涉案企业合规第三方监督评估机制

2021年6月3日，最高人民检察院等九部门发布了《关于建立涉案企业合规第三方监督评估机制的指导意见（试行）》，探索建立“检察主导、各方参与、客观中立、强化监督”的第三方机制。根据该指导意见第1条的规定，“涉案企业合规第三方监督评估机制（以下简称第三方机制），是指人民检察院在办理涉企犯罪案件时，对符合企业合规改革试点适用条件的，交由第三方监督评估机制管理委员会（以下简称第三方机制管委会）选任组成的第三方监督评估组织（以下简称第三方组织），对涉案企业的合规承诺进行调查、评估、监督和考察。考察结果作为人民检察院依法处理案件的重要参考”。

2022年1月，上述九部门联合下发、实施两个配套文件，即《涉案企业合规第三方监督评估机制专业人员选任管理办法（试行）》以及《〈关于建立涉案企业合规第三方监督评估机制的指导意见（试行）〉实施细则》，以保障第三方机制规范有序运行。同时，九部门还组建了国家层面的第三方机制专业人员库。2022年4月，九部门制定印发并实施《涉案企业合规建设、评估和审查办法（试行）》，推进企业合规改革试点工作，规范第三方监督评估机制相关工作有序开展。自此，我国企业合规第三方监督评估机制的“四梁八柱”基本建立。〔1〕

〔1〕 参见《〈涉案企业合规第三方监督评估机制建设年度情况报告〉发布》，载中华人民共和国最高人民检察院网2022年6月15日，https://www.spp.gov.cn/zdgz/202206/t20220615_559847.shtml。

（一）涉案企业合规第三方监督评估机制的适用范围

《关于建立涉案企业合规第三方监督评估机制的指导意见（试行）》第3条至第5条对第三方监督评估机制的适用条件进行了规定："第三方机制适用于公司、企业等市场主体在生产经营活动中涉及的经济犯罪、职务犯罪等案件，既包括公司、企业等实施的单位犯罪案件，也包括公司、企业实际控制人、经营管理人员、关键技术人员等实施的与生产经营活动密切相关的犯罪案件。"对于同时符合下列条件的涉企犯罪案件，试点地区人民检察院可以根据案件情况适用第三方机制：（1）涉案企业、个人认罪认罚；（2）涉案企业能够正常生产经营，承诺建立或者完善企业合规制度，具备启动第三方机制的基本条件；（3）涉案企业自愿适用第三方机制。对于具有下列情形之一的涉企犯罪案件，不适用企业合规试点以及第三方机制：（1）个人为进行违法犯罪活动而设立公司、企业的；（2）公司、企业设立后以实施犯罪为主要活动的；（3）公司、企业人员盗用单位名义实施犯罪的；（4）涉嫌危害国家安全犯罪、恐怖活动犯罪的；（5）其他不宜适用的情形。

实践中对于涉案企业合规第三方监督评估机制的适用对象范围存在争议，主要体现在以下几个方面：

第一，第三方监督评估机制适用于企业还是个人。在国外的司法实践中，对于合规不起诉制度的适用，始终秉持着"放过企业，严惩个人"的原则，即通过要求企业建立合规管理体系使企业得以继续生存，但不会免除参与犯罪的相关责任人员的刑事责任。但由于我国目前进行的试点工作大多在基层人民检察院，且选取的案件多数为轻罪，涉案企业多为小微企业，而这些企业是否能够存续与其实际控制人、经营管理人员、关键技术人员等密切相关，因此，在我国的司法实践中出现了对个人也不进行起诉的情况。与此同时，《关于建立涉案企业合规第三方监督评估机制的指导意见（试行）》第3条也明确规定第三方机制适用于公司、企业实际控制人、经营管理人员、关键技术人员等实施的与生产经营活动密切相关的犯罪案件。在最高人民检察院于2021年6月发布的企业合规改革试点典型案例中，案例四“新泰市J公司等建筑企业串通投标系列案件”就对J公司等6家企业及其负责人作出了不起诉处理。[1]笔者认为，对个人适用合规不起诉第三方机制符合我国国情，也符合司法实践的需要，但需要注意的是，对个人“可以”适用第三方机制，但并非“必须”适用，检察机关应结合案件的具体情况进行判断，若该个人具有明显的主观故意，犯罪程度深，在犯罪过程中起到的作用很大，那么检察机关就可以在不起诉企业的同时起诉该个人。[2]

第二，第三方监督评估机制适用于轻罪还是重罪。《关于建立涉案企业合规第三方监督评估机制的指导意见（试行）》并未对涉案犯罪可能被判处的刑期作限定性规定，在实务及理论界均存在不同的观点。根据各试点检察机关发布的相关规范性文件，第三方监督评估机制的适用范围主要被限定在轻罪案件，即可能判处三年以下有期徒刑的或者法益侵害不大易于修复的案件。如辽宁省人民检察院等十机关《关于建立涉罪企业合规考察制度的意见》以及深圳市龙华区人民检察院《关于对涉民营经济刑事案件实行法益修复考察期的意见（试行）》等，均直接排除了对于可能判处十年以上有期徒刑的案件适用第三方监督评估机制的可能性。南京市建邺区人民检察院《关于涉企犯罪案件中适用认罪认罚从宽推进企业合规的实施意见（试行）》也对第三方监督评估机制的适用范围进行了规定，即“可能被判处三年有期徒刑以下刑罚，在考察期满后，企业全部完成整改方案的，并符合刑法、刑事诉讼法关于相对不起诉条件的，方可以依法作出不起诉决定”。最高人民检察院对于此问题持有的观点为“在法律明确授权以前，合规不起诉的适用范围应当限制在直接责任人员可能判处三年有期

---

〔1〕 参见《最高检发布企业合规改革试点典型案例》，载中华人民共和国最高人民检察院网2021年6月3日，https://www.spp.gov.cn/spp/xwfbh/wsfbh/202106/t20210603_520232.shtml。

〔2〕 参见李晓琤、李冰、杨思源等：《企业合规不起诉的中国实践（二）》，载微信公众号“金杜研究院”2022年1月11日。

徒刑以下刑罚的轻微犯罪案件，不宜扩大到可能判处五年有期徒刑以下刑罚的犯罪案件，更不能扩大到可能判处七年有期徒刑以下刑罚甚至十年有期徒刑以下刑罚的犯罪案件。在改革试点阶段，不宜突破现行法律的底线”〔1〕。而李玉华教授认为，对犯轻罪的涉案企业适用合规不起诉制度，仅是这一制度在实践过程中的一种结果呈现，并不必然排除合规不起诉制度对犯重罪涉案企业的适用。合规不起诉制度应作为治理企业犯罪的一种新方式。〔2〕上海市金山区人民检察院也规定，对可能判处三年以上十年以下的，可以有条件地适用三方监督评估机制。〔3〕笔者认同李玉华教授的观点，刑事合规制度本身的意义在于促进各公司、企业依法合规经营，如仅将合规不起诉制度适用于轻罪，就违背了该制度实施的目的。《关于建立涉案企业合规第三方监督评估机制的指导意见（试行）》并未将刑期作为适用第三方监督评估机制的限制条件，也为今后合规不起诉制度适用范围的扩大留下了机会。

第三，第三方监督评估机制适用于大中型企业还是小微企业。目前合规不起诉的相关制度规定并未对适用企业的类型进行限制。在实践中，我国的首批试点案例大多是针对小微企业进行的，但在2021年第二批试点中，已经开始针对大型企业适用第三方监督评估机制，在最高人民检察院发布的企业合规改革试点典型案例中，也包含了技术领域领军企业、高科技技术企业等大型企业。大型企业在一定程度上更能达到第三方监督评估机制监督企业进行合规整改的效果。大型企业本身已经建立一定的合规制度体系，中央企业及其下属单位还需要按照《中央企业合规管理办法》的要求组织开展合规管理工作，这都为企业进行后续的合规整改及完善奠定了基础。同时，大型企业的组织机构设置较为完善，除股东会、董事会、监事会以外，多数企业还会设置合规管理部门以及合规管理专职人

〔1〕 参见谢鹏程：《论涉案企业合规从宽检察改革的内在逻辑》，载《民主与法制》2021年第42期。

〔2〕 参见陈瑞华、李玉华：《企业合规改革的理论与实践》，法律出版社2022年版，第171~172页。

〔3〕 参见陈瑞华、李玉华：《企业合规改革的理论与实践》，法律出版社2022年版，第170页。

员，能够及时对合规事项以及合规整改要求进行落实。但小微企业的合规人员往往由其他人员兼任，大多不具备合规相关专业知识及经验，也会对合规整改的效果产生影响。

（二）涉案企业合规第三方监督评估机制的适用程序

根据《关于建立涉案企业合规第三方监督评估机制的指导意见（试行）》以及《〈关于建立涉案企业合规第三方监督评估机制的指导意见（试行）〉实施细则》的规定，涉案企业合规第三方监督评估机制的启动与运行主要包括以下几个程序：

1.检察机关对是否符合第三方机制的适用条件进行审查

根据《关于建立涉案企业合规第三方监督评估机制的指导意见（试行）》第10条第1款的规定，“人民检察院在办理涉企犯罪案件时，应当注意审查是否符合企业合规试点以及第三方机制的适用条件，并及时征询涉案企业、个人的意见。涉案企业、个人及其辩护人、诉讼代理人或者其他相关单位、人员提出适用企业合规试点以及第三方机制申请的，人民检察院应当依法受理并进行审查”。据此可以看出，检察机关既可以依职权对涉案企业是否符合企业合规试点以及第三方机制的适用条件进行审查，也可以依据企业的申请进行审查。

2.商请第三方机制管委会启动第三方机制

根据《关于建立涉案企业合规第三方监督评估机制的指导意见（试行）》第10条第2款的规定，“人民检察院经审查认为涉企犯罪案件符合第三方机制适用条件的，可以商请本地区第三方机制管委会启动第三方机制。第三方机制管委会应当根据案件具体情况以及涉案企业类型，从专业人员名录库中分类随机抽取人员组成第三方组织，并向社会公示”。

《〈关于建立涉案企业合规第三方监督评估机制的指导意见（试行）〉实施细则》第16条规定：“第三方组织是试点地方第三方机制管委会选任组成的负责对涉案企业的合规承诺及其完成情况进行调查、评估、监督和考察的临时性组织。”第23条规定，第三方组织一般由三至七名专业人员组成，针对小微企业的第三方组织也可以由二名专业人员组成。对于第三方组织需要包括哪些专业人员，相关法律法规暂未予以规定，在实践中，一般由主管机关的业务骨干、律师、注册会计师、税务师（注册税务师）等组成。

《关于建立涉案企业合规第三方监督评估机制的指导意见（试行）》第11、12条对第三方组织的工作内容进行了规定，即要求涉案企业提交专项或者多项合规计划，并明确合规计划的承诺完成时限；对涉案企业合规计划的可行性、有效性与全面性进行审查，提出修改完善的意见建议，并根据案件具体情况和涉案企业承诺履行的期限，确定合规考察期限。首先，第三方组织应当要求涉案企业提交单项或者多项合规计划，对于小微企业可以视情况简化，并对企业合规计划进行审查。根据《关于建立涉案企业合规第三方监督评估机制的指导意见（试行）》第11条第2款以及《〈关于建立涉案企业合规第三方监督评估机制的指导意见（试行）〉实施细则》第28条第2款的规定，“涉案企业提交的合规计划，主要围绕与企业涉嫌犯罪有密切联系的企业内部治理结构、规章制度、人员管理等方面存在的问题，制定可行的合规管理规范，构建有效的合规组织体系，完善相关业务管理流程，健全合规风险防范报告机制，弥补企业制度建设和监督管理漏洞，防止再次发生相同或者类似的违法犯罪”。同时，《〈关于建立涉案企业合规第三方监督评估机制的指导意见（试行）〉实施细则》第28条第2款规定，合规计划应当以全面合规为目标、专项合规为重点。《〈关于建立涉案企业合规第三方监督评估机制的指导意见（试行）〉实施细则》第29条要求第三方组织从以下方面对涉案企业合规计划进行审查：①涉案企业完成合规计划的可能性以及合规计划本身的可操作性；②合规计划对涉案企业预防治理涉嫌的犯罪行为或者类似违法犯罪行为的实效性；③合规计划是否覆盖涉案企业在合规领域的薄弱环节和明显漏洞；④其他根据涉案企业实际情况需要重点审查的内容。第三方组织还应当就合规计划向负责办理案件的人民检察院征求意见，综合审查情况一并向涉案企业提出修改完善的意见。其次，第三方组织应当确定合规考察期限。涉案企业需要在设定的考察期限内按照合规计划进行整改，第三方组织及检察机关也需要对涉案企业合规整改的进展情况进行监督、评估，因此，为了充分发挥合规整改的作用，第三方组织需要根据案件的具体情况合理设置整改期限。在实践中，最高人民检察院公布的典型案例的整改期限大多为1至3个月，在深圳、上海地区的示范案例中，也存在整改期限为3个月以上的情况，但最长的整改期限也未超过1年。

3.涉案企业提交并执行合规计划

在此阶段，涉案企业应当根据第三方组织的要求提交专项或者多项合规计划，并根据第三方组织及检察机关提出的建议，对合规计划进行修改完善。在合规考察期限内，根据《关于建立涉案企业合规第三方监督评估机制的指导意见（试行）》第12条第2款以及《〈关于建立涉案企业合规第三方监督评估机制的指导意见（试行）〉实施细则》第31条的规定，涉案企业应当按照合规计划进行合规整改，定期或者不定期接受第三方组织对合规计划履行情况的检查和评估，如第三方组织有要求，涉案企业须定期书面报告合规计划的执行情况，同时抄送负责办理案件的人民检察院。

4.对涉案企业合规计划完成情况进行全面检查、评估和考核

根据《关于建立涉案企业合规第三方监督评估机制的指导意见（试行）》第13条的规定，第三方组织在合规考察期届满后，应当对涉案企业的合规计划完成情况进行全面检查、评估和考核，并制作合规考察书面报告，报送负责选任第三方组织的第三方机制管委会和负责办理案件的人民检察院。

5.检察机关作出最终决定

根据《关于建立涉案企业合规第三方监督评估机制的指导意见（试行）》第14条的规定，人民检察院在办理涉企犯罪案件过程中，应当将第三方组织合规考察书面报告、涉案企业合规计划、定期书面报告等合规材料，

作为依法作出批准或者不批准逮捕、起诉或者不起诉以及是否变更强制措施等决定，提出量刑建议或者检察建议、检察意见的重要参考。对于顺利实施合规计划，完整合规整改的涉案企业，在按照《关于建立涉案企业合规第三方监督评估机制的指导意见（试行）》第15条[1]规定完成听证程序后，可以依法作出不起诉决定。对于涉案企业未能按照合规计划完成合规整改的，未接受第三方组织及检察机关监督指导的，或在合规考察期限内又实施新的犯罪行为的，检察机关应当根据犯罪情节依法作出处理。

三、合规不起诉制度的实施效果及对安全生产管理的启示

根据《涉案企业合规第三方监督评估机制建设年度情况报告》等资料统计的数据，截至2022年5月底，全国检察机关共办理涉企业合规案件1777件，超六成合规案件适用了合规不起诉第三方机制，对整改合规的333家企业、1106人依法作出了不起诉决定，仅有14家企业未通过考核评估。[2]

检察机关选择在安全生产领域开展企业合规改革试点，能够提高涉案企业的安全生产隐患排查和事故防范能力，有效防止危害生产安全违法行为的再次发生，同时，还能推动企业强化安全生产意识，教育警示相关企业建立健全安全生产管理制度，从而保护人民群众的生命财产安全。企业也能通过对合规不起诉制度的适用，避免因刑事犯罪导致的生存发展危机。

检察机关在我国试点地区对企业合规不起诉制度的探索已经取得了

---

〔1〕《关于建立涉案企业合规第三方监督评估机制的指导意见（试行）》第15条规定："人民检察院对于拟作不批准逮捕、不起诉、变更强制措施等决定的涉企犯罪案件，可以根据《人民检察院审查案件听证工作规定》召开听证会，并邀请第三方组织组成人员到会发表意见。"

〔2〕参见《推进涉案企业合规改革，重在落实第三方监督评估机制》，载微信公众号"最高人民检察院"2022年6月28日。

一定的成效，在不久的将来合规不起诉制度很可能会在全国推广实行。各地检察机关应当结合本地区的实际情况，吸取试点地区的经验教训，建立适合自身的企业合规不起诉制度模式。国家也应在不断试错的过程中，总结出与我国国情相适应的、切实有效的企业合规不起诉制度体系，并在适当时机以法律的形式确立企业合规不起诉制度。

附　　录

一、法律

中华人民共和国安全生产法

（2002年6月29日第九届全国人民代表大会常务委员会第二十八次会议通过　根据2009年8月27日第十一届全国人民代表大会常务委员会第十次会议《关于修改部分法律的决定》第一次修正　根据2014年8月31日第十二届全国人民代表大会常务委员会第十次会议《关于修改〈中华人民共和国安全生产法〉的决定》第二次修正　根据2021年6月10日第十三届全国人民代表大会常务委员会第二十九次会议《关于修改〈中华人民共和国安全生产法〉的决定》第三次修正）

目　　录

第一章　总　　则

第一条　为了加强安全生产工作，防止和减少生产安全事故，保障人民群众生命和财产安全，促进经济社会持续健康发展，制定本法。

第二条 在中华人民共和国领域内从事生产经营活动的单位（以下统称生产经营单位）的安全生产，适用本法；有关法律、行政法规对消防安全和道路交通安全、铁路交通安全、水上交通安全、民用航空安全以及核与辐射安全、特种设备安全另有规定的，适用其规定。

第三条 安全生产工作坚持中国共产党的领导。

安全生产工作应当以人为本，坚持人民至上、生命至上，把保护人民生命安全摆在首位，树牢安全发展理念，坚持安全第一、预防为主、综合治理的方针，从源头上防范化解重大安全风险。

安全生产工作实行管行业必须管安全、管业务必须管安全、管生产经营必须管安全，强化和落实生产经营单位主体责任与政府监管责任，建立生产经营单位负责、职工参与、政府监管、行业自律和社会监督的机制。

第四条 生产经营单位必须遵守本法和其他有关安全生产的法律、法规，加强安全生产管理，建立健全全员安全生产责任制和安全生产规章制度，加大对安全生产资金、物资、技术、人员的投入保障力度，改善安全生产条件，加强安全生产标准化、信息化建设，构建安全风险分级管控和隐患排查治理双重预防机制，健全风险防范化解机制，提高安全生产水平，确保安全生产。

平台经济等新兴行业、领域的生产经营单位应当根据本行业、领域的特点，建立健全并落实全员安全生产责任制，加强从业人员安全生产教育和培训，履行本法和其他法律、法规规定的有关安全生产义务。

第五条 生产经营单位的主要负责人是本单位安全生产第一责任人，对本单位的安全生产工作全面负责。其他负责人对职责范围内的安全生产工作负责。

第六条 生产经营单位的从业人员有依法获得安全生产保障的权利，并应当依法履行安全生产方面的义务。

第七条 工会依法对安全生产工作进行监督。

生产经营单位的工会依法组织职工参加本单位安全生产工作的民主管理和民主监督，维护职工在安全生产方面的合法权益。生产经营单位制定或者修改有关安全生产的规章制度，应当听取工会的意见。

第八条　国务院和县级以上地方各级人民政府应当根据国民经济和社会发展规划制定安全生产规划，并组织实施。安全生产规划应当与国土空间规划等相关规划相衔接。

各级人民政府应当加强安全生产基础设施建设和安全生产监管能力建设，所需经费列入本级预算。

县级以上地方各级人民政府应当组织有关部门建立完善安全风险评估与论证机制，按照安全风险管控要求，进行产业规划和空间布局，并对位置相邻、行业相近、业态相似的生产经营单位实施重大安全风险联防联控。

第九条　国务院和县级以上地方各级人民政府应当加强对安全生产工作的领导，建立健全安全生产工作协调机制，支持、督促各有关部门依法履行安全生产监督管理职责，及时协调、解决安全生产监督管理中存在的重大问题。

乡镇人民政府和街道办事处，以及开发区、工业园区、港区、风景区等应当明确负责安全生产监督管理的有关工作机构及其职责，加强安全生产监管力量建设，按照职责对本行政区域或者管理区域内生产经营单位安全生产状况进行监督检查，协助人民政府有关部门或者按照授权依法履行安全生产监督管理职责。

第十条　国务院应急管理部门依照本法，对全国安全生产工作实施综合监督管理；县级以上地方各级人民政府应急管理部门依照本法，对本行政区域内安全生产工作实施综合监督管理。

国务院交通运输、住房和城乡建设、水利、民航等有关部门依照本法和其他有关法律、行政法规的规定，在各自的职责范围内对有关行业、领域的安全生产工作实施监督管理；县级以上地方各级人民政府有关部门依照本法和其他有关法律、法规的规定，在各自的职责范围内对有关行业、领域的安全生产工作实施监督管理。对新兴行业、领域的安全生产监督管理职责不明确的，由县级以上地方各级人民政府按照业务相近的原则确定监督管理部门。

应急管理部门和对有关行业、领域的安全生产工作实施监督管理的部门，统称负有安全生产监督管理职责的部门。负有安全生产监督管理职责的部门应当相互配合、齐抓共管、信息共享、资源共用，依法加强安全生产监督管理工作。

第十一条 国务院有关部门应当按照保障安全生产的要求，依法及时制定有关的国家标准或者行业标准，并根据科技进步和经济发展适时修订。

生产经营单位必须执行依法制定的保障安全生产的国家标准或者行业标准。

第十二条 国务院有关部门按照职责分工负责安全生产强制性国家标准的项目提出、组织起草、征求意见、技术审查。国务院应急管理部门统筹提出安全生产强制性国家标准的立项计划。国务院标准化行政主管部门负责安全生产强制性国家标准的立项、编号、对外通报和授权批准发布工作。国务院标准化行政主管部门、有关部门依据法定职责对安全生产强制性国家标准的实施进行监督检查。

第十三条 各级人民政府及其有关部门应当采取多种形式，加强对有关安全生产的法律、法规和安全生产知识的宣传，增强全社会的安全生产意识。

第十四条 有关协会组织依照法律、行政法规和章程，为生产经营单位提供安全生产方面的信息、培训等服务，发挥自律作用，促进生产经营单位加强安全生产管理。

第十五条 依法设立的为安全生产提供技术、管理服务的机构，依照法律、行政法规和执业准则，接受生产经营单位的委托为其安全生产工作提供技术、管理服务。

生产经营单位委托前款规定的机构提供安全生产技术、管理服务的，保证安全生产的责任仍由本单位负责。

第十六条　国家实行生产安全事故责任追究制度，依照本法和有关法律、法规的规定，追究生产安全事故责任单位和责任人员的法律责任。

第十七条　县级以上各级人民政府应当组织负有安全生产监督管理职责的部门依法编制安全生产权力和责任清单，公开并接受社会监督。

第十八条　国家鼓励和支持安全生产科学技术研究和安全生产先进技术的推广应用，提高安全生产水平。

第十九条　国家对在改善安全生产条件、防止生产安全事故、参加抢险救护等方面取得显著成绩的单位和个人，给予奖励。

第二章　生产经营单位的安全生产保障

第二十条　生产经营单位应当具备本法和有关法律、行政法规和国家标准或者行业标准规定的安全生产条件；不具备安全生产条件的，不得从事生产经营活动。

第二十一条　生产经营单位的主要负责人对本单位安全生产工作负有下列职责：

（一）建立健全并落实本单位全员安全生产责任制，加强安全生产标准化建设；

（二）组织制定并实施本单位安全生产规章制度和操作规程；

（三）组织制定并实施本单位安全生产教育和培训计划；

（四）保证本单位安全生产投入的有效实施；

（五）组织建立并落实安全风险分级管控和隐患排查治理双重预防工作机制，督促、检查本单位的安全生产工作，及时消除生产安全事故隐患；

（六）组织制定并实施本单位的生产安全事故应急救援预案；

（七）及时、如实报告生产安全事故。

第二十二条 生产经营单位的全员安全生产责任制应当明确各岗位的责任人员、责任范围和考核标准等内容。

生产经营单位应当建立相应的机制，加强对全员安全生产责任制落实情况的监督考核，保证全员安全生产责任制的落实。

第二十三条 生产经营单位应当具备的安全生产条件所必需的资金投入，由生产经营单位的决策机构、主要负责人或者个人经营的投资人予以保证，并对由于安全生产所必需的资金投入不足导致的后果承担责任。

有关生产经营单位应当按照规定提取和使用安全生产费用，专门用于改善安全生产条件。安全生产费用在成本中据实列支。安全生产费用提取、使用和监督管理的具体办法由国务院财政部门会同国务院应急管理部门征求国务院有关部门意见后制定。

第二十四条 矿山、金属冶炼、建筑施工、运输单位和危险物品的生产、经营、储存、装卸单位，应当设置安全生产管理机构或者配备专职安全生产管理人员。

前款规定以外的其他生产经营单位，从业人员超过一百人的，应当设置安全生产管理机构或者配备专职安全生产管理人员；从业人员在一百人以下的，应当配备专职或者兼职的安全生产管理人员。

第二十五条 生产经营单位的安全生产管理机构以及安全生产管理人员履行下列职责:

（一）组织或者参与拟订本单位安全生产规章制度、操作规程和生产安全事故应急救援预案；

（二）组织或者参与本单位安全生产教育和培训，如实记录安全生产教育和培训情况；

（三）组织开展危险源辨识和评估，督促落实本单位重大危险源的安全管理措施；

（四）组织或者参与本单位应急救援演练；

（五）检查本单位的安全生产状况，及时排查生产安全事故隐患，提出改进安全生产管理的建议；

（六）制止和纠正违章指挥、强令冒险作业、违反操作规程的行为；

（七）督促落实本单位安全生产整改措施。

生产经营单位可以设置专职安全生产分管负责人，协助本单位主要负责人履行安全生产管理职责。

第二十六条　生产经营单位的安全生产管理机构以及安全生产管理人员应当恪尽职守，依法履行职责。

生产经营单位作出涉及安全生产的经营决策，应当听取安全生产管理机构以及安全生产管理人员的意见。

生产经营单位不得因安全生产管理人员依法履行职责而降低其工资、福利等待遇或者解除与其订立的劳动合同。

危险物品的生产、储存单位以及矿山、金属冶炼单位的安全生产管理人员的任免，应当告知主管的负有安全生产监督管理职责的部门。

第二十七条　生产经营单位的主要负责人和安全生产管理人员必须具备与本单位所从事的生产经营活动相应的安全生产知识和管理能力。

危险物品的生产、经营、储存、装卸单位以及矿山、金属冶炼、建筑施工、运输单位的主要负责人和安全生产管理人员，应当由主管的负有安全生产监督管理职责的部门对其安全生产知识和管理能力考核合格。考核不得收费。

危险物品的生产、储存、装卸单位以及矿山、金属冶炼单位应当有注册安全工程师从事安全生产管理工作。鼓励其他生产经营单位聘用注册安全工程师从事安全生产管理工作。注册安全工程师按专业分类管理，具体办法由国务院人力资源和社会保障部门、国务院应急管理部门会同国务院有关部门制定。

第二十八条　生产经营单位应当对从业人员进行安全生产教育和培训，保证从业人员具备必要的安全生产知识，熟悉有关的安全生产规章制度和安全操作规程，掌握本岗位的安全操作技能，了解事故应急处理措施，知悉自身在安全生产方面的权利和义务。未经安全生产教育和培训合格的从业人员，不得上岗作业。

生产经营单位使用被派遣劳动者的，应当将被派遣劳动者纳入本单位从业人员统一管理，对被派遣劳动者进行岗位安全操作规程和安全操作技能的教育和培训。劳务派遣单位应当对被派遣劳动者进行必要的安全生产教育和培训。

生产经营单位接收中等职业学校、高等学校学生实习的，应当对实习学生进行相应的安全生产教育和培训，提供必要的劳动防护用品。学校应当协助生产经营单位对实习学生进行安全生产教育和培训。

生产经营单位应当建立安全生产教育和培训档案，如实记录安全生产教育和培训的时间、内容、参加人员以及考核结果等情况。

第二十九条 生产经营单位采用新工艺、新技术、新材料或者使用新设备，必须了解、掌握其安全技术特性，采取有效的安全防护措施，并对从业人员进行专门的安全生产教育和培训。

第三十条 生产经营单位的特种作业人员必须按照国家有关规定经专门的安全作业培训，取得相应资格，方可上岗作业。

特种作业人员的范围由国务院应急管理部门会同国务院有关部门确定。

第三十一条 生产经营单位新建、改建、扩建工程项目（以下统称建设项目）的安全设施，必须与主体工程同时设计、同时施工、同时投入生产和使用。安全设施投资应当纳入建设项目概算。

第三十二条 矿山、金属冶炼建设项目和用于生产、储存、装卸危险物品的建设项目，应当按照国家有关规定进行安全评价。

第三十三条 建设项目安全设施的设计人、设计单位应当对安全设施设计负责。

矿山、金属冶炼建设项目和用于生产、储存、装卸危险物品的建设项目的安全设施设计应当按照国家有关规定报经有关部门审查，审查部门及其负责审查的人员对审查结果负责。

第三十四条　矿山、金属冶炼建设项目和用于生产、储存、装卸危险物品的建设项目的施工单位必须按照批准的安全设施设计施工，并对安全设施的工程质量负责。

矿山、金属冶炼建设项目和用于生产、储存、装卸危险物品的建设项目竣工投入生产或者使用前，应当由建设单位负责组织对安全设施进行验收；验收合格后，方可投入生产和使用。负有安全生产监督管理职责的部门应当加强对建设单位验收活动和验收结果的监督核查。

第三十五条　生产经营单位应当在有较大危险因素的生产经营场所和有关设施、设备上，设置明显的安全警示标志。

第三十六条　安全设备的设计、制造、安装、使用、检测、维修、改造和报废，应当符合国家标准或者行业标准。

生产经营单位必须对安全设备进行经常性维护、保养，并定期检测，保证正常运转。维护、保养、检测应当作好记录，并由有关人员签字。

生产经营单位不得关闭、破坏直接关系生产安全的监控、报警、防护、救生设备、设施，或者篡改、隐瞒、销毁其相关数据、信息。

餐饮等行业的生产经营单位使用燃气的，应当安装可燃气体报警装置，并保障其正常使用。

第三十七条　生产经营单位使用的危险物品的容器、运输工具，以及涉及人身安全、危险性较大的海洋石油开采特种设备和矿山井下特种设备，必须按照国家有关规定，由专业生产单位生产，并经具有专业资质的检测、检验机构检测、检验合格，取得安全使用证或者安全标志，方可投入使用。检测、检验机构对检测、检验结果负责。

第三十八条　国家对严重危及生产安全的工艺、设备实行淘汰制度，具体目录由国务院应急管理部门会同国务院有关部门制定并公布。法律、行政法规对目录的制定另有规定的，适用其规定。

省、自治区、直辖市人民政府可以根据本地区实际情况制定并公布具体目录，对前款规定以外的危及生产安全的工艺、设备予以淘汰。

生产经营单位不得使用应当淘汰的危及生产安全的工艺、设备。

第三十九条 生产、经营、运输、储存、使用危险物品或者处置废弃危险物品的，由有关主管部门依照有关法律、法规的规定和国家标准或者行业标准审批并实施监督管理。

生产经营单位生产、经营、运输、储存、使用危险物品或者处置废弃危险物品，必须执行有关法律、法规和国家标准或者行业标准，建立专门的安全管理制度，采取可靠的安全措施，接受有关主管部门依法实施的监督管理。

第四十条 生产经营单位对重大危险源应当登记建档，进行定期检测、评估、监控，并制定应急预案，告知从业人员和相关人员在紧急情况下应当采取的应急措施。

生产经营单位应当按照国家有关规定将本单位重大危险源及有关安全措施、应急措施报有关地方人民政府应急管理部门和有关部门备案。有关地方人民政府应急管理部门和有关部门应当通过相关信息系统实现信息共享。

第四十一条 生产经营单位应当建立安全风险分级管控制度，按照安全风险分级采取相应的管控措施。

生产经营单位应当建立健全并落实生产安全事故隐患排查治理制度，采取技术、管理措施，及时发现并消除事故隐患。事故隐患排查治理情况应当如实记录，并通过职工大会或者职工代表大会、信息公示栏等方式向从业人员通报。其中，重大事故隐患排查治理情况应当及时向负有安全生产监督管理职责的部门和职工大会或者职工代表大会报告。

县级以上地方各级人民政府负有安全生产监督管理职责的部门应当将重大事故隐患纳入相关信息系统，建立健全重大事故隐患治理督办制度，督促生产经营单位消除重大事故隐患。

第四十二条 生产、经营、储存、使用危险物品的车间、商店、仓库不得与员工宿舍在同一座建筑物内，并应当与员工宿舍保持安全距离。

生产经营场所和员工宿舍应当设有符合紧急疏散要求、标志明显、保持畅通的出口、疏散通道。禁止占用、锁闭、封堵生产经营场所或者员工宿舍的出口、疏散通道。

第四十三条 生产经营单位进行爆破、吊装、动火、临时用电以及国务院应急管理部门会同国务院有关部门规定的其他危险作业，应当安排专门人员进行现场安全管理，确保操作规程的遵守和安全措施的落实。

第四十四条 生产经营单位应当教育和督促从业人员严格执行本单位的安全生产规章制度和安全操作规程；并向从业人员如实告知作业场所和工作岗位存在的危险因素、防范措施以及事故应急措施。

生产经营单位应当关注从业人员的身体、心理状况和行为习惯，加强对从业人员的心理疏导、精神慰藉，严格落实岗位安全生产责任，防范从业人员行为异常导致事故发生。

第四十五条 生产经营单位必须为从业人员提供符合国家标准或者行业标准的劳动防护用品，并监督、教育从业人员按照使用规则佩戴、使用。

第四十六条 生产经营单位的安全生产管理人员应当根据本单位的生产经营特点，对安全生产状况进行经常性检查；对检查中发现的安全问题，应当立即处理；不能处理的，应当及时报告本单位有关负责人，有关负责人应当及时处理。检查及处理情况应当如实记录在案。

生产经营单位的安全生产管理人员在检查中发现重大事故隐患，依照前款规定向本单位有关负责人报告，有关负责人不及时处理的，安全生产管理人员可以向主管的负有安全生产监督管理职责的部门报告，接到报告的部门应当依法及时处理。

第四十七条 生产经营单位应当安排用于配备劳动防护用品、进行安全生产培训的经费。

第四十八条 两个以上生产经营单位在同一作业区域内进行生产经

营活动，可能危及对方生产安全的，应当签订安全生产管理协议，明确各自的安全生产管理职责和应当采取的安全措施，并指定专职安全生产管理人员进行安全检查与协调。

第四十九条 生产经营单位不得将生产经营项目、场所、设备发包或者出租给不具备安全生产条件或者相应资质的单位或者个人。

生产经营项目、场所发包或者出租给其他单位的，生产经营单位应当与承包单位、承租单位签订专门的安全生产管理协议，或者在承包合同、租赁合同中约定各自的安全生产管理职责；生产经营单位对承包单位、承租单位的安全生产工作统一协调、管理，定期进行安全检查，发现安全问题的，应当及时督促整改。

矿山、金属冶炼建设项目和用于生产、储存、装卸危险物品的建设项目的施工单位应当加强对施工项目的安全管理，不得倒卖、出租、出借、挂靠或者以其他形式非法转让施工资质，不得将其承包的全部建设工程转包给第三人或者将其承包的全部建设工程支解以后以分包的名义分别转包给第三人，不得将工程分包给不具备相应资质条件的单位。

第五十条 生产经营单位发生生产安全事故时，单位的主要负责人应当立即组织抢救，并不得在事故调查处理期间擅离职守。

第五十一条 生产经营单位必须依法参加工伤保险，为从业人员缴纳保险费。

国家鼓励生产经营单位投保安全生产责任保险；属于国家规定的高危行业、领域的生产经营单位，应当投保安全生产责任保险。具体范围和实施办法由国务院应急管理部门会同国务院财政部门、国务院保险监督管理机构和相关行业主管部门制定。

第三章 从业人员的安全生产权利义务

第五十二条 生产经营单位与从业人员订立的劳动合同，应当载明有关保障从业人员劳动安全、防止职业危害的事项，以及依法为从业人员办理工伤保险的事项。

生产经营单位不得以任何形式与从业人员订立协议，免除或者减轻其对从业人员因生产安全事故伤亡依法应承担的责任。

第五十三条　生产经营单位的从业人员有权了解其作业场所和工作岗位存在的危险因素、防范措施及事故应急措施，有权对本单位的安全生产工作提出建议。

第五十四条　从业人员有权对本单位安全生产工作中存在的问题提出批评、检举、控告；有权拒绝违章指挥和强令冒险作业。

生产经营单位不得因从业人员对本单位安全生产工作提出批评、检举、控告或者拒绝违章指挥、强令冒险作业而降低其工资、福利等待遇或者解除与其订立的劳动合同。

第五十五条　从业人员发现直接危及人身安全的紧急情况时，有权停止作业或者在采取可能的应急措施后撤离作业场所。

生产经营单位不得因从业人员在前款紧急情况下停止作业或者采取紧急撤离措施而降低其工资、福利等待遇或者解除与其订立的劳动合同。

第五十六条　生产经营单位发生生产安全事故后，应当及时采取措施救治有关人员。

因生产安全事故受到损害的从业人员，除依法享有工伤保险外，依照有关民事法律尚有获得赔偿的权利的，有权提出赔偿要求。

第五十七条　从业人员在作业过程中，应当严格落实岗位安全责任，遵守本单位的安全生产规章制度和操作规程，服从管理，正确佩戴和使用劳动防护用品。

第五十八条　从业人员应当接受安全生产教育和培训，掌握本职工作所需的安全生产知识，提高安全生产技能，增强事故预防和应急处理能力。

第五十九条　从业人员发现事故隐患或者其他不安全因素，应当立即向现场安全生产管理人员或者本单位负责人报告；接到报告的人员应当及时予以处理。

第六十条 工会有权对建设项目的安全设施与主体工程同时设计、同时施工、同时投入生产和使用进行监督，提出意见。

工会对生产经营单位违反安全生产法律、法规，侵犯从业人员合法权益的行为，有权要求纠正；发现生产经营单位违章指挥、强令冒险作业或者发现事故隐患时，有权提出解决的建议，生产经营单位应当及时研究答复；发现危及从业人员生命安全的情况时，有权向生产经营单位建议组织从业人员撤离危险场所，生产经营单位必须立即作出处理。

工会有权依法参加事故调查，向有关部门提出处理意见，并要求追究有关人员的责任。

第六十一条 生产经营单位使用被派遣劳动者的，被派遣劳动者享有本法规定的从业人员的权利，并应当履行本法规定的从业人员的义务。

第四章 安全生产的监督管理

第六十二条 县级以上地方各级人民政府应当根据本行政区域内的安全生产状况，组织有关部门按照职责分工，对本行政区域内容易发生重大生产安全事故的生产经营单位进行严格检查。

应急管理部门应当按照分类分级监督管理的要求，制定安全生产年度监督检查计划，并按照年度监督检查计划进行监督检查，发现事故隐患，应当及时处理。

第六十三条 负有安全生产监督管理职责的部门依照有关法律、法规的规定，对涉及安全生产的事项需要审查批准（包括批准、核准、许可、注册、认证、颁发证照等，下同）或者验收的，必须严格依照有关法律、法规和国家标准或者行业标准规定的安全生产条件和程序进行审查；不符合有关法律、法规和国家标准或者行业标准规定的安全生产条件的，不得批准或者验收通过。对未依法取得批准或者验收合格的单位擅自从事有关活动的，负责行政审批的部门发现或者接到举报后应当立即予以取缔，并依法予以处理。对已经依法取得批准的单位，负责行政审批的部门发现其不再具备安全生产条件的，应当撤销原批准。

第六十四条　负有安全生产监督管理职责的部门对涉及安全生产的事项进行审查、验收，不得收取费用；不得要求接受审查、验收的单位购买其指定品牌或者指定生产、销售单位的安全设备、器材或者其他产品。

第六十五条　应急管理部门和其他负有安全生产监督管理职责的部门依法开展安全生产行政执法工作，对生产经营单位执行有关安全生产的法律、法规和国家标准或者行业标准的情况进行监督检查，行使以下职权：

（一）进入生产经营单位进行检查，调阅有关资料，向有关单位和人员了解情况；

（二）对检查中发现的安全生产违法行为，当场予以纠正或者要求限期改正；对依法应当给予行政处罚的行为，依照本法和其他有关法律、行政法规的规定作出行政处罚决定；

（三）对检查中发现的事故隐患，应当责令立即排除；重大事故隐患排除前或者排除过程中无法保证安全的，应当责令从危险区域内撤出作业人员，责令暂时停产停业或者停止使用相关设施、设备；重大事故隐患排除后，经审查同意，方可恢复生产经营和使用；

（四）对有根据认为不符合保障安全生产的国家标准或者行业标准的设施、设备、器材以及违法生产、储存、使用、经营、运输的危险物品予以查封或者扣押，对违法生产、储存、使用、经营危险物品的作业场所予以查封，并依法作出处理决定。

监督检查不得影响被检查单位的正常生产经营活动。

第六十六条　生产经营单位对负有安全生产监督管理职责的部门的监督检查人员（以下统称安全生产监督检查人员）依法履行监督检查职责，应当予以配合，不得拒绝、阻挠。

第六十七条　安全生产监督检查人员应当忠于职守，坚持原则，秉公执法。

安全生产监督检查人员执行监督检查任务时，必须出示有效的行政执法证件；对涉及被检查单位的技术秘密和业务秘密，应当为其保密。

第六十八条 安全生产监督检查人员应当将检查的时间、地点、内容、发现的问题及其处理情况，作出书面记录，并由检查人员和被检查单位的负责人签字；被检查单位的负责人拒绝签字的，检查人员应当将情况记录在案，并向负有安全生产监督管理职责的部门报告。

第六十九条 负有安全生产监督管理职责的部门在监督检查中，应当互相配合，实行联合检查；确需分别进行检查的，应当互通情况，发现存在的安全问题应当由其他有关部门进行处理的，应当及时移送其他有关部门并形成记录备查，接受移送的部门应当及时进行处理。

第七十条 负有安全生产监督管理职责的部门依法对存在重大事故隐患的生产经营单位作出停产停业、停止施工、停止使用相关设施或者设备的决定，生产经营单位应当依法执行，及时消除事故隐患。生产经营单位拒不执行，有发生生产安全事故的现实危险的，在保证安全的前提下，经本部门主要负责人批准，负有安全生产监督管理职责的部门可以采取通知有关单位停止供电、停止供应民用爆炸物品等措施，强制生产经营单位履行决定。通知应当采用书面形式，有关单位应当予以配合。

负有安全生产监督管理职责的部门依照前款规定采取停止供电措施，除有危及生产安全的紧急情形外，应当提前二十四小时通知生产经营单位。生产经营单位依法履行行政决定、采取相应措施消除事故隐患的，负有安全生产监督管理职责的部门应当及时解除前款规定的措施。

第七十一条 监察机关依照监察法的规定，对负有安全生产监督管理职责的部门及其工作人员履行安全生产监督管理职责实施监察。

第七十二条 承担安全评价、认证、检测、检验职责的机构应当具备国家规定的资质条件，并对其作出的安全评价、认证、检测、检验结果的合法性、真实性负责。资质条件由国务院应急管理部门会同国务院有关部门制定。

承担安全评价、认证、检测、检验职责的机构应当建立并实施服务公开和报告公开制度，不得租借资质、挂靠、出具虚假报告。

第七十三条　负有安全生产监督管理职责的部门应当建立举报制度，公开举报电话、信箱或者电子邮件地址等网络举报平台，受理有关安全生产的举报；受理的举报事项经调查核实后，应当形成书面材料；需要落实整改措施的，报经有关负责人签字并督促落实。对不属于本部门职责，需要由其他有关部门进行调查处理的，转交其他有关部门处理。

涉及人员死亡的举报事项，应当由县级以上人民政府组织核查处理。

第七十四条　任何单位或者个人对事故隐患或者安全生产违法行为，均有权向负有安全生产监督管理职责的部门报告或者举报。

因安全生产违法行为造成重大事故隐患或者导致重大事故，致使国家利益或者社会公共利益受到侵害的，人民检察院可以根据民事诉讼法、行政诉讼法的相关规定提起公益诉讼。

第七十五条　居民委员会、村民委员会发现其所在区域内的生产经营单位存在事故隐患或者安全生产违法行为时，应当向当地人民政府或者有关部门报告。

第七十六条　县级以上各级人民政府及其有关部门对报告重大事故隐患或者举报安全生产违法行为的有功人员，给予奖励。具体奖励办法由国务院应急管理部门会同国务院财政部门制定。

第七十七条　新闻、出版、广播、电影、电视等单位有进行安全生产公益宣传教育的义务，有对违反安全生产法律、法规的行为进行舆论监督的权利。

第七十八条　负有安全生产监督管理职责的部门应当建立安全生产违法行为信息库，如实记录生产经营单位及其有关从业人员的安全生产违法行为信息；对违法行为情节严重的生产经营单位及其有关从业人员，应当及时向社会公告，并通报行业主管部门、投资主管部门、自然资源主管部门、生态环境主管部门、证券监督管理机构以及有关金融机构。有关部门和机构应当对存在失信行为的生产经营单位及其有关从业人员采取加大执法检查频次、暂停项目审批、上调有关保险费率、行业或者职业禁入等联合惩戒措施，并向社会公示。

负有安全生产监督管理职责的部门应当加强对生产经营单位行政处罚信息的及时归集、共享、应用和公开，对生产经营单位作出处罚决定后七个工作日内在监督管理部门公示系统予以公开曝光，强化对违法失信生产经营单位及其有关从业人员的社会监督，提高全社会安全生产诚信水平。

第五章　生产安全事故的应急救援与调查处理

第七十九条　国家加强生产安全事故应急能力建设，在重点行业、领域建立应急救援基地和应急救援队伍，并由国家安全生产应急救援机构统一协调指挥；鼓励生产经营单位和其他社会力量建立应急救援队伍，配备相应的应急救援装备和物资，提高应急救援的专业化水平。

国务院应急管理部门牵头建立全国统一的生产安全事故应急救援信息系统，国务院交通运输、住房和城乡建设、水利、民航等有关部门和县级以上地方人民政府建立健全相关行业、领域、地区的生产安全事故应急救援信息系统，实现互联互通、信息共享，通过推行网上安全信息采集、安全监管和监测预警，提升监管的精准化、智能化水平。

第八十条　县级以上地方各级人民政府应当组织有关部门制定本行政区域内生产安全事故应急救援预案，建立应急救援体系。

乡镇人民政府和街道办事处，以及开发区、工业园区、港区、风景区等应当制定相应的生产安全事故应急救援预案，协助人民政府有关部门或者按照授权依法履行生产安全事故应急救援工作职责。

第八十一条　生产经营单位应当制定本单位生产安全事故应急救援预案，与所在地县级以上地方人民政府组织制定的生产安全事故应急救援预案相衔接，并定期组织演练。

第八十二条　危险物品的生产、经营、储存单位以及矿山、金属冶炼、城市轨道交通运营、建筑施工单位应当建立应急救援组织；生产经营规模较小的，可以不建立应急救援组织，但应当指定兼职的应急救援人员。

危险物品的生产、经营、储存、运输单位以及矿山、金属冶炼、城市轨道交通运营、建筑施工单位应当配备必要的应急救援器材、设备和物资，并进行经常性维护、保养，保证正常运转。

第八十三条　生产经营单位发生生产安全事故后，事故现场有关人员应当立即报告本单位负责人。

单位负责人接到事故报告后，应当迅速采取有效措施，组织抢救，防止事故扩大，减少人员伤亡和财产损失，并按照国家有关规定立即如实报告当地负有安全生产监督管理职责的部门，不得隐瞒不报、谎报或者迟报，不得故意破坏事故现场、毁灭有关证据。

第八十四条　负有安全生产监督管理职责的部门接到事故报告后，应当立即按照国家有关规定上报事故情况。负有安全生产监督管理职责的部门和有关地方人民政府对事故情况不得隐瞒不报、谎报或者迟报。

第八十五条　有关地方人民政府和负有安全生产监督管理职责的部门的负责人接到生产安全事故报告后，应当按照生产安全事故应急救援预案的要求立即赶到事故现场，组织事故抢救。

参与事故抢救的部门和单位应当服从统一指挥，加强协同联动，采取有效的应急救援措施，并根据事故救援的需要采取警戒、疏散等措施，防止事故扩大和次生灾害的发生，减少人员伤亡和财产损失。

事故抢救过程中应当采取必要措施，避免或者减少对环境造成的危害。

任何单位和个人都应当支持、配合事故抢救，并提供一切便利条件。

第八十六条　事故调查处理应当按照科学严谨、依法依规、实事求是、注重实效的原则，及时、准确地查清事故原因，查明事故性质和责任，评估应急处置工作，总结事故教训，提出整改措施，并对事故责任单位和人员提出处理建议。事故调查报告应当依法及时向社会公布。事故调查和处理的具体办法由国务院制定。

事故发生单位应当及时全面落实整改措施，负有安全生产监督管理职责的部门应当加强监督检查。

负责事故调查处理的国务院有关部门和地方人民政府应当在批复事故调查报告后一年内，组织有关部门对事故整改和防范措施落实情况进行评估，并及时向社会公开评估结果；对不履行职责导致事故整改和防范措施没有落实的有关单位和人员，应当按照有关规定追究责任。

第八十七条 生产经营单位发生生产安全事故，经调查确定为责任事故的，除了应当查明事故单位的责任并依法予以追究外，还应当查明对安全生产的有关事项负有审查批准和监督职责的行政部门的责任，对有失职、渎职行为的，依照本法第九十条的规定追究法律责任。

第八十八条 任何单位和个人不得阻挠和干涉对事故的依法调查处理。

第八十九条 县级以上地方各级人民政府应急管理部门应当定期统计分析本行政区域内发生生产安全事故的情况，并定期向社会公布。

第六章 法律责任

第九十条 负有安全生产监督管理职责的部门的工作人员，有下列行为之一的，给予降级或者撤职的处分；构成犯罪的，依照刑法有关规定追究刑事责任:

（一）对不符合法定安全生产条件的涉及安全生产的事项予以批准或者验收通过的；

（二）发现未依法取得批准、验收的单位擅自从事有关活动或者接到举报后不予取缔或者不依法予以处理的；

（三）对已经依法取得批准的单位不履行监督管理职责，发现其不再具备安全生产条件而不撤销原批准或者发现安全生产违法行为不予查处的；

（四）在监督检查中发现重大事故隐患，不依法及时处理的。

负有安全生产监督管理职责的部门的工作人员有前款规定以外的滥用职权、玩忽职守、徇私舞弊行为的，依法给予处分；构成犯罪的，依照刑法有关规定追究刑事责任。

第九十一条　负有安全生产监督管理职责的部门，要求被审查、验收的单位购买其指定的安全设备、器材或者其他产品的，在对安全生产事项的审查、验收中收取费用的，由其上级机关或者监察机关责令改正，责令退还收取的费用；情节严重的，对直接负责的主管人员和其他直接责任人员依法给予处分。

第九十二条　承担安全评价、认证、检测、检验职责的机构出具失实报告的，责令停业整顿，并处三万元以上十万元以下的罚款；给他人造成损害的，依法承担赔偿责任。

承担安全评价、认证、检测、检验职责的机构租借资质、挂靠、出具虚假报告的，没收违法所得；违法所得在十万元以上的，并处违法所得二倍以上五倍以下的罚款，没有违法所得或者违法所得不足十万元的，单处或者并处十万元以上二十万元以下的罚款；对其直接负责的主管人员和其他直接责任人员处五万元以上十万元以下的罚款；给他人造成损害的，与生产经营单位承担连带赔偿责任；构成犯罪的，依照刑法有关规定追究刑事责任。

对有前款违法行为的机构及其直接责任人员，吊销其相应资质和资格，五年内不得从事安全评价、认证、检测、检验等工作；情节严重的，实行终身行业和职业禁入。

第九十三条　生产经营单位的决策机构、主要负责人或者个人经营的投资人不依照本法规定保证安全生产所必需的资金投入，致使生产经营单位不具备安全生产条件的，责令限期改正，提供必需的资金；逾期未改正的，责令生产经营单位停产停业整顿。

有前款违法行为，导致发生生产安全事故的，对生产经营单位的主要负责人给予撤职处分，对个人经营的投资人处二万元以上二十万元以下的罚款；构成犯罪的，依照刑法有关规定追究刑事责任。

第九十四条 生产经营单位的主要负责人未履行本法规定的安全生产管理职责的，责令限期改正，处二万元以上五万元以下的罚款；逾期未改正的，处五万元以上十万元以下的罚款，责令生产经营单位停产停业整顿。

生产经营单位的主要负责人有前款违法行为，导致发生生产安全事故的，给予撤职处分；构成犯罪的，依照刑法有关规定追究刑事责任。

生产经营单位的主要负责人依照前款规定受刑事处罚或者撤职处分的，自刑罚执行完毕或者受处分之日起，五年内不得担任任何生产经营单位的主要负责人；对重大、特别重大生产安全事故负有责任的，终身不得担任本行业生产经营单位的主要负责人。

第九十五条 生产经营单位的主要负责人未履行本法规定的安全生产管理职责，导致发生生产安全事故的，由应急管理部门依照下列规定处以罚款：

（一）发生一般事故的，处上一年年收入百分之四十的罚款；

（二）发生较大事故的，处上一年年收入百分之六十的罚款；

（三）发生重大事故的，处上一年年收入百分之八十的罚款；

（四）发生特别重大事故的，处上一年年收入百分之一百的罚款。

第九十六条 生产经营单位的其他负责人和安全生产管理人员未履行本法规定的安全生产管理职责的，责令限期改正，处一万元以上三万元以下的罚款；导致发生生产安全事故的，暂停或者吊销其与安全生产有关的资格，并处上一年年收入百分之二十以上百分之五十以下的罚款；构成犯罪的，依照刑法有关规定追究刑事责任。

第九十七条 生产经营单位有下列行为之一的，责令限期改正，处十万元以下的罚款；逾期未改正的，责令停产停业整顿，并处十万元以上二十万元以下的罚款，对其直接负责的主管人员和其他直接责任人员处二万元以上五万元以下的罚款：

（一）未按照规定设置安全生产管理机构或者配备安全生产管理人员、注册安全工程师的；

（二）危险物品的生产、经营、储存、装卸单位以及矿山、金属冶炼、建筑施工、运输单位的主要负责人和安全生产管理人员未按照规定经考核合格的；

（三）未按照规定对从业人员、被派遣劳动者、实习学生进行安全生产教育和培训，或者未按照规定如实告知有关的安全生产事项的；

（四）未如实记录安全生产教育和培训情况的；

（五）未将事故隐患排查治理情况如实记录或者未向从业人员通报的；

（六）未按照规定制定生产安全事故应急救援预案或者未定期组织演练的；

（七）特种作业人员未按照规定经专门的安全作业培训并取得相应资格，上岗作业的。

第九十八条　生产经营单位有下列行为之一的，责令停止建设或者停产停业整顿，限期改正，并处十万元以上五十万元以下的罚款，对其直接负责的主管人员和其他直接责任人员处二万元以上五万元以下的罚款；逾期未改正的，处五十万元以上一百万元以下的罚款，对其直接负责的主管人员和其他直接责任人员处五万元以上十万元以下的罚款；构成犯罪的，依照刑法有关规定追究刑事责任：

（一）未按照规定对矿山、金属冶炼建设项目或者用于生产、储存、装卸危险物品的建设项目进行安全评价的；

（二）矿山、金属冶炼建设项目或者用于生产、储存、装卸危险物品的建设项目没有安全设施设计或者安全设施设计未按照规定报经有关部门审查同意的；

（三）矿山、金属冶炼建设项目或者用于生产、储存、装卸危险物品的建设项目的施工单位未按照批准的安全设施设计施工的；

（四）矿山、金属冶炼建设项目或者用于生产、储存、装卸危险物品的建设项目竣工投入生产或者使用前，安全设施未经验收合格的。

第九十九条 生产经营单位有下列行为之一的，责令限期改正，处五万元以下的罚款；逾期未改正的，处五万元以上二十万元以下的罚款，对其直接负责的主管人员和其他直接责任人员处一万元以上二万元以下的罚款；情节严重的，责令停产停业整顿；构成犯罪的，依照刑法有关规定追究刑事责任:

（一）未在有较大危险因素的生产经营场所和有关设施、设备上设置明显的安全警示标志的；

（二）安全设备的安装、使用、检测、改造和报废不符合国家标准或者行业标准的；

（三）未对安全设备进行经常性维护、保养和定期检测的；

（四）关闭、破坏直接关系生产安全的监控、报警、防护、救生设备、设施，或者篡改、隐瞒、销毁其相关数据、信息的；

（五）未为从业人员提供符合国家标准或者行业标准的劳动防护用品的；

（六）危险物品的容器、运输工具，以及涉及人身安全、危险性较大的海洋石油开采特种设备和矿山井下特种设备未经具有专业资质的机构检测、检验合格，取得安全使用证或者安全标志，投入使用的；

（七）使用应当淘汰的危及生产安全的工艺、设备的；

（八）餐饮等行业的生产经营单位使用燃气未安装可燃气体报警装置的。

第一百条 未经依法批准，擅自生产、经营、运输、储存、使用危险物品或者处置废弃危险物品的，依照有关危险物品安全管理的法律、行政法规的规定予以处罚；构成犯罪的，依照刑法有关规定追究刑事责任。

第一百零一条 生产经营单位有下列行为之一的，责令限期改正，处十万元以下的罚款；逾期未改正的，责令停产停业整顿，并处十万元以上二十万元以下的罚款，对其直接负责的主管人员和其他直接责任人员处二万元以上五万元以下的罚款；构成犯罪的，依照刑法有关规定追究刑事责任：

（一）生产、经营、运输、储存、使用危险物品或者处置废弃危险物品，未建立专门安全管理制度、未采取可靠的安全措施的；

（二）对重大危险源未登记建档，未进行定期检测、评估、监控，未制定应急预案，或者未告知应急措施的；

（三）进行爆破、吊装、动火、临时用电以及国务院应急管理部门会同国务院有关部门规定的其他危险作业，未安排专门人员进行现场安全管理的；

（四）未建立安全风险分级管控制度或者未按照安全风险分级采取相应管控措施的；

（五）未建立事故隐患排查治理制度，或者重大事故隐患排查治理情况未按照规定报告的。

第一百零二条　生产经营单位未采取措施消除事故隐患的，责令立即消除或者限期消除，处五万元以下的罚款；生产经营单位拒不执行的，责令停产停业整顿，对其直接负责的主管人员和其他直接责任人员处五万元以上十万元以下的罚款；构成犯罪的，依照刑法有关规定追究刑事责任。

第一百零三条　生产经营单位将生产经营项目、场所、设备发包或者出租给不具备安全生产条件或者相应资质的单位或者个人的，责令限期改正，没收违法所得；违法所得十万元以上的，并处违法所得二倍以上五倍以下的罚款；没有违法所得或者违法所得不足十万元的，单处或者并处十万元以上二十万元以下的罚款；对其直接负责的主管人员和其他直接责任人员处一万元以上二万元以下的罚款；导致发生生产安全事故给他人造成损害的，与承包方、承租方承担连带赔偿责任。

生产经营单位未与承包单位、承租单位签订专门的安全生产管理协议或者未在承包合同、租赁合同中明确各自的安全生产管理职责，或者未对承包单位、承租单位的安全生产统一协调、管理的，责令限期改正，处五万元以下的罚款，对其直接负责的主管人员和其他直接责任人员处一万元以下的罚款；逾期未改正的，责令停产停业整顿。

矿山、金属冶炼建设项目和用于生产、储存、装卸危险物品的建设项目的施工单位未按照规定对施工项目进行安全管理的，责令限期改正，处十万元以下的罚款，对其直接负责的主管人员和其他直接责任人员处二万元以下的罚款；逾期未改正的，责令停产停业整顿。以上施工单位倒卖、出租、出借、挂靠或者以其他形式非法转让施工资质的，责令停产停业整顿，吊销资质证书，没收违法所得；违法所得十万元以上的，并处违法所得二倍以上五倍以下的罚款，没有违法所得或者违法所得不足十万元的，单处或者并处十万元以上二十万元以下的罚款；对其直接负责的主管人员和其他直接责任人员处五万元以上十万元以下的罚款；构成犯罪的，依照刑法有关规定追究刑事责任。

第一百零四条 两个以上生产经营单位在同一作业区域内进行可能危及对方安全生产的生产经营活动，未签订安全生产管理协议或者未指定专职安全生产管理人员进行安全检查与协调的，责令限期改正，处五万元以下的罚款，对其直接负责的主管人员和其他直接责任人员处一万元以下的罚款；逾期未改正的，责令停产停业。

第一百零五条 生产经营单位有下列行为之一的，责令限期改正，处五万元以下的罚款，对其直接负责的主管人员和其他直接责任人员处一万元以下的罚款；逾期未改正的，责令停产停业整顿；构成犯罪的，依照刑法有关规定追究刑事责任:

（一）生产、经营、储存、使用危险物品的车间、商店、仓库与员工宿舍在同一座建筑内，或者与员工宿舍的距离不符合安全要求的；

（二）生产经营场所和员工宿舍未设有符合紧急疏散需要、标志明显、保持畅通的出口、疏散通道，或者占用、锁闭、封堵生产经营场所或者员工宿舍出口、疏散通道的。

第一百零六条 生产经营单位与从业人员订立协议，免除或者减轻其对从业人员因生产安全事故伤亡依法应承担的责任的，该协议无效；对生产经营单位的主要负责人、个人经营的投资人处二万元以上十万元以下的罚款。

第一百零七条　生产经营单位的从业人员不落实岗位安全责任，不服从管理，违反安全生产规章制度或者操作规程的，由生产经营单位给予批评教育，依照有关规章制度给予处分；构成犯罪的，依照刑法有关规定追究刑事责任。

第一百零八条　违反本法规定，生产经营单位拒绝、阻碍负有安全生产监督管理职责的部门依法实施监督检查的，责令改正；拒不改正的，处二万元以上二十万元以下的罚款；对其直接负责的主管人员和其他直接责任人员处一万元以上二万元以下的罚款；构成犯罪的，依照刑法有关规定追究刑事责任。

第一百零九条　高危行业、领域的生产经营单位未按照国家规定投保安全生产责任保险的，责令限期改正，处五万元以上十万元以下的罚款；逾期未改正的，处十万元以上二十万元以下的罚款。

第一百一十条　生产经营单位的主要负责人在本单位发生生产安全事故时，不立即组织抢救或者在事故调查处理期间擅离职守或者逃匿的，给予降级、撤职的处分，并由应急管理部门处上一年年收入百分之六十至百分之一百的罚款；对逃匿的处十五日以下拘留；构成犯罪的，依照刑法有关规定追究刑事责任。

生产经营单位的主要负责人对生产安全事故隐瞒不报、谎报或者迟报的，依照前款规定处罚。

第一百一十一条　有关地方人民政府、负有安全生产监督管理职责的部门，对生产安全事故隐瞒不报、谎报或者迟报的，对直接负责的主管人员和其他直接责任人员依法给予处分；构成犯罪的，依照刑法有关规定追究刑事责任。

第一百一十二条　生产经营单位违反本法规定，被责令改正且受到罚款处罚，拒不改正的，负有安全生产监督管理职责的部门可以自作出责令改正之日的次日起，按照原处罚数额按日连续处罚。

第一百一十三条 生产经营单位存在下列情形之一的，负有安全生产监督管理职责的部门应当提请地方人民政府予以关闭，有关部门应当依法吊销其有关证照。生产经营单位主要负责人五年内不得担任任何生产经营单位的主要负责人；情节严重的，终身不得担任本行业生产经营单位的主要负责人：

（一）存在重大事故隐患，一百八十日内三次或者一年内四次受到本法规定的行政处罚的；

（二）经停产停业整顿，仍不具备法律、行政法规和国家标准或者行业标准规定的安全生产条件的；

（三）不具备法律、行政法规和国家标准或者行业标准规定的安全生产条件，导致发生重大、特别重大生产安全事故的；

（四）拒不执行负有安全生产监督管理职责的部门作出的停产停业整顿决定的。

第一百一十四条 发生生产安全事故，对负有责任的生产经营单位除要求其依法承担相应的赔偿等责任外，由应急管理部门依照下列规定处以罚款:

（一）发生一般事故的，处三十万元以上一百万元以下的罚款；

（二）发生较大事故的，处一百万元以上二百万元以下的罚款；

（三）发生重大事故的，处二百万元以上一千万元以下的罚款；

（四）发生特别重大事故的，处一千万元以上二千万元以下的罚款。

发生生产安全事故，情节特别严重、影响特别恶劣的，应急管理部门可以按照前款罚款数额的二倍以上五倍以下对负有责任的生产经营单位处以罚款。

第一百一十五条 本法规定的行政处罚，由应急管理部门和其他负有安全生产监督管理职责的部门按照职责分工决定；其中，根据本法第九十五条、第一百一十条、第一百一十四条的规定应当给予民航、铁路、电力行业的生产经营单位及其主要负责人行政处罚的，也可以由主管的负有安全生产监督管理职责的部门进行处罚。予以关闭的行政处罚，由负有安全生产监督管理职责的部门报请县级以上人民政府按照国务院规定的权限决定；给予拘留的行政处罚，由公安机关依照治安管理处罚的规定决定。

第一百一十六条 生产经营单位发生生产安全事故造成人员伤亡、他人财产损失的，应当依法承担赔偿责任；拒不承担或者其负责人逃匿的，由人民法院依法强制执行。

生产安全事故的责任人未依法承担赔偿责任，经人民法院依法采取执行措施后，仍不能对受害人给予足额赔偿的，应当继续履行赔偿义务；受害人发现责任人有其他财产的，可以随时请求人民法院执行。

第七章 附 则

第一百一十七条 本法下列用语的含义：

危险物品，是指易燃易爆物品、危险化学品、放射性物品等能够危及人身安全和财产安全的物品。

重大危险源，是指长期地或者临时地生产、搬运、使用或者储存危险物品，且危险物品的数量等于或者超过临界量的单元（包括场所和设施）。

第一百一十八条 本法规定的生产安全一般事故、较大事故、重大事故、特别重大事故的划分标准由国务院规定。

国务院应急管理部门和其他负有安全生产监督管理职责的部门应当根据各自的职责分工，制定相关行业、领域重大危险源的辨识标准和重大事故隐患的判定标准。

第一百一十九条 本法自2002年11月1日起施行。

中华人民共和国矿山安全法

（1992年11月7日第七届全国人民代表大会常务委员会第二十八次会议通过　根据2009年8月27日第十一届全国人民代表大会常务委员会第十次会议《关于修改部分法律的决定》修正）

目　　录

第一章　总　　则

第一条　为了保障矿山生产安全，防止矿山事故，保护矿山职工人身安全，促进采矿业的发展，制定本法。

第二条　在中华人民共和国领域和中华人民共和国管辖的其他海域从事矿产资源开采活动，必须遵守本法。

第三条　矿山企业必须具有保障安全生产的设施，建立、健全安全管理制度，采取有效措施改善职工劳动条件，加强矿山安全管理工作，保证安全生产。

第四条　国务院劳动行政主管部门对全国矿山安全工作实施统一

监督。

县级以上地方各级人民政府劳动行政主管部门对本行政区域内的矿山安全工作实施统一监督。

县级以上人民政府管理矿山企业的主管部门对矿山安全工作进行管理。

第五条　国家鼓励矿山安全科学技术研究，推广先进技术，改进安全设施，提高矿山安全生产水平。

第六条　对坚持矿山安全生产，防止矿山事故，参加矿山抢险救护，进行矿山安全科学技术研究等方面取得显著成绩的单位和个人，给予奖励。

第二章　矿山建设的安全保障

第七条　矿山建设工程的安全设施必须和主体工程同时设计、同时施工、同时投入生产和使用。

第八条　矿山建设工程的设计文件，必须符合矿山安全规程和行业技术规范，并按照国家规定经管理矿山企业的主管部门批准；不符合矿山安全规程和行业技术规范的，不得批准。

矿山建设工程安全设施的设计必须有劳动行政主管部门参加审查。

矿山安全规程和行业技术规范，由国务院管理矿山企业的主管部门制定。

第九条　矿山设计下列项目必须符合矿山安全规程和行业技术规范:

(一)矿井的通风系统和供风量、风质、风速；

(二)露天矿的边坡角和台阶的宽度、高度；

(三)供电系统；

(四)提升、运输系统；

(五)防水、排水系统和防火、灭火系统；

(六)防瓦斯系统和防尘系统；

（七）有关矿山安全的其他项目。

第十条 每个矿井必须有两个以上能行人的安全出口，出口之间的直线水平距离必须符合矿山安全规程和行业技术规范。

第十一条 矿山必须有与外界相通的、符合安全要求的运输和通讯设施。

第十二条 矿山建设工程必须按照管理矿山企业的主管部门批准的设计文件施工。

矿山建设工程安全设施竣工后，由管理矿山企业的主管部门验收，并须有劳动行政主管部门参加；不符合矿山安全规程和行业技术规范的，不得验收，不得投入生产。

第三章 矿山开采的安全保障

第十三条 矿山开采必须具备保障安全生产的条件，执行开采不同矿种的矿山安全规程和行业技术规范。

第十四条 矿山设计规定保留的矿柱、岩柱，在规定的期限内，应当予以保护，不得开采或者毁坏。

第十五条 矿山使用的有特殊安全要求的设备、器材、防护用品和安全检测仪器，必须符合国家安全标准或者行业安全标准；不符合国家安全标准或者行业安全标准的，不得使用。

第十六条 矿山企业必须对机电设备及其防护装置、安全检测仪器，定期检查、维修，保证使用安全。

第十七条 矿山企业必须对作业场所中的有毒有害物质和井下空气含氧量进行检测，保证符合安全要求。

第十八条 矿山企业必须对下列危害安全的事故隐患采取预防措施:

（一）冒顶、片帮、边坡滑落和地表塌陷；

（二）瓦斯爆炸、煤尘爆炸；

（三）冲击地压、瓦斯突出、井喷；

（四）地面和井下的火灾、水害；

（五）爆破器材和爆破作业发生的危害；

（六）粉尘、有毒有害气体、放射性物质和其他有害物质引起的危害；

（七）其他危害。

第十九条　矿山企业对使用机械、电气设备，排土场、矸石山、尾矿库与矿山闭坑后可能引起的危害，应当采取预防措施。

第四章　矿山企业的安全管理

第二十条　矿山企业必须建立、健全安全生产责任制。

矿长对本企业的安全生产工作负责。

第二十一条　矿长应当定期向职工代表大会或者职工大会报告安全生产工作，发挥职工代表大会的监督作用。

第二十二条　矿山企业职工必须遵守有关矿山安全的法律、法规和企业规章制度。

矿山企业职工有权对危害安全的行为，提出批评、检举和控告。

第二十三条　矿山企业工会依法维护职工生产安全的合法权益，组织职工对矿山安全工作进行监督。

第二十四条　矿山企业违反有关安全的法律、法规，工会有权要求企业行政方面或者有关部门认真处理。

矿山企业召开讨论有关安全生产的会议，应当有工会代表参加，工会有权提出意见和建议。

第二十五条　矿山企业工会发现企业行政方面违章指挥、强令工人冒险作业或者生产过程中发现明显重大事故隐患和职业危害，有权提出解决的建议；发现危及职工生命安全的情况时，有权向矿山企业行政方面建议组织职工撤离危险现场，矿山企业行政方面必须及时作出处理决定。

第二十六条　矿山企业必须对职工进行安全教育、培训；未经安全教育、培训的，不得上岗作业。

矿山企业安全生产的特种作业人员必须接受专门培训，经考核合格取得操作资格证书的，方可上岗作业。

第二十七条 矿长必须经过考核，具备安全专业知识，具有领导安全生产和处理矿山事故的能力。

矿山企业安全工作人员必须具备必要的安全专业知识和矿山安全工作经验。

第二十八条 矿山企业必须向职工发放保障安全生产所需的劳动防护用品。

第二十九条 矿山企业不得录用未成年人从事矿山井下劳动。

矿山企业对女职工按照国家规定实行特殊劳动保护，不得分配女职工从事矿山井下劳动。

第三十条 矿山企业必须制定矿山事故防范措施，并组织落实。

第三十一条 矿山企业应当建立由专职或者兼职人员组成的救护和医疗急救组织，配备必要的装备、器材和药物。

第三十二条 矿山企业必须从矿产品销售额中按照国家规定提取安全技术措施专项费用。安全技术措施专项费用必须全部用于改善矿山安全生产条件，不得挪作他用。

第五章 矿山安全的监督和管理

第三十三条 县级以上各级人民政府劳动行政主管部门对矿山安全工作行使下列监督职责：

（一）检查矿山企业和管理矿山企业的主管部门贯彻执行矿山安全法律、法规的情况；

（二）参加矿山建设工程安全设施的设计审查和竣工验收；

（三）检查矿山劳动条件和安全状况；

（四）检查矿山企业职工安全教育、培训工作；

（五）监督矿山企业提取和使用安全技术措施专项费用的情况；

（六）参加并监督矿山事故的调查和处理；

（七）法律、行政法规规定的其他监督职责。

第三十四条　县级以上人民政府管理矿山企业的主管部门对矿山安全工作行使下列管理职责：

（一）检查矿山企业贯彻执行矿山安全法律、法规的情况；

（二）审查批准矿山建设工程安全设施的设计；

（三）负责矿山建设工程安全设施的竣工验收；

（四）组织矿长和矿山企业安全工作人员的培训工作；

（五）调查和处理重大矿山事故；

（六）法律、行政法规规定的其他管理职责。

第三十五条　劳动行政主管部门的矿山安全监督人员有权进入矿山企业，在现场检查安全状况；发现有危及职工安全的紧急险情时，应当要求矿山企业立即处理。

第六章　矿山事故处理

第三十六条　发生矿山事故，矿山企业必须立即组织抢救，防止事故扩大，减少人员伤亡和财产损失，对伤亡事故必须立即如实报告劳动行政主管部门和管理矿山企业的主管部门。

第三十七条　发生一般矿山事故，由矿山企业负责调查和处理。

发生重大矿山事故，由政府及其有关部门、工会和矿山企业按照行政法规的规定进行调查和处理。

第三十八条　矿山企业对矿山事故中伤亡的职工按照国家规定给予抚恤或者补偿。

第三十九条　矿山事故发生后，应当尽快消除现场危险，查明事故原因，提出防范措施。现场危险消除后，方可恢复生产。

第七章　法律责任

第四十条　违反本法规定，有下列行为之一的，由劳动行政主管部门责令改正，可以并处罚款；情节严重的，提请县级以上人民政府决定责令停产整顿；对主管人员和直接责任人员由其所在单位或者上级主管机关给予行政处分：

（一）未对职工进行安全教育、培训，分配职工上岗作业的；

（二）使用不符合国家安全标准或者行业安全标准的设备、器材、防护用品、安全检测仪器的；

（三）未按照规定提取或者使用安全技术措施专项费用的；

（四）拒绝矿山安全监督人员现场检查或者在被检查时隐瞒事故隐患、不如实反映情况的；

（五）未按照规定及时、如实报告矿山事故的。

第四十一条　矿长不具备安全专业知识的，安全生产的特种作业人员未取得操作资格证书上岗作业的，由劳动行政主管部门责令限期改正；逾期不改正的，提请县级以上人民政府决定责令停产，调整配备合格人员后，方可恢复生产。

第四十二条　矿山建设工程安全设施的设计未经批准擅自施工的，由管理矿山企业的主管部门责令停止施工；拒不执行的，由管理矿山企业的主管部门提请县级以上人民政府决定由有关主管部门吊销其采矿许可证和营业执照。

第四十三条　矿山建设工程的安全设施未经验收或者验收不合格擅自投入生产的，由劳动行政主管部门会同管理矿山企业的主管部门责令停止生产，并由劳动行政主管部门处以罚款；拒不停止生产的，由劳动行政主管部门提请县级以上人民政府决定由有关主管部门吊销其采矿许可证和营业执照。

第四十四条　已经投入生产的矿山企业，不具备安全生产条件而强行开采的，由劳动行政主管部门会同管理矿山企业的主管部门责令限期改进；逾期仍不具备安全生产条件的，由劳动行政主管部门提请县级以上人民政府决定责令停产整顿或者由有关主管部门吊销其采矿许可证和营业执照。

第四十五条　当事人对行政处罚决定不服的，可以在接到处罚决定通知之日起十五日内向作出处罚决定的机关的上一级机关申请复议；当事人也可以在接到处罚决定通知之日起十五日内直接向人民法院起诉。

复议机关应当在接到复议申请之日起六十日内作出复议决定。当事人对复议决定不服的，可以在接到复议决定之日起十五日内向人民法院起诉。复议机关逾期不作出复议决定的，当事人可以在复议期满之日起十五日内向人民法院起诉。

当事人逾期不申请复议也不向人民法院起诉、又不履行处罚决定的，作出处罚决定的机关可以申请人民法院强制执行。

第四十六条　矿山企业主管人员违章指挥、强令工人冒险作业，因而发生重大伤亡事故的，依照刑法有关规定追究刑事责任。

第四十七条　矿山企业主管人员对矿山事故隐患不采取措施，因而发生重大伤亡事故的，依照刑法有关规定追究刑事责任。

第四十八条　矿山安全监督人员和安全管理人员滥用职权、玩忽职守、徇私舞弊，构成犯罪的，依法追究刑事责任；不构成犯罪的，给予行政处分。

第八章　附　则

第四十九条　国务院劳动行政主管部门根据本法制定实施条例，报国务院批准施行。

省、自治区、直辖市人民代表大会常务委员会可以根据本法和本地区的实际情况，制定实施办法。

第五十条　本法自1993年5月1日起施行。

中华人民共和国煤炭法

（1996年8月29日第八届全国人民代表大会常务委员会第二十一次会议通过　根据2009年8月27日第十一届全国人民代表大会常务委员会第十次会议《关于修改部分法律的决定》第一次修正　根据2011年4月22日第十一届全国人民代表大会常务委员会第二十次会议《关于修改〈中华人民共和国煤炭法〉的决定》第二次修正　根据2013年6月29日第十二届全国人民代表大会常务委员会第三次会议《关于修改〈中华人民共和国文物保护法〉等十二部法律的决定》第三次修正　根据2016年11月7日第十二届全国人民代表大会常务委员会第二十四次会议《关于修改〈中华人民共和国对外贸易法〉等十二部法律的决定》第四次修正）

目　　录

第一章　总　　则

第一条　为了合理开发利用和保护煤炭资源，规范煤炭生产、经营活动，促进和保障煤炭行业的发展，制定本法。

第二条　在中华人民共和国领域和中华人民共和国管辖的其他海域从事煤炭生产、经营活动，适用本法。

第三条　煤炭资源属于国家所有。地表或者地下的煤炭资源的国家所有权，不因其依附的土地的所有权或者使用权的不同而改变。

第四条　国家对煤炭开发实行统一规划、合理布局、综合利用的方针。

第五条　国家依法保护煤炭资源，禁止任何乱采、滥挖破坏煤炭资源的行为。

第六条　国家保护依法投资开发煤炭资源的投资者的合法权益。

国家保障国有煤矿的健康发展。

国家对乡镇煤矿采取扶持、改造、整顿、联合、提高的方针，实行正规合理开发和有序发展。

第七条　煤矿企业必须坚持安全第一、预防为主的安全生产方针，建立健全安全生产的责任制度和群防群治制度。

第八条　各级人民政府及其有关部门和煤矿企业必须采取措施加强劳动保护，保障煤矿职工的安全和健康。

国家对煤矿井下作业的职工采取特殊保护措施。

第九条　国家鼓励和支持在开发利用煤炭资源过程中采用先进的科学技术和管理方法。

煤矿企业应当加强和改善经营管理，提高劳动生产率和经济效益。

第十条　国家维护煤矿矿区的生产秩序、工作秩序，保护煤矿企业设施。

第十一条　开发利用煤炭资源，应当遵守有关环境保护的法律、法规，防治污染和其他公害，保护生态环境。

第十二条　国务院煤炭管理部门依法负责全国煤炭行业的监督管理。国务院有关部门在各自的职责范围内负责煤炭行业的监督管理。

县级以上地方人民政府煤炭管理部门和有关部门依法负责本行政区

域内煤炭行业的监督管理。

第十三条 煤炭矿务局是国有煤矿企业，具有独立法人资格。

矿务局和其他具有独立法人资格的煤矿企业、煤炭经营企业依法实行自主经营、自负盈亏、自我约束、自我发展。

第二章 煤炭生产开发规划与煤矿建设

第十四条 国务院煤炭管理部门根据全国矿产资源勘查规划编制全国煤炭资源勘查规划。

第十五条 国务院煤炭管理部门根据全国矿产资源规划规定的煤炭资源，组织编制和实施煤炭生产开发规划。

省、自治区、直辖市人民政府煤炭管理部门根据全国矿产资源规划规定的煤炭资源，组织编制和实施本地区煤炭生产开发规划，并报国务院煤炭管理部门备案。

第十六条 煤炭生产开发规划应当根据国民经济和社会发展的需要制定，并纳入国民经济和社会发展计划。

第十七条 国家制定优惠政策，支持煤炭工业发展，促进煤矿建设。

煤矿建设项目应当符合煤炭生产开发规划和煤炭产业政策。

第十八条 煤矿建设使用土地，应当依照有关法律、行政法规的规定办理。征收土地的，应当依法支付土地补偿费和安置补偿费，做好迁移居民的安置工作。

煤矿建设应当贯彻保护耕地、合理利用土地的原则。

地方人民政府对煤矿建设依法使用土地和迁移居民，应当给予支持和协助。

第十九条 煤矿建设应当坚持煤炭开发与环境治理同步进行。煤矿建设项目的环境保护设施必须与主体工程同时设计、同时施工、同时验收、同时投入使用。

第三章　煤炭生产与煤矿安全

第二十条　煤矿投入生产前，煤矿企业应当依照有关安全生产的法律、行政法规的规定取得安全生产许可证。未取得安全生产许可证的，不得从事煤炭生产。

第二十一条　对国民经济具有重要价值的特殊煤种或者稀缺煤种，国家实行保护性开采。

第二十二条　开采煤炭资源必须符合煤矿开采规程，遵守合理的开采顺序，达到规定的煤炭资源回采率。

煤炭资源回采率由国务院煤炭管理部门根据不同的资源和开采条件确定。

国家鼓励煤矿企业进行复采或者开采边角残煤和极薄煤。

第二十三条　煤矿企业应当加强煤炭产品质量的监督检查和管理。煤炭产品质量应当按照国家标准或者行业标准分等论级。

第二十四条　煤炭生产应当依法在批准的开采范围内进行，不得超越批准的开采范围越界、越层开采。

采矿作业不得擅自开采保安煤柱，不得采用可能危及相邻煤矿生产安全的决水、爆破、贯通巷道等危险方法。

第二十五条　因开采煤炭压占土地或者造成地表土地塌陷、挖损，由采矿者负责进行复垦，恢复到可供利用的状态；造成他人损失的，应当依法给予补偿。

第二十六条　关闭煤矿和报废矿井，应当依照有关法律、法规和国务院煤炭管理部门的规定办理。

第二十七条　国家建立煤矿企业积累煤矿衰老期转产资金的制度。

国家鼓励和扶持煤矿企业发展多种经营。

第二十八条　国家提倡和支持煤矿企业和其他企业发展煤电联产、炼焦、煤化工、煤建材等，进行煤炭的深加工和精加工。

国家鼓励煤矿企业发展煤炭洗选加工，综合开发利用煤层气、煤矸石、煤泥、石煤和泥炭。

第二十九条 国家发展和推广洁净煤技术。

国家采取措施取缔土法炼焦。禁止新建土法炼焦窑炉；现有的土法炼焦限期改造。

第三十条 县级以上各级人民政府及其煤炭管理部门和其他有关部门，应当加强对煤矿安全生产工作的监督管理。

第三十一条 煤矿企业的安全生产管理，实行矿务局长、矿长负责制。

第三十二条 矿务局长、矿长及煤矿企业的其他主要负责人必须遵守有关矿山安全的法律、法规和煤炭行业安全规章、规程，加强对煤矿安全生产工作的管理，执行安全生产责任制度，采取有效措施，防止伤亡和其他安全生产事故的发生。

第三十三条 煤矿企业应当对职工进行安全生产教育、培训；未经安全生产教育、培训的，不得上岗作业。

煤矿企业职工必须遵守有关安全生产的法律、法规、煤炭行业规章、规程和企业规章制度。

第三十四条 在煤矿井下作业中，出现危及职工生命安全并无法排除的紧急情况时，作业现场负责人或者安全管理人员应当立即组织职工撤离危险现场，并及时报告有关方面负责人。

第三十五条 煤矿企业工会发现企业行政方面违章指挥、强令职工冒险作业或者生产过程中发现明显重大事故隐患，可能危及职工生命安全的情况，有权提出解决问题的建议，煤矿企业行政方面必须及时作出处理决定。企业行政方面拒不处理的，工会有权提出批评、检举和控告。

第三十六条 煤矿企业必须为职工提供保障安全生产所需的劳动保护用品。

第三十七条 煤矿企业应当依法为职工参加工伤保险缴纳工伤保险费。鼓励企业为井下作业职工办理意外伤害保险，支付保险费。

第三十八条 煤矿企业使用的设备、器材、火工产品和安全仪器，必须符合国家标准或者行业标准。

第四章　煤炭经营

第三十九条　煤炭经营企业从事煤炭经营，应当遵守有关法律、法规的规定，改善服务，保障供应。禁止一切非法经营活动。

第四十条　煤炭经营应当减少中间环节和取消不合理的中间环节，提倡有条件的煤矿企业直销。

煤炭用户和煤炭销区的煤炭经营企业有权直接从煤矿企业购进煤炭。在煤炭产区可以组成煤炭销售、运输服务机构，为中小煤矿办理经销、运输业务。

禁止行政机关违反国家规定擅自设立煤炭供应的中间环节和额外加收费用。

第四十一条　从事煤炭运输的车站、港口及其他运输企业不得利用其掌握的运力作为参与煤炭经营、谋取不正当利益的手段。

第四十二条　国务院物价行政主管部门会同国务院煤炭管理部门和有关部门对煤炭的销售价格进行监督管理。

第四十三条　煤矿企业和煤炭经营企业供应用户的煤炭质量应当符合国家标准或者行业标准，质级相符，质价相符。用户对煤炭质量有特殊要求的，由供需双方在煤炭购销合同中约定。

煤矿企业和煤炭经营企业不得在煤炭中掺杂、掺假，以次充好。

第四十四条　煤矿企业和煤炭经营企业供应用户的煤炭质量不符合国家标准或者行业标准，或者不符合合同约定，或者质级不符、质价不符，给用户造成损失的，应当依法给予赔偿。

第四十五条　煤矿企业、煤炭经营企业、运输企业和煤炭用户应当依照法律、国务院有关规定或者合同约定供应、运输和接卸煤炭。

运输企业应当将承运的不同质量的煤炭分装、分堆。

第四十六条　煤炭的进出口依照国务院的规定，实行统一管理。

具备条件的大型煤矿企业经国务院对外经济贸易主管部门依法许可，有权从事煤炭出口经营。

第四十七条 煤炭经营管理办法，由国务院依照本法制定。

第五章 煤矿矿区保护

第四十八条 任何单位或者个人不得危害煤矿矿区的电力、通讯、水源、交通及其他生产设施。

禁止任何单位和个人扰乱煤矿矿区的生产秩序和工作秩序。

第四十九条 对盗窃或者破坏煤矿矿区设施、器材及其他危及煤矿矿区安全的行为，一切单位和个人都有权检举、控告。

第五十条 未经煤矿企业同意，任何单位或者个人不得在煤矿企业依法取得土地使用权的有效期间内在该土地上种植、养殖、取土或者修建建筑物、构筑物。

第五十一条 未经煤矿企业同意，任何单位或者个人不得占用煤矿企业的铁路专用线、专用道路、专用航道、专用码头、电力专用线、专用供水管路。

第五十二条 任何单位或者个人需要在煤矿采区范围内进行可能危及煤矿安全的作业时，应当经煤矿企业同意，报煤炭管理部门批准，并采取安全措施后，方可进行作业。

在煤矿矿区范围内需要建设公用工程或者其他工程的，有关单位应当事先与煤矿企业协商并达成协议后，方可施工。

第六章 监督检查

第五十三条 煤炭管理部门和有关部门依法对煤矿企业和煤炭经营企业执行煤炭法律、法规的情况进行监督检查。

第五十四条 煤炭管理部门和有关部门的监督检查人员应当熟悉煤炭法律、法规，掌握有关煤炭专业技术，公正廉洁，秉公执法。

第五十五条　煤炭管理部门和有关部门的监督检查人员进行监督检查时，有权向煤矿企业、煤炭经营企业或者用户了解有关执行煤炭法律、法规的情况，查阅有关资料，并有权进入现场进行检查。

煤矿企业、煤炭经营企业和用户对依法执行监督检查任务的煤炭管理部门和有关部门的监督检查人员应当提供方便。

第五十六条　煤炭管理部门和有关部门的监督检查人员对煤矿企业和煤炭经营企业违反煤炭法律、法规的行为，有权要求其依法改正。

煤炭管理部门和有关部门的监督检查人员进行监督检查时，应当出示证件。

第七章　法律责任

第五十七条　违反本法第二十二条的规定，开采煤炭资源未达到国务院煤炭管理部门规定的煤炭资源回采率的，由煤炭管理部门责令限期改正；逾期仍达不到规定的回采率的，责令停止生产。

第五十八条　违反本法第二十四条的规定，擅自开采保安煤柱或者采用危及相邻煤矿生产安全的危险方法进行采矿作业的，由劳动行政主管部门会同煤炭管理部门责令停止作业；由煤炭管理部门没收违法所得，并处违法所得一倍以上五倍以下的罚款；构成犯罪的，由司法机关依法追究刑事责任；造成损失的，依法承担赔偿责任。

第五十九条　违反本法第四十三条的规定，在煤炭产品中掺杂、掺假，以次充好的，责令停止销售，没收违法所得，并处违法所得一倍以上五倍以下的罚款；构成犯罪的，由司法机关依法追究刑事责任。

第六十条　违反本法第五十条的规定，未经煤矿企业同意，在煤矿企业依法取得土地使用权的有效期间内在该土地上修建建筑物、构筑物的，由当地人民政府动员拆除；拒不拆除的，责令拆除。

第六十一条　违反本法第五十一条的规定，未经煤矿企业同意，占用煤矿企业的铁路专用线、专用道路、专用航道、专用码头、电力专用线、专用供水管路的，由县级以上地方人民政府责令限期改正；逾期不改正的，强制清除，可以并处五万元以下的罚款；造成损失的，依法承担赔偿责任。

第六十二条 违反本法第五十二条的规定，未经批准或者未采取安全措施，在煤矿采区范围内进行危及煤矿安全作业的，由煤炭管理部门责令停止作业，可以并处五万元以下的罚款；造成损失的，依法承担赔偿责任。

第六十三条 有下列行为之一的，由公安机关依照治安管理处罚法的有关规定处罚；构成犯罪的，由司法机关依法追究刑事责任:

（一）阻碍煤矿建设，致使煤矿建设不能正常进行的；

（二）故意损坏煤矿矿区的电力、通讯、水源、交通及其他生产设施的；

（三）扰乱煤矿矿区秩序，致使生产、工作不能正常进行的；

（四）拒绝、阻碍监督检查人员依法执行职务的。

第六十四条 煤矿企业的管理人员违章指挥、强令职工冒险作业，发生重大伤亡事故的，依照刑法有关规定追究刑事责任。

第六十五条 煤矿企业的管理人员对煤矿事故隐患不采取措施予以消除，发生重大伤亡事故的，依照刑法有关规定追究刑事责任。

第六十六条 煤炭管理部门和有关部门的工作人员玩忽职守、徇私舞弊、滥用职权的，依法给予行政处分；构成犯罪的，由司法机关依法追究刑事责任。

第八章 附 则

第六十七条 本法自1996年12月1日起施行。

中华人民共和国特种设备安全法

（2013年6月29日第十二届全国人民代表大会常务委员会第三次会议通过）

目　　录

第一章　总　　则

第一条　为了加强特种设备安全工作，预防特种设备事故，保障人身和财产安全，促进经济社会发展，制定本法。

第二条　特种设备的生产（包括设计、制造、安装、改造、修理）、经营、使用、检验、检测和特种设备安全的监督管理，适用本法。

本法所称特种设备，是指对人身和财产安全有较大危险性的锅炉、压力容器（含气瓶）、压力管道、电梯、起重机械、客运索道、大型游乐设施、场（厂）内专用机动车辆，以及法律、行政法规规定适用本法的其他特种设备。

国家对特种设备实行目录管理。特种设备目录由国务院负责特种设备安全监督管理的部门制定，报国务院批准后执行。

第三条 特种设备安全工作应当坚持安全第一、预防为主、节能环保、综合治理的原则。

第四条 国家对特种设备的生产、经营、使用，实施分类的、全过程的安全监督管理。

第五条 国务院负责特种设备安全监督管理的部门对全国特种设备安全实施监督管理。县级以上地方各级人民政府负责特种设备安全监督管理的部门对本行政区域内特种设备安全实施监督管理。

第六条 国务院和地方各级人民政府应当加强对特种设备安全工作的领导，督促各有关部门依法履行监督管理职责。

县级以上地方各级人民政府应当建立协调机制，及时协调、解决特种设备安全监督管理中存在的问题。

第七条 特种设备生产、经营、使用单位应当遵守本法和其他有关法律、法规，建立、健全特种设备安全和节能责任制度，加强特种设备安全和节能管理，确保特种设备生产、经营、使用安全，符合节能要求。

第八条 特种设备生产、经营、使用、检验、检测应当遵守有关特种设备安全技术规范及相关标准。

特种设备安全技术规范由国务院负责特种设备安全监督管理的部门制定。

第九条 特种设备行业协会应当加强行业自律，推进行业诚信体系建设，提高特种设备安全管理水平。

第十条 国家支持有关特种设备安全的科学技术研究，鼓励先进技术和先进管理方法的推广应用，对做出突出贡献的单位和个人给予奖励。

第十一条 负责特种设备安全监督管理的部门应当加强特种设备安

全宣传教育，普及特种设备安全知识，增强社会公众的特种设备安全意识。

第十二条　任何单位和个人有权向负责特种设备安全监督管理的部门和有关部门举报涉及特种设备安全的违法行为，接到举报的部门应当及时处理。

第二章　生产、经营、使用

第一节　一般规定

第十三条　特种设备生产、经营、使用单位及其主要负责人对其生产、经营、使用的特种设备安全负责。

特种设备生产、经营、使用单位应当按照国家有关规定配备特种设备安全管理人员、检测人员和作业人员，并对其进行必要的安全教育和技能培训。

第十四条　特种设备安全管理人员、检测人员和作业人员应当按照国家有关规定取得相应资格，方可从事相关工作。特种设备安全管理人员、检测人员和作业人员应当严格执行安全技术规范和管理制度，保证特种设备安全。

第十五条　特种设备生产、经营、使用单位对其生产、经营、使用的特种设备应当进行自行检测和维护保养，对国家规定实行检验的特种设备应当及时申报并接受检验。

第十六条　特种设备采用新材料、新技术、新工艺，与安全技术规范的要求不一致，或者安全技术规范未作要求、可能对安全性能有重大影响的，应当向国务院负责特种设备安全监督管理的部门申报，由国务院负责特种设备安全监督管理的部门及时委托安全技术咨询机构或者相关专业机构进行技术评审，评审结果经国务院负责特种设备安全监督管理的部门批准，方可投入生产、使用。

国务院负责特种设备安全监督管理的部门应当将允许使用的新材料、

新技术、新工艺的有关技术要求，及时纳入安全技术规范。

第十七条 国家鼓励投保特种设备安全责任保险。

第二节 生 产

第十八条 国家按照分类监督管理的原则对特种设备生产实行许可制度。特种设备生产单位应当具备下列条件，并经负责特种设备安全监督管理的部门许可，方可从事生产活动:

（一）有与生产相适应的专业技术人员；

（二）有与生产相适应的设备、设施和工作场所；

（三）有健全的质量保证、安全管理和岗位责任等制度。

第十九条 特种设备生产单位应当保证特种设备生产符合安全技术规范及相关标准的要求，对其生产的特种设备的安全性能负责。不得生产不符合安全性能要求和能效指标以及国家明令淘汰的特种设备。

第二十条 锅炉、气瓶、氧舱、客运索道、大型游乐设施的设计文件，应当经负责特种设备安全监督管理的部门核准的检验机构鉴定，方可用于制造。

特种设备产品、部件或者试制的特种设备新产品、新部件以及特种设备采用的新材料，按照安全技术规范的要求需要通过型式试验进行安全性验证的，应当经负责特种设备安全监督管理的部门核准的检验机构进行型式试验。

第二十一条 特种设备出厂时，应当随附安全技术规范要求的设计文件、产品质量合格证明、安装及使用维护保养说明、监督检验证明等相关技术资料和文件，并在特种设备显著位置设置产品铭牌、安全警示标志及其说明。

第二十二条 电梯的安装、改造、修理，必须由电梯制造单位或者其委托的依照本法取得相应许可的单位进行。电梯制造单位委托其他单位进行电梯安装、改造、修理的，应当对其安装、改造、修理进行安全指导和监控，并按照安全技术规范的要求进行校验和调试。电梯制造单位对电梯安全性能负责。

第二十三条　特种设备安装、改造、修理的施工单位应当在施工前将拟进行的特种设备安装、改造、修理情况书面告知直辖市或者设区的市级人民政府负责特种设备安全监督管理的部门。

第二十四条　特种设备安装、改造、修理竣工后，安装、改造、修理的施工单位应当在验收后三十日内将相关技术资料和文件移交特种设备使用单位。特种设备使用单位应当将其存入该特种设备的安全技术档案。

第二十五条　锅炉、压力容器、压力管道元件等特种设备的制造过程和锅炉、压力容器、压力管道、电梯、起重机械、客运索道、大型游乐设施的安装、改造、重大修理过程，应当经特种设备检验机构按照安全技术规范的要求进行监督检验；未经监督检验或者监督检验不合格的，不得出厂或者交付使用。

第二十六条　国家建立缺陷特种设备召回制度。因生产原因造成特种设备存在危及安全的同一性缺陷的，特种设备生产单位应当立即停止生产，主动召回。

国务院负责特种设备安全监督管理的部门发现特种设备存在应当召回而未召回的情形时，应当责令特种设备生产单位召回。

第三节　经　　营

第二十七条　特种设备销售单位销售的特种设备，应当符合安全技术规范及相关标准的要求，其设计文件、产品质量合格证明、安装及使用维护保养说明、监督检验证明等相关技术资料和文件应当齐全。

特种设备销售单位应当建立特种设备检查验收和销售记录制度。

禁止销售未取得许可生产的特种设备，未经检验和检验不合格的特种设备，或者国家明令淘汰和已经报废的特种设备。

第二十八条　特种设备出租单位不得出租未取得许可生产的特种设

备或者国家明令淘汰和已经报废的特种设备，以及未按照安全技术规范的要求进行维护保养和未经检验或者检验不合格的特种设备。

第二十九条 特种设备在出租期间的使用管理和维护保养义务由特种设备出租单位承担，法律另有规定或者当事人另有约定的除外。

第三十条 进口的特种设备应当符合我国安全技术规范的要求，并经检验合格；需要取得我国特种设备生产许可的，应当取得许可。

进口特种设备随附的技术资料和文件应当符合本法第二十一条的规定，其安装及使用维护保养说明、产品铭牌、安全警示标志及其说明应当采用中文。

特种设备的进出口检验，应当遵守有关进出口商品检验的法律、行政法规。

第三十一条 进口特种设备，应当向进口地负责特种设备安全监督管理的部门履行提前告知义务。

第四节 使 用

第三十二条 特种设备使用单位应当使用取得许可生产并经检验合格的特种设备。

禁止使用国家明令淘汰和已经报废的特种设备。

第三十三条 特种设备使用单位应当在特种设备投入使用前或者投入使用后三十日内，向负责特种设备安全监督管理的部门办理使用登记，取得使用登记证书。登记标志应当置于该特种设备的显著位置。

第三十四条 特种设备使用单位应当建立岗位责任、隐患治理、应急救援等安全管理制度，制定操作规程，保证特种设备安全运行。

第三十五条 特种设备使用单位应当建立特种设备安全技术档案。安全技术档案应当包括以下内容：

（一）特种设备的设计文件、产品质量合格证明、安装及使用维护保养说明、监督检验证明等相关技术资料和文件；

（二）特种设备的定期检验和定期自行检查记录；

（三）特种设备的日常使用状况记录；

（四）特种设备及其附属仪器仪表的维护保养记录；

（五）特种设备的运行故障和事故记录。

第三十六条　电梯、客运索道、大型游乐设施等为公众提供服务的特种设备的运营使用单位，应当对特种设备的使用安全负责，设置特种设备安全管理机构或者配备专职的特种设备安全管理人员；其他特种设备使用单位，应当根据情况设置特种设备安全管理机构或者配备专职、兼职的特种设备安全管理人员。

第三十七条　特种设备的使用应当具有规定的安全距离、安全防护措施。

与特种设备安全相关的建筑物、附属设施，应当符合有关法律、行政法规的规定。

第三十八条　特种设备属于共有的，共有人可以委托物业服务单位或者其他管理人管理特种设备，受托人履行本法规定的特种设备使用单位的义务，承担相应责任。共有人未委托的，由共有人或者实际管理人履行管理义务，承担相应责任。

第三十九条　特种设备使用单位应当对其使用的特种设备进行经常性维护保养和定期自行检查，并作出记录。

特种设备使用单位应当对其使用的特种设备的安全附件、安全保护装置进行定期校验、检修，并作出记录。

第四十条　特种设备使用单位应当按照安全技术规范的要求，在检验合格有效期届满前一个月向特种设备检验机构提出定期检验要求。

特种设备检验机构接到定期检验要求后，应当按照安全技术规范的要求及时进行安全性能检验。特种设备使用单位应当将定期检验标志置于该特种设备的显著位置。

未经定期检验或者检验不合格的特种设备，不得继续使用。

第四十一条 特种设备安全管理人员应当对特种设备使用状况进行经常性检查，发现问题应当立即处理；情况紧急时，可以决定停止使用特种设备并及时报告本单位有关负责人。

特种设备作业人员在作业过程中发现事故隐患或者其他不安全因素，应当立即向特种设备安全管理人员和单位有关负责人报告；特种设备运行不正常时，特种设备作业人员应当按照操作规程采取有效措施保证安全。

第四十二条 特种设备出现故障或者发生异常情况，特种设备使用单位应当对其进行全面检查，消除事故隐患，方可继续使用。

第四十三条 客运索道、大型游乐设施在每日投入使用前，其运营使用单位应当进行试运行和例行安全检查，并对安全附件和安全保护装置进行检查确认。

电梯、客运索道、大型游乐设施的运营使用单位应当将电梯、客运索道、大型游乐设施的安全使用说明、安全注意事项和警示标志置于易于为乘客注意的显著位置。

公众乘坐或者操作电梯、客运索道、大型游乐设施，应当遵守安全使用说明和安全注意事项的要求，服从有关工作人员的管理和指挥；遇有运行不正常时，应当按照安全指引，有序撤离。

第四十四条 锅炉使用单位应当按照安全技术规范的要求进行锅炉水（介）质处理，并接受特种设备检验机构的定期检验。

从事锅炉清洗，应当按照安全技术规范的要求进行，并接受特种设备检验机构的监督检验。

第四十五条 电梯的维护保养应当由电梯制造单位或者依照本法取得许可的安装、改造、修理单位进行。

电梯的维护保养单位应当在维护保养中严格执行安全技术规范的要求，保证其维护保养的电梯的安全性能，并负责落实现场安全防护措施，保证施工安全。

电梯的维护保养单位应当对其维护保养的电梯的安全性能负责；接到

故障通知后，应当立即赶赴现场，并采取必要的应急救援措施。

第四十六条　电梯投入使用后，电梯制造单位应当对其制造的电梯的安全运行情况进行跟踪调查和了解，对电梯的维护保养单位或者使用单位在维护保养和安全运行方面存在的问题，提出改进建议，并提供必要的技术帮助；发现电梯存在严重事故隐患时，应当及时告知电梯使用单位，并向负责特种设备安全监督管理的部门报告。电梯制造单位对调查和了解的情况，应当作出记录。

第四十七条　特种设备进行改造、修理，按照规定需要变更使用登记的，应当办理变更登记，方可继续使用。

第四十八条　特种设备存在严重事故隐患，无改造、修理价值，或者达到安全技术规范规定的其他报废条件的，特种设备使用单位应当依法履行报废义务，采取必要措施消除该特种设备的使用功能，并向原登记的负责特种设备安全监督管理的部门办理使用登记证书注销手续。

前款规定报废条件以外的特种设备，达到设计使用年限可以继续使用的，应当按照安全技术规范的要求通过检验或者安全评估，并办理使用登记证书变更，方可继续使用。允许继续使用的，应当采取加强检验、检测和维护保养等措施，确保使用安全。

第四十九条　移动式压力容器、气瓶充装单位，应当具备下列条件，并经负责特种设备安全监督管理的部门许可，方可从事充装活动：

（一）有与充装和管理相适应的管理人员和技术人员；

（二）有与充装和管理相适应的充装设备、检测手段、场地厂房、器具、安全设施；

（三）有健全的充装管理制度、责任制度、处理措施。

充装单位应当建立充装前后的检查、记录制度，禁止对不符合安全技术规范要求的移动式压力容器和气瓶进行充装。

气瓶充装单位应当向气体使用者提供符合安全技术规范要求的气瓶，对气体使用者进行气瓶安全使用指导，并按照安全技术规范的要求办理气瓶使用登记，及时申报定期检验。

第三章　检验、检测

第五十条　从事本法规定的监督检验、定期检验的特种设备检验机构，以及为特种设备生产、经营、使用提供检测服务的特种设备检测机构，应当具备下列条件，并经负责特种设备安全监督管理的部门核准，方可从事检验、检测工作：

（一）有与检验、检测工作相适应的检验、检测人员；

（二）有与检验、检测工作相适应的检验、检测仪器和设备；

（三）有健全的检验、检测管理制度和责任制度。

第五十一条　特种设备检验、检测机构的检验、检测人员应当经考核，取得检验、检测人员资格，方可从事检验、检测工作。

特种设备检验、检测机构的检验、检测人员不得同时在两个以上检验、检测机构中执业；变更执业机构的，应当依法办理变更手续。

第五十二条　特种设备检验、检测工作应当遵守法律、行政法规的规定，并按照安全技术规范的要求进行。

特种设备检验、检测机构及其检验、检测人员应当依法为特种设备生产、经营、使用单位提供安全、可靠、便捷、诚信的检验、检测服务。

第五十三条　特种设备检验、检测机构及其检验、检测人员应当客观、公正、及时地出具检验、检测报告，并对检验、检测结果和鉴定结论负责。

特种设备检验、检测机构及其检验、检测人员在检验、检测中发现特种设备存在严重事故隐患时，应当及时告知相关单位，并立即向负责特种设备安全监督管理的部门报告。

负责特种设备安全监督管理的部门应当组织对特种设备检验、检测机构的检验、检测结果和鉴定结论进行监督抽查，但应当防止重复抽查。监督抽查结果应当向社会公布。

第五十四条　特种设备生产、经营、使用单位应当按照安全技术规范的要求向特种设备检验、检测机构及其检验、检测人员提供特种设备相关资料和必要的检验、检测条件，并对资料的真实性负责。

第五十五条　特种设备检验、检测机构及其检验、检测人员对检验、检测过程中知悉的商业秘密，负有保密义务。

特种设备检验、检测机构及其检验、检测人员不得从事有关特种设备的生产、经营活动，不得推荐或者监制、监销特种设备。

第五十六条　特种设备检验机构及其检验人员利用检验工作故意刁难特种设备生产、经营、使用单位的，特种设备生产、经营、使用单位有权向负责特种设备安全监督管理的部门投诉，接到投诉的部门应当及时进行调查处理。

第四章　监督管理

第五十七条　负责特种设备安全监督管理的部门依照本法规定，对特种设备生产、经营、使用单位和检验、检测机构实施监督检查。

负责特种设备安全监督管理的部门应当对学校、幼儿园以及医院、车站、客运码头、商场、体育场馆、展览馆、公园等公众聚集场所的特种设备，实施重点安全监督检查。

第五十八条　负责特种设备安全监督管理的部门实施本法规定的许可工作，应当依照本法和其他有关法律、行政法规规定的条件和程序以及安全技术规范的要求进行审查；不符合规定的，不得许可。

第五十九条　负责特种设备安全监督管理的部门在办理本法规定的许可时，其受理、审查、许可的程序必须公开，并应当自受理申请之日起三十日内，作出许可或者不予许可的决定；不予许可的，应当书面向申请人说明理由。

第六十条　负责特种设备安全监督管理的部门对依法办理使用登记的特种设备应当建立完整的监督管理档案和信息查询系统；对达到报废条件的特种设备，应当及时督促特种设备使用单位依法履行报废义务。

第六十一条 负责特种设备安全监督管理的部门在依法履行监督检查职责时，可以行使下列职权：

（一）进入现场进行检查，向特种设备生产、经营、使用单位和检验、检测机构的主要负责人和其他有关人员调查、了解有关情况；

（二）根据举报或者取得的涉嫌违法证据，查阅、复制特种设备生产、经营、使用单位和检验、检测机构的有关合同、发票、账簿以及其他有关资料；

（三）对有证据表明不符合安全技术规范要求或者存在严重事故隐患的特种设备实施查封、扣押；

（四）对流入市场的达到报废条件或者已经报废的特种设备实施查封、扣押；

（五）对违反本法规定的行为作出行政处罚决定。

第六十二条 负责特种设备安全监督管理的部门在依法履行职责过程中，发现违反本法规定和安全技术规范要求的行为或者特种设备存在事故隐患时，应当以书面形式发出特种设备安全监察指令，责令有关单位及时采取措施予以改正或者消除事故隐患。紧急情况下要求有关单位采取紧急处置措施的，应当随后补发特种设备安全监察指令。

第六十三条 负责特种设备安全监督管理的部门在依法履行职责过程中，发现重大违法行为或者特种设备存在严重事故隐患时，应当责令有关单位立即停止违法行为、采取措施消除事故隐患，并及时向上级负责特种设备安全监督管理的部门报告。接到报告的负责特种设备安全监督管理的部门应当采取必要措施，及时予以处理。

对违法行为、严重事故隐患的处理需要当地人民政府和有关部门的支持、配合时，负责特种设备安全监督管理的部门应当报告当地人民政府，并通知其他有关部门。当地人民政府和其他有关部门应当采取必要措施，及时予以处理。

第六十四条 地方各级人民政府负责特种设备安全监督管理的部门

不得要求已经依照本法规定在其他地方取得许可的特种设备生产单位重复取得许可，不得要求对已经依照本法规定在其他地方检验合格的特种设备重复进行检验。

第六十五条　负责特种设备安全监督管理的部门的安全监察人员应当熟悉相关法律、法规，具有相应的专业知识和工作经验，取得特种设备安全行政执法证件。

特种设备安全监察人员应当忠于职守、坚持原则、秉公执法。

负责特种设备安全监督管理的部门实施安全监督检查时，应当有二名以上特种设备安全监察人员参加，并出示有效的特种设备安全行政执法证件。

第六十六条　负责特种设备安全监督管理的部门对特种设备生产、经营、使用单位和检验、检测机构实施监督检查，应当对每次监督检查的内容、发现的问题及处理情况作出记录，并由参加监督检查的特种设备安全监察人员和被检查单位的有关负责人签字后归档。被检查单位的有关负责人拒绝签字的，特种设备安全监察人员应当将情况记录在案。

第六十七条　负责特种设备安全监督管理的部门及其工作人员不得推荐或者监制、监销特种设备；对履行职责过程中知悉的商业秘密负有保密义务。

第六十八条　国务院负责特种设备安全监督管理的部门和省、自治区、直辖市人民政府负责特种设备安全监督管理的部门应当定期向社会公布特种设备安全总体状况。

第五章　事故应急救援与调查处理

第六十九条　国务院负责特种设备安全监督管理的部门应当依法组织制定特种设备重特大事故应急预案，报国务院批准后纳入国家突发事件应急预案体系。

县级以上地方各级人民政府及其负责特种设备安全监督管理的部门

应当依法组织制定本行政区域内特种设备事故应急预案，建立或者纳入相应的应急处置与救援体系。

特种设备使用单位应当制定特种设备事故应急专项预案，并定期进行应急演练。

第七十条 特种设备发生事故后，事故发生单位应当按照应急预案采取措施，组织抢救，防止事故扩大，减少人员伤亡和财产损失，保护事故现场和有关证据，并及时向事故发生地县级以上人民政府负责特种设备安全监督管理的部门和有关部门报告。

县级以上人民政府负责特种设备安全监督管理的部门接到事故报告，应当尽快核实情况，立即向本级人民政府报告，并按照规定逐级上报。必要时，负责特种设备安全监督管理的部门可以越级上报事故情况。对特别重大事故、重大事故，国务院负责特种设备安全监督管理的部门应当立即报告国务院并通报国务院安全生产监督管理部门等有关部门。

与事故相关的单位和人员不得迟报、谎报或者瞒报事故情况，不得隐匿、毁灭有关证据或者故意破坏事故现场。

第七十一条 事故发生地人民政府接到事故报告，应当依法启动应急预案，采取应急处置措施，组织应急救援。

第七十二条 特种设备发生特别重大事故，由国务院或者国务院授权有关部门组织事故调查组进行调查。

发生重大事故，由国务院负责特种设备安全监督管理的部门会同有关部门组织事故调查组进行调查。

发生较大事故，由省、自治区、直辖市人民政府负责特种设备安全监督管理的部门会同有关部门组织事故调查组进行调查。

发生一般事故，由设区的市级人民政府负责特种设备安全监督管理的部门会同有关部门组织事故调查组进行调查。

事故调查组应当依法、独立、公正开展调查，提出事故调查报告。

第七十三条 组织事故调查的部门应当将事故调查报告报本级人民

政府，并报上一级人民政府负责特种设备安全监督管理的部门备案。有关部门和单位应当依照法律、行政法规的规定，追究事故责任单位和人员的责任。

事故责任单位应当依法落实整改措施，预防同类事故发生。事故造成损害的，事故责任单位应当依法承担赔偿责任。

第六章　法律责任

第七十四条　违反本法规定，未经许可从事特种设备生产活动的，责令停止生产，没收违法制造的特种设备，处十万元以上五十万元以下罚款；有违法所得的，没收违法所得；已经实施安装、改造、修理的，责令恢复原状或者责令限期由取得许可的单位重新安装、改造、修理。

第七十五条　违反本法规定，特种设备的设计文件未经鉴定，擅自用于制造的，责令改正，没收违法制造的特种设备，处五万元以上五十万元以下罚款。

第七十六条　违反本法规定，未进行型式试验的，责令限期改正；逾期未改正的，处三万元以上三十万元以下罚款。

第七十七条　违反本法规定，特种设备出厂时，未按照安全技术规范的要求随附相关技术资料和文件的，责令限期改正；逾期未改正的，责令停止制造、销售，处二万元以上二十万元以下罚款；有违法所得的，没收违法所得。

第七十八条　违反本法规定，特种设备安装、改造、修理的施工单位在施工前未书面告知负责特种设备安全监督管理的部门即行施工的，或者在验收后三十日内未将相关技术资料和文件移交特种设备使用单位的，责令限期改正；逾期未改正的，处一万元以上十万元以下罚款。

第七十九条　违反本法规定，特种设备的制造、安装、改造、重大修理以及锅炉清洗过程，未经监督检验的，责令限期改正；逾期未改正的，处五万元以上二十万元以下罚款；有违法所得的，没收违法所得；情节严重的，吊销生产许可证。

第八十条 违反本法规定，电梯制造单位有下列情形之一的，责令限期改正；逾期未改正的，处一万元以上十万元以下罚款：

（一）未按照安全技术规范的要求对电梯进行校验、调试的；

（二）对电梯的安全运行情况进行跟踪调查和了解时，发现存在严重事故隐患，未及时告知电梯使用单位并向负责特种设备安全监督管理的部门报告的。

第八十一条 违反本法规定，特种设备生产单位有下列行为之一的，责令限期改正；逾期未改正的，责令停止生产，处五万元以上五十万元以下罚款；情节严重的，吊销生产许可证：

（一）不再具备生产条件、生产许可证已经过期或者超出许可范围生产的；

（二）明知特种设备存在同一性缺陷，未立即停止生产并召回的。

违反本法规定，特种设备生产单位生产、销售、交付国家明令淘汰的特种设备的，责令停止生产、销售，没收违法生产、销售、交付的特种设备，处三万元以上三十万元以下罚款；有违法所得的，没收违法所得。

特种设备生产单位涂改、倒卖、出租、出借生产许可证的，责令停止生产，处五万元以上五十万元以下罚款；情节严重的，吊销生产许可证。

第八十二条 违反本法规定，特种设备经营单位有下列行为之一的，责令停止经营，没收违法经营的特种设备，处三万元以上三十万元以下罚款；有违法所得的，没收违法所得：

（一）销售、出租未取得许可生产，未经检验或者检验不合格的特种设备的；

（二）销售、出租国家明令淘汰、已经报废的特种设备，或者未按照安全技术规范的要求进行维护保养的特种设备的。

违反本法规定，特种设备销售单位未建立检查验收和销售记录制度，或者进口特种设备未履行提前告知义务的，责令改正，处一万元以上十万元以下罚款。

特种设备生产单位销售、交付未经检验或者检验不合格的特种设备的，依照本条第一款规定处罚；情节严重的，吊销生产许可证。

第八十三条　违反本法规定，特种设备使用单位有下列行为之一的，责令限期改正；逾期未改正的，责令停止使用有关特种设备，处一万元以上十万元以下罚款：

（一）使用特种设备未按照规定办理使用登记的；

（二）未建立特种设备安全技术档案或者安全技术档案不符合规定要求，或者未依法设置使用登记标志、定期检验标志的；

（三）未对其使用的特种设备进行经常性维护保养和定期自行检查，或者未对其使用的特种设备的安全附件、安全保护装置进行定期校验、检修，并作出记录的；

（四）未按照安全技术规范的要求及时申报并接受检验的；

（五）未按照安全技术规范的要求进行锅炉水（介）质处理的；

（六）未制定特种设备事故应急专项预案的。

第八十四条　违反本法规定，特种设备使用单位有下列行为之一的，责令停止使用有关特种设备，处三万元以上三十万元以下罚款：

（一）使用未取得许可生产，未经检验或者检验不合格的特种设备，或者国家明令淘汰、已经报废的特种设备的；

（二）特种设备出现故障或者发生异常情况，未对其进行全面检查、消除事故隐患，继续使用的；

（三）特种设备存在严重事故隐患，无改造、修理价值，或者达到安全技术规范规定的其他报废条件，未依法履行报废义务，并办理使用登记证书注销手续的。

第八十五条　违反本法规定，移动式压力容器、气瓶充装单位有下列行为之一的，责令改正，处二万元以上二十万元以下罚款；情节严重的，吊销充装许可证：

（一）未按照规定实施充装前后的检查、记录制度的；

（二）对不符合安全技术规范要求的移动式压力容器和气瓶进行充装的。

违反本法规定，未经许可，擅自从事移动式压力容器或者气瓶充装活动的，予以取缔，没收违法充装的气瓶，处十万元以上五十万元以下罚款；有违法所得的，没收违法所得。

第八十六条　违反本法规定，特种设备生产、经营、使用单位有下列情形之一的，责令限期改正；逾期未改正的，责令停止使用有关特种设备或者停产停业整顿，处一万元以上五万元以下罚款：

（一）未配备具有相应资格的特种设备安全管理人员、检测人员和作业人员的；

（二）使用未取得相应资格的人员从事特种设备安全管理、检测和作业的；

（三）未对特种设备安全管理人员、检测人员和作业人员进行安全教育和技能培训的。

第八十七条　违反本法规定，电梯、客运索道、大型游乐设施的运营使用单位有下列情形之一的，责令限期改正；逾期未改正的，责令停止使用有关特种设备或者停产停业整顿，处二万元以上十万元以下罚款：

（一）未设置特种设备安全管理机构或者配备专职的特种设备安全管理人员的；

（二）客运索道、大型游乐设施每日投入使用前，未进行试运行和例行安全检查，未对安全附件和安全保护装置进行检查确认的；

（三）未将电梯、客运索道、大型游乐设施的安全使用说明、安全注意事项和警示标志置于易于为乘客注意的显著位置的。

第八十八条　违反本法规定，未经许可，擅自从事电梯维护保养的，责令停止违法行为，处一万元以上十万元以下罚款；有违法所得的，没收违法所得。

电梯的维护保养单位未按照本法规定以及安全技术规范的要求，进行电梯维护保养的，依照前款规定处罚。

第八十九条　发生特种设备事故，有下列情形之一的，对单位处五万元以上二十万元以下罚款；对主要负责人处一万元以上五万元以下罚款；主要负责人属于国家工作人员的，并依法给予处分：

（一）发生特种设备事故时，不立即组织抢救或者在事故调查处理期间擅离职守或者逃匿的；

（二）对特种设备事故迟报、谎报或者瞒报的。

第九十条　发生事故，对负有责任的单位除要求其依法承担相应的赔偿等责任外，依照下列规定处以罚款：

（一）发生一般事故，处十万元以上二十万元以下罚款；

（二）发生较大事故，处二十万元以上五十万元以下罚款；

（三）发生重大事故，处五十万元以上二百万元以下罚款。

第九十一条　对事故发生负有责任的单位的主要负责人未依法履行职责或者负有领导责任的，依照下列规定处以罚款；属于国家工作人员的，并依法给予处分：

（一）发生一般事故，处上一年年收入百分之三十的罚款；

（二）发生较大事故，处上一年年收入百分之四十的罚款；

（三）发生重大事故，处上一年年收入百分之六十的罚款。

第九十二条　违反本法规定，特种设备安全管理人员、检测人员和作业人员不履行岗位职责，违反操作规程和有关安全规章制度，造成事故的，吊销相关人员的资格。

第九十三条　违反本法规定，特种设备检验、检测机构及其检验、检测人员有下列行为之一的，责令改正，对机构处五万元以上二十万元以下罚款，对直接负责的主管人员和其他直接责任人员处五千元以上五万元以下罚款；情节严重的，吊销机构资质和有关人员的资格：

（一）未经核准或者超出核准范围、使用未取得相应资格的人员从事检验、检测的；

（二）未按照安全技术规范的要求进行检验、检测的；

（三）出具虚假的检验、检测结果和鉴定结论或者检验、检测结果和鉴定结论严重失实的；

（四）发现特种设备存在严重事故隐患，未及时告知相关单位，并立即向负责特种设备安全监督管理的部门报告的；

（五）泄露检验、检测过程中知悉的商业秘密的；

（六）从事有关特种设备的生产、经营活动的；

（七）推荐或者监制、监销特种设备的；

（八）利用检验工作故意刁难相关单位的。

违反本法规定，特种设备检验、检测机构的检验、检测人员同时在两个以上检验、检测机构中执业的，处五千元以上五万元以下罚款；情节严重的，吊销其资格。

第九十四条 违反本法规定，负责特种设备安全监督管理的部门及其工作人员有下列行为之一的，由上级机关责令改正；对直接负责的主管人员和其他直接责任人员，依法给予处分:

（一）未依照法律、行政法规规定的条件、程序实施许可的；

（二）发现未经许可擅自从事特种设备的生产、使用或者检验、检测活动不予取缔或者不依法予以处理的；

（三）发现特种设备生产单位不再具备本法规定的条件而不吊销其许可证，或者发现特种设备生产、经营、使用违法行为不予查处的；

（四）发现特种设备检验、检测机构不再具备本法规定的条件而不撤销其核准，或者对其出具虚假的检验、检测结果和鉴定结论或者检验、检测结果和鉴定结论严重失实的行为不予查处的；

（五）发现违反本法规定和安全技术规范要求的行为或者特种设备存在事故隐患，不立即处理的；

（六）发现重大违法行为或者特种设备存在严重事故隐患，未及时向上

级负责特种设备安全监督管理的部门报告,或者接到报告的负责特种设备安全监督管理的部门不立即处理的;

（七）要求已经依照本法规定在其他地方取得许可的特种设备生产单位重复取得许可,或者要求对已经依照本法规定在其他地方检验合格的特种设备重复进行检验的;

（八）推荐或者监制、监销特种设备的;

（九）泄露履行职责过程中知悉的商业秘密的;

（十）接到特种设备事故报告未立即向本级人民政府报告,并按照规定上报的;

（十一）迟报、漏报、谎报或者瞒报事故的;

（十二）妨碍事故救援或者事故调查处理的;

（十三）其他滥用职权、玩忽职守、徇私舞弊的行为。

第九十五条　违反本法规定,特种设备生产、经营、使用单位或者检验、检测机构拒不接受负责特种设备安全监督管理的部门依法实施的监督检查的,责令限期改正;逾期未改正的,责令停产停业整顿,处二万元以上二十万元以下罚款。

特种设备生产、经营、使用单位擅自动用、调换、转移、损毁被查封、扣押的特种设备或者其主要部件的,责令改正,处五万元以上二十万元以下罚款;情节严重的,吊销生产许可证,注销特种设备使用登记证书。

第九十六条　违反本法规定,被依法吊销许可证的,自吊销许可证之日起三年内,负责特种设备安全监督管理的部门不予受理其新的许可申请。

第九十七条　违反本法规定,造成人身、财产损害的,依法承担民事责任。

违反本法规定,应当承担民事赔偿责任和缴纳罚款、罚金,其财产不足以同时支付时,先承担民事赔偿责任。

第九十八条　违反本法规定,构成违反治安管理行为的,依法给予治安管理处罚；构成犯罪的，依法追究刑事责任。

第七章　附　　则

第九十九条　特种设备行政许可、检验的收费，依照法律、行政法规的规定执行。

第一百条　军事装备、核设施、航空航天器使用的特种设备安全的监督管理不适用本法。

铁路机车、海上设施和船舶、矿山井下使用的特种设备以及民用机场专用设备安全的监督管理，房屋建筑工地、市政工程工地用起重机械和场（厂）内专用机动车辆的安装、使用的监督管理，由有关部门依照本法和其他有关法律的规定实施。

第一百零一条　本法自2014年1月1日起施行。

二、行政法规及文件

生产安全事故报告和调查处理条例

（2007年3月28日国务院第172次常务会议通过　2007年4月9日中华人民共和国国务院令第493号公布　自2007年6月1日起施行）

第一章　总　　则

第一条　为了规范生产安全事故的报告和调查处理，落实生产安全事故责任追究制度，防止和减少生产安全事故，根据《中华人民共和国安全生产法》和有关法律，制定本条例。

第二条　生产经营活动中发生的造成人身伤亡或者直接经济损失的生产安全事故的报告和调查处理，适用本条例；环境污染事故、核设施事故、国防科研生产事故的报告和调查处理不适用本条例。

第三条　根据生产安全事故(以下简称事故)造成的人员伤亡或者直接经济损失，事故一般分为以下等级：

（一）特别重大事故，是指造成30人以上死亡，或者100人以上重伤（包括急性工业中毒，下同），或者1亿元以上直接经济损失的事故；

（二）重大事故，是指造成10人以上30人以下死亡，或者50人以上100人以下重伤，或者5000万元以上1亿元以下直接经济损失的事故；

（三）较大事故，是指造成3人以上10人以下死亡，或者10人以上50人以下重伤，或者1000万元以上5000万元以下直接经济损失的事故；

（四）一般事故，是指造成3人以下死亡，或者10人以下重伤，或者1000万元以下直接经济损失的事故。

国务院安全生产监督管理部门可以会同国务院有关部门，制定事故等级划分的补充性规定。

本条第一款所称的“以上”包括本数，所称的“以下”不包括本数。

第四条 事故报告应当及时、准确、完整，任何单位和个人对事故不得迟报、漏报、谎报或者瞒报。

事故调查处理应当坚持实事求是、尊重科学的原则，及时、准确地查清事故经过、事故原因和事故损失，查明事故性质，认定事故责任，总结事故教训，提出整改措施，并对事故责任者依法追究责任。

第五条 县级以上人民政府应当依照本条例的规定，严格履行职责，及时、准确地完成事故调查处理工作。

事故发生地有关地方人民政府应当支持、配合上级人民政府或者有关部门的事故调查处理工作，并提供必要的便利条件。

参加事故调查处理的部门和单位应当互相配合，提高事故调查处理工作的效率。

第六条 工会依法参加事故调查处理，有权向有关部门提出处理意见。

第七条 任何单位和个人不得阻挠和干涉对事故的报告和依法调查处理。

第八条 对事故报告和调查处理中的违法行为，任何单位和个人有权向安全生产监督管理部门、监察机关或者其他有关部门举报，接到举报的部门应当依法及时处理。

第二章 事故报告

第九条 事故发生后，事故现场有关人员应当立即向本单位负责人报告；单位负责人接到报告后，应当于1小时内向事故发生地县级以上人民政府安全生产监督管理部门和负有安全生产监督管理职责的有关部门报告。

情况紧急时，事故现场有关人员可以直接向事故发生地县级以上人民政府安全生产监督管理部门和负有安全生产监督管理职责的有关部门报告。

第十条　安全生产监督管理部门和负有安全生产监督管理职责的有关部门接到事故报告后，应当依照下列规定上报事故情况，并通知公安机关、劳动保障行政部门、工会和人民检察院：

（一）特别重大事故、重大事故逐级上报至国务院安全生产监督管理部门和负有安全生产监督管理职责的有关部门；

（二）较大事故逐级上报至省、自治区、直辖市人民政府安全生产监督管理部门和负有安全生产监督管理职责的有关部门；

（三）一般事故上报至设区的市级人民政府安全生产监督管理部门和负有安全生产监督管理职责的有关部门。

安全生产监督管理部门和负有安全生产监督管理职责的有关部门依照前款规定上报事故情况，应当同时报告本级人民政府。国务院安全生产监督管理部门和负有安全生产监督管理职责的有关部门以及省级人民政府接到发生特别重大事故、重大事故的报告后，应当立即报告国务院。

必要时，安全生产监督管理部门和负有安全生产监督管理职责的有关部门可以越级上报事故情况。

第十一条　安全生产监督管理部门和负有安全生产监督管理职责的有关部门逐级上报事故情况，每级上报的时间不得超过2小时。

第十二条　报告事故应当包括下列内容：

（一）事故发生单位概况；

（二）事故发生的时间、地点以及事故现场情况；

（三）事故的简要经过；

（四）事故已经造成或者可能造成的伤亡人数(包括下落不明的人数)和初步估计的直接经济损失；

（五）已经采取的措施；

（六）其他应当报告的情况。

第十三条 事故报告后出现新情况的，应当及时补报。

自事故发生之日起30日内，事故造成的伤亡人数发生变化的，应当及时补报。道路交通事故、火灾事故自发生之日起7日内，事故造成的伤亡人数发生变化的，应当及时补报。

第十四条 事故发生单位负责人接到事故报告后，应当立即启动事故相应应急预案，或者采取有效措施，组织抢救，防止事故扩大，减少人员伤亡和财产损失。

第十五条 事故发生地有关地方人民政府、安全生产监督管理部门和负有安全生产监督管理职责的有关部门接到事故报告后，其负责人应当立即赶赴事故现场，组织事故救援。

第十六条 事故发生后，有关单位和人员应当妥善保护事故现场以及相关证据，任何单位和个人不得破坏事故现场、毁灭相关证据。

因抢救人员、防止事故扩大以及疏通交通等原因，需要移动事故现场物件的，应当做出标志，绘制现场简图并做出书面记录，妥善保存现场重要痕迹、物证。

第十七条 事故发生地公安机关根据事故的情况，对涉嫌犯罪的，应当依法立案侦查，采取强制措施和侦查措施。犯罪嫌疑人逃匿的，公安机关应当迅速追捕归案。

第十八条 安全生产监督管理部门和负有安全生产监督管理职责的有关部门应当建立值班制度，并向社会公布值班电话，受理事故报告和举报。

第三章 事故调查

第十九条 特别重大事故由国务院或者国务院授权有关部门组织事故调查组进行调查。

重大事故、较大事故、一般事故分别由事故发生地省级人民政府、设区的市级人民政府、县级人民政府负责调查。省级人民政府、设区的市级人民政府、县级人民政府可以直接组织事故调查组进行调查，也可以授权或者委托有关部门组织事故调查组进行调查。

未造成人员伤亡的一般事故，县级人民政府也可以委托事故发生单位组织事故调查组进行调查。

第二十条　上级人民政府认为必要时，可以调查由下级人民政府负责调查的事故。

自事故发生之日起30日内(道路交通事故、火灾事故自发生之日起7日内)，因事故伤亡人数变化导致事故等级发生变化，依照本条例规定应当由上级人民政府负责调查的，上级人民政府可以另行组织事故调查组进行调查。

第二十一条　特别重大事故以下等级事故，事故发生地与事故发生单位不在同一个县级以上行政区域的，由事故发生地人民政府负责调查，事故发生单位所在地人民政府应当派人参加。

第二十二条　事故调查组的组成应当遵循精简、效能的原则。

根据事故的具体情况，事故调查组由有关人民政府、安全生产监督管理部门、负有安全生产监督管理职责的有关部门、监察机关、公安机关以及工会派人组成，并应当邀请人民检察院派人参加。

事故调查组可以聘请有关专家参与调查。

第二十三条　事故调查组成员应当具有事故调查所需要的知识和专长，并与所调查的事故没有直接利害关系。

第二十四条　事故调查组组长由负责事故调查的人民政府指定。事故调查组组长主持事故调查组的工作。

第二十五条　事故调查组履行下列职责：

(一)查明事故发生的经过、原因、人员伤亡情况及直接经济损失；

(二)认定事故的性质和事故责任；

(三)提出对事故责任者的处理建议；

(四)总结事故教训，提出防范和整改措施；

（五）提交事故调查报告。

第二十六条 事故调查组有权向有关单位和个人了解与事故有关的情况，并要求其提供相关文件、资料，有关单位和个人不得拒绝。

事故发生单位的负责人和有关人员在事故调查期间不得擅离职守，并应当随时接受事故调查组的询问，如实提供有关情况。

事故调查中发现涉嫌犯罪的，事故调查组应当及时将有关材料或者其复印件移交司法机关处理。

第二十七条 事故调查中需要进行技术鉴定的，事故调查组应当委托具有国家规定资质的单位进行技术鉴定。必要时，事故调查组可以直接组织专家进行技术鉴定。技术鉴定所需时间不计入事故调查期限。

第二十八条 事故调查组成员在事故调查工作中应当诚信公正、恪尽职守，遵守事故调查组的纪律，保守事故调查的秘密。

未经事故调查组组长允许，事故调查组成员不得擅自发布有关事故的信息。

第二十九条 事故调查组应当自事故发生之日起60日内提交事故调查报告；特殊情况下，经负责事故调查的人民政府批准，提交事故调查报告的期限可以适当延长，但延长的期限最长不超过60日。

第三十条 事故调查报告应当包括下列内容：

（一）事故发生单位概况；

（二）事故发生经过和事故救援情况；

（三）事故造成的人员伤亡和直接经济损失；

（四）事故发生的原因和事故性质；

（五）事故责任的认定以及对事故责任者的处理建议；

（六）事故防范和整改措施。

事故调查报告应当附具有关证据材料。事故调查组成员应当在事故调查报告上签名。

第三十一条 事故调查报告报送负责事故调查的人民政府后，事故调查工作即告结束。事故调查的有关资料应当归档保存。

第四章　事 故 处 理

第三十二条　重大事故、较大事故、一般事故，负责事故调查的人民政府应当自收到事故调查报告之日起15日内做出批复；特别重大事故，30日内做出批复，特殊情况下，批复时间可以适当延长，但延长的时间最长不超过30日。

有关机关应当按照人民政府的批复，依照法律、行政法规规定的权限和程序，对事故发生单位和有关人员进行行政处罚，对负有事故责任的国家工作人员进行处分。

事故发生单位应当按照负责事故调查的人民政府的批复，对本单位负有事故责任的人员进行处理。

负有事故责任的人员涉嫌犯罪的，依法追究刑事责任。

第三十三条　事故发生单位应当认真吸取事故教训，落实防范和整改措施，防止事故再次发生。防范和整改措施的落实情况应当接受工会和职工的监督。

安全生产监督管理部门和负有安全生产监督管理职责的有关部门应当对事故发生单位落实防范和整改措施的情况进行监督检查。

第三十四条　事故处理的情况由负责事故调查的人民政府或者其授权的有关部门、机构向社会公布，依法应当保密的除外。

第五章　法 律 责 任

第三十五条　事故发生单位主要负责人有下列行为之一的，处上一年年收入40%至80%的罚款；属于国家工作人员的，并依法给予处分；构成犯罪的，依法追究刑事责任：

（一）不立即组织事故抢救的；

（二）迟报或者漏报事故的；

（三）在事故调查处理期间擅离职守的。

第三十六条 事故发生单位及其有关人员有下列行为之一的，对事故发生单位处100万元以上500万元以下的罚款；对主要负责人、直接负责的主管人员和其他直接责任人员处上一年年收入60%至100%的罚款；属于国家工作人员的，并依法给予处分；构成违反治安管理行为的，由公安机关依法给予治安管理处罚；构成犯罪的，依法追究刑事责任：

（一）谎报或者瞒报事故的；

（二）伪造或者故意破坏事故现场的；

（三）转移、隐匿资金、财产，或者销毁有关证据、资料的；

（四）拒绝接受调查或者拒绝提供有关情况和资料的；

（五）在事故调查中作伪证或者指使他人作伪证的；

（六）事故发生后逃匿的。

第三十七条 事故发生单位对事故发生负有责任的，依照下列规定处以罚款：

（一）发生一般事故的，处10万元以上20万元以下的罚款；

（二）发生较大事故的，处20万元以上50万元以下的罚款；

（三）发生重大事故的，处50万元以上200万元以下的罚款；

（四）发生特别重大事故的，处200万元以上500万元以下的罚款。

第三十八条 事故发生单位主要负责人未依法履行安全生产管理职责，导致事故发生的，依照下列规定处以罚款；属于国家工作人员的，并依法给予处分；构成犯罪的，依法追究刑事责任：

（一）发生一般事故的，处上一年年收入30%的罚款；

（二）发生较大事故的，处上一年年收入40%的罚款；

（三）发生重大事故的，处上一年年收入60%的罚款；

（四）发生特别重大事故的，处上一年年收入80%的罚款。

第三十九条 有关地方人民政府、安全生产监督管理部门和负有安全生产监督管理职责的有关部门有下列行为之一的，对直接负责的主管人员和其他直接责任人员依法给予处分；构成犯罪的，依法追究刑事责任：

（一）不立即组织事故抢救的；

（二）迟报、漏报、谎报或者瞒报事故的；

（三）阻碍、干涉事故调查工作的；

（四）在事故调查中作伪证或者指使他人作伪证的。

第四十条　事故发生单位对事故发生负有责任的，由有关部门依法暂扣或者吊销其有关证照；对事故发生单位负有事故责任的有关人员，依法暂停或者撤销其与安全生产有关的执业资格、岗位证书；事故发生单位主要负责人受到刑事处罚或者撤职处分的，自刑罚执行完毕或者受处分之日起，5年内不得担任任何生产经营单位的主要负责人。

为发生事故的单位提供虚假证明的中介机构，由有关部门依法暂扣或者吊销其有关证照及其相关人员的执业资格；构成犯罪的，依法追究刑事责任。

第四十一条　参与事故调查的人员在事故调查中有下列行为之一的，依法给予处分；构成犯罪的，依法追究刑事责任：

（一）对事故调查工作不负责任，致使事故调查工作有重大疏漏的；

（二）包庇、袒护负有事故责任的人员或者借机打击报复的。

第四十二条　违反本条例规定，有关地方人民政府或者有关部门故意拖延或者拒绝落实经批复的对事故责任人的处理意见的，由监察机关对有关责任人员依法给予处分。

第四十三条　本条例规定的罚款的行政处罚，由安全生产监督管理部门决定。

法律、行政法规对行政处罚的种类、幅度和决定机关另有规定的，依照其规定。

第六章　附　　则

第四十四条　没有造成人员伤亡，但是社会影响恶劣的事故，国务院或者有关地方人民政府认为需要调查处理的，依照本条例的有关规定执行。

国家机关、事业单位、人民团体发生的事故的报告和调查处理，参照本条例的规定执行。

第四十五条 特别重大事故以下等级事故的报告和调查处理，有关法律、行政法规或者国务院另有规定的，依照其规定。

第四十六条 本条例自2007年6月1日起施行。国务院1989年3月29日公布的《特别重大事故调查程序暂行规定》和1991年2月22日公布的《企业职工伤亡事故报告和处理规定》同时废止。

安全生产许可证条例

（2004年1月13日中华人民共和国国务院令第397号公布　根据2013年7月18日《国务院关于废止和修改部分行政法规的决定》第一次修订　根据2014年7月29日《国务院关于修改部分行政法规的决定》第二次修订）

第一条　为了严格规范安全生产条件，进一步加强安全生产监督管理，防止和减少生产安全事故，根据《中华人民共和国安全生产法》的有关规定，制定本条例。

第二条　国家对矿山企业、建筑施工企业和危险化学品、烟花爆竹、民用爆炸物品生产企业(以下统称企业)实行安全生产许可制度。

企业未取得安全生产许可证的，不得从事生产活动。

第三条　国务院安全生产监督管理部门负责中央管理的非煤矿矿山企业和危险化学品、烟花爆竹生产企业安全生产许可证的颁发和管理。

省、自治区、直辖市人民政府安全生产监督管理部门负责前款规定以外的非煤矿矿山企业和危险化学品、烟花爆竹生产企业安全生产许可证的颁发和管理，并接受国务院安全生产监督管理部门的指导和监督。

国家煤矿安全监察机构负责中央管理的煤矿企业安全生产许可证的颁发和管理。

在省、自治区、直辖市设立的煤矿安全监察机构负责前款规定以外的其他煤矿企业安全生产许可证的颁发和管理，并接受国家煤矿安全监察机构的指导和监督。

第四条　省、自治区、直辖市人民政府建设主管部门负责建筑施工企业安全生产许可证的颁发和管理，并接受国务院建设主管部门的指导和监督。

第五条 省、自治区、直辖市人民政府民用爆炸物品行业主管部门负责民用爆炸物品生产企业安全生产许可证的颁发和管理，并接受国务院民用爆炸物品行业主管部门的指导和监督。

第六条 企业取得安全生产许可证，应当具备下列安全生产条件：

（一）建立、健全安全生产责任制，制定完备的安全生产规章制度和操作规程；

（二）安全投入符合安全生产要求；

（三）设置安全生产管理机构，配备专职安全生产管理人员；

（四）主要负责人和安全生产管理人员经考核合格；

（五）特种作业人员经有关业务主管部门考核合格，取得特种作业操作资格证书；

（六）从业人员经安全生产教育和培训合格；

（七）依法参加工伤保险，为从业人员缴纳保险费；

（八）厂房、作业场所和安全设施、设备、工艺符合有关安全生产法律、法规、标准和规程的要求；

（九）有职业危害防治措施，并为从业人员配备符合国家标准或者行业标准的劳动防护用品；

（十）依法进行安全评价；

（十一）有重大危险源检测、评估、监控措施和应急预案；

（十二）有生产安全事故应急救援预案、应急救援组织或者应急救援人员，配备必要的应急救援器材、设备；

（十三）法律、法规规定的其他条件。

第七条 企业进行生产前，应当依照本条例的规定向安全生产许可证颁发管理机关申请领取安全生产许可证，并提供本条例第六条规定的相关文件、资料。安全生产许可证颁发管理机关应当自收到申请之日起45日内审查完毕，经审查符合本条例规定的安全生产条件的，颁发安全生产许可证；不符合本条例规定的安全生产条件的，不予颁发安全生产许可证，书面通知企业并说明理由。

煤矿企业应当以矿(井)为单位，依照本条例的规定取得安全生产许可证。

第八条　安全生产许可证由国务院安全生产监督管理部门规定统一的式样。

第九条　安全生产许可证的有效期为3年。安全生产许可证有效期满需要延期的，企业应当于期满前3个月向原安全生产许可证颁发管理机关办理延期手续。

企业在安全生产许可证有效期内，严格遵守有关安全生产的法律法规，未发生死亡事故的，安全生产许可证有效期届满时，经原安全生产许可证颁发管理机关同意，不再审查，安全生产许可证有效期延期3年。

第十条　安全生产许可证颁发管理机关应当建立、健全安全生产许可证档案管理制度，并定期向社会公布企业取得安全生产许可证的情况。

第十一条　煤矿企业安全生产许可证颁发管理机关、建筑施工企业安全生产许可证颁发管理机关、民用爆炸物品生产企业安全生产许可证颁发管理机关，应当每年向同级安全生产监督管理部门通报其安全生产许可证颁发和管理情况。

第十二条　国务院安全生产监督管理部门和省、自治区、直辖市人民政府安全生产监督管理部门对建筑施工企业、民用爆炸物品生产企业、煤矿企业取得安全生产许可证的情况进行监督。

第十三条　企业不得转让、冒用安全生产许可证或者使用伪造的安全生产许可证。

第十四条　企业取得安全生产许可证后，不得降低安全生产条件，并应当加强日常安全生产管理，接受安全生产许可证颁发管理机关的监督检查。

安全生产许可证颁发管理机关应当加强对取得安全生产许可证的企业的监督检查，发现其不再具备本条例规定的安全生产条件的，应当暂扣或者吊销安全生产许可证。

第十五条 安全生产许可证颁发管理机关工作人员在安全生产许可证颁发、管理和监督检查工作中，不得索取或者接受企业的财物，不得谋取其他利益。

第十六条 监察机关依照《中华人民共和国行政监察法》的规定，对安全生产许可证颁发管理机关及其工作人员履行本条例规定的职责实施监察。

第十七条 任何单位或者个人对违反本条例规定的行为，有权向安全生产许可证颁发管理机关或者监察机关等有关部门举报。

第十八条 安全生产许可证颁发管理机关工作人员有下列行为之一的，给予降级或者撤职的行政处分；构成犯罪的，依法追究刑事责任：

（一）向不符合本条例规定的安全生产条件的企业颁发安全生产许可证的；

（二）发现企业未依法取得安全生产许可证擅自从事生产活动，不依法处理的；

（三）发现取得安全生产许可证的企业不再具备本条例规定的安全生产条件，不依法处理的；

（四）接到对违反本条例规定行为的举报后，不及时处理的；

（五）在安全生产许可证颁发、管理和监督检查工作中，索取或者接受企业的财物，或者谋取其他利益的。

第十九条 违反本条例规定，未取得安全生产许可证擅自进行生产的，责令停止生产，没收违法所得，并处10万元以上50万元以下的罚款；造成重大事故或者其他严重后果，构成犯罪的，依法追究刑事责任。

第二十条 违反本条例规定，安全生产许可证有效期满未办理延期手续，继续进行生产的，责令停止生产，限期补办延期手续，没收违法所得，并处5万元以上10万元以下的罚款；逾期仍不办理延期手续，继续进行生产的，依照本条例第十九条的规定处罚。

第二十一条　违反本条例规定，转让安全生产许可证的，没收违法所得，处10万元以上50万元以下的罚款，并吊销其安全生产许可证；构成犯罪的，依法追究刑事责任；接受转让的，依照本条例第十九条的规定处罚。

冒用安全生产许可证或者使用伪造的安全生产许可证的，依照本条例第十九条的规定处罚。

第二十二条　本条例施行前已经进行生产的企业，应当自本条例施行之日起1年内，依照本条例的规定向安全生产许可证颁发管理机关申请办理安全生产许可证；逾期不办理安全生产许可证，或者经审查不符合本条例规定的安全生产条件，未取得安全生产许可证，继续进行生产的，依照本条例第十九条的规定处罚。

第二十三条　本条例规定的行政处罚，由安全生产许可证颁发管理机关决定。

第二十四条　本条例自公布之日起施行。

中华人民共和国矿山安全法实施条例

（1996年10月11日国务院批准　1996年10月30日劳动部令第4号发布　自发布之日起施行）

第一章　总　　则

第一条　根据《中华人民共和国矿山安全法》(以下简称《矿山安全法》),制定本条例。

第二条　《矿山安全法》及本条例中下列用语的含义：

矿山，是指在依法批准的矿区范围内从事矿产资源开采活动的场所及其附属设施。

矿产资源开采活动，是指在依法批准的矿区范围内从事矿产资源勘探和矿山建设、生产、闭坑及有关活动。

第三条　国家采取政策和措施，支持发展矿山安全教育，鼓励矿山安全开采技术、安全管理方法、安全设备与仪器的研究和推广，促进矿山安全科学技术进步。

第四条　各级人民政府、政府有关部门或者企业事业单位对有下列情形之一的单位和个人，按照国家有关规定给予奖励：

（一）在矿山安全管理和监督工作中，忠于职守，作出显著成绩的；

（二）防止矿山事故或者抢险救护有功的；

（三）在推广矿山安全技术、改进矿山安全设施方面，作出显著成绩的；

（四）在矿山安全生产方面提出合理化建议，效果显著的；

（五）在改善矿山劳动条件或者预防矿山事故方面有发明创造和科研成果，效果显著的。

第二章　矿山建设的安全保障

第五条　矿山设计使用的地质勘探报告书，应当包括下列技术资料：

（一）较大的断层、破碎带、滑坡、泥石流的性质和规模；

（二）含水层(包括溶洞)和隔水层的岩性、层厚、产状，含水层之间、地面水和地下水之间的水力联系，地下水的潜水位、水质、水量和流向，地面水流系统和有关水利工程的疏水能力以及当地历年降水量和最高洪水位；

（三）矿山设计范围内原有小窑、老窑的分布范围、开采深度和积水情况；

（四）沼气、二氧化碳赋存情况，矿物自然发火和矿尘爆炸的可能性；

（五）对人体有害的矿物组份、含量和变化规律，勘探区至少一年的天然放射性本底数据；

（六）地温异常和热水矿区的岩石热导率、地温梯度、热水来源、水温、水压和水量，以及圈定的热害区范围；

（七）工业、生活用水的水源和水质；

（八）钻孔封孔资料；

（九）矿山设计需要的其他资料。

第六条　编制矿山建设项目的可行性研究报告和总体设计，应当对矿山开采的安全条件进行论证。

矿山建设项目的初步设计，应当编制安全专篇。安全专篇的编写要求，由国务院劳动行政主管部门规定。

第七条　根据《矿山安全法》第八条的规定，矿山建设单位在向管理矿山企业的主管部门报送审批矿山建设工程安全设施设计文件时，应当同时报送劳动行政主管部门审查；没有劳动行政主管部门的审查意见，管理矿山企业的主管部门不得批准。

经批准的矿山建设工程安全设施设计需要修改时，应当征求原参加审查的劳动行政主管部门的意见。

第八条　矿山建设工程应当按照经批准的设计文件施工，保证施工质量；工程竣工后，应当按照国家有关规定申请验收。

建设单位应当在验收前60日向管理矿山企业的主管部门、劳动行政主管部门报送矿山建设工程安全设施施工、竣工情况的综合报告。

第九条 管理矿山企业的主管部门、劳动行政主管部门应当自收到建设单位报送的矿山建设工程安全设施施工、竣工情况的综合报告之日起30日内，对矿山建设工程的安全设施进行检查；不符合矿山安全规程、行业技术规范的，不得验收，不得投入生产或者使用。

第十条 矿山应当有保障安全生产、预防事故和职业危害的安全设施，并符合下列基本要求：

（一）每个矿井至少有两个独立的能行人的直达地面的安全出口。矿井的每个生产水平(中段)和各个采区(盘区)至少有两个能行人的安全出口，并与直达地面的出口相通。

（二）每个矿井有独立的采用机械通风的通风系统，保证井下作业场所有足够的风量；但是，小型非沼气矿井在保证井下作业场所所需风量的前提下，可以采用自然通风。

（三）井巷断面能满足行人、运输、通风和安全设施、设备的安装、维修及施工需要。

（四）井巷支护和采场顶板管理能保证作业场所的安全。

（五）相邻矿井之间、矿井与露天矿之间、矿井与老窑之间留有足够的安全隔离矿柱。矿山井巷布置留有足够的保障井上和井下安全的矿柱或者岩柱。

（六）露天矿山的阶段高度、平台宽度和边坡角能满足安全作业和边坡稳定的需要。船采沙矿的采池边界与地面建筑物、设备之间有足够的安全距离。

（七）有地面和井下的防水、排水系统，有防止地表水泄入井下和露天采场的措施。

（八）溜矿井有防止和处理堵塞的安全措施。

（九）有自然发火可能性的矿井，主要运输巷道布置在岩层或者不易自然发火的矿层内，并采用预防性灌浆或者其他有效的预防自然发火的措施。

（十）矿山地面消防设施符合国家有关消防的规定。矿井有防灭火设施和器材。

（十一）地面及井下供配电系统符合国家有关规定。

（十二）矿山提升运输设备、装置及设施符合下列要求：

1.钢丝绳、连接装置、提升容器以及保险链有足够的安全系数；

2.提升容器与井壁、罐道梁之间及两个提升容器之间有足够的间隙；

3.提升绞车和提升容器有可靠的安全保护装置；

4.电机车、架线、轨道的选型能满足安全要求；

5.运送人员的机械设备有可靠的安全保护装置；

6.提升运输设备有灵敏可靠的信号装置。

（十三）每个矿井有防尘供水系统。地面和井下所有产生粉尘的作业地点有综合防尘措施。

（十四）有瓦斯、矿尘爆炸可能性的矿井，采用防爆电器设备，并采取防尘和隔爆措施。

（十五）开采放射性矿物的矿井，符合下列要求：

1.矿井进风量和风质能满足降氡的需要，避免串联通风和污风循环；

2.主要进风道开在矿脉之外，穿矿脉或者岩体裂隙发育的进风巷道有防止氡析出的措施；

3.采用后退式回采；

4.能防止井下污水散流，并采取封闭的排放污水系统。

（十六）矿山储存爆破材料的场所符合国家有关规定。

（十七）排土场、矸石山有防止发生泥石流和其他危害的安全措施，尾矿库有防止溃坝等事故的安全设施。

（十八）有防止山体滑坡和因采矿活动引起地表塌陷造成危害的预防

措施。

（十九）每个矿井配置足够数量的通风检测仪表和有毒有害气体与井下环境检测仪器。开采有瓦斯突出的矿井，装备监测系统或者检测仪器。

（二十）有与外界相通的、符合安全要求的运输设施和通讯设施。

（二十一）有更衣室、浴室等设施。

第三章　矿山开采的安全保障

第十一条　采掘作业应当编制作业规程，规定保证作业人员安全的技术措施和组织措施，并在情况变化时及时予以修改和补充。

第十二条　矿山开采应当有下列图纸资料：

（一）地质图(包括水文地质图和工程地质图)；

（二）矿山总布置图和矿井井上、井下对照图；

（三）矿井、巷道、采场布置图；

（四）矿山生产和安全保障的主要系统图。

第十三条　矿山企业应当在采矿许可证批准的范围开采，禁止越层、越界开采。

第十四条　矿山使用的下列设备、器材、防护用品和安全检测仪器，应当符合国家安全标准或者行业安全标准；不符合国家安全标准或者行业安全标准的，不得使用：

（一）采掘、支护、装载、运输、提升、通风、排水、瓦斯抽放、压缩空气和起重设备；

（二）电动机、变压器、配电柜、电器开关、电控装置；

（三）爆破器材、通讯器材、矿灯、电缆、钢丝绳、支护材料、防火材料；

（四）各种安全卫生检测仪器仪表；

（五）自救器、安全帽、防尘防毒口罩或者面罩、防护服、防护鞋等防护用品和救护设备；

（六）经有关主管部门认定的其他有特殊安全要求的设备和器材。

第十五条　矿山企业应当对机电设备及其防护装置、安全检测仪器定期检查、维修，并建立技术档案，保证使用安全。

非负责设备运行的人员，不得操作设备。非值班电气人员，不得进行电气作业。操作电气设备的人员，应当有可靠的绝缘保护。检修电气设备时，不得带电作业。

第十六条　矿山作业场所空气中的有毒有害物质的浓度，不得超过国家标准或者行业标准；矿山企业应当按照国家规定的方法，按照下列要求定期检测：

（一）粉尘作业点，每月至少检测两次；

（二）三硝基甲苯作业点，每月至少检测一次；

（三）放射性物质作业点，每月至少检测三次；

（四）其他有毒有害物质作业点，井下每月至少检测一次，地面每季度至少检测一次；

（五）采用个体采样方法检测呼吸性粉尘的，每季度至少检测一次。

第十七条　井下采掘作业，必须按照作业规程的规定管理顶帮。采掘作业通过地质破碎带或者其他顶帮破碎地点时，应当加强支护。

露天采剥作业，应当按照设计规定，控制采剥工作面的阶段高度、宽度、边坡角和最终边坡角。采剥作业和排土作业，不得对深部或者邻近井巷造成危害。

第十八条　煤矿和其他有瓦斯爆炸可能性的矿井，应当严格执行瓦斯检查制度，任何人不得携带烟草和点火用具下井。

第十九条　在下列条件下从事矿山开采，应当编制专门设计文件，并报管理矿山企业的主管部门批准：

（一）有瓦斯突出的；

（二）有冲击地压的；

（三）在需要保护的建筑物、构筑物和铁路下面开采的；

（四）在水体下面开采的；

（五）在地温异常或者有热水涌出的地区开采的。

第二十条 有自然发火可能性的矿井，应当采取下列措施：

（一）及时清出采场浮矿和其他可燃物质，回采结束后及时封闭采空区；

（二）采取防火灌浆或者其他有效的预防自然发火的措施；

（三）定期检查井巷和采区封闭情况，测定可能自然发火地点的温度和风量；定期检测火区内的温度、气压和空气成份。

第二十一条 井下采掘作业遇下列情形之一时，应当探水前进：

（一）接近承压含水层或者含水的断层、流砂层、砾石层、溶洞、陷落柱时；

（二）接近与地表水体相通的地质破碎带或者接近连通承压层的未封钻孔时；

（三）接近积水的老窑、旧巷或者灌过泥浆的采空区时；

（四）发现有出水征兆时；

（五）掘开隔离矿柱或者岩柱放水时。

第二十二条 井下风量、风质、风速和作业环境的气候，必须符合矿山安全规程的规定。

采掘工作面进风风流中，按照体积计算，氧气不得低于20%，二氧化碳不得超过0.5%。

井下作业地点的空气温度不得超过28℃；超过时，应当采取降温或者其他防护措施。

第二十三条 开采放射性矿物的矿井，必须采取下列措施，减少氡气析出量：

（一）及时封闭采空区和已经报废或者暂时不用的井巷；

（二）用留矿法作业的采场采用下行通风；

（三）严格管理井下污水。

第二十四条 矿山的爆破作业和爆破材料的制造、储存、运输、试验及销毁，必须严格执行国家有关规定。

第二十五条　矿山企业对地面、井下产生粉尘的作业，应当采取综合防尘措施，控制粉尘危害。

井下风动凿岩，禁止干打眼。

第二十六条　矿山企业应当建立、健全对地面陷落区、排土场、矸石山、尾矿库的检查和维护制度；对可能发生的危害，应当采取预防措施。

第二十七条　矿山企业应当按照国家有关规定关闭矿山，对关闭矿山后可能引起的危害采取预防措施。关闭矿山报告应当包括下列内容：

（一）采掘范围及采空区处理情况；

（二）对矿井采取的封闭措施；

（三）对其他不安全因素的处理办法。

第四章　矿山企业的安全管理

第二十八条　矿山企业应当建立、健全下列安全生产责任制：

（一）行政领导岗位安全生产责任制；

（二）职能机构安全生产责任制；

（三）岗位人员的安全生产责任制。

第二十九条　矿长(含矿务局局长、矿山公司经理，下同)对本企业的安全生产工作负有下列责任：

（一）认真贯彻执行《矿山安全法》和本条例以及其他法律、法规中有关矿山安全生产的规定；

（二）制定本企业安全生产管理制度；

（三）根据需要配备合格的安全工作人员，对每个作业场所进行跟班检查；

（四）采取有效措施，改善职工劳动条件，保证安全生产所需要的材料、设备、仪器和劳动防护用品的及时供应；

（五）依照本条例的规定，对职工进行安全教育、培训；

（六）制定矿山灾害的预防和应急计划；

（七）及时采取措施，处理矿山存在的事故隐患；

（八）及时、如实向劳动行政主管部门和管理矿山企业的主管部门报告矿山事故。

第三十条　矿山企业应当根据需要，设置安全机构或者配备专职安全工作人员。专职安全工作人员应当经过培训，具备必要的安全专业知识和矿山安全工作经验，能胜任现场安全检查工作。

第三十一条　矿长应当定期向职工代表大会或者职工大会报告下列事项，接受民主监督：

（一）企业安全生产重大决策；

（二）企业安全技术措施计划及其执行情况；

（三）职工安全教育、培训计划及其执行情况；

（四）职工提出的改善劳动条件的建议和要求的处理情况；

（五）重大事故处理情况；

（六）有关安全生产的其他重要事项。

第三十二条　矿山企业职工享有下列权利：

（一）有权获得作业场所安全与职业危害方面的信息；

（二）有权向有关部门和工会组织反映矿山安全状况和存在的问题；

（三）对任何危害职工安全健康的决定和行为，有权提出批评、检举和控告。

第三十三条　矿山企业职工应当履行下列义务：

（一）遵守有关矿山安全的法律、法规和企业规章制度；

（二）维护矿山企业的生产设备、设施；

（三）接受安全教育和培训；

（四）及时报告危险情况，参加抢险救护。

第三十四条　矿山企业工会有权督促企业行政方面加强职工的安全教育、培训工作，开展安全宣传活动，提高职工的安全生产意识和技术素质。

第三十五条　矿山企业应当按照下列规定对职工进行安全教育、培训：

（一）新进矿山的井下作业职工，接受安全教育、培训的时间不得少于72小时，考试合格后，必须在有安全工作经验的职工带领下工作满4个月，然后经再次考核合格，方可独立工作；

（二）新进露天矿的职工，接受安全教育、培训的时间不得少于40小时，经考试合格后，方可上岗作业；

（三）对调换工种和采用新工艺作业的人员，必须重新培训，经考试合格后，方可上岗作业；

（四）所有生产作业人员，每年接受在职安全教育、培训的时间不少于20小时。

职工安全教育、培训期间，矿山企业应当支付工资。

职工安全教育、培训情况和考核结果，应当记录存档。

第三十六条　矿山企业对职工的安全教育、培训，应当包括下列内容：

（一）《矿山安全法》及本条例赋予矿山职工的权利与义务；

（二）矿山安全规程及矿山企业有关安全管理的规章制度；

（三）与职工本职工作有关的安全知识；

（四）各种事故征兆的识别、发生紧急危险情况时的应急措施和撤退路线；

（五）自救装备的使用和有关急救方面的知识；

（六）有关主管部门规定的其他内容。

第三十七条　瓦斯检查工、爆破工、通风工、信号工、拥罐工、电工、金属焊接(切割)工、矿井泵工、瓦斯抽放工、主扇风机操作工、主提升机操作工、绞车操作工、输送机操作工、尾矿工、安全检查工和矿内机动车司机等特种作业人员应当接受专门技术培训，经考核合格取得操作资格证书后，方可上岗作业。特种作业人员的考核、发证工作按照国家有关规定执行。

第三十八条 对矿长安全资格的考核，应当包括下列内容：

（一）《矿山安全法》和有关法律、法规及矿山安全规程；

（二）矿山安全知识；

（三）安全生产管理能力；

（四）矿山事故处理能力；

（五）安全生产业绩。

第三十九条 矿山企业向职工发放的劳动防护用品应当是经过鉴定和检验合格的产品。劳动防护用品的发放标准由国务院劳动行政主管部门制定。

第四十条 矿山企业应当每年编制矿山灾害预防和应急计划；在每季度末，应当根据实际情况对计划及时进行修改，制定相应的措施。

矿山企业应当使每个职工熟悉矿山灾害预防和应急计划，并且每年至少组织一次矿山救灾演习。

矿山企业应当根据国家有关规定，按照不同作业场所的要求，设置矿山安全标志。

第四十一条 矿山企业应当建立由专职的或者兼职的人员组成的矿山救护和医疗急救组织。不具备单独建立专业救护和医疗急救组织的小型矿山企业，除应当建立兼职的救护和医疗急救组织外，还应当与邻近的有专业的救护和医疗急救组织的矿山企业签订救护和急救协议，或者与邻近的矿山企业联合建立专业救护和医疗急救组织。

矿山救护和医疗急救组织应当有固定场所、训练器械和训练场地。

矿山救护和医疗急救组织的规模和装备标准，由国务院管理矿山企业的有关主管部门规定。

第四十二条 矿山企业必须按照国家规定的安全条件进行生产，并安排一部分资金，用于下列改善矿山安全生产条件的项目：

（一）预防矿山事故的安全技术措施；

（二）预防职业危害的劳动卫生技术措施；

（三）职工的安全培训；

（四）改善矿山安全生产条件的其他技术措施。

前款所需资金，由矿山企业按矿山维简费的20%的比例具实列支；没有矿山维简费的矿山企业，按固定资产折旧费的20%的比例具实列支。

第五章　矿山安全的监督和管理

第四十三条　县级以上各级人民政府劳动行政主管部门，应当根据矿山安全监督工作的实际需要，配备矿山安全监督人员。

矿山安全监督人员必须熟悉矿山安全技术知识，具有矿山安全工作经验，能胜任矿山安全检查工作。

矿山安全监督证件和专用标志由国务院劳动行政主管部门统一制作。

第四十四条　矿山安全监督人员在执行职务时，有权进入现场检查，参加有关会议，无偿调阅有关资料，向有关单位和人员了解情况。

矿山安全监督人员进入现场检查，发现有危及职工安全健康的情况时，有权要求矿山企业立即改正或者限期解决；情况紧急时，有权要求矿山企业立即停止作业，从危险区内撤出作业人员。

劳动行政主管部门可以委托检测机构对矿山作业场所和危险性较大的在用设备、仪器、器材进行抽检。

劳动行政主管部门对检查中发现的违反《矿山安全法》和本条例以及其他法律、法规有关矿山安全的规定的情况，应当依法提出处理意见。

第四十五条　矿山安全监督人员执行公务时，应当出示矿山安全监督证件，秉公执法，并遵守有关规定。

第六章　矿山事故处理

第四十六条　矿山发生事故后，事故现场有关人员应当立即报告矿长或者有关主管人员；矿长或者有关主管人员接到事故报告后，必须立即采取有效措施，组织抢救，防止事故扩大，尽力减少人员伤亡和财产损失。

第四十七条 矿山发生重伤、死亡事故后，矿山企业应当在24小时内如实向劳动行政主管部门和管理矿山企业的主管部门报告。

第四十八条 劳动行政主管部门和管理矿山企业的主管部门接到死亡事故或者一次重伤3人以上的事故报告后，应当立即报告本级人民政府，并报各自的上一级主管部门。

第四十九条 发生伤亡事故，矿山企业和有关单位应当保护事故现场；因抢救事故，需要移动现场部分物品时，必须作出标志，绘制事故现场图，并详细记录；在消除现场危险，采取防范措施后，方可恢复生产。

第五十条 矿山事故发生后，有关部门应当按照国家有关规定，进行事故调查处理。

第五十一条 矿山事故调查处理工作应当自事故发生之日起90日内结束；遇有特殊情况，可以适当延长，但是不得超过180日。矿山事故处理结案后，应当公布处理结果。

第七章 法律责任

第五十二条 依照《矿山安全法》第四十条规定处以罚款的，分别按照下列规定执行：

（一）未对职工进行安全教育、培训，分配职工上岗作业的，处4万元以下的罚款；

（二）使用不符合国家安全标准或者行业安全标准的设备、器材、防护用品和安全检测仪器的，处5万元以下的罚款；

（三）未按照规定提取或者使用安全技术措施专项费用的，处5万元以下的罚款；

（四）拒绝矿山安全监督人员现场检查或者在被检查时隐瞒事故隐患，不如实反映情况的，处2万元以下的罚款；

（五）未按照规定及时、如实报告矿山事故的，处3万元以下的罚款。

第五十三条 依照《矿山安全法》第四十三条规定处以罚款的，罚款幅度为5万元以上10万元以下。

第五十四条　违反本条例第十五条、第十六条、第十七条、第十八条、第十九条、第二十条、第二十一条、第二十二条、第二十三条、第二十五条规定的，由劳动行政主管部门责令改正，可以处2万元以下的罚款。

第五十五条　当事人收到罚款通知书后，应当在15日内到指定的金融机构缴纳罚款；逾期不缴纳的，自逾期之日起每日加收3‰的滞纳金。

第五十六条　矿山企业主管人员有下列行为之一，造成矿山事故的，按照规定给予纪律处分；构成犯罪的，由司法机关依法追究刑事责任：

（一）违章指挥、强令工人违章、冒险作业的；

（二）对工人屡次违章作业熟视无睹，不加制止的；

（三）对重大事故预兆或者已发现的隐患不及时采取措施的；

（四）不执行劳动行政主管部门的监督指令或者不采纳有关部门提出的整顿意见，造成严重后果的。

第八章　附　　则

第五十七条　国务院管理矿山企业的主管部门根据《矿山安全法》和本条例修订或者制定的矿山安全规程和行业技术规范，报国务院劳动行政主管部门备案。

第五十八条　石油天然气开采的安全规定，由国务院劳动行政主管部门会同石油工业主管部门制定，报国务院批准后施行。

第五十九条　本条例自发布之日起施行。

国务院关于预防煤矿生产安全事故的特别规定

（2005年9月3日中华人民共和国国务院令第446号公布　根据2013年7月18日《国务院关于废止和修改部分行政法规的决定》修订）

第一条　为了及时发现并排除煤矿安全生产隐患，落实煤矿安全生产责任，预防煤矿生产安全事故发生，保障职工的生命安全和煤矿安全生产，制定本规定。

第二条　煤矿企业是预防煤矿生产安全事故的责任主体。煤矿企业负责人(包括一些煤矿企业的实际控制人，下同)对预防煤矿生产安全事故负主要责任。

第三条　国务院有关部门和地方各级人民政府应当建立并落实预防煤矿生产安全事故的责任制，监督检查煤矿企业预防煤矿生产安全事故的情况，及时解决煤矿生产安全事故预防工作中的重大问题。

第四条　县级以上地方人民政府负责煤矿安全生产监督管理的部门、国家煤矿安全监察机构设在省、自治区、直辖市的煤矿安全监察机构(以下简称煤矿安全监察机构)，对所辖区域的煤矿重大安全生产隐患和违法行为负有检查和依法查处的职责。

县级以上地方人民政府负责煤矿安全生产监督管理的部门、煤矿安全监察机构不依法履行职责，不及时查处所辖区域的煤矿重大安全生产隐患和违法行为的，对直接责任人和主要负责人，根据情节轻重，给予记过、记大过、降级、撤职或者开除的行政处分；构成犯罪的，依法追究刑事责任。

第五条　煤矿未依法取得采矿许可证、安全生产许可证、营业执照和矿长未依法取得矿长资格证、矿长安全资格证的，煤矿不得从事生产。擅自从事生产的，属非法煤矿。

负责颁发前款规定证照的部门，一经发现煤矿无证照或者证照不全从事生产的，应当责令该煤矿立即停止生产，没收违法所得和开采出的煤炭以及采掘设备，并处违法所得1倍以上5倍以下的罚款；构成犯罪的，依法追究刑事责任；同时于2日内提请当地县级以上地方人民政府予以关闭，并可以向上一级地方人民政府报告。

第六条　负责颁发采矿许可证、安全生产许可证、营业执照和矿长资格证、矿长安全资格证的部门，向不符合法定条件的煤矿或者矿长颁发有关证照的，对直接责任人，根据情节轻重，给予降级、撤职或者开除的行政处分；对主要负责人，根据情节轻重，给予记大过、降级、撤职或者开除的行政处分；构成犯罪的，依法追究刑事责任。

前款规定颁发证照的部门，应当加强对取得证照煤矿的日常监督管理，促使煤矿持续符合取得证照应当具备的条件。不依法履行日常监督管理职责的，对主要负责人，根据情节轻重，给予记过、记大过、降级、撤职或者开除的行政处分；构成犯罪的，依法追究刑事责任。

第七条　在乡、镇人民政府所辖区域内发现有非法煤矿并且没有采取有效制止措施的，对乡、镇人民政府的主要负责人以及负有责任的相关负责人，根据情节轻重，给予降级、撤职或者开除的行政处分；在县级人民政府所辖区域内1个月内发现有2处或者2处以上非法煤矿并且没有采取有效制止措施的，对县级人民政府的主要负责人以及负有责任的相关负责人，根据情节轻重，给予降级、撤职或者开除的行政处分；构成犯罪的，依法追究刑事责任。

其他有关机关和部门对存在非法煤矿负有责任的，对主要负责人，属于行政机关工作人员的，根据情节轻重，给予记过、记大过、降级或者撤职的行政处分；不属于行政机关工作人员的，建议有关机关和部门给予相应的处分。

第八条　煤矿的通风、防瓦斯、防水、防火、防煤尘、防冒顶等安全设备、设施和条件应当符合国家标准、行业标准，并有防范生产安全事故发生的措施和完善的应急处理预案。

煤矿有下列重大安全生产隐患和行为的，应当立即停止生产，排除隐患：

（一）超能力、超强度或者超定员组织生产的；

（二）瓦斯超限作业的；

（三）煤与瓦斯突出矿井，未依照规定实施防突出措施的；

（四）高瓦斯矿井未建立瓦斯抽放系统和监控系统，或者瓦斯监控系统不能正常运行的；

（五）通风系统不完善、不可靠的；

（六）有严重水患，未采取有效措施的；

（七）超层越界开采的；

（八）有冲击地压危险，未采取有效措施的；

（九）自然发火严重，未采取有效措施的；

（十）使用明令禁止使用或者淘汰的设备、工艺的；

（十一）年产6万吨以上的煤矿没有双回路供电系统的；

（十二）新建煤矿边建设边生产，煤矿改扩建期间，在改扩建的区域生产，或者在其他区域的生产超出安全设计规定的范围和规模的；

（十三）煤矿实行整体承包生产经营后，未重新取得安全生产许可证，从事生产的，或者承包方再次转包的，以及煤矿将井下采掘工作面和井巷维修作业进行劳务承包的；

（十四）煤矿改制期间，未明确安全生产责任人和安全管理机构的，或者在完成改制后，未重新取得或者变更采矿许可证、安全生产许可证和营业执照的；

（十五）有其他重大安全生产隐患的。

第九条　煤矿企业应当建立健全安全生产隐患排查、治理和报告制度。煤矿企业应当对本规定第八条第二款所列情形定期组织排查，并将排查情况每季度向县级以上地方人民政府负责煤矿安全生产监督管理的部门、煤矿安全监察机构写出书面报告。报告应当经煤矿企业负责人签字。

煤矿企业未依照前款规定排查和报告的，由县级以上地方人民政府负责煤矿安全生产监督管理的部门或者煤矿安全监察机构责令限期改正；逾期未改正的，责令停产整顿，并对煤矿企业负责人处3万元以上15万元以下的罚款。

第十条　煤矿有本规定第八条第二款所列情形之一，仍然进行生产的，由县级以上地方人民政府负责煤矿安全生产监督管理的部门或者煤矿安全监察机构责令停产整顿，提出整顿的内容、时间等具体要求，处50万元以上200万元以下的罚款；对煤矿企业负责人处3万元以上15万元以下的罚款。

对3个月内2次或者2次以上发现有重大安全生产隐患，仍然进行生产的煤矿，县级以上地方人民政府负责煤矿安全生产监督管理的部门、煤矿安全监察机构应当提请有关地方人民政府关闭该煤矿，并由颁发证照的部门立即吊销矿长资格证和矿长安全资格证，该煤矿的法定代表人和矿长5年内不得再担任任何煤矿的法定代表人或者矿长。

第十一条　对被责令停产整顿的煤矿，颁发证照的部门应当暂扣采矿许可证、安全生产许可证、营业执照和矿长资格证、矿长安全资格证。

被责令停产整顿的煤矿应当制定整改方案，落实整改措施和安全技术规定；整改结束后要求恢复生产的，应当由县级以上地方人民政府负责煤矿安全生产监督管理的部门自收到恢复生产申请之日起60日内组织验收完毕；验收合格的，经组织验收的地方人民政府负责煤矿安全生产监督管理的部门的主要负责人签字，并经有关煤矿安全监察机构审核同意，报请有关地方人民政府主要负责人签字批准，颁发证照的部门发还证照，煤矿方可恢复生产；验收不合格的，由有关地方人民政府予以关闭。

被责令停产整顿的煤矿擅自从事生产的，县级以上地方人民政府负责煤矿安全生产监督管理的部门、煤矿安全监察机构应当提请有关地方人民政府予以关闭，没收违法所得，并处违法所得1倍以上5倍以下的罚款；构成犯罪的，依法追究刑事责任。

第十二条 对被责令停产整顿的煤矿，在停产整顿期间，由有关地方人民政府采取有效措施进行监督检查。因监督检查不力，煤矿在停产整顿期间继续生产的，对直接责任人，根据情节轻重，给予降级、撤职或者开除的行政处分；对有关负责人，根据情节轻重，给予记大过、降级、撤职或者开除的行政处分；构成犯罪的，依法追究刑事责任。

第十三条 对提请关闭的煤矿，县级以上地方人民政府负责煤矿安全生产监督管理的部门或者煤矿安全监察机构应当责令立即停止生产；有关地方人民政府应当在7日内作出关闭或者不予关闭的决定，并由其主要负责人签字存档。对决定关闭的，有关地方人民政府应当立即组织实施。

关闭煤矿应当达到下列要求：

（一）吊销相关证照；

（二）停止供应并处理火工用品；

（三）停止供电，拆除矿井生产设备、供电、通信线路；

（四）封闭、填实矿井井筒，平整井口场地，恢复地貌；

（五）妥善遣散从业人员。

关闭煤矿未达到前款规定要求的，对组织实施关闭的地方人民政府及其有关部门的负责人和直接责任人给予记过、记大过、降级、撤职或者开除的行政处分；构成犯罪的，依法追究刑事责任。

依照本条第一款规定决定关闭的煤矿，仍有开采价值的，经依法批准可以进行拍卖。

关闭的煤矿擅自恢复生产的，依照本规定第五条第二款规定予以处罚；构成犯罪的，依法追究刑事责任。

第十四条 县级以上地方人民政府负责煤矿安全生产监督管理的部门或者煤矿安全监察机构，发现煤矿有本规定第八条第二款所列情形之一的，应当将情况报送有关地方人民政府。

第十五条　煤矿存在瓦斯突出、自然发火、冲击地压、水害威胁等重大安全生产隐患，该煤矿在现有技术条件下难以有效防治的，县级以上地方人民政府负责煤矿安全生产监督管理的部门、煤矿安全监察机构应当责令其立即停止生产，并提请有关地方人民政府组织专家进行论证。专家论证应当客观、公正、科学。有关地方人民政府应当根据论证结论，作出是否关闭煤矿的决定，并组织实施。

第十六条　煤矿企业应当依照国家有关规定对井下作业人员进行安全生产教育和培训，保证井下作业人员具有必要的安全生产知识，熟悉有关安全生产规章制度和安全操作规程，掌握本岗位的安全操作技能，并建立培训档案。未进行安全生产教育和培训或者经教育和培训不合格的人员不得下井作业。

县级以上地方人民政府负责煤矿安全生产监督管理的部门应当对煤矿井下作业人员的安全生产教育和培训情况进行监督检查；煤矿安全监察机构应当对煤矿特种作业人员持证上岗情况进行监督检查。发现煤矿企业未依照国家有关规定对井下作业人员进行安全生产教育和培训或者特种作业人员无证上岗的，应当责令限期改正，处10万元以上50万元以下的罚款；逾期未改正的，责令停产整顿。

县级以上地方人民政府负责煤矿安全生产监督管理的部门、煤矿安全监察机构未履行前款规定的监督检查职责的，对主要负责人，根据情节轻重，给予警告、记过或者记大过的行政处分。

第十七条　县级以上地方人民政府负责煤矿安全生产监督管理的部门、煤矿安全监察机构在监督检查中，1个月内3次或者3次以上发现煤矿企业未依照国家有关规定对井下作业人员进行安全生产教育和培训或者特种作业人员无证上岗的，应当提请有关地方人民政府对该煤矿予以关闭。

第十八条　煤矿拒不执行县级以上地方人民政府负责煤矿安全生产监督管理的部门或者煤矿安全监察机构依法下达的执法指令的，由颁发证照的部门吊销矿长资格证和矿长安全资格证；构成违反治安管理行为的，由公安机关依照治安管理的法律、行政法规的规定处罚；构成犯罪的，依法追究刑事责任。

第十九条 县级以上地方人民政府负责煤矿安全生产监督管理的部门、煤矿安全监察机构对被责令停产整顿或者关闭的煤矿，应当自煤矿被责令停产整顿或者关闭之日起3日内在当地主要媒体公告。

被责令停产整顿的煤矿经验收合格恢复生产的，县级以上地方人民政府负责煤矿安全生产监督管理的部门、煤矿安全监察机构应当自煤矿验收合格恢复生产之日起3日内在同一媒体公告。

县级以上地方人民政府负责煤矿安全生产监督管理的部门、煤矿安全监察机构未依照本条第一款、第二款规定进行公告的，对有关负责人，根据情节轻重，给予警告、记过、记大过或者降级的行政处分。

公告所需费用由同级财政列支。

第二十条 国家机关工作人员和国有企业负责人不得违反国家规定投资入股煤矿(依法取得上市公司股票的除外)，不得对煤矿的违法行为予以纵容、包庇。

国家行政机关工作人员和国有企业负责人违反前款规定的，根据情节轻重，给予降级、撤职或者开除的处分；构成犯罪的，依法追究刑事责任。

第二十一条 煤矿企业负责人和生产经营管理人员应当按照国家规定轮流带班下井，并建立下井登记档案。

县级以上地方人民政府负责煤矿安全生产监督管理的部门或者煤矿安全监察机构发现煤矿企业在生产过程中，1周内其负责人或者生产经营管理人员没有按照国家规定带班下井，或者下井登记档案虚假的，责令改正，并对该煤矿企业处3万元以上15万元以下的罚款。

第二十二条 煤矿企业应当免费为每位职工发放煤矿职工安全手册。

煤矿职工安全手册应当载明职工的权利、义务，煤矿重大安全生产隐患的情形和应急保护措施、方法以及安全生产隐患和违法行为的举报电话、受理部门。

煤矿企业没有为每位职工发放符合要求的职工安全手册的，由县级以上地方人民政府负责煤矿安全生产监督管理的部门或者煤矿安全监察机构责令限期改正；逾期未改正的，处5万元以下的罚款。

第二十三条 任何单位和个人发现煤矿有本规定第五条第一款和第八条第二款所列情形之一的，都有权向县级以上地方人民政府负责煤矿安全生产监督管理的部门或者煤矿安全监察机构举报。

受理的举报经调查属实的，受理举报的部门或者机构应当给予最先举报人1000元至1万元的奖励，所需费用由同级财政列支。

县级以上地方人民政府负责煤矿安全生产监督管理的部门或者煤矿安全监察机构接到举报后，应当及时调查处理；不及时调查处理的，对有关责任人，根据情节轻重，给予警告、记过、记大过或者降级的行政处分。

第二十四条 煤矿有违反本规定的违法行为，法律规定由有关部门查处的，有关部门应当依法进行查处。但是，对同一违法行为不得给予两次以上罚款的行政处罚。

第二十五条 国家行政机关工作人员、国有企业负责人有违反本规定的行为，依照本规定应当给予处分的，由监察机关或者任免机关依法作出处分决定。

国家行政机关工作人员、国有企业负责人对处分决定不服的，可以依法提出申诉。

第二十六条 当事人对行政处罚决定不服的，可以依法申请行政复议，或者依法直接向人民法院提起行政诉讼。

第二十七条 省、自治区、直辖市人民政府可以依据本规定制定具体实施办法。

第二十八条 本规定自公布之日起施行。

建设工程安全生产管理条例

（2003年11月12日国务院第28次常务会议通过　2003年11月24日
中华人民共和国国务院令第393号公布　自2004年2月1日起施行）

第一章　总　　则

第一条　为了加强建设工程安全生产监督管理，保障人民群众生命和财产安全，根据《中华人民共和国建筑法》、《中华人民共和国安全生产法》，制定本条例。

第二条　在中华人民共和国境内从事建设工程的新建、扩建、改建和拆除等有关活动及实施对建设工程安全生产的监督管理，必须遵守本条例。

本条例所称建设工程，是指土木工程、建筑工程、线路管道和设备安装工程及装修工程。

第三条　建设工程安全生产管理，坚持安全第一、预防为主的方针。

第四条　建设单位、勘察单位、设计单位、施工单位、工程监理单位及其他与建设工程安全生产有关的单位，必须遵守安全生产法律、法规的规定，保证建设工程安全生产，依法承担建设工程安全生产责任。

第五条　国家鼓励建设工程安全生产的科学技术研究和先进技术的推广应用，推进建设工程安全生产的科学管理。

第二章　建设单位的安全责任

第六条　建设单位应当向施工单位提供施工现场及毗邻区域内供水、排水、供电、供气、供热、通信、广播电视等地下管线资料，气象和水文观测资料，相邻建筑物和构筑物、地下工程的有关资料，并保证资料的真实、准确、完整。

建设单位因建设工程需要，向有关部门或者单位查询前款规定的资料时，有关部门或者单位应当及时提供。

第七条　建设单位不得对勘察、设计、施工、工程监理等单位提出不符合建设工程安全生产法律、法规和强制性标准规定的要求，不得压缩合同约定的工期。

第八条　建设单位在编制工程概算时，应当确定建设工程安全作业环境及安全施工措施所需费用。

第九条　建设单位不得明示或者暗示施工单位购买、租赁、使用不符合安全施工要求的安全防护用具、机械设备、施工机具及配件、消防设施和器材。

第十条　建设单位在申请领取施工许可证时，应当提供建设工程有关安全施工措施的资料。

依法批准开工报告的建设工程，建设单位应当自开工报告批准之日起15日内，将保证安全施工的措施报送建设工程所在地的县级以上地方人民政府建设行政主管部门或者其他有关部门备案。

第十一条　建设单位应当将拆除工程发包给具有相应资质等级的施工单位。

建设单位应当在拆除工程施工15日前，将下列资料报送建设工程所在地的县级以上地方人民政府建设行政主管部门或者其他有关部门备案：

（一）施工单位资质等级证明；

（二）拟拆除建筑物、构筑物及可能危及毗邻建筑的说明；

（三）拆除施工组织方案；

（四）堆放、清除废弃物的措施。

实施爆破作业的，应当遵守国家有关民用爆炸物品管理的规定。

第三章　勘察、设计、工程监理及其他有关单位的安全责任

第十二条　勘察单位应当按照法律、法规和工程建设强制性标准进行勘察，提供的勘察文件应当真实、准确，满足建设工程安全生产的需要。

勘察单位在勘察作业时，应当严格执行操作规程，采取措施保证各类管线、设施和周边建筑物、构筑物的安全。

第十三条　设计单位应当按照法律、法规和工程建设强制性标准进行设计，防止因设计不合理导致生产安全事故的发生。

设计单位应当考虑施工安全操作和防护的需要，对涉及施工安全的重点部位和环节在设计文件中注明，并对防范生产安全事故提出指导意见。

采用新结构、新材料、新工艺的建设工程和特殊结构的建设工程，设计单位应当在设计中提出保障施工作业人员安全和预防生产安全事故的措施建议。

设计单位和注册建筑师等注册执业人员应当对其设计负责。

第十四条　工程监理单位应当审查施工组织设计中的安全技术措施或者专项施工方案是否符合工程建设强制性标准。

工程监理单位在实施监理过程中，发现存在安全事故隐患的，应当要求施工单位整改；情况严重的，应当要求施工单位暂时停止施工，并及时报告建设单位。施工单位拒不整改或者不停止施工的，工程监理单位应当及时向有关主管部门报告。

工程监理单位和监理工程师应当按照法律、法规和工程建设强制性标准实施监理，并对建设工程安全生产承担监理责任。

第十五条　为建设工程提供机械设备和配件的单位，应当按照安全施工的要求配备齐全有效的保险、限位等安全设施和装置。

第十六条　出租的机械设备和施工机具及配件，应当具有生产(制造)许可证、产品合格证。

出租单位应当对出租的机械设备和施工机具及配件的安全性能进行检测，在签订租赁协议时，应当出具检测合格证明。

禁止出租检测不合格的机械设备和施工机具及配件。

第十七条　在施工现场安装、拆卸施工起重机械和整体提升脚手架、模板等自升式架设设施，必须由具有相应资质的单位承担。

安装、拆卸施工起重机械和整体提升脚手架、模板等自升式架设设施，应当编制拆装方案、制定安全施工措施，并由专业技术人员现场监督。

施工起重机械和整体提升脚手架、模板等自升式架设设施安装完毕后，安装单位应当自检，出具自检合格证明，并向施工单位进行安全使用说明，办理验收手续并签字。

第十八条　施工起重机械和整体提升脚手架、模板等自升式架设设施的使用达到国家规定的检验检测期限的，必须经具有专业资质的检验检测机构检测。经检测不合格的，不得继续使用。

第十九条　检验检测机构对检测合格的施工起重机械和整体提升脚手架、模板等自升式架设设施，应当出具安全合格证明文件，并对检测结果负责。

第四章　施工单位的安全责任

第二十条　施工单位从事建设工程的新建、扩建、改建和拆除等活动，应当具备国家规定的注册资本、专业技术人员、技术装备和安全生产等条件，依法取得相应等级的资质证书，并在其资质等级许可的范围内承揽工程。

第二十一条　施工单位主要负责人依法对本单位的安全生产工作全面负责。施工单位应当建立健全安全生产责任制度和安全生产教育培训制度，制定安全生产规章制度和操作规程，保证本单位安全生产条件所需资金的投入，对所承担的建设工程进行定期和专项安全检查，并做好安全检查记录。

施工单位的项目负责人应当由取得相应执业资格的人员担任，对建设工程项目的安全施工负责，落实安全生产责任制度、安全生产规章制度和操作规程，确保安全生产费用的有效使用，并根据工程的特点组织制定安全施工措施，消除安全事故隐患，及时、如实报告生产安全事故。

第二十二条 施工单位对列入建设工程概算的安全作业环境及安全施工措施所需费用，应当用于施工安全防护用具及设施的采购和更新、安全施工措施的落实、安全生产条件的改善，不得挪作他用。

第二十三条 施工单位应当设立安全生产管理机构，配备专职安全生产管理人员。

专职安全生产管理人员负责对安全生产进行现场监督检查。发现安全事故隐患，应当及时向项目负责人和安全生产管理机构报告；对于违章指挥、违章操作的，应当立即制止。

专职安全生产管理人员的配备办法由国务院建设行政主管部门会同国务院其他有关部门制定。

第二十四条 建设工程实行施工总承包的，由总承包单位对施工现场的安全生产负总责。

总承包单位应当自行完成建设工程主体结构的施工。

总承包单位依法将建设工程分包给其他单位的，分包合同中应当明确各自的安全生产方面的权利、义务。总承包单位和分包单位对分包工程的安全生产承担连带责任。

分包单位应当服从总承包单位的安全生产管理，分包单位不服从管理导致生产安全事故的，由分包单位承担主要责任。

第二十五条 垂直运输机械作业人员、安装拆卸工、爆破作业人员、起重信号工、登高架设作业人员等特种作业人员，必须按照国家有关规定经过专门的安全作业培训，并取得特种作业操作资格证书后，方可上岗作业。

第二十六条 施工单位应当在施工组织设计中编制安全技术措施和施工现场临时用电方案，对下列达到一定规模的危险性较大的分部分项工程编制专项施工方案，并附具安全验算结果，经施工单位技术负责人、总监理工程师签字后实施，由专职安全生产管理人员进行现场监督：

（一）基坑支护与降水工程；

（二）土方开挖工程；

（三）模板工程；

（四）起重吊装工程；

（五）脚手架工程；

（六）拆除、爆破工程；

（七）国务院建设行政主管部门或者其他有关部门规定的其他危险性较大的工程。

对前款所列工程中涉及深基坑、地下暗挖工程、高大模板工程的专项施工方案，施工单位还应当组织专家进行论证、审查。

本条第一款规定的达到一定规模的危险性较大工程的标准，由国务院建设行政主管部门会同国务院其他有关部门制定。

第二十七条　建设工程施工前，施工单位负责项目管理的技术人员应当对有关安全施工的技术要求向施工作业班组、作业人员作出详细说明，并由双方签字确认。

第二十八条　施工单位应当在施工现场入口处、施工起重机械、临时用电设施、脚手架、出入通道口、楼梯口、电梯井口、孔洞口、桥梁口、隧道口、基坑边沿、爆破物及有害危险气体和液体存放处等危险部位，设置明显的安全警示标志。安全警示标志必须符合国家标准。

施工单位应当根据不同施工阶段和周围环境及季节、气候的变化，在施工现场采取相应的安全施工措施。施工现场暂时停止施工的，施工单位应当做好现场防护，所需费用由责任方承担，或者按照合同约定执行。

第二十九条　施工单位应当将施工现场的办公、生活区与作业区分开设置，并保持安全距离；办公、生活区的选址应当符合安全性要求。职工的膳食、饮水、休息场所等应当符合卫生标准。施工单位不得在尚未竣工的建筑物内设置员工集体宿舍。

施工现场临时搭建的建筑物应当符合安全使用要求。施工现场使用的装配式活动房屋应当具有产品合格证。

第三十条 施工单位对因建设工程施工可能造成损害的毗邻建筑物、构筑物和地下管线等，应当采取专项防护措施。

施工单位应当遵守有关环境保护法律、法规的规定，在施工现场采取措施，防止或者减少粉尘、废气、废水、固体废物、噪声、振动和施工照明对人和环境的危害和污染。

在城市市区内的建设工程，施工单位应当对施工现场实行封闭围挡。

第三十一条 施工单位应当在施工现场建立消防安全责任制度，确定消防安全责任人，制定用火、用电、使用易燃易爆材料等各项消防安全管理制度和操作规程，设置消防通道、消防水源，配备消防设施和灭火器材，并在施工现场入口处设置明显标志。

第三十二条 施工单位应当向作业人员提供安全防护用具和安全防护服装，并书面告知危险岗位的操作规程和违章操作的危害。

作业人员有权对施工现场的作业条件、作业程序和作业方式中存在的安全问题提出批评、检举和控告，有权拒绝违章指挥和强令冒险作业。

在施工中发生危及人身安全的紧急情况时，作业人员有权立即停止作业或者在采取必要的应急措施后撤离危险区域。

第三十三条 作业人员应当遵守安全施工的强制性标准、规章制度和操作规程，正确使用安全防护用具、机械设备等。

第三十四条 施工单位采购、租赁的安全防护用具、机械设备、施工机具及配件，应当具有生产（制造）许可证、产品合格证，并在进入施工现场前进行查验。

施工现场的安全防护用具、机械设备、施工机具及配件必须由专人管理，定期进行检查、维修和保养，建立相应的资料档案，并按照国家有关规定及时报废。

第三十五条 施工单位在使用施工起重机械和整体提升脚手架、模板等自升式架设设施前，应当组织有关单位进行验收，也可以委托具有相应资质的检验检测机构进行验收；使用承租的机械设备和施工机具及配件的，由施工总承包单位、分包单位、出租单位和安装单位共同进行验收。验收合格的方可使用。

《特种设备安全监察条例》规定的施工起重机械，在验收前应当经有相应资质的检验检测机构监督检验合格。

施工单位应当自施工起重机械和整体提升脚手架、模板等自升式架设设施验收合格之日起30日内，向建设行政主管部门或者其他有关部门登记。登记标志应当置于或者附着于该设备的显著位置。

第三十六条　施工单位的主要负责人、项目负责人、专职安全生产管理人员应当经建设行政主管部门或者其他有关部门考核合格后方可任职。

施工单位应当对管理人员和作业人员每年至少进行一次安全生产教育培训，其教育培训情况记入个人工作档案。安全生产教育培训考核不合格的人员，不得上岗。

第三十七条　作业人员进入新的岗位或者新的施工现场前，应当接受安全生产教育培训。未经教育培训或者教育培训考核不合格的人员，不得上岗作业。

施工单位在采用新技术、新工艺、新设备、新材料时，应当对作业人员进行相应的安全生产教育培训。

第三十八条　施工单位应当为施工现场从事危险作业的人员办理意外伤害保险。

意外伤害保险费由施工单位支付。实行施工总承包的，由总承包单位支付意外伤害保险费。意外伤害保险期限自建设工程开工之日起至竣工验收合格止。

第五章　监督管理

第三十九条　国务院负责安全生产监督管理的部门依照《中华人民

共和国安全生产法》的规定，对全国建设工程安全生产工作实施综合监督管理。

县级以上地方人民政府负责安全生产监督管理的部门依照《中华人民共和国安全生产法》的规定，对本行政区域内建设工程安全生产工作实施综合监督管理。

第四十条 国务院建设行政主管部门对全国的建设工程安全生产实施监督管理。国务院铁路、交通、水利等有关部门按照国务院规定的职责分工，负责有关专业建设工程安全生产的监督管理。

县级以上地方人民政府建设行政主管部门对本行政区域内的建设工程安全生产实施监督管理。县级以上地方人民政府交通、水利等有关部门在各自的职责范围内，负责本行政区域内的专业建设工程安全生产的监督管理。

第四十一条 建设行政主管部门和其他有关部门应当将本条例第十条、第十一条规定的有关资料的主要内容抄送同级负责安全生产监督管理的部门。

第四十二条 建设行政主管部门在审核发放施工许可证时，应当对建设工程是否有安全施工措施进行审查，对没有安全施工措施的，不得颁发施工许可证。

建设行政主管部门或者其他有关部门对建设工程是否有安全施工措施进行审查时，不得收取费用。

第四十三条 县级以上人民政府负有建设工程安全生产监督管理职责的部门在各自的职责范围内履行安全监督检查职责时，有权采取下列措施：

（一）要求被检查单位提供有关建设工程安全生产的文件和资料；

（二）进入被检查单位施工现场进行检查；

（三）纠正施工中违反安全生产要求的行为；

（四）对检查中发现的安全事故隐患，责令立即排除；重大安全事故隐患排除前或者排除过程中无法保证安全的，责令从危险区域内撤出作业人员或者暂时停止施工。

第四十四条　建设行政主管部门或者其他有关部门可以将施工现场的监督检查委托给建设工程安全监督机构具体实施。

第四十五条　国家对严重危及施工安全的工艺、设备、材料实行淘汰制度。具体目录由国务院建设行政主管部门会同国务院其他有关部门制定并公布。

第四十六条　县级以上人民政府建设行政主管部门和其他有关部门应当及时受理对建设工程生产安全事故及安全事故隐患的检举、控告和投诉。

第六章　生产安全事故的应急救援和调查处理

第四十七条　县级以上地方人民政府建设行政主管部门应当根据本级人民政府的要求，制定本行政区域内建设工程特大生产安全事故应急救援预案。

第四十八条　施工单位应当制定本单位生产安全事故应急救援预案，建立应急救援组织或者配备应急救援人员，配备必要的应急救援器材、设备，并定期组织演练。

第四十九条　施工单位应当根据建设工程施工的特点、范围，对施工现场易发生重大事故的部位、环节进行监控，制定施工现场生产安全事故应急救援预案。实行施工总承包的，由总承包单位统一组织编制建设工程生产安全事故应急救援预案，工程总承包单位和分包单位按照应急救援预案，各自建立应急救援组织或者配备应急救援人员，配备救援器材、设备，并定期组织演练。

第五十条　施工单位发生生产安全事故，应当按照国家有关伤亡事故报告和调查处理的规定，及时、如实地向负责安全生产监督管理的部门、建设行政主管部门或者其他有关部门报告；特种设备发生事故的，还应当同时向特种设备安全监督管理部门报告。接到报告的部门应当按照国家有关规定，如实上报。

实行施工总承包的建设工程，由总承包单位负责上报事故。

第五十一条 发生生产安全事故后，施工单位应当采取措施防止事故扩大，保护事故现场。需要移动现场物品时，应当做出标记和书面记录，妥善保管有关证物。

第五十二条 建设工程生产安全事故的调查、对事故责任单位和责任人的处罚与处理，按照有关法律、法规的规定执行。

第七章 法律责任

第五十三条 违反本条例的规定，县级以上人民政府建设行政主管部门或者其他有关行政管理部门的工作人员，有下列行为之一的，给予降级或者撤职的行政处分；构成犯罪的，依照刑法有关规定追究刑事责任：

（一）对不具备安全生产条件的施工单位颁发资质证书的；

（二）对没有安全施工措施的建设工程颁发施工许可证的；

（三）发现违法行为不予查处的；

（四）不依法履行监督管理职责的其他行为。

第五十四条 违反本条例的规定，建设单位未提供建设工程安全生产作业环境及安全施工措施所需费用的，责令限期改正；逾期未改正的，责令该建设工程停止施工。

建设单位未将保证安全施工的措施或者拆除工程的有关资料报送有关部门备案的，责令限期改正，给予警告。

第五十五条 违反本条例的规定，建设单位有下列行为之一的，责令限期改正，处20万元以上50万元以下的罚款；造成重大安全事故，构成犯罪的，对直接责任人员，依照刑法有关规定追究刑事责任；造成损失的，依法承担赔偿责任：

（一）对勘察、设计、施工、工程监理等单位提出不符合安全生产法律、法规和强制性标准规定的要求的；

（二）要求施工单位压缩合同约定的工期的；

（三）将拆除工程发包给不具有相应资质等级的施工单位的。

第五十六条　违反本条例的规定，勘察单位、设计单位有下列行为之一的，责令限期改正，处10万元以上30万元以下的罚款；情节严重的，责令停业整顿，降低资质等级，直至吊销资质证书；造成重大安全事故，构成犯罪的，对直接责任人员，依照刑法有关规定追究刑事责任；造成损失的，依法承担赔偿责任：

（一）未按照法律、法规和工程建设强制性标准进行勘察、设计的；

（二）采用新结构、新材料、新工艺的建设工程和特殊结构的建设工程，设计单位未在设计中提出保障施工作业人员安全和预防生产安全事故的措施建议的。

第五十七条　违反本条例的规定，工程监理单位有下列行为之一的，责令限期改正；逾期未改正的，责令停业整顿，并处10万元以上30万元以下的罚款；情节严重的，降低资质等级，直至吊销资质证书；造成重大安全事故，构成犯罪的，对直接责任人员，依照刑法有关规定追究刑事责任；造成损失的，依法承担赔偿责任：

（一）未对施工组织设计中的安全技术措施或者专项施工方案进行审查的；

（二）发现安全事故隐患未及时要求施工单位整改或者暂时停止施工的；

（三）施工单位拒不整改或者不停止施工，未及时向有关主管部门报告的；

（四）未依照法律、法规和工程建设强制性标准实施监理的。

第五十八条　注册执业人员未执行法律、法规和工程建设强制性标准的，责令停止执业3个月以上1年以下；情节严重的，吊销执业资格证书，5年内不予注册；造成重大安全事故的，终身不予注册；构成犯罪的，依照刑法有关规定追究刑事责任。

第五十九条 违反本条例的规定，为建设工程提供机械设备和配件的单位，未按照安全施工的要求配备齐全有效的保险、限位等安全设施和装置的，责令限期改正，处合同价款1倍以上3倍以下的罚款；造成损失的，依法承担赔偿责任。

第六十条 违反本条例的规定，出租单位出租未经安全性能检测或者经检测不合格的机械设备和施工机具及配件的，责令停业整顿，并处5万元以上10万元以下的罚款；造成损失的，依法承担赔偿责任。

第六十一条 违反本条例的规定，施工起重机械和整体提升脚手架、模板等自升式架设设施安装、拆卸单位有下列行为之一的，责令限期改正，处5万元以上10万元以下的罚款；情节严重的，责令停业整顿，降低资质等级，直至吊销资质证书；造成损失的，依法承担赔偿责任：

（一）未编制拆装方案、制定安全施工措施的；

（二）未由专业技术人员现场监督的；

（三）未出具自检合格证明或者出具虚假证明的；

（四）未向施工单位进行安全使用说明，办理移交手续的。

施工起重机械和整体提升脚手架、模板等自升式架设设施安装、拆卸单位有前款规定的第（一）项、第（三）项行为，经有关部门或者单位职工提出后，对事故隐患仍不采取措施，因而发生重大伤亡事故或者造成其他严重后果，构成犯罪的，对直接责任人员，依照刑法有关规定追究刑事责任。

第六十二条 违反本条例的规定，施工单位有下列行为之一的，责令限期改正；逾期未改正的，责令停业整顿，依照《中华人民共和国安全生产法》的有关规定处以罚款；造成重大安全事故，构成犯罪的，对直接责任人员，依照刑法有关规定追究刑事责任：

（一）未设立安全生产管理机构、配备专职安全生产管理人员或者分部分项工程施工时无专职安全生产管理人员现场监督的；

（二）施工单位的主要负责人、项目负责人、专职安全生产管理人员、作业人员或者特种作业人员，未经安全教育培训或者经考核不合格即从事相关工作的；

（三）未在施工现场的危险部位设置明显的安全警示标志，或者未按照国家有关规定在施工现场设置消防通道、消防水源、配备消防设施和灭火器材的；

（四）未向作业人员提供安全防护用具和安全防护服装的；

（五）未按照规定在施工起重机械和整体提升脚手架、模板等自升式架设设施验收合格后登记的；

（六）使用国家明令淘汰、禁止使用的危及施工安全的工艺、设备、材料的。

第六十三条　违反本条例的规定，施工单位挪用列入建设工程概算的安全生产作业环境及安全施工措施所需费用的，责令限期改正，处挪用费用20%以上50%以下的罚款；造成损失的，依法承担赔偿责任。

第六十四条　违反本条例的规定，施工单位有下列行为之一的，责令限期改正；逾期未改正的，责令停业整顿，并处5万元以上10万元以下的罚款；造成重大安全事故，构成犯罪的，对直接责任人员，依照刑法有关规定追究刑事责任：

（一）施工前未对有关安全施工的技术要求作出详细说明的；

（二）未根据不同施工阶段和周围环境及季节、气候的变化，在施工现场采取相应的安全施工措施，或者在城市市区内的建设工程的施工现场未实行封闭围挡的；

（三）在尚未竣工的建筑物内设置员工集体宿舍的；

（四）施工现场临时搭建的建筑物不符合安全使用要求的；

（五）未对因建设工程施工可能造成损害的毗邻建筑物、构筑物和地下管线等采取专项防护措施的。

施工单位有前款规定第（四）项、第（五）项行为，造成损失的，依法承担赔偿责任。

第六十五条 违反本条例的规定，施工单位有下列行为之一的，责令限期改正；逾期未改正的，责令停业整顿，并处10万元以上30万元以下的罚款；情节严重的，降低资质等级，直至吊销资质证书；造成重大安全事故，构成犯罪的，对直接责任人员，依照刑法有关规定追究刑事责任；造成损失的，依法承担赔偿责任：

（一）安全防护用具、机械设备、施工机具及配件在进入施工现场前未经查验或者查验不合格即投入使用的；

（二）使用未经验收或者验收不合格的施工起重机械和整体提升脚手架、模板等自升式架设设施的；

（三）委托不具有相应资质的单位承担施工现场安装、拆卸施工起重机械和整体提升脚手架、模板等自升式架设设施的；

（四）在施工组织设计中未编制安全技术措施、施工现场临时用电方案或者专项施工方案的。

第六十六条 违反本条例的规定，施工单位的主要负责人、项目负责人未履行安全生产管理职责的，责令限期改正；逾期未改正的，责令施工单位停业整顿；造成重大安全事故、重大伤亡事故或者其他严重后果，构成犯罪的，依照刑法有关规定追究刑事责任。

作业人员不服管理、违反规章制度和操作规程冒险作业造成重大伤亡事故或者其他严重后果，构成犯罪的，依照刑法有关规定追究刑事责任。

施工单位的主要负责人、项目负责人有前款违法行为，尚不够刑事处罚的，处2万元以上20万元以下的罚款或者按照管理权限给予撤职处分；自刑罚执行完毕或者受处分之日起，5年内不得担任任何施工单位的主要负责人、项目负责人。

第六十七条 施工单位取得资质证书后，降低安全生产条件的，责令限期改正；经整改仍未达到与其资质等级相适应的安全生产条件的，责令停业整顿，降低其资质等级直至吊销资质证书。

第六十八条　本条例规定的行政处罚，由建设行政主管部门或者其他有关部门依照法定职权决定。

违反消防安全管理规定的行为，由公安消防机构依法处罚。

有关法律、行政法规对建设工程安全生产违法行为的行政处罚决定机关另有规定的，从其规定。

第八章　附　　则

第六十九条　抢险救灾和农民自建低层住宅的安全生产管理，不适用本条例。

第七十条　军事建设工程的安全生产管理，按照中央军事委员会的有关规定执行。

第七十一条　本条例自2004年2月1日起施行。

特种设备安全监察条例

（2003年3月11日中华人民共和国国务院令第373号公布　根据2009年1月24日《国务院关于修改〈特种设备安全监察条例〉的决定》修订）

第一章　总　　则

第一条　为了加强特种设备的安全监察，防止和减少事故，保障人民群众生命和财产安全，促进经济发展，制定本条例。

第二条　本条例所称特种设备是指涉及生命安全、危险性较大的锅炉、压力容器（含气瓶，下同）、压力管道、电梯、起重机械、客运索道、大型游乐设施和场（厂）内专用机动车辆。

前款特种设备的目录由国务院负责特种设备安全监督管理的部门（以下简称国务院特种设备安全监督管理部门）制订，报国务院批准后执行。

第三条　特种设备的生产（含设计、制造、安装、改造、维修，下同）、使用、检验检测及其监督检查，应当遵守本条例，但本条例另有规定的除外。

军事装备、核设施、航空航天器、铁路机车、海上设施和船舶以及矿山井下使用的特种设备、民用机场专用设备的安全监察不适用本条例。

房屋建筑工地和市政工程工地用起重机械、场（厂）内专用机动车辆的安装、使用的监督管理，由建设行政主管部门依照有关法律、法规的规定执行。

第四条　国务院特种设备安全监督管理部门负责全国特种设备的安全监察工作，县以上地方负责特种设备安全监督管理的部门对本行政区域内特种设备实施安全监察(以下统称特种设备安全监督管理部门)。

第五条 特种设备生产、使用单位应当建立健全特种设备安全、节能管理制度和岗位安全、节能责任制度。

特种设备生产、使用单位的主要负责人应当对本单位特种设备的安全和节能全面负责。

特种设备生产、使用单位和特种设备检验检测机构,应当接受特种设备安全监督管理部门依法进行的特种设备安全监察。

第六条 特种设备检验检测机构,应当依照本条例规定,进行检验检测工作,对其检验检测结果、鉴定结论承担法律责任。

第七条 县级以上地方人民政府应当督促、支持特种设备安全监督管理部门依法履行安全监察职责,对特种设备安全监察中存在的重大问题及时予以协调、解决。

第八条 国家鼓励推行科学的管理方法,采用先进技术,提高特种设备安全性能和管理水平,增强特种设备生产、使用单位防范事故的能力,对取得显著成绩的单位和个人,给予奖励。

国家鼓励特种设备节能技术的研究、开发、示范和推广,促进特种设备节能技术创新和应用。

特种设备生产、使用单位和特种设备检验检测机构,应当保证必要的安全和节能投入。

国家鼓励实行特种设备责任保险制度,提高事故赔付能力。

第九条 任何单位和个人对违反本条例规定的行为,有权向特种设备安全监督管理部门和行政监察等有关部门举报。

特种设备安全监督管理部门应当建立特种设备安全监察举报制度,公布举报电话、信箱或者电子邮件地址,受理对特种设备生产、使用和检验检测违法行为的举报,并及时予以处理。

特种设备安全监督管理部门和行政监察等有关部门应当为举报人保密,并按照国家有关规定给予奖励。

第二章 特种设备的生产

第十条 特种设备生产单位，应当依照本条例规定以及国务院特种设备安全监督管理部门制订并公布的安全技术规范（以下简称安全技术规范）的要求，进行生产活动。

特种设备生产单位对其生产的特种设备的安全性能和能效指标负责，不得生产不符合安全性能要求和能效指标的特种设备，不得生产国家产业政策明令淘汰的特种设备。

第十一条 压力容器的设计单位应当经国务院特种设备安全监督管理部门许可，方可从事压力容器的设计活动。

压力容器的设计单位应当具备下列条件：

（一）有与压力容器设计相适应的设计人员、设计审核人员；

（二）有与压力容器设计相适应的场所和设备；

（三）有与压力容器设计相适应的健全的管理制度和责任制度。

第十二条 锅炉、压力容器中的气瓶（以下简称气瓶）、氧舱和客运索道、大型游乐设施以及高耗能特种设备的设计文件，应当经国务院特种设备安全监督管理部门核准的检验检测机构鉴定，方可用于制造。

第十三条 按照安全技术规范的要求，应当进行型式试验的特种设备产品、部件或者试制特种设备新产品、新部件、新材料，必须进行型式试验和能效测试。

第十四条 锅炉、压力容器、电梯、起重机械、客运索道、大型游乐设施及其安全附件、安全保护装置的制造、安装、改造单位，以及压力管道用管子、管件、阀门、法兰、补偿器、安全保护装置等（以下简称压力管道元件）的制造单位和场（厂）内专用机动车辆的制造、改造单位，应当经国务院特种设备安全监督管理部门许可，方可从事相应的活动。

前款特种设备的制造、安装、改造单位应当具备下列条件：

（一）有与特种设备制造、安装、改造相适应的专业技术人员和技术工人；

（二）有与特种设备制造、安装、改造相适应的生产条件和检测手段；

（三）有健全的质量管理制度和责任制度。

第十五条　特种设备出厂时，应当附有安全技术规范要求的设计文件、产品质量合格证明、安装及使用维修说明、监督检验证明等文件。

第十六条　锅炉、压力容器、电梯、起重机械、客运索道、大型游乐设施、场（厂）内专用机动车辆的维修单位，应当有与特种设备维修相适应的专业技术人员和技术工人以及必要的检测手段，并经省、自治区、直辖市特种设备安全监督管理部门许可，方可从事相应的维修活动。

第十七条　锅炉、压力容器、起重机械、客运索道、大型游乐设施的安装、改造、维修以及场（厂）内专用机动车辆的改造、维修，必须由依照本条例取得许可的单位进行。

电梯的安装、改造、维修，必须由电梯制造单位或者其通过合同委托、同意的依照本条例取得许可的单位进行。电梯制造单位对电梯质量以及安全运行涉及的质量问题负责。

特种设备安装、改造、维修的施工单位应当在施工前将拟进行的特种设备安装、改造、维修情况书面告知直辖市或者设区的市的特种设备安全监督管理部门，告知后即可施工。

第十八条　电梯井道的土建工程必须符合建筑工程质量要求。电梯安装施工过程中，电梯安装单位应当遵守施工现场的安全生产要求，落实现场安全防护措施。电梯安装施工过程中，施工现场的安全生产监督，由有关部门依照有关法律、行政法规的规定执行。

电梯安装施工过程中，电梯安装单位应当服从建筑施工总承包单位对施工现场的安全生产管理，并订立合同，明确各自的安全责任。

第十九条　电梯的制造、安装、改造和维修活动，必须严格遵守安全技术规范的要求。电梯制造单位委托或者同意其他单位进行电梯安装、改造、维修活动的，应当对其安装、改造、维修活动进行安全指导和监控。电梯的安装、改造、维修活动结束后，电梯制造单位应当按照安全技术规范的要求对电梯进行校验和调试，并对校验和调试的结果负责。

第二十条 锅炉、压力容器、电梯、起重机械、客运索道、大型游乐设施的安装、改造、维修以及场（厂）内专用机动车辆的改造、维修竣工后，安装、改造、维修的施工单位应当在验收后30日内将有关技术资料移交使用单位，高耗能特种设备还应当按照安全技术规范的要求提交能效测试报告。使用单位应当将其存入该特种设备的安全技术档案。

第二十一条 锅炉、压力容器、压力管道元件、起重机械、大型游乐设施的制造过程和锅炉、压力容器、电梯、起重机械、客运索道、大型游乐设施的安装、改造、重大维修过程，必须经国务院特种设备安全监督管理部门核准的检验检测机构按照安全技术规范的要求进行监督检验；未经监督检验合格的不得出厂或者交付使用。

第二十二条 移动式压力容器、气瓶充装单位应当经省、自治区、直辖市的特种设备安全监督管理部门许可，方可从事充装活动。

充装单位应当具备下列条件：

（一）有与充装和管理相适应的管理人员和技术人员；

（二）有与充装和管理相适应的充装设备、检测手段、场地厂房、器具、安全设施；

（三）有健全的充装管理制度、责任制度、紧急处理措施。

气瓶充装单位应当向气体使用者提供符合安全技术规范要求的气瓶，对使用者进行气瓶安全使用指导，并按照安全技术规范的要求办理气瓶使用登记，提出气瓶的定期检验要求。

第三章 特种设备的使用

第二十三条 特种设备使用单位，应当严格执行本条例和有关安全生产的法律、行政法规的规定，保证特种设备的安全使用。

第二十四条 特种设备使用单位应当使用符合安全技术规范要求的特种设备。特种设备投入使用前，使用单位应当核对其是否附有本条例第十五条规定的相关文件。

第二十五条 特种设备在投入使用前或者投入使用后30日内,特种设备使用单位应当向直辖市或者设区的市的特种设备安全监督管理部门登记。登记标志应当置于或者附着于该特种设备的显著位置。

第二十六条 特种设备使用单位应当建立特种设备安全技术档案。安全技术档案应当包括以下内容:

(一)特种设备的设计文件、制造单位、产品质量合格证明、使用维护说明等文件以及安装技术文件和资料;

(二)特种设备的定期检验和定期自行检查的记录;

(三)特种设备的日常使用状况记录;

(四)特种设备及其安全附件、安全保护装置、测量调控装置及有关附属仪器仪表的日常维护保养记录;

(五)特种设备运行故障和事故记录;

(六)高耗能特种设备的能效测试报告、能耗状况记录以及节能改造技术资料。

第二十七条 特种设备使用单位应当对在用特种设备进行经常性日常维护保养,并定期自行检查。

特种设备使用单位对在用特种设备应当至少每月进行一次自行检查,并作出记录。特种设备使用单位在对在用特种设备进行自行检查和日常维护保养时发现异常情况的,应当及时处理。

特种设备使用单位应当对在用特种设备的安全附件、安全保护装置、测量调控装置及有关附属仪器仪表进行定期校验、检修,并作出记录。

锅炉使用单位应当按照安全技术规范的要求进行锅炉水(介)质处理,并接受特种设备检验检测机构实施的水(介)质处理定期检验。

从事锅炉清洗的单位,应当按照安全技术规范的要求进行锅炉清洗,并接受特种设备检验检测机构实施的锅炉清洗过程监督检验。

第二十八条 特种设备使用单位应当按照安全技术规范的定期检验

要求，在安全检验合格有效期届满前1个月向特种设备检验检测机构提出定期检验要求。

检验检测机构接到定期检验要求后，应当按照安全技术规范的要求及时进行安全性能检验和能效测试。

未经定期检验或者检验不合格的特种设备，不得继续使用。

第二十九条 特种设备出现故障或者发生异常情况，使用单位应当对其进行全面检查，消除事故隐患后，方可重新投入使用。

特种设备不符合能效指标的，特种设备使用单位应当采取相应措施进行整改。

第三十条 特种设备存在严重事故隐患，无改造、维修价值，或者超过安全技术规范规定使用年限，特种设备使用单位应当及时予以报废，并应当向原登记的特种设备安全监督管理部门办理注销。

第三十一条 电梯的日常维护保养必须由依照本条例取得许可的安装、改造、维修单位或者电梯制造单位进行。

电梯应当至少每15日进行一次清洁、润滑、调整和检查。

第三十二条 电梯的日常维护保养单位应当在维护保养中严格执行国家安全技术规范的要求，保证其维护保养的电梯的安全技术性能，并负责落实现场安全防护措施，保证施工安全。

电梯的日常维护保养单位，应当对其维护保养的电梯的安全性能负责。接到故障通知后，应当立即赶赴现场，并采取必要的应急救援措施。

第三十三条 电梯、客运索道、大型游乐设施等为公众提供服务的特种设备运营使用单位，应当设置特种设备安全管理机构或者配备专职的安全管理人员；其他特种设备使用单位，应当根据情况设置特种设备安全管理机构或者配备专职、兼职的安全管理人员。

特种设备的安全管理人员应当对特种设备使用状况进行经常性检查，发现问题的应当立即处理；情况紧急时，可以决定停止使用特种设备并及时报告本单位有关负责人。

第三十四条　客运索道、大型游乐设施的运营使用单位在客运索道、大型游乐设施每日投入使用前，应当进行试运行和例行安全检查，并对安全装置进行检查确认。

电梯、客运索道、大型游乐设施的运营使用单位应当将电梯、客运索道、大型游乐设施的安全注意事项和警示标志置于易于为乘客注意的显著位置。

第三十五条　客运索道、大型游乐设施的运营使用单位的主要负责人应当熟悉客运索道、大型游乐设施的相关安全知识，并全面负责客运索道、大型游乐设施的安全使用。

客运索道、大型游乐设施的运营使用单位的主要负责人至少应当每月召开一次会议，督促、检查客运索道、大型游乐设施的安全使用工作。

客运索道、大型游乐设施的运营使用单位，应当结合本单位的实际情况，配备相应数量的营救装备和急救物品。

第三十六条　电梯、客运索道、大型游乐设施的乘客应当遵守使用安全注意事项的要求，服从有关工作人员的指挥。

第三十七条　电梯投入使用后，电梯制造单位应当对其制造的电梯的安全运行情况进行跟踪调查和了解，对电梯的日常维护保养单位或者电梯的使用单位在安全运行方面存在的问题，提出改进建议，并提供必要的技术帮助。发现电梯存在严重事故隐患的，应当及时向特种设备安全监督管理部门报告。电梯制造单位对调查和了解的情况，应当作出记录。

第三十八条　锅炉、压力容器、电梯、起重机械、客运索道、大型游乐设施、场（厂）内专用机动车辆的作业人员及其相关管理人员（以下统称特种设备作业人员），应当按照国家有关规定经特种设备安全监督管理部门考核合格，取得国家统一格式的特种作业人员证书，方可从事相应的作业或者管理工作。

第三十九条　特种设备使用单位应当对特种设备作业人员进行特种设备安全、节能教育和培训，保证特种设备作业人员具备必要的特种设备安全、节能知识。

特种设备作业人员在作业中应当严格执行特种设备的操作规程和有关的安全规章制度。

第四十条 特种设备作业人员在作业过程中发现事故隐患或者其他不安全因素，应当立即向现场安全管理人员和单位有关负责人报告。

第四章 检验检测

第四十一条 从事本条例规定的监督检验、定期检验、型式试验以及专门为特种设备生产、使用、检验检测提供无损检测服务的特种设备检验检测机构，应当经国务院特种设备安全监督管理部门核准。

特种设备使用单位设立的特种设备检验检测机构，经国务院特种设备安全监督管理部门核准，负责本单位核准范围内的特种设备定期检验工作。

第四十二条 特种设备检验检测机构，应当具备下列条件：

（一）有与所从事的检验检测工作相适应的检验检测人员；

（二）有与所从事的检验检测工作相适应的检验检测仪器和设备；

（三）有健全的检验检测管理制度、检验检测责任制度。

第四十三条 特种设备的监督检验、定期检验、型式试验和无损检测应当由依照本条例经核准的特种设备检验检测机构进行。

特种设备检验检测工作应当符合安全技术规范的要求。

第四十四条 从事本条例规定的监督检验、定期检验、型式试验和无损检测的特种设备检验检测人员应当经国务院特种设备安全监督管理部门组织考核合格，取得检验检测人员证书，方可从事检验检测工作。

检验检测人员从事检验检测工作，必须在特种设备检验检测机构执业，但不得同时在两个以上检验检测机构中执业。

第四十五条 特种设备检验检测机构和检验检测人员进行特种设备检验检测，应当遵循诚信原则和方便企业的原则，为特种设备生产、使用单位提供可靠、便捷的检验检测服务。

特种设备检验检测机构和检验检测人员对涉及的被检验检测单位的商业秘密，负有保密义务。

第四十六条　特种设备检验检测机构和检验检测人员应当客观、公正、及时地出具检验检测结果、鉴定结论。检验检测结果、鉴定结论经检验检测人员签字后，由检验检测机构负责人签署。

特种设备检验检测机构和检验检测人员对检验检测结果、鉴定结论负责。

国务院特种设备安全监督管理部门应当组织对特种设备检验检测机构的检验检测结果、鉴定结论进行监督抽查。县以上地方负责特种设备安全监督管理的部门在本行政区域内也可以组织监督抽查，但是要防止重复抽查。监督抽查结果应当向社会公布。

第四十七条　特种设备检验检测机构和检验检测人员不得从事特种设备的生产、销售，不得以其名义推荐或者监制、监销特种设备。

第四十八条　特种设备检验检测机构进行特种设备检验检测，发现严重事故隐患或者能耗严重超标的，应当及时告知特种设备使用单位，并立即向特种设备安全监督管理部门报告。

第四十九条　特种设备检验检测机构和检验检测人员利用检验检测工作故意刁难特种设备生产、使用单位，特种设备生产、使用单位有权向特种设备安全监督管理部门投诉，接到投诉的特种设备安全监督管理部门应当及时进行调查处理。

第五章　监督检查

第五十条　特种设备安全监督管理部门依照本条例规定，对特种设备生产、使用单位和检验检测机构实施安全监察。

对学校、幼儿园以及车站、客运码头、商场、体育场馆、展览馆、公园等公众聚集场所的特种设备，特种设备安全监督管理部门应当实施重点安全监察。

第五十一条 特种设备安全监督管理部门根据举报或者取得的涉嫌违法证据，对涉嫌违反本条例规定的行为进行查处时，可以行使下列职权：

（一）向特种设备生产、使用单位和检验检测机构的法定代表人、主要负责人和其他有关人员调查、了解与涉嫌从事违反本条例的生产、使用、检验检测有关的情况；

（二）查阅、复制特种设备生产、使用单位和检验检测机构的有关合同、发票、账簿以及其他有关资料；

（三）对有证据表明不符合安全技术规范要求的或者有其他严重事故隐患、能耗严重超标的特种设备，予以查封或者扣押。

第五十二条 依照本条例规定实施许可、核准、登记的特种设备安全监督管理部门，应当严格依照本条例规定条件和安全技术规范要求对有关事项进行审查；不符合本条例规定条件和安全技术规范要求的，不得许可、核准、登记；在申请办理许可、核准期间，特种设备安全监督管理部门发现申请人未经许可从事特种设备相应活动或者伪造许可、核准证书的，不予受理或者不予许可、核准，并在1年内不再受理其新的许可、核准申请。

未依法取得许可、核准、登记的单位擅自从事特种设备的生产、使用或者检验检测活动的，特种设备安全监督管理部门应当依法予以处理。

违反本条例规定，被依法撤销许可的，自撤销许可之日起3年内，特种设备安全监督管理部门不予受理其新的许可申请。

第五十三条 特种设备安全监督管理部门在办理本条例规定的有关行政审批事项时，其受理、审查、许可、核准的程序必须公开，并应当自受理申请之日起30日内，作出许可、核准或者不予许可、核准的决定；不予许可、核准的，应当书面向申请人说明理由。

第五十四条 地方各级特种设备安全监督管理部门不得以任何形式进行地方保护和地区封锁，不得对已经依照本条例规定在其他地方取得许可的特种设备生产单位重复进行许可，也不得要求对依照本条例规定在其他地方检验检测合格的特种设备，重复进行检验检测。

第五十五条　特种设备安全监督管理部门的安全监察人员（以下简称特种设备安全监察人员）应当熟悉相关法律、法规、规章和安全技术规范，具有相应的专业知识和工作经验，并经国务院特种设备安全监督管理部门考核，取得特种设备安全监察人员证书。

特种设备安全监察人员应当忠于职守、坚持原则、秉公执法。

第五十六条　特种设备安全监督管理部门对特种设备生产、使用单位和检验检测机构实施安全监察时，应当有两名以上特种设备安全监察人员参加，并出示有效的特种设备安全监察人员证件。

第五十七条　特种设备安全监督管理部门对特种设备生产、使用单位和检验检测机构实施安全监察，应当对每次安全监察的内容、发现的问题及处理情况，作出记录，并由参加安全监察的特种设备安全监察人员和被检查单位的有关负责人签字后归档。被检查单位的有关负责人拒绝签字的，特种设备安全监察人员应当将情况记录在案。

第五十八条　特种设备安全监督管理部门对特种设备生产、使用单位和检验检测机构进行安全监察时，发现有违反本条例规定和安全技术规范要求的行为或者在用的特种设备存在事故隐患、不符合能效指标的，应当以书面形式发出特种设备安全监察指令，责令有关单位及时采取措施，予以改正或者消除事故隐患。紧急情况下需要采取紧急处置措施的，应当随后补发书面通知。

第五十九条　特种设备安全监督管理部门对特种设备生产、使用单位和检验检测机构进行安全监察，发现重大违法行为或者严重事故隐患时，应当在采取必要措施的同时，及时向上级特种设备安全监督管理部门报告。接到报告的特种设备安全监督管理部门应当采取必要措施，及时予以处理。

对违法行为、严重事故隐患或者不符合能效指标的处理需要当地人民政府和有关部门的支持、配合时，特种设备安全监督管理部门应当报告当地人民政府，并通知其他有关部门。当地人民政府和其他有关部门应当采取必要措施，及时予以处理。

第六十条　国务院特种设备安全监督管理部门和省、自治区、直辖市特种设备安全监督管理部门应当定期向社会公布特种设备安全以及能效状况。

公布特种设备安全以及能效状况，应当包括下列内容：

（一）特种设备质量安全状况；

（二）特种设备事故的情况、特点、原因分析、防范对策；

（三）特种设备能效状况；

（四）其他需要公布的情况。

第六章　事故预防和调查处理

第六十一条　有下列情形之一的，为特别重大事故：

（一）特种设备事故造成30人以上死亡，或者100人以上重伤（包括急性工业中毒，下同），或者1亿元以上直接经济损失的；

（二）600兆瓦以上锅炉爆炸的；

（三）压力容器、压力管道有毒介质泄漏，造成15万人以上转移的；

（四）客运索道、大型游乐设施高空滞留100人以上并且时间在48小时以上的。

第六十二条　有下列情形之一的，为重大事故：

（一）特种设备事故造成10人以上30人以下死亡，或者50人以上100人以下重伤，或者5000万元以上1亿元以下直接经济损失的；

（二）600兆瓦以上锅炉因安全故障中断运行240小时以上的；

（三）压力容器、压力管道有毒介质泄漏，造成5万人以上15万人以下转移的；

（四）客运索道、大型游乐设施高空滞留100人以上并且时间在24小时以上48小时以下的。

第六十三条　有下列情形之一的，为较大事故：

（一）特种设备事故造成3人以上10人以下死亡，或者10人以上50人以下重伤，或者1000万元以上5000万元以下直接经济损失的；

（二）锅炉、压力容器、压力管道爆炸的；

（三）压力容器、压力管道有毒介质泄漏，造成1万人以上5万人以下转移的；

（四）起重机械整体倾覆的；

（五）客运索道、大型游乐设施高空滞留人员12小时以上的。

第六十四条　有下列情形之一的，为一般事故：

（一）特种设备事故造成3人以下死亡，或者10人以下重伤，或者1万元以上1000万元以下直接经济损失的；

（二）压力容器、压力管道有毒介质泄漏，造成500人以上1万人以下转移的；

（三）电梯轿厢滞留人员2小时以上的；

（四）起重机械主要受力结构件折断或者起升机构坠落的；

（五）客运索道高空滞留人员3.5小时以上12小时以下的；

（六）大型游乐设施高空滞留人员1小时以上12小时以下的。

除前款规定外，国务院特种设备安全监督管理部门可以对一般事故的其他情形做出补充规定。

第六十五条　特种设备安全监督管理部门应当制定特种设备应急预案。特种设备使用单位应当制定事故应急专项预案，并定期进行事故应急演练。

压力容器、压力管道发生爆炸或者泄漏，在抢险救援时应当区分介质特性，严格按照相关预案规定程序处理，防止二次爆炸。

第六十六条　特种设备事故发生后，事故发生单位应当立即启动事故应急预案，组织抢救，防止事故扩大，减少人员伤亡和财产损失，并及时向事故发生地县以上特种设备安全监督管理部门和有关部门报告。

县以上特种设备安全监督管理部门接到事故报告，应当尽快核实有关情况，立即向所在地人民政府报告，并逐级上报事故情况。必要时，特种设备安全监督管理部门可以越级上报事故情况。对特别重大事故、重大事故，国务院特种设备安全监督管理部门应当立即报告国务院并通报国务院安全生产监督管理部门等有关部门。

第六十七条 特别重大事故由国务院或者国务院授权有关部门组织事故调查组进行调查。

重大事故由国务院特种设备安全监督管理部门会同有关部门组织事故调查组进行调查。

较大事故由省、自治区、直辖市特种设备安全监督管理部门会同有关部门组织事故调查组进行调查。

一般事故由设区的市的特种设备安全监督管理部门会同有关部门组织事故调查组进行调查。

第六十八条 事故调查报告应当由负责组织事故调查的特种设备安全监督管理部门的所在地人民政府批复，并报上一级特种设备安全监督管理部门备案。

有关机关应当按照批复，依照法律、行政法规规定的权限和程序，对事故责任单位和有关人员进行行政处罚，对负有事故责任的国家工作人员进行处分。

第六十九条 特种设备安全监督管理部门应当在有关地方人民政府的领导下，组织开展特种设备事故调查处理工作。

有关地方人民政府应当支持、配合上级人民政府或者特种设备安全监督管理部门的事故调查处理工作，并提供必要的便利条件。

第七十条 特种设备安全监督管理部门应当对发生事故的原因进行分析，并根据特种设备的管理和技术特点、事故情况对相关安全技术规范进行评估；需要制定或者修订相关安全技术规范的，应当及时制定或者修订。

第七十一条　本章所称的“以上”包括本数，所称的“以下”不包括本数。

第七章　法律责任

第七十二条　未经许可，擅自从事压力容器设计活动的，由特种设备安全监督管理部门予以取缔，处5万元以上20万元以下罚款；有违法所得的，没收违法所得；触犯刑律的，对负有责任的主管人员和其他直接责任人员依照刑法关于非法经营罪或者其他罪的规定，依法追究刑事责任。

第七十三条　锅炉、气瓶、氧舱和客运索道、大型游乐设施以及高耗能特种设备的设计文件，未经国务院特种设备安全监督管理部门核准的检验检测机构鉴定，擅自用于制造的，由特种设备安全监督管理部门责令改正，没收非法制造的产品，处5万元以上20万元以下罚款；触犯刑律的，对负有责任的主管人员和其他直接责任人员依照刑法关于生产、销售伪劣产品罪、非法经营罪或者其他罪的规定，依法追究刑事责任。

第七十四条　按照安全技术规范的要求应当进行型式试验的特种设备产品、部件或者试制特种设备新产品、新部件，未进行整机或者部件型式试验的，由特种设备安全监督管理部门责令限期改正；逾期未改正的，处2万元以上10万元以下罚款。

第七十五条　未经许可，擅自从事锅炉、压力容器、电梯、起重机械、客运索道、大型游乐设施、场（厂）内专用机动车辆及其安全附件、安全保护装置的制造、安装、改造以及压力管道元件的制造活动的，由特种设备安全监督管理部门予以取缔，没收非法制造的产品，已经实施安装、改造的，责令恢复原状或者责令限期由取得许可的单位重新安装、改造，处10万元以上50万元以下罚款；触犯刑律的，对负有责任的主管人员和其他直接责任人员依照刑法关于生产、销售伪劣产品罪、非法经营罪、重大责任事故罪或者其他罪的规定，依法追究刑事责任。

第七十六条　特种设备出厂时，未按照安全技术规范的要求附有设计文件、产品质量合格证明、安装及使用维修说明、监督检验证明等文件的，由特种设备安全监督管理部门责令改正；情节严重的，责令停止生产、销售，处违法生产、销售货值金额30%以下罚款；有违法所得的，没收违法所得。

第七十七条 未经许可，擅自从事锅炉、压力容器、电梯、起重机械、客运索道、大型游乐设施、场（厂）内专用机动车辆的维修或者日常维护保养的，由特种设备安全监督管理部门予以取缔，处1万元以上5万元以下罚款；有违法所得的，没收违法所得；触犯刑律的，对负有责任的主管人员和其他直接责任人员依照刑法关于非法经营罪、重大责任事故罪或者其他罪的规定，依法追究刑事责任。

第七十八条 锅炉、压力容器、电梯、起重机械、客运索道、大型游乐设施的安装、改造、维修的施工单位以及场（厂）内专用机动车辆的改造、维修单位，在施工前未将拟进行的特种设备安装、改造、维修情况书面告知直辖市或者设区的市的特种设备安全监督管理部门即行施工的，或者在验收后30日内未将有关技术资料移交锅炉、压力容器、电梯、起重机械、客运索道、大型游乐设施的使用单位的，由特种设备安全监督管理部门责令限期改正；逾期未改正的，处2000元以上1万元以下罚款。

第七十九条 锅炉、压力容器、压力管道元件、起重机械、大型游乐设施的制造过程和锅炉、压力容器、电梯、起重机械、客运索道、大型游乐设施的安装、改造、重大维修过程，以及锅炉清洗过程，未经国务院特种设备安全监督管理部门核准的检验检测机构按照安全技术规范的要求进行监督检验的，由特种设备安全监督管理部门责令改正，已经出厂的，没收违法生产、销售的产品，已经实施安装、改造、重大维修或者清洗的，责令限期进行监督检验，处5万元以上20万元以下罚款；有违法所得的，没收违法所得；情节严重的，撤销制造、安装、改造或者维修单位已经取得的许可，并由工商行政管理部门吊销其营业执照；触犯刑律的，对负有责任的主管人员和其他直接责任人员依照刑法关于生产、销售伪劣产品罪或者其他罪的规定，依法追究刑事责任。

第八十条 未经许可，擅自从事移动式压力容器或者气瓶充装活动的，由特种设备安全监督管理部门予以取缔，没收违法充装的气瓶，处10万元以上50万元以下罚款；有违法所得的，没收违法所得；触犯刑律的，对负有责任的主管人员和其他直接责任人员依照刑法关于非法经营罪或者其他罪的规定，依法追究刑事责任。

移动式压力容器、气瓶充装单位未按照安全技术规范的要求进行充装活动的，由特种设备安全监督管理部门责令改正，处2万元以上10万元以下罚款；情节严重的，撤销其充装资格。

第八十一条 电梯制造单位有下列情形之一的，由特种设备安全监督管理部门责令限期改正；逾期未改正的，予以通报批评：

（一）未依照本条例第十九条的规定对电梯进行校验、调试的；

（二）对电梯的安全运行情况进行跟踪调查和了解时，发现存在严重事故隐患，未及时向特种设备安全监督管理部门报告的。

第八十二条 已经取得许可、核准的特种设备生产单位、检验检测机构有下列行为之一的，由特种设备安全监督管理部门责令改正，处2万元以上10万元以下罚款；情节严重的，撤销其相应资格：

（一）未按照安全技术规范的要求办理许可证变更手续的；

（二）不再符合本条例规定或者安全技术规范要求的条件，继续从事特种设备生产、检验检测的；

（三）未依照本条例规定或者安全技术规范要求进行特种设备生产、检验检测的；

（四）伪造、变造、出租、出借、转让许可证书或者监督检验报告的。

第八十三条 特种设备使用单位有下列情形之一的，由特种设备安全监督管理部门责令限期改正；逾期未改正的，处2000元以上2万元以下罚款；情节严重的，责令停止使用或者停产停业整顿：

（一）特种设备投入使用前或者投入使用后30日内，未向特种设备安全监督管理部门登记，擅自将其投入使用的；

（二）未依照本条例第二十六条的规定，建立特种设备安全技术档案的；

（三）未依照本条例第二十七条的规定，对在用特种设备进行经常性日常维护保养和定期自行检查的，或者对在用特种设备的安全附件、安全保护装置、测量调控装置及有关附属仪器仪表进行定期校验、检修，并作出记录的；

（四）未按照安全技术规范的定期检验要求，在安全检验合格有效期届满前1个月向特种设备检验检测机构提出定期检验要求的；

（五）使用未经定期检验或者检验不合格的特种设备的；

（六）特种设备出现故障或者发生异常情况，未对其进行全面检查、消除事故隐患，继续投入使用的；

（七）未制定特种设备事故应急专项预案的；

（八）未依照本条例第三十一条第二款的规定，对电梯进行清洁、润滑、调整和检查的；

（九）未按照安全技术规范要求进行锅炉水（介）质处理的；

（十）特种设备不符合能效指标，未及时采取相应措施进行整改的。

特种设备使用单位使用未取得生产许可的单位生产的特种设备或者将非承压锅炉、非压力容器作为承压锅炉、压力容器使用的，由特种设备安全监督管理部门责令停止使用，予以没收，处2万元以上10万元以下罚款。

第八十四条　特种设备存在严重事故隐患，无改造、维修价值，或者超过安全技术规范规定的使用年限，特种设备使用单位未予以报废，并向原登记的特种设备安全监督管理部门办理注销的，由特种设备安全监督管理部门责令限期改正；逾期未改正的，处5万元以上20万元以下罚款。

第八十五条　电梯、客运索道、大型游乐设施的运营使用单位有下列情形之一的，由特种设备安全监督管理部门责令限期改正；逾期未改正的，责令停止使用或者停产停业整顿，处1万元以上5万元以下罚款：

（一）客运索道、大型游乐设施每日投入使用前，未进行试运行和例行安全检查，并对安全装置进行检查确认的；

（二）未将电梯、客运索道、大型游乐设施的安全注意事项和警示标志置于易于为乘客注意的显著位置的。

第八十六条　特种设备使用单位有下列情形之一的，由特种设备安全监督管理部门责令限期改正；逾期未改正的，责令停止使用或者停产停业整顿，处2000元以上2万元以下罚款：

（一）未依照本条例规定设置特种设备安全管理机构或者配备专职、兼职的安全管理人员的；

（二）从事特种设备作业的人员，未取得相应特种作业人员证书，上岗作业的；

（三）未对特种设备作业人员进行特种设备安全教育和培训的。

第八十七条　发生特种设备事故，有下列情形之一的，对单位，由特种设备安全监督管理部门处5万元以上20万元以下罚款；对主要负责人，由特种设备安全监督管理部门处4000元以上2万元以下罚款；属于国家工作人员的，依法给予处分；触犯刑律的，依照刑法关于重大责任事故罪或者其他罪的规定，依法追究刑事责任：

（一）特种设备使用单位的主要负责人在本单位发生特种设备事故时，不立即组织抢救或者在事故调查处理期间擅离职守或者逃匿的；

（二）特种设备使用单位的主要负责人对特种设备事故隐瞒不报、谎报或者拖延不报的。

第八十八条　对事故发生负有责任的单位，由特种设备安全监督管理部门依照下列规定处以罚款：

（一）发生一般事故的，处10万元以上20万元以下罚款；

（二）发生较大事故的，处20万元以上50万元以下罚款；

（三）发生重大事故的，处50万元以上200万元以下罚款。

第八十九条 对事故发生负有责任的单位的主要负责人未依法履行职责，导致事故发生的，由特种设备安全监督管理部门依照下列规定处以罚款；属于国家工作人员的，并依法给予处分；触犯刑律的，依照刑法关于重大责任事故罪或者其他罪的规定，依法追究刑事责任：

（一）发生一般事故的，处上一年年收入30%的罚款；

（二）发生较大事故的，处上一年年收入40%的罚款；

（三）发生重大事故的，处上一年年收入60%的罚款。

第九十条 特种设备作业人员违反特种设备的操作规程和有关的安全规章制度操作，或者在作业过程中发现事故隐患或者其他不安全因素，未立即向现场安全管理人员和单位有关负责人报告的，由特种设备使用单位给予批评教育、处分；情节严重的，撤销特种设备作业人员资格；触犯刑律的，依照刑法关于重大责任事故罪或者其他罪的规定，依法追究刑事责任。

第九十一条 未经核准，擅自从事本条例所规定的监督检验、定期检验、型式试验以及无损检测等检验检测活动的，由特种设备安全监督管理部门予以取缔，处5万元以上20万元以下罚款；有违法所得的，没收违法所得；触犯刑律的，对负有责任的主管人员和其他直接责任人员依照刑法关于非法经营罪或者其他罪的规定，依法追究刑事责任。

第九十二条 特种设备检验检测机构，有下列情形之一的，由特种设备安全监督管理部门处2万元以上10万元以下罚款；情节严重的，撤销其检验检测资格：

（一）聘用未经特种设备安全监督管理部门组织考核合格并取得检验检测人员证书的人员，从事相关检验检测工作的；

（二）在进行特种设备检验检测中，发现严重事故隐患或者能耗严重超标，未及时告知特种设备使用单位，并立即向特种设备安全监督管理部门报告的。

第九十三条 特种设备检验检测机构和检验检测人员，出具虚假的检验检测结果、鉴定结论或者检验检测结果、鉴定结论严重失实的，由特种设备安全监督管理部门对检验检测机构没收违法所得，处5万元以上20万元以下罚款，情节严重的，撤销其检验检测资格；对检验检测人员处5000元以上5万元以下罚款，情节严重的，撤销其检验检测资格，触犯刑律的，依照刑法关于中介组织人员提供虚假证明文件罪、中介组织人员出具证明文件重大失实罪或者其他罪的规定，依法追究刑事责任。

特种设备检验检测机构和检验检测人员，出具虚假的检验检测结果、鉴定结论或者检验检测结果、鉴定结论严重失实，造成损害的，应当承担赔偿责任。

第九十四条　特种设备检验检测机构或者检验检测人员从事特种设备的生产、销售，或者以其名义推荐或者监制、监销特种设备的，由特种设备安全监督管理部门撤销特种设备检验检测机构和检验检测人员的资格，处5万元以上20万元以下罚款；有违法所得的，没收违法所得。

第九十五条　特种设备检验检测机构和检验检测人员利用检验检测工作故意刁难特种设备生产、使用单位，由特种设备安全监督管理部门责令改正；拒不改正的，撤销其检验检测资格。

第九十六条　检验检测人员，从事检验检测工作，不在特种设备检验检测机构执业或者同时在两个以上检验检测机构中执业的，由特种设备安全监督管理部门责令改正，情节严重的，给予停止执业6个月以上2年以下的处罚；有违法所得的，没收违法所得。

第九十七条　特种设备安全监督管理部门及其特种设备安全监察人员，有下列违法行为之一的，对直接负责的主管人员和其他直接责任人员，依法给予降级或者撤职的处分；触犯刑律的，依照刑法关于受贿罪、滥用职权罪、玩忽职守罪或者其他罪的规定，依法追究刑事责任：

（一）不按照本条例规定的条件和安全技术规范要求，实施许可、核准、登记的；

（二）发现未经许可、核准、登记擅自从事特种设备的生产、使用或者检验检测活动不予取缔或者不依法予以处理的；

（三）发现特种设备生产、使用单位不再具备本条例规定的条件而不撤销其原许可，或者发现特种设备生产、使用违法行为不予查处的；

（四）发现特种设备检验检测机构不再具备本条例规定的条件而不撤销其原核准，或者对其出具虚假的检验检测结果、鉴定结论或者检验检测结果、鉴定结论严重失实的行为不予查处的；

（五）对依照本条例规定在其他地方取得许可的特种设备生产单位重复进行许可，或者对依照本条例规定在其他地方检验检测合格的特种设备，重复进行检验检测的；

（六）发现有违反本条例和安全技术规范的行为或者在用的特种设备存在严重事故隐患，不立即处理的；

（七）发现重大的违法行为或者严重事故隐患，未及时向上级特种设备安全监督管理部门报告，或者接到报告的特种设备安全监督管理部门不立即处理的；

（八）迟报、漏报、瞒报或者谎报事故的；

（九）妨碍事故救援或者事故调查处理的。

第九十八条　特种设备的生产、使用单位或者检验检测机构，拒不接受特种设备安全监督管理部门依法实施的安全监察的，由特种设备安全监督管理部门责令限期改正；逾期未改正的，责令停产停业整顿，处2万元以上10万元以下罚款；触犯刑律的，依照刑法关于妨害公务罪或者其他罪的规定，依法追究刑事责任。

特种设备生产、使用单位擅自动用、调换、转移、损毁被查封、扣押的特种设备或者其主要部件的，由特种设备安全监督管理部门责令改正，处5万元以上20万元以下罚款；情节严重的，撤销其相应资格。

第八章　附　　则

第九十九条　本条例下列用语的含义是：

（一）锅炉，是指利用各种燃料、电或者其他能源，将所盛装的液体加热到一定的参数，并对外输出热能的设备，其范围规定为容积大于或者等于30L的承压蒸汽锅炉；出口水压大于或者等于0.1MPa（表压），且额定功率大于或者等于0.1MW的承压热水锅炉；有机热载体锅炉。

（二）压力容器，是指盛装气体或者液体，承载一定压力的密闭设备，其范围规定为最高工作压力大于或者等于0.1MPa（表压），且压力与容积的乘积大于或者等于2.5MPa · L的气体、液化气体和最高工作温度高于或者等于标准沸点的液体的固定式容器和移动式容器；盛装公称工作压力大于或者等于0.2MPa（表压），且压力与容积的乘积大于或者等于1.0MPa · L的气体、液化气体和标准沸点等于或者低于60℃液体的气瓶；氧舱等。

（三）压力管道，是指利用一定的压力，用于输送气体或者液体的管状设备，其范围规定为最高工作压力大于或者等于0.1MPa（表压）的气体、液化气体、蒸汽介质或者可燃、易爆、有毒、有腐蚀性、最高工作温度高于或者等于标准沸点的液体介质，且公称直径大于25mm的管道。

（四）电梯，是指动力驱动，利用沿刚性导轨运行的箱体或者沿固定线路运行的梯级（踏步），进行升降或者平行运送人、货物的机电设备，包括载人（货）电梯、自动扶梯、自动人行道等。

（五）起重机械，是指用于垂直升降或者垂直升降并水平移动重物的机电设备，其范围规定为额定起重量大于或者等于0.5t的升降机；额定起重量大于或者等于1t，且提升高度大于或者等于2m的起重机和承重形式固定的电动葫芦等。

（六）客运索道，是指动力驱动，利用柔性绳索牵引箱体等运载工具运送人员的机电设备，包括客运架空索道、客运缆车、客运拖牵索道等。

（七）大型游乐设施，是指用于经营目的，承载乘客游乐的设施，其范围规定为设计最大运行线速度大于或者等于2m/s，或者运行高度距地面高于或者等于2m的载人大型游乐设施。

（八）场（厂）内专用机动车辆，是指除道路交通、农用车辆以外仅在工厂厂区、旅游景区、游乐场所等特定区域使用的专用机动车辆。

特种设备包括其所用的材料、附属的安全附件、安全保护装置和与安全保护装置相关的设施。

第一百条 压力管道设计、安装、使用的安全监督管理办法由国务院另行制定。

第一百零一条 国务院特种设备安全监督管理部门可以授权省、自治区、直辖市特种设备安全监督管理部门负责本条例规定的特种设备行政许可工作，具体办法由国务院特种设备安全监督管理部门制定。

第一百零二条 特种设备行政许可、检验检测，应当按照国家有关规定收取费用。

第一百零三条 本条例自2003年6月1日起施行。1982年2月6日国务院发布的《锅炉压力容器安全监察暂行条例》同时废止。

三、部门规章及文件

安全生产行政处罚自由裁量适用规则（试行）

（2010年7月15日国家安全生产监督管理总局发布　安全监管总局令〔2010〕第31号）

第一章　总　　则

第一条　为了正确适用安全生产法律、行政法规和部门规章，规范安全生产监督管理部门合法、适当地行使行政处罚自由裁量权，根据《行政处罚法》、《安全生产法》、《职业病防治法》等法律、行政法规和部门规章的规定，制定本规则。

第二条　县级以上安全生产监督管理部门或其委托实施行政处罚的组织或者机构（以下统称安全监管执法机关）依照安全生产法律、行政法规和部门规章作出行政处罚行使自由裁量权的，适用本规则；具体实施行政处罚需要自由裁量的，参照《安全生产行政处罚自由裁量标准》（以下简称《标准》）执行。

煤矿安全监察机构对煤矿安全生产违法行为作出行政处罚行使自由裁量权的，适用《煤矿安全监察行政处罚自由裁量实施标准（试行）》。

法律、行政法规和地方性法规对行政处罚自由裁量另有规定的，适用其规定；原国家安全监管局、国家安全监管总局公布的部门规章与本规则不一致的，适用本规则。

第三条　本规则所称的行政处罚自由裁量权，是指安全监管执法机关在对安全生产违法行为实施行政处罚时，根据立法目的和行政处罚的原则，在法律、行政法规和部门规章规定的行政处罚的种类和幅度内，综合考量违法的事实、性质、手段、后果、情节和改正措施等因素，正确、适当地确定行政处罚的种类、幅度或者作出不予行政处罚决定的选择适用权限。

第四条 各级安全监管执法机关应当加强对各自管辖范围内安全生产行政处罚自由裁量行为的监督检查。

上级安全监管执法机关有权对下级安全监管执法机关违法或者不当的行政处罚予以纠正或者撤销。

第二章 行政处罚自由裁量的考量原则

第五条 行使行政处罚自由裁量权，应当遵循程序法定原则，严格遵守法律、行政法规和部门规章规定的程序。

第六条 行使行政处罚自由裁量权，应当遵循合法、公平、公正、公开的原则，过罚相当的原则和处罚与教育相结合的原则，依法维护公民、法人和其他组织的合法权益，确保行政处罚自由裁量权行使的合法性和合理性。

第七条 行使行政处罚自由裁量权，应当以事实为依据、以法律为准绳，全面分析违法行为的主体、客体、主观方面、客观方面等因素，综合裁量，合理确定应否给予行政处罚或者应当给予行政处罚的种类、幅度。给予行政处罚的种类、幅度应当与违法行为的事实、性质、情节、认知态度以及社会危害程度相当。

对同一类违法主体实施的性质相同、情节相近或者相似、危害后果基本相当的违法行为，在行使行政处罚自由裁量权时，适用的法律依据、处罚种类应当基本一致，处罚幅度应当基本相当。

第八条 同一个违法行为违反不同法律、行政法规或者部门规章规定的，在适用具体法律条文时应当遵循下列原则：

（一）优先适用法律效力高的规定；

（二）法律效力相同，属于特别规定的优先适用；

（三）法律效力相同，生效时间在后的优先适用。

第九条　法律对同一个违法行为设定了行政处罚的，按照下列原则行使自由裁量权：

（一）同一法律规定实施某个违法行为应当（可以）处以罚款的行政处罚确定的，参照《标准》对其罚款幅度予以细化；

（二）同一法律规定实施某个违法行为应当（可以）处以不同种类（包括警告、没收违法所得、暂扣或者吊销许可证等）的行政处罚的，参照《标准》给予相应种类的行政处罚；

（三）同一法律规定实施某个违法行为根据情节轻重不同处以不同种类的行政处罚的，参照《标准》确定的情节给予相应种类的行政处罚。

第十条　生产经营单位及其有关人员违反不同的法律规定，或者违反同一条款的不同违法情形，有两个以上应当给予行政处罚的违法行为的，应当适用不同的法律规定或者同一法律条款规定的不同违法情形，分别裁量，合并处罚。

第三章　行政处罚自由裁量的适用规则

第十一条　法律、行政法规或者部门规章规定应当先予责令改正或者责令限期改正的，应当先予书面责令当事人在规定期限内予以改正；当事人逾期不改正的，再依法决定行政处罚。

第十二条　法律、行政法规或者部门规章规定的多种处罚应当并处的，不得选择适用；规定可以并处的，可以选择适用。

法律、行政法规或者部门规章明确规定的处罚种类可以单处也可以并处的，可以选择适用，但应分清主罚项和次罚项。

法律、行政法规规定应当先予没收物品、没收违法所得，再作其他处罚的，不得直接选择适用其他处罚。

第十三条　法律、行政法规或者部门规章已经规定处罚种类的，实施自由裁量权时，不得改变行政处罚种类；对当事人实施罚款的，其罚款额不得高于法律、行政法规或者部门规章规定数额的上限，也不得低于其规定数额的下限。

第十四条 当事人有下列情形之一的，应当依法从轻处罚：

（一）已满14周岁不满18周岁的公民实施安全生产违法行为的；

（二）主动消除或者减轻安全生产违法行为危害后果的；

（三）受他人胁迫实施安全生产违法行为的；

（四）配合安全监管执法机关查处安全生产违法行为，有立功表现的；

（五）主动投案，向安全监管执法机关如实交待自己的违法行为的；

（六）具有法律、行政法规规定的其他从轻处罚情形的。

有从轻处罚情节的，应当在法定处罚幅度的中档以下确定行政处罚标准，但不得低于法定处罚幅度的下限。

本条第一款第（四）项所称的立功表现，是指当事人有揭发他人安全生产违法行为，并经查证属实；或者提供查处其他安全生产违法行为的重要线索，并经查证属实；或者阻止他人实施安全生产违法行为；或者协助司法机关抓捕其他违法犯罪嫌疑人的行为。

第十五条 当事人有下列情形之一的，应当依法从重处罚：

（一）危及公共安全或者其他生产经营单位及其人员安全，经责令限期改正，逾期未改正的；

（二）一年内因同一种安全生产违法行为受到两次以上行政处罚的；

（三）拒不整改或者整改不力，其违法行为处于持续状态的；

（四）拒绝、阻碍或者以暴力威胁行政执法人员的；

（五）在处置突发事件期间实施安全生产违法行为的；

（六）隐匿、销毁违法行为证据的；

（七）违法行为情节恶劣，造成人身死亡（重伤、急性工业中毒）或者严重社会影响的；

（八）故意实施违法行为的；

（九）对举报人、证人打击报复的；

（十）未依法排查治理事故隐患的；

（十一）发生生产安全事故后逃匿或者瞒报、谎报的；

（十二）具有法律、行政法规规定的其他从重处罚情形的。

有从重处罚情节的，应当在法定处罚幅度内选择较高或者最高幅度确定处罚标准，但不得高于法定处罚幅度上限。

第十六条　当事人有下列情形之一的，不予处罚：

（一）证据不足，安全生产违法事实不能成立的；

（二）安全生产违法行为轻微并及时纠正，没有造成危害后果的；

（三）不满14周岁的公民实施安全生产违法行为的；

（四）精神病人在不能辨认或者不能控制自己行为时实施安全生产违法行为的；

（五）安全生产违法行为在两年内未被发现的，法律另有规定的除外；

（六）具有法律、行政法规、部门规章规定的其他情形的。

前款第五项规定的期限，从违法行为发生之日起计算，违法行为有连续或者继续状态的，从行为终了之日起计算。

第十七条　《标准》所称的违法所得，按照下列规定计算：

（一）生产、加工产品的，以生产、加工的产品及其销售收入作为违法所得；

（二）销售商品的，以销售收入作为违法所得；

（三）提供安全生产中介、租赁等服务的，以服务收入或者报酬作为违法所得；

（四）销售收入无法计算的，按照当地同类同等规模的生产经营单位的平均销售收入计算；

（五）服务收入、报酬无法计算的，按照当地同行业同种服务的平均收入或者报酬计算。

第四章　行政处罚自由裁量的审核与监督

第十八条　除当场行政处罚外，行政处罚自由裁量结果实行审核制度。

案件调查终结后，案件承办人员应当对拟作出行政处罚的种类和幅度提出建议，并说明行使自由裁量权的事实、理由和依据；案件审核人员应当对处罚依据、额度等提出审核意见，并将审核意见报送安全监管执法机关负责人审查决定；安全监管执法机关已经成立行政处罚案件审核委员会的，审核意见报案件审核委员会审查决定。

对安全生产违法行为给予从轻或者从重处罚的自由裁量结果，应当由安全监管执法机关的负责人集体讨论决定。

第十九条　行政处罚案件实行备案审查制度。

各级安全监管执法机关负责法制工作的机构负责本机关行政处罚案件的备案审查工作，对各类安全生产行政处罚案件的实体内容、执法程序、自由裁量的合法性、适当性以及相关证据进行事后审查，并定期对行政执法案卷进行复查和监督。

第二十条　行使安全生产行政处罚自由裁量权的裁量结果应当公开，允许社会公众查阅，但涉及国家秘密、商业秘密或者个人隐私的除外。

第二十一条　行政监察机关对安全监管执法机关及其工作人员行使行政处罚自由裁量权实施监察。

安全监管执法机关及其工作人员行使行政处罚自由裁量权明显不当的，必须及时予以纠正；对有关责任人员依照《安全生产监管监察职责和行政执法责任追究的暂行规定》处理。

第五章　附　　则

第二十二条　违反《安全生产法》有关规定发生生产安全事故，应当给予生产经营单位的主要负责人、个人经营的投资人和其他责任人员罚款的，依照《安全生产法》第八十条、第八十一条的规定处罚。

违反《安全生产法》以外的有关法律、行政法规、部门规章的规定发生生产安全事故，应当给予生产经营单位的主要负责人、个人经营的投资人和其他责任人员罚款的，依照《生产安全事故报告和调查处理条例》的规定处罚。

第二十三条　行政处罚自由裁量审查和备案审查的具体办法，由地方各级安全监管执法机关根据本机关实际制定，并报上一级安全监管执法机关备案。

第二十四条　安全生产违法行为涉嫌构成刑事犯罪的，应当依据规定程序移交司法机关，不得以罚代刑。

第二十五条　本规则自2010年10月1日起施行。

生产经营单位安全培训规定

（2006年1月17日国家安全监管总局令第3号公布　根据2013年8月29日国家安全监管总局令第63号第一次修正　根据2015年5月29日国家安全生产监管总局令第80号第二次修正）

第一章　总　　则

第一条　为加强和规范生产经营单位安全培训工作，提高从业人员安全素质，防范伤亡事故，减轻职业危害，根据安全生产法和有关法律、行政法规，制定本规定。

第二条　工矿商贸生产经营单位（以下简称生产经营单位）从业人员的安全培训，适用本规定。

第三条　生产经营单位负责本单位从业人员安全培训工作。

生产经营单位应当按照安全生产法和有关法律、行政法规和本规定，建立健全安全培训工作制度。

第四条　生产经营单位应当进行安全培训的从业人员包括主要负责人、安全生产管理人员、特种作业人员和其他从业人员。

生产经营单位使用被派遣劳动者的，应当将被派遣劳动者纳入本单位从业人员统一管理，对被派遣劳动者进行岗位安全操作规程和安全操作技能的教育和培训。劳务派遣单位应当对被派遣劳动者进行必要的安全生产教育和培训。

生产经营单位接收中等职业学校、高等学校学生实习的，应当对实习学生进行相应的安全生产教育和培训，提供必要的劳动防护用品。学校应当协助生产经营单位对实习学生进行安全生产教育和培训。

生产经营单位从业人员应当接受安全培训，熟悉有关安全生产规章制度和安全操作规程，具备必要的安全生产知识，掌握本岗位的安全操作技能，了解事故应急处理措施，知悉自身在安全生产方面的权利和义务。

未经安全培训合格的从业人员，不得上岗作业。

第五条　国家安全生产监督管理总局指导全国安全培训工作，依法对全国的安全培训工作实施监督管理。

国务院有关主管部门按照各自职责指导监督本行业安全培训工作，并按照本规定制定实施办法。

国家煤矿安全监察局指导监督检查全国煤矿安全培训工作。

各级安全生产监督管理部门和煤矿安全监察机构（以下简称安全生产监管监察部门）按照各自的职责，依法对生产经营单位的安全培训工作实施监督管理。

第二章　主要负责人、安全生产管理人员的安全培训

第六条　生产经营单位主要负责人和安全生产管理人员应当接受安全培训，具备与所从事的生产经营活动相适应的安全生产知识和管理能力。

第七条　生产经营单位主要负责人安全培训应当包括下列内容：

（一）国家安全生产方针、政策和有关安全生产的法律、法规、规章及标准；

（二）安全生产管理基本知识、安全生产技术、安全生产专业知识；

（三）重大危险源管理、重大事故防范、应急管理和救援组织以及事故调查处理的有关规定；

（四）职业危害及其预防措施；

（五）国内外先进的安全生产管理经验；

（六）典型事故和应急救援案例分析；

（七）其他需要培训的内容。

第八条　生产经营单位安全生产管理人员安全培训应当包括下列

内容：

（一）国家安全生产方针、政策和有关安全生产的法律、法规、规章及标准；

（二）安全生产管理、安全生产技术、职业卫生等知识；

（三）伤亡事故统计、报告及职业危害的调查处理方法；

（四）应急管理、应急预案编制以及应急处置的内容和要求；

（五）国内外先进的安全生产管理经验；

（六）典型事故和应急救援案例分析；

（七）其他需要培训的内容。

第九条 生产经营单位主要负责人和安全生产管理人员初次安全培训时间不得少于32学时。每年再培训时间不得少于12学时。

煤矿、非煤矿山、危险化学品、烟花爆竹、金属冶炼等生产经营单位主要负责人和安全生产管理人员初次安全培训时间不得少于48学时，每年再培训时间不得少于16学时。

第十条 生产经营单位主要负责人和安全生产管理人员的安全培训必须依照安全生产监管监察部门制定的安全培训大纲实施。

非煤矿山、危险化学品、烟花爆竹、金属冶炼等生产经营单位主要负责人和安全生产管理人员的安全培训大纲及考核标准由国家安全生产监督管理总局统一制定。

煤矿主要负责人和安全生产管理人员的安全培训大纲及考核标准由国家煤矿安全监察局制定。

煤矿、非煤矿山、危险化学品、烟花爆竹、金属冶炼以外的其他生产经营单位主要负责人和安全管理人员的安全培训大纲及考核标准，由省、自治区、直辖市安全生产监督管理部门制定。

第三章 其他从业人员的安全培训

第十一条 煤矿、非煤矿山、危险化学品、烟花爆竹、金属冶炼等生产经营单位必须对新上岗的临时工、合同工、劳务工、轮换工、协议工等进行强制性安全培训，保证其具备本岗位安全操作、自救互救以及应急处置所需的知识和技能后，方能安排上岗作业。

第十二条 加工、制造业等生产单位的其他从业人员，在上岗前必须经过厂（矿）、车间（工段、区、队）、班组三级安全培训教育。

生产经营单位应当根据工作性质对其他从业人员进行安全培训，保证其具备本岗位安全操作、应急处置等知识和技能。

第十三条 生产经营单位新上岗的从业人员，岗前安全培训时间不得少于24学时。

煤矿、非煤矿山、危险化学品、烟花爆竹、金属冶炼等生产经营单位新上岗的从业人员安全培训时间不得少于72学时，每年再培训的时间不得少于20学时。

第十四条 厂（矿）级岗前安全培训内容应当包括：

（一）本单位安全生产情况及安全生产基本知识；

（二）本单位安全生产规章制度和劳动纪律；

（三）从业人员安全生产权利和义务；

（四）有关事故案例等。

煤矿、非煤矿山、危险化学品、烟花爆竹、金属冶炼等生产经营单位厂（矿）级安全培训除包括上述内容外，应当增加事故应急救援、事故应急预案演练及防范措施等内容。

第十五条 车间（工段、区、队）级岗前安全培训内容应当包括：

（一）工作环境及危险因素；

（二）所从事工种可能遭受的职业伤害和伤亡事故；

（三）所从事工种的安全职责、操作技能及强制性标准；

（四）自救互救、急救方法、疏散和现场紧急情况的处理；

（五）安全设备设施、个人防护用品的使用和维护；

（六）本车间（工段、区、队）安全生产状况及规章制度；

（七）预防事故和职业危害的措施及应注意的安全事项；

（八）有关事故案例；

（九）其他需要培训的内容。

第十六条 班组级岗前安全培训内容应当包括：

（一）岗位安全操作规程；

（二）岗位之间工作衔接配合的安全与职业卫生事项；

（三）有关事故案例；

（四）其他需要培训的内容。

第十七条 从业人员在本生产经营单位内调整工作岗位或离岗一年以上重新上岗时，应当重新接受车间（工段、区、队）和班组级的安全培训。

生产经营单位采用新工艺、新技术、新材料或者使用新设备时，应当对有关从业人员重新进行有针对性的安全培训。

第十八条 生产经营单位的特种作业人员，必须按照国家有关法律、法规的规定接受专门的安全培训，经考核合格，取得特种作业操作资格证书后，方可上岗作业。

特种作业人员的范围和培训考核管理办法，另行规定。

第四章 安全培训的组织实施

第十九条 生产经营单位从业人员的安全培训工作，由生产经营单位组织实施。

生产经营单位应当坚持以考促学、以讲促学，确保全体从业人员熟练掌握岗位安全生产知识和技能；煤矿、非煤矿山、危险化学品、烟花爆竹、金属冶炼等生产经营单位还应当完善和落实师傅带徒弟制度。

第二十条 具备安全培训条件的生产经营单位，应当以自主培训为主；可以委托具备安全培训条件的机构，对从业人员进行安全培训。

不具备安全培训条件的生产经营单位，应当委托具备安全培训条件的机构，对从业人员进行安全培训。

生产经营单位委托其他机构进行安全培训的，保证安全培训的责任仍由本单位负责。

第二十一条　生产经营单位应当将安全培训工作纳入本单位年度工作计划。保证本单位安全培训工作所需资金。

生产经营单位的主要负责人负责组织制定并实施本单位安全培训计划。

第二十二条　生产经营单位应当建立健全从业人员安全生产教育和培训档案，由生产经营单位的安全生产管理机构以及安全生产管理人员详细、准确记录培训的时间、内容、参加人员以及考核结果等情况。

第二十三条　生产经营单位安排从业人员进行安全培训期间，应当支付工资和必要的费用。

第五章　监督管理

第二十四条　煤矿、非煤矿山、危险化学品、烟花爆竹、金属冶炼等生产经营单位主要负责人和安全生产管理人员，自任职之日起6个月内，必须经安全生产监管监察部门对其安全生产知识和管理能力考核合格。

第二十五条　安全生产监管监察部门依法对生产经营单位安全培训情况进行监督检查，督促生产经营单位按照国家有关法律法规和本规定开展安全培训工作。

县级以上地方人民政府负责煤矿安全生产监督管理的部门对煤矿井下作业人员的安全培训情况进行监督检查。煤矿安全监察机构对煤矿特种作业人员安全培训及其持证上岗的情况进行监督检查。

第二十六条　各级安全生产监管监察部门对生产经营单位安全培训及其持证上岗的情况进行监督检查，主要包括以下内容：

（一）安全培训制度、计划的制定及其实施的情况；

（二）煤矿、非煤矿山、危险化学品、烟花爆竹、金属冶炼等生产经营单位主要负责人和安全生产管理人员安全培训以及安全生产知识和管理能力考核的情况；其他生产经营单位主要负责人和安全生产管理人员培训的情况；

（三）特种作业人员操作资格证持证上岗的情况；

（四）建立安全生产教育和培训档案，并如实记录的情况；

（五）对从业人员现场抽考本职工作的安全生产知识；

（六）其他需要检查的内容。

第二十七条　安全生产监管监察部门对煤矿、非煤矿山、危险化学品、烟花爆竹、金属冶炼等生产经营单位的主要负责人、安全管理人员应当按照本规定严格考核。考核不得收费。

安全生产监管监察部门负责考核的有关人员不得玩忽职守和滥用职权。

第二十八条　安全生产监管监察部门检查中发现安全生产教育和培训责任落实不到位、有关从业人员未经培训合格的，应当视为生产安全事故隐患，责令生产经营单位立即停止违法行为，限期整改，并依法予以处罚。

第六章　罚　　则

第二十九条　生产经营单位有下列行为之一的，由安全生产监管监察部门责令其限期改正，可以处1万元以上3万元以下的罚款：

（一）未将安全培训工作纳入本单位工作计划并保证安全培训工作所需资金的；

（二）从业人员进行安全培训期间未支付工资并承担安全培训费用的。

第三十条　生产经营单位有下列行为之一的，由安全生产监管监察部门责令其限期改正，可以处5万元以下的罚款；逾期未改正的，责令停产停业整顿，并处5万元以上10万元以下的罚款，对其直接负责的主管人员和其他直接责任人员处1万元以上2万元以下的罚款：

（一）煤矿、非煤矿山、危险化学品、烟花爆竹、金属冶炼等生产经营单位主要负责人和安全管理人员未按照规定经考核合格的；

（二）未按照规定对从业人员、被派遣劳动者、实习学生进行安全生产教育和培训或者未如实告知其有关安全生产事项的；

（三）未如实记录安全生产教育和培训情况的；

（四）特种作业人员未按照规定经专门的安全技术培训并取得特种作业人员操作资格证书，上岗作业的。

县级以上地方人民政府负责煤矿安全生产监督管理的部门发现煤矿未按照本规定对井下作业人员进行安全培训的，责令限期改正，处10万元以上50万元以下的罚款；逾期未改正的，责令停产停业整顿。

煤矿安全监察机构发现煤矿特种作业人员无证上岗作业的，责令限期改正，处10万元以上50万元以下的罚款；逾期未改正的，责令停产停业整顿。

第三十一条　安全生产监管监察部门有关人员在考核、发证工作中玩忽职守、滥用职权的，由上级安全生产监管监察部门或者行政监察部门给予记过、记大过的行政处分。

第七章　附　　则

第三十二条　生产经营单位主要负责人是指有限责任公司或者股份有限公司的董事长、总经理，其他生产经营单位的厂长、经理、（矿务局）局长、矿长（含实际控制人）等。

生产经营单位安全生产管理人员是指生产经营单位分管安全生产的负责人、安全生产管理机构负责人及其管理人员，以及未设安全生产管理机构的生产经营单位专、兼职安全生产管理人员等。

生产经营单位其他从业人员是指除主要负责人、安全生产管理人员和特种作业人员以外，该单位从事生产经营活动的所有人员，包括其他负责人、其他管理人员、技术人员和各岗位的工人以及临时聘用的人员。

第三十三条　省、自治区、直辖市安全生产监督管理部门和省级煤矿安全监察机构可以根据本规定制定实施细则，报国家安全生产监督管理总局和国家煤矿安全监察局备案。

第三十四条 本规定自2006年3月1日起施行。

安全生产违法行为行政处罚办法

（2007年11月30日国家安全监管总局令第15号公布　根据2015年4月2日国家安全监管总局令第77号修正）

第一章　总　　则

第一条　为了制裁安全生产违法行为，规范安全生产行政处罚工作，依照行政处罚法、安全生产法及其他有关法律、行政法规的规定，制定本办法。

第二条　县级以上人民政府安全生产监督管理部门对生产经营单位及其有关人员在生产经营活动中违反有关安全生产的法律、行政法规、部门规章、国家标准、行业标准和规程的违法行为（以下统称安全生产违法行为）实施行政处罚，适用本办法。

煤矿安全监察机构依照本办法和煤矿安全监察行政处罚办法，对煤矿、煤矿安全生产中介机构等生产经营单位及其有关人员的安全生产违法行为实施行政处罚。

有关法律、行政法规对安全生产违法行为行政处罚的种类、幅度或者决定机关另有规定的，依照其规定。

第三条　对安全生产违法行为实施行政处罚，应当遵循公平、公正、公开的原则。

安全生产监督管理部门或者煤矿安全监察机构（以下统称安全监管监察部门）及其行政执法人员实施行政处罚，必须以事实为依据。行政处罚应当与安全生产违法行为的事实、性质、情节以及社会危害程度相当。

第四条　生产经营单位及其有关人员对安全监管监察部门给予的行

政处罚，依法享有陈述权、申辩权和听证权；对行政处罚不服的，有权依法申请行政复议或者提起行政诉讼；因违法给予行政处罚受到损害的，有权依法申请国家赔偿。

第二章　行政处罚的种类、管辖

第五条　安全生产违法行为行政处罚的种类：

（一）警告；

（二）罚款；

（三）没收违法所得、没收非法开采的煤炭产品、采掘设备；

（四）责令停产停业整顿、责令停产停业、责令停止建设、责令停止施工；

（五）暂扣或者吊销有关许可证，暂停或者撤销有关执业资格、岗位证书；

（六）关闭；

（七）拘留；

（八）安全生产法律、行政法规规定的其他行政处罚。

第六条　县级以上安全监管监察部门应当按照本章的规定，在各自的职责范围内对安全生产违法行为行政处罚行使管辖权。

安全生产违法行为的行政处罚，由安全生产违法行为发生地的县级以上安全监管监察部门管辖。中央企业及其所属企业、有关人员的安全生产违法行为的行政处罚，由安全生产违法行为发生地的设区的市级以上安全监管监察部门管辖。

暂扣、吊销有关许可证和暂停、撤销有关执业资格、岗位证书的行政处罚，由发证机关决定。其中，暂扣有关许可证和暂停有关执业资格、岗位证书的期限一般不得超过6个月；法律、行政法规另有规定的，依照其规定。

给予关闭的行政处罚，由县级以上安全监管监察部门报请县级以上人民政府按照国务院规定的权限决定。

给予拘留的行政处罚，由县级以上安全监管监察部门建议公安机关依照治安管理处罚法的规定决定。

第七条　两个以上安全监管监察部门因行政处罚管辖权发生争议的，由其共同的上一级安全监管监察部门指定管辖。

第八条　对报告或者举报的安全生产违法行为，安全监管监察部门应当受理；发现不属于自己管辖的，应当及时移送有管辖权的部门。

受移送的安全监管监察部门对管辖权有异议的，应当报请共同的上一级安全监管监察部门指定管辖。

第九条　安全生产违法行为涉嫌犯罪的，安全监管监察部门应当将案件移送司法机关，依法追究刑事责任；尚不够刑事处罚但依法应当给予行政处罚的，由安全监管监察部门管辖。

第十条　上级安全监管监察部门可以直接查处下级安全监管监察部门管辖的案件，也可以将自己管辖的案件交由下级安全监管监察部门管辖。

下级安全监管监察部门可以将重大、疑难案件报请上级安全监管监察部门管辖。

第十一条　上级安全监管监察部门有权对下级安全监管监察部门违法或者不适当的行政处罚予以纠正或者撤销。

第十二条　安全监管监察部门根据需要，可以在其法定职权范围内委托符合《行政处罚法》第十九条规定条件的组织或者乡、镇人民政府以及街道办事处、开发区管理机构等地方人民政府的派出机构实施行政处罚。受委托的单位在委托范围内，以委托的安全监管监察部门名义实施行政处罚。

委托的安全监管监察部门应当监督检查受委托的单位实施行政处罚，并对其实施行政处罚的后果承担法律责任。

第三章 行政处罚的程序

第十三条 安全生产行政执法人员在执行公务时，必须出示省级以上安全生产监督管理部门或者县级以上地方人民政府统一制作的有效行政执法证件。其中对煤矿进行安全监察，必须出示国家安全生产监督管理总局统一制作的煤矿安全监察员证。

第十四条 安全监管监察部门及其行政执法人员在监督检查时发现生产经营单位存在事故隐患的，应当按照下列规定采取现场处理措施：

（一）能够立即排除的，应当责令立即排除；

（二）重大事故隐患排除前或者排除过程中无法保证安全的，应当责令从危险区域撤出作业人员，并责令暂时停产停业、停止建设、停止施工或者停止使用相关设施、设备，限期排除隐患。

隐患排除后，经安全监管监察部门审查同意，方可恢复生产经营和使用。

本条第一款第（二）项规定的责令暂时停产停业、停止建设、停止施工或者停止使用相关设施、设备的期限一般不超过6个月；法律、行政法规另有规定的，依照其规定。

第十五条 对有根据认为不符合安全生产的国家标准或者行业标准的在用设施、设备、器材，违法生产、储存、使用、经营、运输的危险物品，以及违法生产、储存、使用、经营危险物品的作业场所，安全监管监察部门应当依照《行政强制法》的规定予以查封或者扣押。查封或者扣押的期限不得超过30日，情况复杂的，经安全监管监察部门负责人批准，最多可以延长30日，并在查封或者扣押期限内作出处理决定：

（一）对违法事实清楚、依法应当没收的非法财物予以没收；

（二）法律、行政法规规定应当销毁的，依法销毁；

（三）法律、行政法规规定应当解除查封、扣押的，作出解除查封、扣押的决定。

实施查封、扣押，应当制作并当场交付查封、扣押决定书和清单。

第十六条　安全监管监察部门依法对存在重大事故隐患的生产经营单位作出停产停业、停止施工、停止使用相关设施、设备的决定，生产经营单位应当依法执行，及时消除事故隐患。生产经营单位拒不执行，有发生生产安全事故的现实危险的，在保证安全的前提下，经本部门主要负责人批准，安全监管监察部门可以采取通知有关单位停止供电、停止供应民用爆炸物品等措施，强制生产经营单位履行决定。通知应当采用书面形式，有关单位应当予以配合。

安全监管监察部门依照前款规定采取停止供电措施，除有危及生产安全的紧急情形外，应当提前24小时通知生产经营单位。生产经营单位依法履行行政决定、采取相应措施消除事故隐患的，安全监管监察部门应当及时解除前款规定的措施。

第十七条　生产经营单位被责令限期改正或者限期进行隐患排除治理的，应当在规定限期内完成。因不可抗力无法在规定限期内完成的，应当在进行整改或者治理的同时，于限期届满前10日内提出书面延期申请，安全监管监察部门应当在收到申请之日起5日内书面答复是否准予延期。

生产经营单位提出复查申请或者整改、治理限期届满的，安全监管监察部门应当自申请或者限期届满之日起10日内进行复查，填写复查意见书，由被复查单位和安全监管监察部门复查人员签名后存档。逾期未整改、未治理或者整改、治理不合格的，安全监管监察部门应当依法给予行政处罚。

第十八条　安全监管监察部门在作出行政处罚决定前，应当填写行政处罚告知书，告知当事人作出行政处罚决定的事实、理由、依据，以及当事人依法享有的权利，并送达当事人。当事人应当在收到行政处罚告知书之日起3日内进行陈述、申辩，或者依法提出听证要求，逾期视为放弃上述权利。

第十九条　安全监管监察部门应当充分听取当事人的陈述和申辩，对当事人提出的事实、理由和证据，应当进行复核；当事人提出的事实、理由和证据成立的，安全监管监察部门应当采纳。

安全监管监察部门不得因当事人陈述或者申辩而加重处罚。

第二十条 安全监管监察部门对安全生产违法行为实施行政处罚，应当符合法定程序，制作行政执法文书。

第一节 简易程序

第二十一条 违法事实确凿并有法定依据，对个人处以50元以下罚款、对生产经营单位处以1000元以下罚款或者警告的行政处罚的，安全生产行政执法人员可以当场作出行政处罚决定。

第二十二条 安全生产行政执法人员当场作出行政处罚决定，应当填写预定格式、编有号码的行政处罚决定书并当场交付当事人。

安全生产行政执法人员当场作出行政处罚决定后应当及时报告，并在5日内报所属安全监管监察部门备案。

第二节 一般程序

第二十三条 除依照简易程序当场作出的行政处罚外，安全监管监察部门发现生产经营单位及其有关人员有应当给予行政处罚的行为的，应当予以立案，填写立案审批表，并全面、客观、公正地进行调查，收集有关证据。对确需立即查处的安全生产违法行为，可以先行调查取证，并在5日内补办立案手续。

第二十四条 对已经立案的案件，由立案审批人指定两名或者两名以上安全生产行政执法人员进行调查。

有下列情形之一的，承办案件的安全生产行政执法人员应当回避：

（一）本人是本案的当事人或者当事人的近亲属的；

（二）本人或者其近亲属与本案有利害关系的；

（三）与本人有其他利害关系，可能影响案件的公正处理的。

安全生产行政执法人员的回避，由派出其进行调查的安全监管监察部门的负责人决定。进行调查的安全监管监察部门负责人的回避，由该部门负责人集体讨论决定。回避决定作出之前，承办案件的安全生产行政执法人员不得擅自停止对案件的调查。

第二十五条　进行案件调查时，安全生产行政执法人员不得少于两名。当事人或者有关人员应当如实回答安全生产行政执法人员的询问，并协助调查或者检查，不得拒绝、阻挠或者提供虚假情况。

询问或者检查应当制作笔录。笔录应当记载时间、地点、询问和检查情况，并由被询问人、被检查单位和安全生产行政执法人员签名或者盖章；被询问人、被检查单位要求补正的，应当允许。被询问人或者被检查单位拒绝签名或者盖章的，安全生产行政执法人员应当在笔录上注明原因并签名。

第二十六条　安全生产行政执法人员应当收集、调取与案件有关的原始凭证作为证据。调取原始凭证确有困难的，可以复制，复制件应当注明“经核对与原件无异”的字样和原始凭证存放的单位及其处所，并由出具证据的人员签名或者单位盖章。

第二十七条　安全生产行政执法人员在收集证据时，可以采取抽样取证的方法；在证据可能灭失或者以后难以取得的情况下，经本单位负责人批准，可以先行登记保存，并应当在7日内作出处理决定：

（一）违法事实成立依法应当没收的，作出行政处罚决定，予以没收；依法应当扣留或者封存的，予以扣留或者封存；

（二）违法事实不成立，或者依法不应当予以没收、扣留、封存的，解除登记保存。

第二十八条　安全生产行政执法人员对与案件有关的物品、场所进行勘验检查时，应当通知当事人到场，制作勘验笔录，并由当事人核对无误后签名或者盖章。当事人拒绝到场的，可以邀请在场的其他人员作证，并在勘验笔录中注明原因并签名；也可以采用录音、录像等方式记录有关物品、场所的情况后，再进行勘验检查。

第二十九条 案件调查终结后，负责承办案件的安全生产行政执法人员应当填写案件处理呈批表，连同有关证据材料一并报本部门负责人审批。

安全监管监察部门负责人应当及时对案件调查结果进行审查，根据不同情况，分别作出以下决定：

（一）确有应受行政处罚的违法行为的，根据情节轻重及具体情况，作出行政处罚决定；

（二）违法行为轻微，依法可以不予行政处罚的，不予行政处罚；

（三）违法事实不能成立，不得给予行政处罚；

（四）违法行为涉嫌犯罪的，移送司法机关处理。

对严重安全生产违法行为给予责令停产停业整顿、责令停产停业、责令停止建设、责令停止施工、吊销有关许可证、撤销有关执业资格或者岗位证书、5万元以上罚款、没收违法所得、没收非法开采的煤炭产品或者采掘设备价值5万元以上的行政处罚的，应当由安全监管监察部门的负责人集体讨论决定。

第三十条 安全监管监察部门依照本办法第二十九条的规定给予行政处罚，应当制作行政处罚决定书。行政处罚决定书应当载明下列事项：

（一）当事人的姓名或者名称、地址或者住址；

（二）违法事实和证据；

（三）行政处罚的种类和依据；

（四）行政处罚的履行方式和期限；

（五）不服行政处罚决定，申请行政复议或者提起行政诉讼的途径和期限；

（六）作出行政处罚决定的安全监管监察部门的名称和作出决定的日期。

行政处罚决定书必须盖有作出行政处罚决定的安全监管监察部门的印章。

第三十一条　行政处罚决定书应当在宣告后当场交付当事人；当事人不在场的，安全监管监察部门应当在7日内依照民事诉讼法的有关规定，将行政处罚决定书送达当事人或者其他的法定受送达人：

（一）送达必须有送达回执，由受送达人在送达回执上注明收到日期，签名或者盖章；

（二）送达应当直接送交受送达人。受送达人是个人的，本人不在交他的同住成年家属签收，并在行政处罚决定书送达回执的备注栏内注明与受送达人的关系；

（三）受送达人是法人或者其他组织的，应当由法人的法定代表人、其他组织的主要负责人或者该法人、组织负责收件的人签收；

（四）受送达人指定代收人的，交代收人签收并注明受当事人委托的情况；

（五）直接送达确有困难的，可以挂号邮寄送达，也可以委托当地安全监管监察部门代为送达，代为送达的安全监管监察部门收到文书后，必须立即交受送达人签收；

（六）当事人或者他的同住成年家属拒绝接收的，送达人应当邀请有关基层组织或者所在单位的代表到场，说明情况，在行政处罚决定书送达回执上记明拒收的事由和日期，由送达人、见证人签名或者盖章，将行政处罚决定书留在当事人的住所；也可以把行政处罚决定书留在受送达人的住所，并采用拍照、录像等方式记录送达过程，即视为送达；

（七）受送达人下落不明，或者用以上方式无法送达的，可以公告送达，自公告发布之日起经过60日，即视为送达。公告送达，应当在案卷中注明原因和经过。

安全监管监察部门送达其他行政处罚执法文书，按照前款规定办理。

第三十二条　行政处罚案件应当自立案之日起30日内作出行政处罚决定；由于客观原因不能完成的，经安全监管监察部门负责人同意，可以延长，但不得超过90日；特殊情况需进一步延长的，应当经上一级安全监管监察部门批准，可延长至180日。

第三节 听证程序

第三十三条 安全监管监察部门作出责令停产停业整顿、责令停产停业、吊销有关许可证、撤销有关执业资格、岗位证书或者较大数额罚款的行政处罚决定之前，应当告知当事人有要求举行听证的权利；当事人要求听证的，安全监管监察部门应当组织听证，不得向当事人收取听证费用。

前款所称较大数额罚款，为省、自治区、直辖市人大常委会或者人民政府规定的数额；没有规定数额的，其数额对个人罚款为2万元以上，对生产经营单位罚款为5万元以上。

第三十四条 当事人要求听证的，应当在安全监管监察部门依照本办法第十八条规定告知后3日内以书面方式提出。

第三十五条 当事人提出听证要求后，安全监管监察部门应当在收到书面申请之日起15日内举行听证会，并在举行听证会的7日前，通知当事人举行听证的时间、地点。

当事人应当按期参加听证。当事人有正当理由要求延期的，经组织听证的安全监管监察部门负责人批准可以延期1次；当事人未按期参加听证，并且未事先说明理由的，视为放弃听证权利。

第三十六条 听证参加人由听证主持人、听证员、案件调查人员、当事人及其委托代理人、书记员组成。

听证主持人、听证员、书记员应当由组织听证的安全监管监察部门负责人指定的非本案调查人员担任。

当事人可以委托1至2名代理人参加听证，并提交委托书。

第三十七条 除涉及国家秘密、商业秘密或者个人隐私外，听证应当公开举行。

第三十八条 当事人在听证中的权利和义务：

（一）有权对案件涉及的事实、适用法律及有关情况进行陈述和申辩；

（二）有权对案件调查人员提出的证据质证并提出新的证据；

（三）如实回答主持人的提问；

（四）遵守听证会场纪律，服从听证主持人指挥。

第三十九条　听证按照下列程序进行：

（一）书记员宣布听证会场纪律、当事人的权利和义务。听证主持人宣布案由，核实听证参加人名单，宣布听证开始；

（二）案件调查人员提出当事人的违法事实、出示证据，说明拟作出的行政处罚的内容及法律依据；

（三）当事人或者其委托代理人对案件的事实、证据、适用的法律等进行陈述和申辩，提交新的证据材料；

（四）听证主持人就案件的有关问题向当事人、案件调查人员、证人询问；

（五）案件调查人员、当事人或者其委托代理人相互辩论；

（六）当事人或者其委托代理人作最后陈述；

（七）听证主持人宣布听证结束。

听证笔录应当当场交当事人核对无误后签名或者盖章。

第四十条　有下列情形之一的，应当中止听证：

（一）需要重新调查取证的；

（二）需要通知新证人到场作证的；

（三）因不可抗力无法继续进行听证的。

第四十一条　有下列情形之一的，应当终止听证：

（一）当事人撤回听证要求的；

（二）当事人无正当理由不按时参加听证的；

（三）拟作出的行政处罚决定已经变更，不适用听证程序的。

第四十二条　听证结束后，听证主持人应当依据听证情况，填写听证会报告书，提出处理意见并附听证笔录报安全监管监察部门负责人审查。安全监管监察部门依照本办法第二十九条的规定作出决定。

第四章 行政处罚的适用

第四十三条 生产经营单位的决策机构、主要负责人、个人经营的投资人（包括实际控制人，下同）未依法保证下列安全生产所必需的资金投入之一，致使生产经营单位不具备安全生产条件的，责令限期改正，提供必需的资金，可以对生产经营单位处1万元以上3万元以下罚款，对生产经营单位的主要负责人、个人经营的投资人处5000元以上1万元以下罚款；逾期未改正的，责令生产经营单位停产停业整顿：

（一）提取或者使用安全生产费用；

（二）用于配备劳动防护用品的经费；

（三）用于安全生产教育和培训的经费。

（四）国家规定的其他安全生产所必须的资金投入。

生产经营单位主要负责人、个人经营的投资人有前款违法行为，导致发生生产安全事故的，依照《生产安全事故罚款处罚规定（试行）》的规定给予处罚。

第四十四条 生产经营单位的主要负责人未依法履行安全生产管理职责，导致生产安全事故发生的，依照《生产安全事故罚款处罚规定（试行）》的规定给予处罚。

第四十五条 生产经营单位及其主要负责人或者其他人员有下列行为之一的，给予警告，并可以对生产经营单位处1万元以上3万元以下罚款，对其主要负责人、其他有关人员处1000元以上1万元以下的罚款：

（一）违反操作规程或者安全管理规定作业的；

（二）违章指挥从业人员或者强令从业人员违章、冒险作业的；

（三）发现从业人员违章作业不加制止的；

（四）超过核定的生产能力、强度或者定员进行生产的；

（五）对被查封或者扣押的设施、设备、器材、危险物品和作业场所，擅自启封或者使用的；

（六）故意提供虚假情况或者隐瞒存在的事故隐患以及其他安全问

题的；

（七）拒不执行安全监管监察部门依法下达的安全监管监察指令的。

第四十六条　危险物品的生产、经营、储存单位以及矿山、金属冶炼单位有下列行为之一的，责令改正，并可以处1万元以上3万元以下的罚款：

（一）未建立应急救援组织或者生产经营规模较小、未指定兼职应急救援人员的；

（二）未配备必要的应急救援器材、设备和物资，并进行经常性维护、保养，保证正常运转的。

第四十七条　生产经营单位与从业人员订立协议，免除或者减轻其对从业人员因生产安全事故伤亡依法应承担的责任的，该协议无效；对生产经营单位的主要负责人、个人经营的投资人按照下列规定处以罚款：

（一）在协议中减轻因生产安全事故伤亡对从业人员依法应承担的责任的，处2万元以上5万元以下的罚款；

（二）在协议中免除因生产安全事故伤亡对从业人员依法应承担的责任的，处5万元以上10万元以下的罚款。

第四十八条　生产经营单位不具备法律、行政法规和国家标准、行业标准规定的安全生产条件，经责令停产停业整顿仍不具备安全生产条件的，安全监管监察部门应当提请有管辖权的人民政府予以关闭；人民政府决定关闭的，安全监管监察部门应当依法吊销其有关许可证。

第四十九条　生产经营单位转让安全生产许可证的，没收违法所得，吊销安全生产许可证，并按照下列规定处以罚款：

（一）接受转让的单位和个人未发生生产安全事故的，处10万元以上30万元以下的罚款；

（二）接受转让的单位和个人发生生产安全事故但没有造成人员死亡的，处30万元以上40万元以下的罚款；

（三）接受转让的单位和个人发生人员死亡生产安全事故的，处40万元以上50万元以下的罚款。

第五十条 知道或者应当知道生产经营单位未取得安全生产许可证或者其他批准文件擅自从事生产经营活动，仍为其提供生产经营场所、运输、保管、仓储等条件的，责令立即停止违法行为，有违法所得的，没收违法所得，并处违法所得1倍以上3倍以下的罚款，但是最高不得超过3万元；没有违法所得的，并处5000元以上1万元以下的罚款。

第五十一条 生产经营单位及其有关人员弄虚作假，骗取或者勾结、串通行政审批工作人员取得安全生产许可证书及其他批准文件的，撤销许可及批准文件，并按照下列规定处以罚款：

（一）生产经营单位有违法所得的，没收违法所得，并处违法所得1倍以上3倍以下的罚款，但是最高不得超过3万元；没有违法所得的，并处5000元以上1万元以下的罚款；

（二）对有关人员处1000元以上1万元以下的罚款。

有前款规定违法行为的生产经营单位及其有关人员在3年内不得再次申请该行政许可。

生产经营单位及其有关人员未依法办理安全生产许可证书变更手续的，责令限期改正，并对生产经营单位处1万元以上3万元以下的罚款，对有关人员处1000元以上5000元以下的罚款。

第五十二条 未取得相应资格、资质证书的机构及其有关人员从事安全评价、认证、检测、检验工作，责令停止违法行为，并按照下列规定处以罚款：

（一）机构有违法所得的，没收违法所得，并处违法所得1倍以上3倍以下的罚款，但是最高不得超过3万元；没有违法所得的，并处5000元以上1万元以下的罚款；

（二）有关人员处5000元以上1万元以下的罚款。

第五十三条 生产经营单位及其有关人员触犯不同的法律规定，有两个以上应当给予行政处罚的安全生产违法行为的，安全监管监察部门应当适用不同的法律规定，分别裁量，合并处罚。

第五十四条　对同一生产经营单位及其有关人员的同一安全生产违法行为，不得给予两次以上罚款的行政处罚。

第五十五条　生产经营单位及其有关人员有下列情形之一的，应当从重处罚：

（一）危及公共安全或者其他生产经营单位安全的，经责令限期改正，逾期未改正的；

（二）一年内因同一违法行为受到两次以上行政处罚的；

（三）拒不整改或者整改不力，其违法行为呈持续状态的；

（四）拒绝、阻碍或者以暴力威胁行政执法人员的。

第五十六条　生产经营单位及其有关人员有下列情形之一的，应当依法从轻或者减轻行政处罚：

（一）已满14周岁不满18周岁的公民实施安全生产违法行为的；

（二）主动消除或者减轻安全生产违法行为危害后果的；

（三）受他人胁迫实施安全生产违法行为的；

（四）配合安全监管监察部门查处安全生产违法行为，有立功表现的；

（五）主动投案，向安全监管监察部门如实交待自己的违法行为的；

（六）具有法律、行政法规规定的其他从轻或者减轻处罚情形的。

有从轻处罚情节的，应当在法定处罚幅度的中档以下确定行政处罚标准，但不得低于法定处罚幅度的下限。

本条第一款第（四）项所称的立功表现，是指当事人有揭发他人安全生产违法行为，并经查证属实；或者提供查处其他安全生产违法行为的重要线索，并经查证属实；或者阻止他人实施安全生产违法行为；或者协助司法机关抓捕其他违法犯罪嫌疑人的行为。

安全生产违法行为轻微并及时纠正，没有造成危害后果的，不予行政处罚。

第五章　行政处罚的执行和备案

第五十七条　安全监管监察部门实施行政处罚时，应当同时责令生产经营单位及其有关人员停止、改正或者限期改正违法行为。

第五十八条　本办法所称的违法所得，按照下列规定计算：

（一）生产、加工产品的，以生产、加工产品的销售收入作为违法所得；

（二）销售商品的，以销售收入作为违法所得；

（三）提供安全生产中介、租赁等服务的，以服务收入或者报酬作为违法所得；

（四）销售收入无法计算的，按当地同类同等规模的生产经营单位的平均销售收入计算；

（五）服务收入、报酬无法计算的，按照当地同行业同种服务的平均收入或者报酬计算。

第五十九条　行政处罚决定依法作出后，当事人应当在行政处罚决定的期限内，予以履行；当事人逾期不履的，作出行政处罚决定的安全监管监察部门可以采取下列措施：

（一）到期不缴纳罚款的，每日按罚款数额的3%加处罚款，但不得超过罚款数额；

（二）根据法律规定，将查封、扣押的设施、设备、器材和危险物品拍卖所得价款抵缴罚款；

（三）申请人民法院强制执行。

当事人对行政处罚决定不服申请行政复议或者提起行政诉讼的，行政处罚不停止执行，法律另有规定的除外。

第六十条　安全生产行政执法人员当场收缴罚款的，应当出具省、自治区、直辖市财政部门统一制发的罚款收据；当场收缴的罚款，应当自收缴罚款之日起2日内，交至所属安全监管监察部门；安全监管监察部门应当在2日内将罚款缴付指定的银行。

第六十一条　除依法应当予以销毁的物品外，需要将查封、扣押的设施、设备、器材和危险物品拍卖抵缴罚款的，依照法律或者国家有关规定处理。销毁物品，依照国家有关规定处理；没有规定的，经县级以上安全监管监察部门负责人批准，由两名以上安全生产行政执法人员监督销毁，并制作销毁记录。处理物品，应当制作清单。

第六十二条　罚款、没收违法所得的款项和没收非法开采的煤炭产品、采掘设备，必须按照有关规定上缴，任何单位和个人不得截留、私分或者变相私分。

第六十三条　县级安全生产监督管理部门处以5万元以上罚款、没收违法所得、没收非法生产的煤炭产品或者采掘设备价值5万元以上、责令停产停业、停止建设、停止施工、停产停业整顿、吊销有关资格、岗位证书或者许可证的行政处罚的，应当自作出行政处罚决定之日起10日内报设区的市级安全生产监督管理部门备案。

第六十四条　设区的市级安全生产监管监察部门处以10万元以上罚款、没收违法所得、没收非法生产的煤炭产品或者采掘设备价值10万元以上、责令停产停业、停止建设、停止施工、停产停业整顿、吊销有关资格、岗位证书或者许可证的行政处罚的，应当自作出行政处罚决定之日起10日内报省级安全监管监察部门备案。

第六十五条　省级安全监管监察部门处以50万元以上罚款、没收违法所得、没收非法生产的煤炭产品或者采掘设备价值50万元以上、责令停产停业、停止建设、停止施工、停产停业整顿、吊销有关资格、岗位证书或者许可证的行政处罚的，应当自作出行政处罚决定之日起10日内报国家安全生产监督管理总局或者国家煤矿安全监察局备案。

对上级安全监管监察部门交办案件给予行政处罚的，由决定行政处罚的安全监管监察部门自作出行政处罚决定之日起10日内报上级安全监管监察部门备案。

第六十六条　行政处罚执行完毕后，案件材料应当按照有关规定立卷归档。

案卷立案归档后，任何单位和个人不得擅自增加、抽取、涂改和销毁案卷材料。未经安全监管监察部门负责人批准，任何单位和个人不得借阅案卷。

第六章　附　　则

第六十七条　安全生产监督管理部门所用的行政处罚文书式样，由国家安全生产监督管理总局统一制定。

煤矿安全监察机构所用的行政处罚文书式样，由国家煤矿安全监察局统一制定。

第六十八条　本办法所称的生产经营单位，是指合法和非法从事生产或者经营活动的基本单元，包括企业法人、不具备企业法人资格的合伙组织、个体工商户和自然人等生产经营主体。

第六十九条　本办法自2008年1月1日起施行。原国家安全生产监督管理局（国家煤矿安全监察局）2003年5月19日公布的《安全生产违法行为行政处罚办法》、2001年4月27日公布的《煤矿安全监察程序暂行规定》同时废止。

安全生产事故隐患排查治理暂行规定

（2007年12月28日中华人民共和国国家安全生产监督管理总局令第16号公布　自2008年2月1日起施行）

第一章　总　　则

第一条　为了建立安全生产事故隐患排查治理长效机制，强化安全生产主体责任，加强事故隐患监督管理，防止和减少事故，保障人民群众生命财产安全，根据安全生产法等法律、行政法规，制定本规定。

第二条　生产经营单位安全生产事故隐患排查治理和安全生产监督管理部门、煤矿安全监察机构（以下统称安全监管监察部门）实施监管监察，适用本规定。

有关法律、行政法规对安全生产事故隐患排查治理另有规定的，依照其规定。

第三条　本规定所称安全生产事故隐患（以下简称事故隐患），是指生产经营单位违反安全生产法律、法规、规章、标准、规程和安全生产管理制度的规定，或者因其他因素在生产经营活动中存在可能导致事故发生的物的危险状态、人的不安全行为和管理上的缺陷。

事故隐患分为一般事故隐患和重大事故隐患。一般事故隐患，是指危害和整改难度较小，发现后能够立即整改排除的隐患。重大事故隐患，是指危害和整改难度较大，应当全部或者局部停产停业，并经过一定时间整改治理方能排除的隐患，或者因外部因素影响致使生产经营单位自身难以排除的隐患。

第四条　生产经营单位应当建立健全事故隐患排查治理制度。

生产经营单位主要负责人对本单位事故隐患排查治理工作全面负责。

第五条 各级安全监管监察部门按照职责对所辖区域内生产经营单位排查治理事故隐患工作依法实施综合监督管理；各级人民政府有关部门在各自职责范围内对生产经营单位排查治理事故隐患工作依法实施监督管理。

第六条 任何单位和个人发现事故隐患，均有权向安全监管监察部门和有关部门报告。

安全监管监察部门接到事故隐患报告后，应当按照职责分工立即组织核实并予以查处；发现所报告事故隐患应当由其他有关部门处理的，应当立即移送有关部门并记录备查。

第二章 生产经营单位的职责

第七条 生产经营单位应当依照法律、法规、规章、标准和规程的要求从事生产经营活动。严禁非法从事生产经营活动。

第八条 生产经营单位是事故隐患排查、治理和防控的责任主体。

生产经营单位应当建立健全事故隐患排查治理和建档监控等制度，逐级建立并落实从主要负责人到每个从业人员的隐患排查治理和监控责任制。

第九条 生产经营单位应当保证事故隐患排查治理所需的资金，建立资金使用专项制度。

第十条 生产经营单位应当定期组织安全生产管理人员、工程技术人员和其他相关人员排查本单位的事故隐患。对排查出的事故隐患，应当按照事故隐患的等级进行登记，建立事故隐患信息档案，并按照职责分工实施监控治理。

第十一条 生产经营单位应当建立事故隐患报告和举报奖励制度，鼓励、发动职工发现和排除事故隐患，鼓励社会公众举报。对发现、排除和举报事故隐患的有功人员，应当给予物质奖励和表彰。

第十二条 生产经营单位将生产经营项目、场所、设备发包、出租的，应当与承包、承租单位签订安全生产管理协议，并在协议中明确各方对事故隐患排查、治理和防控的管理职责。生产经营单位对承包、承租单位的事故隐患排查治理负有统一协调和监督管理的职责。

第十三条 安全监管监察部门和有关部门的监督检查人员依法履行事故隐患监督检查职责时，生产经营单位应当积极配合，不得拒绝和阻挠。

第十四条 生产经营单位应当每季、每年对本单位事故隐患排查治理情况进行统计分析，并分别于下一季度15日前和下一年1月31日前向安全监管监察部门和有关部门报送书面统计分析表。统计分析表应当由生产经营单位主要负责人签字。

对于重大事故隐患，生产经营单位除依照前款规定报送外，应当及时向安全监管监察部门和有关部门报告。重大事故隐患报告内容应当包括：

（一）隐患的现状及其产生原因；

（二）隐患的危害程度和整改难易程度分析；

（三）隐患的治理方案。

第十五条 对于一般事故隐患，由生产经营单位（车间、分厂、区队等）负责人或者有关人员立即组织整改。

对于重大事故隐患，由生产经营单位主要负责人组织制定并实施事故隐患治理方案。重大事故隐患治理方案应当包括以下内容：

（一）治理的目标和任务；

（二）采取的方法和措施；

（三）经费和物资的落实；

（四）负责治理的机构和人员；

（五）治理的时限和要求；

（六）安全措施和应急预案。

第十六条 生产经营单位在事故隐患治理过程中，应当采取相应的安全防范措施，防止事故发生。事故隐患排除前或者排除过程中无法保证安全的，应当从危险区域内撤出作业人员，并疏散可能危及的其他人员，设置警戒标志，暂时停产停业或者停止使用；对暂时难以停产或者停止使用的相关生产储存装置、设施、设备，应当加强维护和保养，防止事故发生。

第十七条 生产经营单位应当加强对自然灾害的预防。对于因自然灾害可能导致事故灾难的隐患，应当按照有关法律、法规、标准和本规定的要求排查治理，采取可靠的预防措施，制定应急预案。在接到有关自然灾害预报时，应当及时向下属单位发出预警通知；发生自然灾害可能危及生产经营单位和人员安全的情况时，应当采取撤离人员、停止作业、加强监测等安全措施，并及时向当地人民政府及其有关部门报告。

第十八条 地方人民政府或者安全监管监察部门及有关部门挂牌督办并责令全部或者局部停产停业治理的重大事故隐患，治理工作结束后，有条件的生产经营单位应当组织本单位的技术人员和专家对重大事故隐患的治理情况进行评估；其他生产经营单位应当委托具备相应资质的安全评价机构对重大事故隐患的治理情况进行评估。

经治理后符合安全生产条件的，生产经营单位应当向安全监管监察部门和有关部门提出恢复生产的书面申请，经安全监管监察部门和有关部门审查同意后，方可恢复生产经营。申请报告应当包括治理方案的内容、项目和安全评价机构出具的评价报告等。

第三章 监督管理

第十九条 安全监管监察部门应当指导、监督生产经营单位按照有关法律、法规、规章、标准和规程的要求，建立健全事故隐患排查治理等各项制度。

第二十条 安全监管监察部门应当建立事故隐患排查治理监督检查制度，定期组织对生产经营单位事故隐患排查治理情况开展监督检查；应当加强对重点单位的事故隐患排查治理情况的监督检查。对检查过程中发现的重大事故隐患，应当下达整改指令书，并建立信息管理台账。必要时，报告同级人民政府并对重大事故隐患实行挂牌督办。

安全监管监察部门应当配合有关部门做好对生产经营单位事故隐患排查治理情况开展的监督检查，依法查处事故隐患排查治理的非法和违法行为及其责任者。

安全监管监察部门发现属于其他有关部门职责范围内的重大事故隐患的，应该及时将有关资料移送有管辖权的有关部门，并记录备查。

第二十一条　已经取得安全生产许可证的生产经营单位，在其被挂牌督办的重大事故隐患治理结束前，安全监管监察部门应当加强监督检查。必要时，可以提请原许可证颁发机关依法暂扣其安全生产许可证。

第二十二条　安全监管监察部门应当会同有关部门把重大事故隐患整改纳入重点行业领域的安全专项整治中加以治理，落实相应责任。

第二十三条　对挂牌督办并采取全部或者局部停产停业治理的重大事故隐患，安全监管监察部门收到生产经营单位恢复生产的申请报告后，应当在10日内进行现场审查。审查合格的，对事故隐患进行核销，同意恢复生产经营；审查不合格的，依法责令改正或者下达停产整改指令。对整改无望或者生产经营单位拒不执行整改指令的，依法实施行政处罚；不具备安全生产条件的，依法提请县级以上人民政府按照国务院规定的权限予以关闭。

第二十四条　安全监管监察部门应当每季将本行政区域重大事故隐患的排查治理情况和统计分析表逐级报至省级安全监管监察部门备案。

省级安全监管监察部门应当每半年将本行政区域重大事故隐患的排查治理情况和统计分析表报国家安全生产监督管理总局备案。

第四章　罚　　则

第二十五条　生产经营单位及其主要负责人未履行事故隐患排查治理职责，导致发生生产安全事故的，依法给予行政处罚。

第二十六条　生产经营单位违反本规定，有下列行为之一的，由安全监管监察部门给予警告，并处三万元以下的罚款：

（一）未建立安全生产事故隐患排查治理等各项制度的；

（二）未按规定上报事故隐患排查治理统计分析表的；

（三）未制定事故隐患治理方案的；

（四）重大事故隐患不报或者未及时报告的；

（五）未对事故隐患进行排查治理擅自生产经营的；

（六）整改不合格或者未经安全监管监察部门审查同意擅自恢复生产经营的。

第二十七条 承担检测检验、安全评价的中介机构，出具虚假评价证明，尚不够刑事处罚的，没收违法所得，违法所得在五千元以上的，并处违法所得二倍以上五倍以下的罚款，没有违法所得或者违法所得不足五千元的，单处或者并处五千元以上二万元以下的罚款，同时可对其直接负责的主管人员和其他直接责任人员处五千元以上五万元以下的罚款；给他人造成损害的，与生产经营单位承担连带赔偿责任。

对有前款违法行为的机构，撤销其相应的资质。

第二十八条 生产经营单位事故隐患排查治理过程中违反有关安全生产法律、法规、规章、标准和规程规定的，依法给予行政处罚。

第二十九条 安全监管监察部门的工作人员未依法履行职责的，按照有关规定处理。

第五章 附 则

第三十条 省级安全监管监察部门可以根据本规定，制定事故隐患排查治理和监督管理实施细则。

第三十一条 事业单位、人民团体以及其他经济组织的事故隐患排查治理，参照本规定执行。

第三十二条 本规定自2008年2月1日起施行。

生产安全事故应急预案管理办法

（2016年6月3日国家安全生产监督管理总局令第88号公布　根据2019年7月11日应急管理部令第2号《应急管理部关于修改〈生产安全事故应急预案管理办法〉的决定》修正）

第一章　总　　则

第一条　为规范生产安全事故应急预案管理工作，迅速有效处置生产安全事故，依据《中华人民共和国突发事件应对法》《中华人民共和国安全生产法》《生产安全事故应急条例》等法律、行政法规和《突发事件应急预案管理办法》（国办发〔2013〕101号），制定本办法。

第二条　生产安全事故应急预案（以下简称应急预案）的编制、评审、公布、备案、实施及监督管理工作，适用本办法。

第三条　应急预案的管理实行属地为主、分级负责、分类指导、综合协调、动态管理的原则。

第四条　应急管理部负责全国应急预案的综合协调管理工作。国务院其他负有安全生产监督管理职责的部门在各自职责范围内，负责相关行业、领域应急预案的管理工作。

县级以上地方各级人民政府应急管理部门负责本行政区域内应急预案的综合协调管理工作。县级以上地方各级人民政府其他负有安全生产监督管理职责的部门按照各自的职责负责有关行业、领域应急预案的管理工作。

第五条　生产经营单位主要负责人负责组织编制和实施本单位的应急预案，并对应急预案的真实性和实用性负责；各分管负责人应当按照职责分工落实应急预案规定的职责。

第六条 生产经营单位应急预案分为综合应急预案、专项应急预案和现场处置方案。

综合应急预案，是指生产经营单位为应对各种生产安全事故而制定的综合性工作方案，是本单位应对生产安全事故的总体工作程序、措施和应急预案体系的总纲。

专项应急预案，是指生产经营单位为应对某一种或者多种类型生产安全事故，或者针对重要生产设施、重大危险源、重大活动防止生产安全事故而制定的专项性工作方案。

现场处置方案，是指生产经营单位根据不同生产安全事故类型，针对具体场所、装置或者设施所制定的应急处置措施。

第二章 应急预案的编制

第七条 应急预案的编制应当遵循以人为本、依法依规、符合实际、注重实效的原则，以应急处置为核心，明确应急职责、规范应急程序、细化保障措施。

第八条 应急预案的编制应当符合下列基本要求：

（一）有关法律、法规、规章和标准的规定；

（二）本地区、本部门、本单位的安全生产实际情况；

（三）本地区、本部门、本单位的危险性分析情况；

（四）应急组织和人员的职责分工明确，并有具体的落实措施；

（五）有明确、具体的应急程序和处置措施，并与其应急能力相适应；

（六）有明确的应急保障措施，满足本地区、本部门、本单位的应急工作需要；

（七）应急预案基本要素齐全、完整，应急预案附件提供的信息准确；

（八）应急预案内容与相关应急预案相互衔接。

第九条 编制应急预案应当成立编制工作小组，由本单位有关负责人任组长，吸收与应急预案有关的职能部门和单位的人员，以及有现场处置经验的人员参加。

第十条　编制应急预案前，编制单位应当进行事故风险辨识、评估和应急资源调查。

事故风险辨识、评估，是指针对不同事故种类及特点，识别存在的危险危害因素，分析事故可能产生的直接后果以及次生、衍生后果，评估各种后果的危害程度和影响范围，提出防范和控制事故风险措施的过程。

应急资源调查，是指全面调查本地区、本单位第一时间可以调用的应急资源状况和合作区域内可以请求援助的应急资源状况，并结合事故风险辨识评估结论制定应急措施的过程。

第十一条　地方各级人民政府应急管理部门和其他负有安全生产监督管理职责的部门应当根据法律、法规、规章和同级人民政府以及上一级人民政府应急管理部门和其他负有安全生产监督管理职责的部门的应急预案，结合工作实际，组织编制相应的部门应急预案。

部门应急预案应当根据本地区、本部门的实际情况，明确信息报告、响应分级、指挥权移交、警戒疏散等内容。

第十二条　生产经营单位应当根据有关法律、法规、规章和相关标准，结合本单位组织管理体系、生产规模和可能发生的事故特点，与相关预案保持衔接，确立本单位的应急预案体系，编制相应的应急预案，并体现自救互救和先期处置等特点。

第十三条　生产经营单位风险种类多、可能发生多种类型事故的，应当组织编制综合应急预案。

综合应急预案应当规定应急组织机构及其职责、应急预案体系、事故风险描述、预警及信息报告、应急响应、保障措施、应急预案管理等内容。

第十四条　对于某一种或者多种类型的事故风险，生产经营单位可以编制相应的专项应急预案，或将专项应急预案并入综合应急预案。

专项应急预案应当规定应急指挥机构与职责、处置程序和措施等内容。

第十五条 对于危险性较大的场所、装置或者设施，生产经营单位应当编制现场处置方案。

现场处置方案应当规定应急工作职责、应急处置措施和注意事项等内容。

事故风险单一、危险性小的生产经营单位，可以只编制现场处置方案。

第十六条 生产经营单位应急预案应当包括向上级应急管理机构报告的内容、应急组织机构和人员的联系方式、应急物资储备清单等附件信息。附件信息发生变化时，应当及时更新，确保准确有效。

第十七条 生产经营单位组织应急预案编制过程中，应当根据法律、法规、规章的规定或者实际需要，征求相关应急救援队伍、公民、法人或者其他组织的意见。

第十八条 生产经营单位编制的各类应急预案之间应当相互衔接，并与相关人民政府及其部门、应急救援队伍和涉及的其他单位的应急预案相衔接。

第十九条 生产经营单位应当在编制应急预案的基础上，针对工作场所、岗位的特点，编制简明、实用、有效的应急处置卡。

应急处置卡应当规定重点岗位、人员的应急处置程序和措施，以及相关联络人员和联系方式，便于从业人员携带。

第三章 应急预案的评审、公布和备案

第二十条 地方各级人民政府应急管理部门应当组织有关专家对本部门编制的部门应急预案进行审定；必要时，可以召开听证会，听取社会有关方面的意见。

第二十一条 矿山、金属冶炼企业和易燃易爆物品、危险化学品的生产、经营（带储存设施的，下同）、储存、运输企业，以及使用危险化学品达到国家规定数量的化工企业、烟花爆竹生产、批发经营企业和中型规模以上的其他生产经营单位，应当对本单位编制的应急预案进行评审，并形成

书面评审纪要。

前款规定以外的其他生产经营单位可以根据自身需要，对本单位编制的应急预案进行论证。

第二十二条　参加应急预案评审的人员应当包括有关安全生产及应急管理方面的专家。

评审人员与所评审应急预案的生产经营单位有利害关系的，应当回避。

第二十三条　应急预案的评审或者论证应当注重基本要素的完整性、组织体系的合理性、应急处置程序和措施的针对性、应急保障措施的可行性、应急预案的衔接性等内容。

第二十四条　生产经营单位的应急预案经评审或者论证后，由本单位主要负责人签署，向本单位从业人员公布，并及时发放到本单位有关部门、岗位和相关应急救援队伍。

事故风险可能影响周边其他单位、人员的，生产经营单位应当将有关事故风险的性质、影响范围和应急防范措施告知周边的其他单位和人员。

第二十五条　地方各级人民政府应急管理部门的应急预案，应当报同级人民政府备案，同时抄送上一级人民政府应急管理部门，并依法向社会公布。

地方各级人民政府其他负有安全生产监督管理职责的部门的应急预案，应当抄送同级人民政府应急管理部门。

第二十六条　易燃易爆物品、危险化学品等危险物品的生产、经营、储存、运输单位，矿山、金属冶炼、城市轨道交通运营、建筑施工单位，以及宾馆、商场、娱乐场所、旅游景区等人员密集场所经营单位，应当在应急预案公布之日起20个工作日内，按照分级属地原则，向县级以上人民政府应急管理部门和其他负有安全生产监督管理职责的部门进行备案，并依法向社会公布。

前款所列单位属于中央企业的，其总部（上市公司）的应急预案，报国务院主管的负有安全生产监督管理职责的部门备案，并抄送应急管理部；其所属单位的应急预案报所在地的省、自治区、直辖市或者设区的市级人民政府主管的负有安全生产监督管理职责的部门备案，并抄送同级人民政府应急管理部门。

本条第一款所列单位不属于中央企业的，其中非煤矿山、金属冶炼和危险化学品生产、经营、储存、运输企业，以及使用危险化学品达到国家规定数量的化工企业、烟花爆竹生产、批发经营企业的应急预案，按照隶属关系报所在地县级以上地方人民政府应急管理部门备案；本款前述单位以外的其他生产经营单位应急预案的备案，由省、自治区、直辖市人民政府负有安全生产监督管理职责的部门确定。

油气输送管道运营单位的应急预案，除按照本条第一款、第二款的规定备案外，还应当抄送所经行政区域的县级人民政府应急管理部门。

海洋石油开采企业的应急预案，除按照本条第一款、第二款的规定备案外，还应当抄送所经行政区域的县级人民政府应急管理部门和海洋石油安全监管机构。

煤矿企业的应急预案除按照本条第一款、第二款的规定备案外，还应当抄送所在地的煤矿安全监察机构。

第二十七条 生产经营单位申报应急预案备案，应当提交下列材料：

（一）应急预案备案申报表；

（二）本办法第二十一条所列单位，应当提供应急预案评审意见；

（三）应急预案电子文档；

（四）风险评估结果和应急资源调查清单。

第二十八条 受理备案登记的负有安全生产监督管理职责的部门应当在5个工作日内对应急预案材料进行核对，材料齐全的，应当予以备案并出具应急预案备案登记表；材料不齐全的，不予备案并一次性告知需要补齐的材料。逾期不予备案又不说明理由的，视为已经备案。

对于实行安全生产许可的生产经营单位，已经进行应急预案备案的，在申请安全生产许可证时，可以不提供相应的应急预案，仅提供应急预案备案登记表。

第二十九条　各级人民政府负有安全生产监督管理职责的部门应当建立应急预案备案登记建档制度，指导、督促生产经营单位做好应急预案的备案登记工作。

第四章　应急预案的实施

第三十条　各级人民政府应急管理部门、各类生产经营单位应当采取多种形式开展应急预案的宣传教育，普及生产安全事故避险、自救和互救知识，提高从业人员和社会公众的安全意识与应急处置技能。

第三十一条　各级人民政府应急管理部门应当将本部门应急预案的培训纳入安全生产培训工作计划，并组织实施本行政区域内重点生产经营单位的应急预案培训工作。

生产经营单位应当组织开展本单位的应急预案、应急知识、自救互救和避险逃生技能的培训活动，使有关人员了解应急预案内容，熟悉应急职责、应急处置程序和措施。

应急培训的时间、地点、内容、师资、参加人员和考核结果等情况应当如实记入本单位的安全生产教育和培训档案。

第三十二条　各级人民政府应急管理部门应当至少每两年组织一次应急预案演练，提高本部门、本地区生产安全事故应急处置能力。

第三十三条　生产经营单位应当制定本单位的应急预案演练计划，根据本单位的事故风险特点，每年至少组织一次综合应急预案演练或者专项应急预案演练，每半年至少组织一次现场处置方案演练。

易燃易爆物品、危险化学品等危险物品的生产、经营、储存、运输单位，矿山、金属冶炼、城市轨道交通运营、建筑施工单位，以及宾馆、商场、娱乐场所、旅游景区等人员密集场所经营单位，应当至少每半年组织一次生产安全事故应急预案演练，并将演练情况报送所在地县级以上地方人民政府负有安全生产监督管理职责的部门。

县级以上地方人民政府负有安全生产监督管理职责的部门应当对本行政区域内前款规定的重点生产经营单位的生产安全事故应急救援预案演练进行抽查；发现演练不符合要求的，应当责令限期改正。

第三十四条 应急预案演练结束后，应急预案演练组织单位应当对应急预案演练效果进行评估，撰写应急预案演练评估报告，分析存在的问题，并对应急预案提出修订意见。

第三十五条 应急预案编制单位应当建立应急预案定期评估制度，对预案内容的针对性和实用性进行分析，并对应急预案是否需要修订作出结论。

矿山、金属冶炼、建筑施工企业和易燃易爆物品、危险化学品等危险物品的生产、经营、储存、运输企业、使用危险化学品达到国家规定数量的化工企业、烟花爆竹生产、批发经营企业和中型规模以上的其他生产经营单位，应当每三年进行一次应急预案评估。

应急预案评估可以邀请相关专业机构或者有关专家、有实际应急救援工作经验的人员参加，必要时可以委托安全生产技术服务机构实施。

第三十六条 有下列情形之一的，应急预案应当及时修订并归档：

（一）依据的法律、法规、规章、标准及上位预案中的有关规定发生重大变化的；

（二）应急指挥机构及其职责发生调整的；

（三）安全生产面临的风险发生重大变化的；

（四）重要应急资源发生重大变化的；

（五）在应急演练和事故应急救援中发现需要修订预案的重大问题的；

（六）编制单位认为应当修订的其他情况。

第三十七条 应急预案修订涉及组织指挥体系与职责、应急处置程序、主要处置措施、应急响应分级等内容变更的，修订工作应当参照本办法规定的应急预案编制程序进行，并按照有关应急预案报备程序重新备案。

第三十八条　生产经营单位应当按照应急预案的规定，落实应急指挥体系、应急救援队伍、应急物资及装备，建立应急物资、装备配备及其使用档案，并对应急物资、装备进行定期检测和维护，使其处于适用状态。

第三十九条　生产经营单位发生事故时，应当第一时间启动应急响应，组织有关力量进行救援，并按照规定将事故信息及应急响应启动情况报告事故发生地县级以上人民政府应急管理部门和其他负有安全生产监督管理职责的部门。

第四十条　生产安全事故应急处置和应急救援结束后，事故发生单位应当对应急预案实施情况进行总结评估。

第五章　监督管理

第四十一条　各级人民政府应急管理部门和煤矿安全监察机构应当将生产经营单位应急预案工作纳入年度监督检查计划，明确检查的重点内容和标准，并严格按照计划开展执法检查。

第四十二条　地方各级人民政府应急管理部门应当每年对应急预案的监督管理工作情况进行总结，并报上一级人民政府应急管理部门。

第四十三条　对于在应急预案管理工作中做出显著成绩的单位和人员，各级人民政府应急管理部门、生产经营单位可以给予表彰和奖励。

第六章　法律责任

第四十四条　生产经营单位有下列情形之一的，由县级以上人民政府应急管理等部门依照《中华人民共和国安全生产法》第九十四条的规定，责令限期改正，可以处5万元以下罚款；逾期未改正的，责令停产停业整顿，并处5万元以上10万元以下的罚款，对直接负责的主管人员和其他直接责任人员处1万元以上2万元以下的罚款：

（一）未按照规定编制应急预案的；

（二）未按照规定定期组织应急预案演练的。

第四十五条 生产经营单位有下列情形之一的，由县级以上人民政府应急管理部门责令限期改正，可以处1万元以上3万元以下的罚款：

（一）在应急预案编制前未按照规定开展风险辨识、评估和应急资源调查的；

（二）未按照规定开展应急预案评审的；

（三）事故风险可能影响周边单位、人员的，未将事故风险的性质、影响范围和应急防范措施告知周边单位和人员的；

（四）未按照规定开展应急预案评估的；

（五）未按照规定进行应急预案修订的；

（六）未落实应急预案规定的应急物资及装备的。

生产经营单位未按照规定进行应急预案备案的，由县级以上人民政府应急管理等部门依照职责责令限期改正；逾期未改正的，处3万元以上5万元以下的罚款，对直接负责的主管人员和其他直接责任人员处1万元以上2万元以下的罚款。

第七章 附 则

第四十六条 《生产经营单位生产安全事故应急预案备案申报表》和《生产经营单位生产安全事故应急预案备案登记表》由应急管理部统一制定。

第四十七条 各省、自治区、直辖市应急管理部门可以依据本办法的规定，结合本地区实际制定实施细则。

第四十八条 对储存、使用易燃易爆物品、危险化学品等危险物品的科研机构、学校、医院等单位的安全事故应急预案的管理，参照本办法的有关规定执行。

第四十九条 本办法自2016年7月1日起施行。

生产安全事故信息报告和处置办法

（2009年6月16日中华人民共和国国家安全生产监督管理总局令第21号发布　自2009年7月1日起施行）

第一章　总　　则

第一条　为了规范生产安全事故信息的报告和处置工作，根据《安全生产法》、《生产安全事故报告和调查处理条例》等有关法律、行政法规，制定本办法。

第二条　生产经营单位报告生产安全事故信息和安全生产监督管理部门、煤矿安全监察机构对生产安全事故信息的报告和处置工作，适用本办法。

第三条　本办法规定的应当报告和处置的生产安全事故信息（以下简称事故信息），是指已经发生的生产安全事故和较大涉险事故的信息。

第四条　事故信息的报告应当及时、准确和完整，信息的处置应当遵循快速高效、协同配合、分级负责的原则。

安全生产监督管理部门负责各类生产经营单位的事故信息报告和处置工作。煤矿安全监察机构负责煤矿的事故信息报告和处置工作。

第五条　安全生产监督管理部门、煤矿安全监察机构应当建立事故信息报告和处置制度，设立事故信息调度机构，实行24小时不间断调度值班，并向社会公布值班电话，受理事故信息报告和举报。

第二章　事故信息的报告

第六条　生产经营单位发生生产安全事故或者较大涉险事故，其单位负责人接到事故信息报告后应当于1小时内报告事故发生地县级安全生产监督管理部门、煤矿安全监察分局。

发生较大以上生产安全事故的，事故发生单位在依照第一款规定报告的同时，应当在1小时内报告省级安全生产监督管理部门、省级煤矿安全监察机构。

发生重大、特别重大生产安全事故的，事故发生单位在依照本条第一款、第二款规定报告的同时，可以立即报告国家安全生产监督管理总局、国家煤矿安全监察局。

第七条 安全生产监督管理部门、煤矿安全监察机构接到事故发生单位的事故信息报告后，应当按照下列规定上报事故情况，同时书面通知同级公安机关、劳动保障部门、工会、人民检察院和有关部门：

（一）一般事故和较大涉险事故逐级上报至设区的市级安全生产监督管理部门、省级煤矿安全监察机构；

（二）较大事故逐级上报至省级安全生产监督管理部门、省级煤矿安全监察机构；

（三）重大事故、特别重大事故逐级上报至国家安全生产监督管理总局、国家煤矿安全监察局。

前款规定的逐级上报，每一级上报时间不得超过2小时。安全生产监督管理部门依照前款规定上报事故情况时，应当同时报告本级人民政府。

第八条 发生较大生产安全事故或者社会影响重大的事故的，县级、市级安全生产监督管理部门或者煤矿安全监察分局接到事故报告后，在依照本办法第七条规定逐级上报的同时，应当在1小时内先用电话快报省级安全生产监督管理部门、省级煤矿安全监察机构，随后补报文字报告；乡镇安监站（办）可以根据事故情况越级直接报告省级安全生产监督管理部门、省级煤矿安全监察机构。

第九条 发生重大、特别重大生产安全事故或者社会影响恶劣的事故的，县级、市级安全生产监督管理部门或者煤矿安全监察分局接到事故报告后，在依照本办法第七条规定逐级上报的同时，应当在1小时内先用电话快报省级安全生产监督管理部门、省级煤矿安全监察机构，随后补报文字报告；必要时，可以直接用电话报告国家安全生产监督管理总局、国家煤矿安全监察局。

省级安全生产监督管理部门、省级煤矿安全监察机构接到事故报告后，应当在1小时内先用电话快报国家安全生产监督管理总局、国家煤矿安全监察局，随后补报文字报告。

国家安全生产监督管理总局、国家煤矿安全监察局接到事故报告后，应当在1小时内先用电话快报国务院总值班室，随后补报文字报告。

第十条　报告事故信息，应当包括下列内容：

（一）事故发生单位的名称、地址、性质、产能等基本情况；

（二）事故发生的时间、地点以及事故现场情况；

（三）事故的简要经过（包括应急救援情况）；

（四）事故已经造成或者可能造成的伤亡人数（包括下落不明、涉险的人数）和初步估计的直接经济损失；

（五）已经采取的措施；

（六）其他应当报告的情况。

使用电话快报，应当包括下列内容：

（一）事故发生单位的名称、地址、性质；

（二）事故发生的时间、地点；

（三）事故已经造成或者可能造成的伤亡人数（包括下落不明、涉险的人数）。

第十一条　事故具体情况暂时不清楚的，负责事故报告的单位可以先报事故概况，随后补报事故全面情况。

事故信息报告后出现新情况的，负责事故报告的单位应当依照本办法第六条、第七条、第八条、第九条的规定及时续报。较大涉险事故、一般事故、较大事故每日至少续报1次；重大事故、特别重大事故每日至少续报

2次。

自事故发生之日起30日内（道路交通、火灾事故自发生之日起7日内），事故造成的伤亡人数发生变化的，应于当日续报。

第十二条 安全生产监督管理部门、煤矿安全监察机构接到任何单位或者个人的事故信息举报后，应当立即与事故单位或者下一级安全生产监督管理部门、煤矿安全监察机构联系，并进行调查核实。

下一级安全生产监督管理部门、煤矿安全监察机构接到上级安全生产监督管理部门、煤矿安全监察机构的事故信息举报核查通知后，应当立即组织查证核实，并在2个月内向上一级安全生产监督管理部门、煤矿安全监察机构报告核实结果。

对发生较大涉险事故的，安全生产监督管理部门、煤矿安全监察机构依照本条第二款规定向上一级安全生产监督管理部门、煤矿安全监察机构报告核实结果；对发生生产安全事故的，安全生产监督管理部门、煤矿安全监察机构应当在5日内对事故情况进行初步查证，并将事故初步查证的简要情况报告上一级安全生产监督管理部门、煤矿安全监察机构，详细核实结果在2个月内报告。

第十三条 事故信息经初步查证后，负责查证的安全生产监督管理部门、煤矿安全监察机构应当立即报告本级人民政府和上一级安全生产监督管理部门、煤矿安全监察机构，并书面通知公安机关、劳动保障部门、工会、人民检察院和有关部门。

第十四条 安全生产监督管理部门与煤矿安全监察机构之间，安全生产监督管理部门、煤矿安全监察机构与其他负有安全生产监督管理职责的部门之间，应当建立有关事故信息的通报制度，及时沟通事故信息。

第十五条 对于事故信息的每周、每月、每年的统计报告，按照有关规定执行。

第三章　事故信息的处置

第十六条　安全生产监督管理部门、煤矿安全监察机构应当建立事故信息处置责任制，做好事故信息的核实、跟踪、分析、统计工作。

第十七条　发生生产安全事故或者较大涉险事故后，安全生产监督管理部门、煤矿安全监察机构应当立即研究、确定并组织实施相关处置措施。安全生产监督管理部门、煤矿安全监察机构负责人按照职责分工负责相关工作。

第十八条　安全生产监督管理部门、煤矿安全监察机构接到生产安全事故报告后，应当按照下列规定派员立即赶赴事故现场：

（一）发生一般事故的，县级安全生产监督管理部门、煤矿安全监察分局负责人立即赶赴事故现场；

（二）发生较大事故的，设区的市级安全生产监督管理部门、省级煤矿安全监察局负责人应当立即赶赴事故现场；

（三）发生重大事故的，省级安全监督管理部门、省级煤矿安全监察局负责人立即赶赴事故现场；

（四）发生特别重大事故的，国家安全生产监督管理总局、国家煤矿安全监察局负责人立即赶赴事故现场。

上级安全生产监督管理部门、煤矿安全监察机构认为必要的，可以派员赶赴事故现场。

第十九条　安全生产监督管理部门、煤矿安全监察机构负责人及其有关人员赶赴事故现场后，应当随时保持与本单位的联系。有关事故信息发生重大变化的，应当依照本办法有关规定及时向本单位或者上级安全生产监督管理部门、煤矿安全监察机构报告。

第二十条　安全生产监督管理部门、煤矿安全监察机构应当依照有关规定定期向社会公布事故信息。

任何单位和个人不得擅自发布事故信息。

第二十一条　安全生产监督管理部门、煤矿安全监察机构应当根据事故信息报告的情况，启动相应的应急救援预案，或者组织有关应急救援队伍协助地方人民政府开展应急救援工作。

第二十二条　安全生产监督管理部门、煤矿安全监察机构按照有关规定组织或者参加事故调查处理工作。

第四章　罚　　则

第二十三条　安全生产监督管理部门、煤矿安全监察机构及其工作人员未依法履行事故信息报告和处置职责的，依照有关规定予以处理。

第二十四条　生产经营单位及其有关人员对生产安全事故迟报、漏报、谎报或者瞒报的，依照有关规定予以处罚。

第二十五条　生产经营单位对较大涉险事故迟报、漏报、谎报或者瞒报的，给予警告，并处3万元以下的罚款。

第五章　附　　则

第二十六条　本办法所称的较大涉险事故是指：

（一）涉险10人以上的事故；

（二）造成3人以上被困或者下落不明的事故；

（三）紧急疏散人员500人以上的事故；

（四）因生产安全事故对环境造成严重污染（人员密集场所、生活水源、农田、河流、水库、湖泊等）的事故；

（五）危及重要场所和设施安全（电站、重要水利设施、危化品库、油气站和车站、码头、港口、机场及其他人员密集场所等）的事故；

（六）其他较大涉险事故。

第二十七条　省级安全生产监督管理部门、省级煤矿安全监察机构可以根据本办法的规定，制定具体的实施办法。

第二十八条　本办法自2009年7月1日起施行。

房屋建筑和市政基础设施工程施工安全监督规定

（2014年10月24日　建质〔2014〕153号）

第一条　为了加强房屋建筑和市政基础设施工程施工安全监督，保护人民群众生命财产安全，规范住房城乡建设主管部门安全监督行为，根据《中华人民共和国建筑法》、《中华人民共和国安全生产法》、《建设工程安全生产管理条例》等有关法律、行政法规，制定本规定。

第二条　本规定所称施工安全监督，是指住房城乡建设主管部门依据有关法律法规，对房屋建筑和市政基础设施工程的建设、勘察、设计、施工、监理等单位及人员（以下简称工程建设责任主体）履行安全生产职责，执行法律、法规、规章、制度及工程建设强制性标准等情况实施抽查并对违法违规行为进行处理的行政执法活动。

第三条　国务院住房城乡建设主管部门负责指导全国房屋建筑和市政基础设施工程施工安全监督工作。

县级以上地方人民政府住房城乡建设主管部门负责本行政区域内房屋建筑和市政基础设施工程施工安全监督工作。

县级以上地方人民政府住房城乡建设主管部门可以将施工安全监督工作委托所属的施工安全监督机构具体实施。

第四条　住房城乡建设主管部门应当加强施工安全监督机构建设，建立施工安全监督工作考核制度。

第五条　施工安全监督机构应当具备以下条件：

（一）具有完整的组织体系，岗位职责明确；

（二）具有符合本规定第六条规定的施工安全监督人员，人员数量满足监督工作需要且专业结构合理，其中监督人员应当占监督机构总人数的75%以上；

（三）具有固定的工作场所，配备满足监督工作需要的仪器、设备、工具及安全防护用品；

（四）有健全的施工安全监督工作制度，具备与监督工作相适应的信息化管理条件。

第六条 施工安全监督人员应当具备下列条件：

（一）具有工程类相关专业大专及以上学历或初级及以上专业技术职称；

（二）具有两年及以上施工安全管理经验；

（三）熟悉掌握相关法律法规和工程建设标准规范；

（四）经业务培训考核合格，取得相关执法证书；

（五）具有良好的职业道德。

第七条 县级以上地方人民政府住房城乡建设主管部门或其所属的施工安全监督机构（以下合称监督机构）应当对本行政区域内已办理施工安全监督手续并取得施工许可证的工程项目实施施工安全监督。

第八条 施工安全监督主要包括以下内容：

（一）抽查工程建设责任主体履行安全生产职责情况；

（二）抽查工程建设责任主体执行法律、法规、规章、制度及工程建设强制性标准情况；

（三）抽查建筑施工安全生产标准化开展情况；

（四）组织或参与工程项目施工安全事故的调查处理；

（五）依法对工程建设责任主体违法违规行为实施行政处罚；

（六）依法处理与工程项目施工安全相关的投诉、举报。

第九条 监督机构实施工程项目的施工安全监督，应当依照下列程序进行：

（一）受理建设单位申请并办理工程项目安全监督手续；

（二）制定工程项目施工安全监督工作计划并组织实施；

（三）实施工程项目施工安全监督抽查并形成监督记录；

（四）评定工程项目安全生产标准化工作并办理终止施工安全监督手续；

（五）整理工程项目施工安全监督资料并立卷归档。

第十条　监督机构实施工程项目的施工安全监督，有权采取下列措施：

（一）要求工程建设责任主体提供有关工程项目安全管理的文件和资料；

（二）进入工程项目施工现场进行安全监督抽查；

（三）发现安全隐患，责令整改或暂时停止施工；

（四）发现违法违规行为，按权限实施行政处罚或移交有关部门处理。

（五）向社会公布工程建设责任主体安全生产不良信息。

第十一条　工程项目因故中止施工的，监督机构对工程项目中止施工安全监督。

工程项目经建设、监理、施工单位确认施工结束的，监督机构对工程项目终止施工安全监督。

第十二条　施工安全监督人员有下列玩忽职守、滥用职权、徇私舞弊情形之一，造成严重后果的，给予行政处分；构成犯罪的，依法追究刑事责任：

（一）发现施工安全违法违规行为不予查处的；

（二）在监督过程中，索取或者接受他人财物，或者谋取其他利益的；

（三）对涉及施工安全的举报、投诉不处理的。

第十三条　有下列情形之一的，监督机构和施工安全监督人员不承担责任：

（一）工程项目中止施工安全监督期间或者施工安全监督终止后，发生安全事故的；

（二）对发现的施工安全违法行为和安全隐患已经依法查处，工程建设责任主体拒不执行安全监管指令发生安全事故的；

（三）现行法规标准尚无规定或工程建设责任主体弄虚作假，致使无法作出正确执法行为的；

（四）因自然灾害等不可抗力导致安全事故的；

（五）按照工程项目监督工作计划已经履行监督职责的。

第十四条　省、自治区、直辖市人民政府住房城乡建设主管部门可以根据本规定制定具体实施办法。

第十五条　本规定自发布之日起施行。原《建筑工程安全生产监督管理工作导则》同时废止。

电力建设工程施工安全监督管理办法

（2015年8月18日国家发展和改革委员会令第28号公布　自2015年10月1日起施行）

第一章　总　　则

第一条　为了加强电力建设工程施工安全监督管理，保障人民群众生命和财产安全，根据《中华人民共和国安全生产法》、《中华人民共和国特种设备安全法》、《建设工程安全生产管理条例》、《电力监管条例》、《生产安全事故报告和调查处理条例》，制定本办法。

第二条　本办法适用于电力建设工程的新建、扩建、改建、拆除等有关活动，以及国家能源局及其派出机构对电力建设工程施工安全实施监督管理。

本办法所称电力建设工程，包括火电、水电、核电（除核岛外）、风电、太阳能发电等发电建设工程，输电、配电等电网建设工程，及其他电力设施建设工程。

本办法所称电力建设工程施工安全包括电力建设、勘察设计、施工、监理单位等涉及施工安全的生产活动。

第三条　电力建设工程施工安全坚持“安全第一、预防为主、综合治理”的方针，建立“企业负责、职工参与、行业自律、政府监管、社会监督”的管理机制。

第四条　电力建设单位、勘察设计单位、施工单位、监理单位及其他与电力建设工程施工安全有关的单位，必须遵守安全生产法律法规和标准规范，建立健全安全生产保证体系和监督体系，建立安全生产责任制和安全生产规章制度，保证电力建设工程施工安全，依法承担安全生产责任。

第五条 开展电力建设工程施工安全的科学技术研究和先进技术的推广应用，推进企业和工程建设项目实施安全生产标准化建设，推进电力建设工程安全生产科学管理，提高电力建设工程施工安全水平。

第二章 建设单位安全责任

第六条 建设单位对电力建设工程施工安全负全面管理责任，具体内容包括：

（一）建立健全安全生产组织和管理机制，负责电力建设工程安全生产组织、协调、监督职责；

（二）建立健全安全生产监督检查和隐患排查治理机制，实施施工现场全过程安全生产管理；

（三）建立健全安全生产应急响应和事故处置机制，实施突发事件应急抢险和事故救援；

（四）建立电力建设工程项目应急管理体系，编制应急综合预案，组织勘察设计、施工、监理等单位制定各类安全事故应急预案，落实应急组织、程序、资源及措施，定期组织演练，建立与国家有关部门、地方政府应急体系的协调联动机制，确保应急工作有效实施；

（五）及时协调和解决影响安全生产重大问题。

建设工程实行工程总承包的，总承包单位应当按照合同约定，履行建设单位对工程的安全生产责任；建设单位应当监督工程总承包单位履行对工程的安全生产责任。

第七条 建设单位应当按照国家有关规定实施电力建设工程招投标管理，具体包括：

（一）应当将电力建设工程发包给具有相应资质等级的单位，禁止中标单位将中标项目的主体和关键性工作分包给他人完成；

（二）应当在电力建设工程招标文件中对投标单位的资质、安全生产条件、安全生产费用使用、安全生产保障措施等提出明确要求；

（三）应当审查投标单位主要负责人、项目负责人、专职安全生产管理人员是否满足国家规定的资格要求；

（四）应当与勘察设计、施工、监理等中标单位签订安全生产协议。

第八条　按照国家有关安全生产费用投入和使用管理规定，电力建设工程概算应当单独计列安全生产费用，不得在电力建设工程投标中列入竞争性报价。根据电力建设工程进展情况，及时、足额向参建单位支付安全生产费用。

第九条　建设单位应当向参建单位提供满足安全生产的要求的施工现场及毗邻区域内各种地下管线、气象、水文、地质等相关资料，提供相邻建筑物和构筑物、地下工程等有关资料。

第十条　建设单位应当组织参建单位落实防灾减灾责任，建立健全自然灾害预测预警和应急响应机制，对重点区域、重要部位地质灾害情况进行评估检查。

应当对施工营地选址布置方案进行风险分析和评估，合理选址。组织施工单位对易发生泥石流、山体滑坡等地质灾害工程项目的生活办公营地、生产设备设施、施工现场及周边环境开展地质灾害隐患排查，制定和落实防范措施。

第十一条　建设单位应当执行定额工期，不得压缩合同约定的工期。如工期确需调整，应当对安全影响进行论证和评估。论证和评估应当提出相应的施工组织措施和安全保障措施。

第十二条　建设单位应当履行工程分包管理责任，严禁施工单位转包和违法分包，将分包单位纳入工程安全管理体系，严禁以包代管。

第十三条　建设单位应在电力建设工程开工报告批准之日起15日内，将保证安全施工的措施，包括电力建设工程基本情况、参建单位基本情况、安全组织及管理措施、安全投入计划、施工组织方案、应急预案等内容向建设工程所在地国家能源局派出机构备案。

第三章 勘察设计单位安全责任

第十四条 勘察设计单位应当按照法律法规和工程建设强制性标准进行电力建设工程的勘察设计，提供的勘察设计文件应当真实、准确、完整，满足工程施工安全的需要。

在编制设计计划书时应当识别设计适用的工程建设强制性标准并编制条文清单。

第十五条 勘察单位在勘察作业过程中，应当制定并落实安全生产技术措施，保证作业人员安全，保障勘察区域各类管线、设施和周边建筑物、构筑物安全。

第十六条 电力建设工程所在区域存在自然灾害或电力建设活动可能引发地质灾害风险时，勘察设计单位应当制定相应专项安全技术措施，并向建设单位提出灾害防治方案建议。

应当监控基础开挖、洞室开挖、水下作业等重大危险作业的地质条件变化情况，及时调整设计方案和安全技术措施。

第十七条 设计单位在规划阶段应当开展安全风险、地质灾害分析和评估，优化工程选线、选址方案；可行性研究阶段应当对涉及电力建设工程安全的重大问题进行分析和评价；初步设计应当提出相应施工方案和安全防护措施。

第十八条 对于采用新技术、新工艺、新流程、新设备、新材料和特殊结构的电力建设工程，勘察设计单位应当在设计文件中提出保障施工作业人员安全和预防生产安全事故的措施建议；不符合现行相关安全技术规范或标准规定的，应当提请建设单位组织专题技术论证，报送相应主管部门同意。

第十九条 勘察设计单位应当根据施工安全操作和防护的需要，在设计文件中注明涉及施工安全的重点部位和环节，提出防范安全生产事故的指导意见；工程开工前，应当向参建单位进行技术和安全交底，说明设计意图；施工过程中，对不能满足安全生产要求的设计，应当及时变更。

第四章　施工单位安全责任

第二十条　施工单位应当具备相应的资质等级，具备国家规定的安全生产条件，取得安全生产许可证，在许可的范围内从事电力建设工程施工活动。

第二十一条　施工单位应当按照国家法律法规和标准规范组织施工，对其施工现场的安全生产负责。应当设立安全生产管理机构，按规定配备专（兼）职安全生产管理人员，制定安全管理制度和操作规程。

第二十二条　施工单位应当按照国家有关规定计列和使用安全生产费用。应当编制安全生产费用使用计划，专款专用。

第二十三条　电力建设工程实行施工总承包的，由施工总承包单位对施工现场的安全生产负总责，具体包括：

（一）施工单位或施工总承包单位应当自行完成主体工程的施工，除可依法对劳务作业进行劳务分包外，不得对主体工程进行其它形式的施工分包；禁止任何形式的转包和违法分包；

（二）施工单位或施工总承包单位依法将主体工程以外项目进行专业分包的，分包单位必须具有相应资质和安全生产许可证，合同中应当明确双方在安全生产方面的权利和义务。施工单位或施工总承包单位履行电力建设工程安全生产监督管理职责，承担工程安全生产连带管理责任，分包单位对其承包的施工现场安全生产负责；

（三）施工单位或施工总承包单位和专业承包单位实行劳务分包的，应当分包给具有相应资质的单位，并对施工现场的安全生产承担主体责任。

第二十四条　施工单位应当履行劳务分包安全管理责任，将劳务派遣人员、临时用工人员纳入其安全管理体系，落实安全措施，加强作业现场管理和控制。

第二十五条　电力建设工程开工前，施工单位应当开展现场查勘，编制施工组织设计、施工方案和安全技术措施并按技术管理相关规定报建设单位、监理单位同意。

分部分项工程施工前，施工单位负责项目管理的技术人员应当向作业人员进行安全技术交底，如实告知作业场所和工作岗位可能存在的风险因素、防范措施以及现场应急处置方案，并由双方签字确认；对复杂自然条件、复杂结构、技术难度大及危险性较大的分部分项工程需编制专项施工方案并附安全验算结果，必要时召开专家会议论证确认。

第二十六条 施工单位应当定期组织施工现场安全检查和隐患排查治理，严格落实施工现场安全措施，杜绝违章指挥、违章作业、违反劳动纪律行为发生。

第二十七条 施工单位应当对因电力建设工程施工可能造成损害和影响的毗邻建筑物、构筑物、地下管线、架空线缆、设施及周边环境采取专项防护措施。对施工现场出入口、通道口、孔洞口、邻近带电区、易燃易爆及危险化学品存放处等危险区域和部位采取防护措施并设置明显的安全警示标志。

第二十八条 施工单位应当制定用火、用电、易燃易爆材料使用等消防安全管理制度，确定消防安全责任人，按规定设置消防通道、消防水源，配备消防设施和灭火器材。

第二十九条 施工单位应当按照国家有关规定采购、租赁、验收、检测、发放、使用、维护和管理施工机械、特种设备，建立施工设备安全管理制度、安全操作规程及相应的管理台帐和维保记录档案。

施工单位使用的特种设备应当是取得许可生产并经检验合格的特种设备。特种设备的登记标志、检测合格标志应当置于该特种设备的显著位置。

安装、改造、修理特种设备的单位，应当具有国家规定的相应资质，在施工前按规定履行告知手续，施工过程按照相关规定接受监督检验。

第三十条 施工单位应当按照相关规定组织开展安全生产教育培训工作。企业主要负责人、项目负责人、专职安全生产管理人员、特种作业人员需经培训合格后持证上岗，新入场人员应当按规定经过三级安全教育。

第三十一条　施工单位对电力建设工程进行调试、试运行前，应当按照法律法规和工程建设强制性标准，编制调试大纲、试验方案，对各项试验方案制定安全技术措施并严格实施。

第三十二条　施工单位应当根据电力建设工程施工特点、范围，制定应急救援预案、现场处置方案，对施工现场易发生事故的部位、环节进行监控。实行施工总承包的，由施工总承包单位组织分包单位开展应急管理工作。

第五章　监理单位安全责任

第三十三条　监理单位应当按照法律法规和工程建设强制性标准实施监理，履行电力建设工程安全生产管理的监理职责。监理单位资源配置应当满足工程监理要求，依据合同约定履行电力建设工程施工安全监理职责，确保安全生产监理与工程质量控制、工期控制、投资控制的同步实施。

第三十四条　监理单位应当建立健全安全监理工作制度，编制含有安全监理内容的监理规划和监理实施细则，明确监理人员安全职责以及相关工作安全监理措施和目标。

第三十五条　监理单位应当组织或参加各类安全检查活动，掌握现场安全生产动态，建立安全管理台帐。重点审查、监督下列工作：

（一）按照工程建设强制性标准和安全生产标准及时审查施工组织设计中的安全技术措施和专项施工方案；

（二）审查和验证分包单位的资质文件和拟签订的分包合同、人员资质、安全协议；

（三）审查安全管理人员、特种作业人员、特种设备操作人员资格证明文件和主要施工机械、工器具、安全用具的安全性能证明文件是否符合国家有关标准；检查现场作业人员及设备配置是否满足安全施工的要求；

（四）对大中型起重机械、脚手架、跨越架、施工用电、危险品库房等重要施工设施投入使用前进行安全检查签证。土建交付安装、安装交付调试及整套启动等重大工序交接前进行安全检查签证；

（五）对工程关键部位、关键工序、特殊作业和危险作业进行旁站监理；对复杂自然条件、复杂结构、技术难度大及危险性较大分部分项工程专项施工方案的实施进行现场监理；监督交叉作业和工序交接中的安全施工措施的落实；

（六）监督施工单位安全生产费的使用、安全教育培训情况。

第三十六条 在实施监理过程中，发现存在生产安全事故隐患的，应当要求施工单位及时整改；情节严重的，应当要求施工单位暂时或部分停止施工，并及时报告建设单位。施工单位拒不整改或者不停止施工的，监理单位应当及时向国家能源局派出机构和政府有关部门报告。

第六章 监督管理

第三十七条 国家能源局依法实施电力建设工程施工安全的监督管理，具体内容包括：

（一）建立健全电力建设工程安全生产监管机制，制定电力建设工程施工安全行业标准；

（二）建立电力建设工程施工安全生产事故和重大事故隐患约谈、诫勉制度；

（三）加强层级监督指导，对事故多发地区、安全管理薄弱的企业和安全隐患突出的项目、部位实施重点监督检查。

第三十八条 国家能源局派出机构按照国家能源局授权实施辖区内电力建设工程施工安全监督管理，具体内容如下：

（一）部署和组织开展辖区内电力建设工程施工安全监督检查；

（二）建立电力建设工程施工安全生产事故和重大事故隐患约谈、诫勉制度；

（三）依法组织或参加辖区内电力建设工程施工安全事故的调查与处

理，做好事故分析和上报工作。

第三十九条　国家能源局及其派出机构履行电力建设工程施工安全监督管理职责时，可以采取下列监管措施：

（一）要求被检查单位提供有关安全生产的文件和资料（含相关照片、录像及电子文本等），按照国家规定如实公开有关信息；

（二）进入被检查单位施工现场进行监督检查，纠正施工中违反安全生产要求的行为；

（三）对检查中发现的生产安全事故隐患，责令整改；对重大生产安全事故隐患实施挂牌督办，重大生产安全事故隐患整改前或整改过程中无法保证安全的，责令其从危险区域撤出作业人员或者暂时停止施工；

（四）约谈存在生产安全事故隐患整改不到位的单位，受理和查处有关安全生产违法行为的举报和投诉，披露违反本办法有关规定的行为和单位，并向社会公布；

（五）法律法规规定的其它措施。

第四十条　国家能源局及其派出机构应建立电力建设工程施工安全领域相关单位和人员的信用记录，并将其纳入国家统一的信用信息平台，依法公开严重违法失信信息，并对相关责任单位和人员采取一定期限内市场禁入等惩戒措施。

第四十一条　生产安全事故或自然灾害发生后，有关单位应当及时启动相关应急预案，采取有效措施，最大程度减少人员伤亡、财产损失，防止事故扩大和衍生事故发生。建设、勘察设计、施工、监理等单位应当按规定报告事故信息。

第七章　罚　　则

第四十二条　国家能源局及其派出机构有下列行为之一的，对直接负责的主管人员和其它直接责任人员依法给予处分；构成犯罪的，依法追究刑事责任：

（一）迟报、漏报、瞒报、谎报事故的；

（二）阻碍、干涉事故调查工作的；

（三）在事故调查中营私舞弊、作伪证或者指使他人作伪证的；

（四）不依法履行监管职责或者监督不力，造成严重后果的；

（五）在实施监管过程中索取或者收受他人财物或者谋取其他利益；

（六）其他违反国家法律法规的行为。

第四十三条 建设单位未按规定提取和使用安全生产费用的，责令限期改正；逾期未改正的，责令该建设工程停止施工。

第四十四条 电力建设工程参建单位有下列情形之一的，责令改正；拒不改正的，处5万元以上50万元以下的罚款；造成严重后果，构成犯罪的，依法追究刑事责任：

（一）拒绝或者阻碍国家能源局及其派出机构及其从事监管工作的人员依法履行监管职责的；

（二）提供虚假或者隐瞒重要事实的文件、资料；

（三）未按照国家有关监管规章、规则的规定披露有关信息的。

第四十五条 建设单位有下列行为之一的，责令限期改正，并处20万元以上50万元以下的罚款；造成重大安全事故，构成犯罪的，对直接责任人员，依照刑法有关规定追究刑事责任；造成损失的，依法承担赔偿责任：

（一）对电力勘察、设计、施工、调试、监理等单位提出不符合安全生产法律、法规和强制性标准规定的要求的；

（二）违规压缩合同约定工期的；

（三）将工程发包给不具有相应资质等级的施工单位的。

第四十六条 电力勘察设计单位有下列行为之一的，责令限期改正，并处10万元以上30万元以下的罚款；情节严重的，责令停业整顿，提请相关部门降低资质等级，直至吊销资质证书；造成重大安全事故，构成犯罪的，对直接责任人员，依照刑法有关规定追究刑事责任；造成损失的，依法承担赔偿责任：

（一）未按照法律、法规和工程建设强制性标准进行勘察、设计的；

（二）采用新技术、新工艺、新流程、新设备、新材料的电力建设工程和特殊结构的电力建设工程，设计单位未在设计中提出保障施工作业人员安全和预防生产安全事故的措施建议的。

第四十七条　施工单位有下列行为之一的，责令限期改正；逾期未改正的，责令停业整顿，并处10万元以上30万元以下的罚款；情节严重的，提请相关部门降低资质等级，直至吊销资质证书；造成重大安全事故，构成犯罪的，对直接责任人员，依照刑法有关规定追究刑事责任；造成损失的，依法承担赔偿责任：

（一）未按本办法设立安全生产管理机构、配备专（兼）职安全生产管理人员或者分部分项工程施工时无专（兼）职安全生产管理人员现场监督的；

（二）主要负责人、项目负责人、专职安全生产管理人员、特种（殊）作业人员未持证上岗的；

（三）使用国家明令淘汰、禁止使用的危及电力施工安全的工艺、设备、材料的；

（四）未按照规定在施工起重机械和整体提升脚手架、模板等自升式架设设施验收合格后取得使用登记证书的；

（五）未向作业人员提供安全防护用品、用具的；

（六）未在施工现场的危险部位设置明显的安全警示标志，或者未按照国家有关规定在施工现场设置消防通道、消防水源、配备消防设施和灭火器材的。

第四十八条　挪用安全生产费用的，责令限期改正，并处挪用费用20%以上50%以下的罚款；造成重大安全事故，构成犯罪的，依法追究刑事责任。

第四十九条　监理单位有下列行为之一的，责令限期改正；逾期未改正的，责令停业整顿，并处10万元以上30万元以下的罚款；情节严重的，提请相关部门降低资质等级，直至吊销资质证书；造成重大安全事故，构成犯罪的，对直接责任人员，依照刑法有关规定追究刑事责任；造成损失的，依法承担赔偿责任：

（一）未对重大安全技术措施或者专项施工方案进行审查的；

（二）发现安全事故隐患未及时要求施工单位整改或者暂时停止施工的；

（三）施工单位拒不整改或者不停止施工，未及时向有关主管部门报告的；

（四）未依照法律、法规和工程建设强制性标准实施监理的。

第五十条 违反本办法的规定，施工单位的主要负责人、项目负责人未履行安全生产管理职责的，责令限期改正；逾期未改正的，责令施工单位停业整顿；造成重大安全事故、重大伤亡事故或者其他严重后果，构成犯罪的，依照刑法有关规定追究刑事责任。

作业人员不服管理、违反规章制度和操作规程冒险作业造成重大伤亡事故或者其他严重后果，构成犯罪的，依照刑法有关规定追究刑事责任。

施工单位的主要负责人、项目负责人有前款违法行为，尚不够刑事处罚的，处2万元以上20万元以下的罚款或者按照管理权限给予撤职处分；自刑罚执行完毕或者受处分之日起，5年内不得担任任何施工单位的主要负责人、项目负责人。

第五十一条 本办法规定的行政处罚，由国家能源局及其派出机构或者其他有关部门依照法定职权决定。有关法律、行政法规对电力建设工程安全生产违法行为的行政处罚决定机关另有规定的，从其规定。

第八章 附 则

第五十二条 本办法自公布之日起30日后施行，原电监会发布的《电力建设安全生产监督管理办法》（电监安全〔2007〕38号）同时废止。

第五十三条 本办法由国家发展和改革委员会负责解释。

公路水运工程安全生产监督管理办法

（2017年6月12日中华人民共和国交通运输部令2017年第25号公布　自2017年8月1日起施行）

第一章　总　　则

第一条　为了加强公路水运工程安全生产监督管理，防止和减少生产安全事故，保障人民群众生命和财产安全，根据《中华人民共和国安全生产法》《建设工程安全生产管理条例》《生产安全事故报告和调查处理条例》等法律、行政法规，制定本办法。

第二条　公路水运工程建设活动的安全生产行为及对其实施监督管理，应当遵守本办法。

第三条　本办法所称公路水运工程，是指经依法审批、核准或者备案的公路、水运基础设施的新建、改建、扩建等建设项目。

本办法所称从业单位，是指从事公路、水运工程建设、勘察、设计、施工、监理、试验检测、安全服务等工作的单位。

第四条　公路水运工程安全生产工作应当以人民为中心，坚持安全第一、预防为主、综合治理的方针，强化和落实从业单位的主体责任，建立从业单位负责、职工参与、政府监管、行业自律和社会监督的机制。

第五条　交通运输部负责全国公路水运工程安全生产的监督管理工作。

长江航务管理局承担长江干线航道工程安全生产的监督管理工作。

县级以上地方人民政府交通运输主管部门按照规定的职责负责本行政区域内的公路水运工程安全生产监督管理工作。

第六条 交通运输主管部门应当按照保障安全生产的要求，依法制修订公路水运工程安全应急标准体系。

第七条 交通运输主管部门应当建立公路水运工程从业单位和从业人员安全生产违法违规行为信息库，实行安全生产失信黑名单制度，并按规定将有关信用信息及时纳入交通运输和相关统一信用信息共享平台，依法向社会公开。

第八条 有关行业协会依照法律、法规、规章和协会章程，为从业单位提供有关安全生产信息、培训等服务，发挥行业自律作用，促进从业单位加强安全生产管理。

第九条 国家鼓励和支持公路水运工程安全生产科学技术研究成果和先进技术的推广应用，鼓励从业单位运用科技和信息化等手段对存在重大安全风险的施工部位加强监控。

第十条 在改善项目安全生产条件、防止生产安全事故、参加抢险救援等方面取得显著成绩的单位和个人，交通运输主管部门依法给予奖励。

第二章 安全生产条件

第十一条 从业单位从事公路水运工程建设活动，应当具备法律、法规、规章和工程建设强制性标准规定的安全生产条件。任何单位和个人不得降低安全生产条件。

第十二条 公路水运工程应当坚持先勘察后设计再施工的程序。施工图设计文件依法经审批后方可使用。

第十三条 公路水运工程施工招标文件及施工合同中应当载明项目安全管理目标、安全生产职责、安全生产条件、安全生产信用情况及专职安全生产管理人员配备的标准等要求。

第十四条 施工单位从事公路水运工程建设活动，应当取得安全生产许可证及相应等级的资质证书。施工单位的主要负责人和安全生产管理人员应当经交通运输主管部门对其安全生产知识和管理能力考核合格。

施工单位应当设置安全生产管理机构或者配备专职安全生产管理人员。施工单位应当根据工程施工作业特点、安全风险以及施工组织难度，按照年度施工产值配备专职安全生产管理人员，不足5000万元的至少配备1名；5000万元以上不足2亿元的按每5000万元不少于1名的比例配备；2亿元以上的不少于5名，且按专业配备。

第十五条　从业单位应当依法对从业人员进行安全生产教育和培训。未经安全生产教育和培训合格的从业人员，不得上岗作业。

第十六条　公路水运工程从业人员中的特种作业人员应当按照国家有关规定取得相应资格，方可上岗作业。

第十七条　施工中使用的施工机械、设施、机具以及安全防护用品、用具和配件等应当具有生产（制造）许可证、产品合格证或者法定检验检测合格证明，并设立专人查验、定期检查和更新，建立相应的资料档案。无查验合格记录的不得投入使用。

第十八条　特种设备使用单位应当依法取得特种设备使用登记证书，建立特种设备安全技术档案，并将登记标志置于该特种设备的显著位置。

第十九条　翻模、滑（爬）模等自升式架设设施，以及自行设计、组装或者改装的施工挂（吊）篮、移动模架等设施在投入使用前，施工单位应当组织有关单位进行验收，或者委托具有相应资质的检验检测机构进行验收。验收合格后方可使用。

第二十条　对严重危及公路水运工程生产安全的工艺、设备和材料，应当依法予以淘汰。交通运输主管部门可以会同安全生产监督管理部门联合制定严重危及公路水运工程施工安全的工艺、设备和材料的淘汰目录并对外公布。

从业单位不得使用已淘汰的危及生产安全的工艺、设备和材料。

第二十一条　从业单位应当保证本单位所应具备的安全生产条件必需的资金投入。

建设单位在编制工程招标文件及项目概预算时，应当确定保障安全作业环境及安全施工措施所需的安全生产费用，并不得低于国家规定的标准。

施工单位在工程投标报价中应当包含安全生产费用并单独计提，不得作为竞争性报价。

安全生产费用应当经监理工程师审核签认，并经建设单位同意后，在项目建设成本中据实列支，严禁挪用。

第二十二条 公路水运工程施工现场的办公、生活区与作业区应当分开设置，并保持安全距离。办公、生活区的选址应当符合安全性要求，严禁在已发现的泥石流影响区、滑坡体等危险区域设置施工驻地。

施工作业区应当根据施工安全风险辨识结果，确定不同风险等级的管理要求，合理布设。在风险等级较高的区域应当设置警戒区和风险告知牌。

施工作业点应当设置明显的安全警示标志，按规定设置安全防护设施。施工便道便桥、临时码头应当满足通行和安全作业要求，施工便桥和临时码头还应当提供临边防护和水上救生等设施。

第二十三条 施工单位与从业人员订立的劳动合同，应当载明有关保障从业人员劳动安全、防止职业危害等事项。施工单位还应当向从业人员书面告知危险岗位的操作规程。

施工单位应当向作业人员提供符合标准的安全防护用品，监督、教育从业人员按照使用规则佩戴、使用。

第二十四条 公路水运工程建设应当实施安全生产风险管理，按规定开展设计、施工安全风险评估。

设计单位应当依据风险评估结论，对设计方案进行修改完善。

施工单位应当依据风险评估结论，对风险等级较高的分部分项工程编制专项施工方案，并附安全验算结果，经施工单位技术负责人签字后报监理工程师批准执行。

必要时，施工单位应当组织专家对专项施工方案进行论证、审核。

第二十五条　建设、施工等单位应当针对工程项目特点和风险评估情况分别制定项目综合应急预案、合同段施工专项应急预案和现场处置方案，告知相关人员紧急避险措施，并定期组织演练。

施工单位应当依法建立应急救援组织或者指定工程现场兼职的、具有一定专业能力的应急救援人员，配备必要的应急救援器材、设备和物资，并进行经常性维护、保养。

第二十六条　从业单位应当依法参加工伤保险，为从业人员缴纳保险费。

鼓励从业单位投保安全生产责任保险和意外伤害保险。

第三章　安全生产责任

第二十七条　从业单位应当建立健全安全生产责任制，明确各岗位的责任人员、责任范围和考核标准等内容。从业单位应当建立相应的机制，加强对安全生产责任制落实情况的监督考核。

第二十八条　建设单位对公路水运工程安全生产负管理责任。依法开展项目安全生产条件审核，按规定组织风险评估和安全生产检查。根据项目风险评估等级，在工程沿线受影响区域作出相应风险提示。

建设单位不得对勘察、设计、监理、施工、设备租赁、材料供应、试验检测、安全服务等单位提出不符合安全生产法律、法规和工程建设强制性标准规定的要求。不得违反或者擅自简化基本建设程序。不得随意压缩工期。工期确需调整的，应当对影响安全的风险进行论证和评估，经合同双方协商一致，提出相应的施工组织和安全保障措施。

第二十九条　勘察单位应当按照法律、法规、规章、工程建设强制性标准和合同文件进行实地勘察，针对不良地质、特殊性岩土、有毒有害气体等不良情形或者其他可能引发工程生产安全事故的情形加以说明并提出防治建议。

勘察单位提交的勘察文件必须真实、准确，满足公路水运工程安全生产的需要。

勘察单位及勘察人员对勘察结论负责。

第三十条 设计单位应当按照法律、法规、规章、工程建设强制性标准和合同文件进行设计，防止因设计不合理导致生产安全事故的发生。

设计单位应当考虑施工安全操作和防护的需要，对涉及施工安全的重点部位和环节在设计文件中加以注明，提出安全防范意见。依据设计风险评估结论，对存在较高安全风险的工程部位还应当增加专项设计，并组织专家进行论证。

采用新结构、新工艺、新材料的工程和特殊结构工程，设计单位应当在设计文件中提出保障施工作业人员安全和预防生产安全事故的措施建议。

设计单位和设计人员应当对其设计负责，并按合同要求做好安全技术交底和现场服务。

第三十一条 监理单位应当按照法律、法规、规章、工程建设强制性标准和合同文件进行监理，对工程安全生产承担监理责任。

监理单位应当审核施工项目安全生产条件，审查施工组织设计中安全措施和专项施工方案。在实施监理过程中，发现存在安全事故隐患的，应当要求施工单位整改；情节严重的，应当下达工程暂停令，并及时报告建设单位。施工单位拒不整改或者不停止施工的，监理单位应当及时向有关主管部门书面报告，并有权拒绝计量支付审核。

监理单位应当如实记录安全事故隐患和整改验收情况，对有关文字、影像资料应当妥善保存。

第三十二条 依合同承担试验检测或者施工监测的单位应当按照法律、法规、规章、工程建设强制性标准和合同文件开展工作。所提交的试验检测或者施工监测数据应当真实、准确，数据出现异常时应当及时向合同委托方报告。

第三十三条 依法设立的为安全生产提供技术、管理服务的机构，依照法律、法规、规章和执业准则，接受从业单位的委托为其安全生产工作提供技术、管理服务。

从业单位委托前款规定的机构提供安全生产技术、管理服务的，保障安全生产的责任仍由本单位负责。

第三十四条　施工单位应当按照法律、法规、规章、工程建设强制性标准和合同文件组织施工，保障项目施工安全生产条件，对施工现场的安全生产负主体责任。施工单位主要负责人依法对项目安全生产工作全面负责。

建设工程实行施工总承包的，由总承包单位对施工现场的安全生产负总责。分包单位应当服从总承包单位的安全生产管理，分包单位不服从管理导致生产安全事故的，由分包单位承担主要责任。

第三十五条　施工单位应当书面明确本单位的项目负责人，代表本单位组织实施项目施工生产。

项目负责人对项目安全生产工作负有下列职责：

（一）建立项目安全生产责任制，实施相应的考核与奖惩；

（二）按规定配足项目专职安全生产管理人员；

（三）结合项目特点，组织制定项目安全生产规章制度和操作规程；

（四）组织制定项目安全生产教育和培训计划；

（五）督促项目安全生产费用的规范使用；

（六）依据风险评估结论，完善施工组织设计和专项施工方案；

（七）建立安全预防控制体系和隐患排查治理体系，督促、检查项目安全生产工作，确认重大事故隐患整改情况；

（八）组织制定本合同段施工专项应急预案和现场处置方案，并定期组织演练；

（九）及时、如实报告生产安全事故并组织自救。

第三十六条　施工单位的专职安全生产管理人员履行下列职责：

（一）组织或者参与拟订本单位安全生产规章制度、操作规程，以及合同段施工专项应急预案和现场处置方案；

（二）组织或者参与本单位安全生产教育和培训，如实记录安全生产教育和培训情况；

（三）督促落实本单位施工安全风险管控措施；

（四）组织或者参与本合同段施工应急救援演练；

（五）检查施工现场安全生产状况，做好检查记录，提出改进安全生产标准化建设的建议；

（六）及时排查、报告安全事故隐患，并督促落实事故隐患治理措施；

（七）制止和纠正违章指挥、违章操作和违反劳动纪律的行为。

第三十七条 施工单位应当推进本企业承接项目的施工场地布置、现场安全防护、施工工艺操作、施工安全管理活动记录等方面的安全生产标准化建设，并加强对安全生产标准化实施情况的自查自纠。

第三十八条 施工单位应当根据施工规模和现场消防重点建立施工现场消防安全责任制度，确定消防安全责任人，制定消防管理制度和操作规程，设置消防通道，配备相应的消防设施、物资和器材。

施工单位对施工现场临时用火、用电的重点部位及爆破作业各环节应当加强消防安全检查。

第三十九条 施工单位应当将专业分包单位、劳务合作单位的作业人员及实习人员纳入本单位统一管理。

新进人员和作业人员进入新的施工现场或者转入新的岗位前，施工单位应当对其进行安全生产培训考核。

施工单位采用新技术、新工艺、新设备、新材料的，应当对作业人员进行相应的安全生产教育培训，生产作业前还应当开展岗位风险提示。

第四十条 施工单位应当建立健全安全生产技术分级交底制度，明确安全技术分级交底的原则、内容、方法及确认手续。

分项工程实施前，施工单位负责项目管理的技术人员应当按规定对有关安全施工的技术要求向施工作业班组、作业人员详细说明，并由双方签字确认。

第四十一条　施工单位应当按规定开展安全事故隐患排查治理，建立职工参与的工作机制，对隐患排查、登记、治理等全过程闭合管理情况予以记录。事故隐患排查治理情况应当向从业人员通报，重大事故隐患还应当按规定上报和专项治理。

第四十二条　事故发生单位应当依法如实向项目建设单位和负有安全生产监督管理职责的有关部门报告。不得隐瞒不报、谎报或者迟报。

发生生产安全事故，施工单位负责人接到事故报告后，应当迅速组织抢救，减少人员伤亡，防止事故扩大。组织抢救时，应当妥善保护现场，不得故意破坏事故现场、毁灭有关证据。

事故调查处置期间，事故发生单位的负责人、项目主要负责人和有关人员应当配合事故调查，不得擅离职守。

第四十三条　作业人员应当遵守安全施工的规章制度和操作规程，正确使用安全防护用具、机械设备。发现安全事故隐患或者其他不安全因素，应当向现场专（兼）职安全生产管理人员或者本单位项目负责人报告。

作业人员有权了解其作业场所和工作岗位存在的风险因素、防范措施及事故应急措施，有权对施工现场存在的安全问题提出检举和控告，有权拒绝违章指挥和强令冒险作业。

在施工中发生可能危及人身安全的紧急情况时，作业人员有权立即停止作业或者在采取可能的应急措施后撤离危险区域。

第四章　监督管理

第四十四条　交通运输主管部门应当对公路水运工程安全生产行为和下级交通运输主管部门履行安全生产监督管理职责情况进行监督检查。

交通运输主管部门应当依照安全生产法律、法规、规章及工程建设强制性标准，制定年度监督检查计划，确定检查重点、内容、方式和频次。加强与其他安全生产监管部门的合作，推进联合检查执法。

第四十五条 交通运输主管部门对公路水运工程安全生产行为的监督检查主要包括下列内容：

（一）被检查单位执行法律、法规、规章及工程建设强制性标准情况；

（二）本办法规定的项目安全生产条件落实情况；

（三）施工单位在施工场地布置、现场安全防护、施工工艺操作、施工安全管理活动记录等方面的安全生产标准化建设推进情况。

第四十六条 交通运输主管部门在职责范围内开展安全生产监督检查时，有权采取下列措施：

（一）进入被检查单位进行检查，调阅有关工程安全管理的文件和相关照片、录像及电子文本等资料，向有关单位和人员了解情况；

（二）进入被检查单位施工现场进行监督抽查；

（三）责令相关单位立即或者限期停止、改正违法行为；

（四）法律、行政法规规定的其他措施。

第四十七条 交通运输主管部门对监督检查中发现的安全问题或者安全事故隐患，应当根据情况作出如下处理：

（一）被检查单位存在安全管理问题需要整改的，以书面方式通知存在问题的单位限期整改；

（二）发现严重安全生产违法行为的，予以通报，并按规定依法实施行政处罚或者移交有关部门处理；

（三）被检查单位存在安全事故隐患的，责令立即排除；重大事故隐患排除前或者排除过程中无法保证安全的，责令其从危险区域撤出作业人员，暂时停止施工，并按规定专项治理，纳入重点监管的失信黑名单；

（四）被检查单位拒不执行交通运输主管部门依法作出的相关行政决定，有发生生产安全事故的现实危险的，在保证安全的前提下，经本部门负责人批准，可以提前24小时以书面方式通知有关单位和被检查单位，采取停止供电、停止供应民用爆炸物品等措施，强制被检查单位履行决定；

（五）因建设单位违规造成重大生产安全事故的，对全部或者部分使用财政性资金的项目，可以建议相关职能部门暂停项目执行或者暂缓资金拨付；

（六）督促负有直接监督管理职责的交通运输主管部门，对存在安全事故隐患整改不到位的被检查单位主要负责人约谈警示；

（七）对违反本办法有关规定的行为实行相应的安全生产信用记录，对列入失信黑名单的单位及主要责任人按规定向社会公布；

（八）法律、行政法规规定的其他措施。

第四十八条　交通运输主管部门执行监督检查任务时，应当将检查的时间、地点、内容、发现的问题及其处理情况作出书面记录，并由检查人员和被检查单位的负责人签字。被检查单位负责人拒绝签字的，检查人员应当将情况记录在案，向本单位领导报告，并抄告被检查单位所在的企业法人。

第四十九条　交通运输主管部门对有下列情形之一的从业单位及其直接负责的主管人员和其他直接责任人员给予违法违规行为失信记录并对外公开，公开期限一般自公布之日起12个月：

（一）因违法违规行为导致工程建设项目发生一般及以上等级的生产安全责任事故并承担主要责任的；

（二）交通运输主管部门在监督检查中，发现因从业单位违法违规行为导致工程建设项目存在安全事故隐患的；

（三）存在重大事故隐患，经交通运输主管部门指出或者责令限期消除，但从业单位拒不采取措施或者未按要求消除隐患的；

（四）对举报或者新闻媒体报道的违法违规行为，经交通运输主管部门查实的；

（五）交通运输主管部门依法认定的其他违反安全生产相关法律法规的行为。

对违法违规行为情节严重的从业单位及主要责任人员，应当列入安全生产失信黑名单，将具体情节抄送相关行业主管部门。

第五十条 交通运输主管部门在专业性较强的监督检查中，可以委托具备相应资质能力的机构或者专家开展检查、检测和评估，所需费用按照本级政府购买服务的相关程序要求进行申请。

第五十一条 交通运输主管部门应当健全工程建设安全监管制度，协调有关部门依法保障监督执法经费和装备，加强对监督管理人员的教育培训，提高执法水平。

监督管理人员应当忠于职守，秉公执法，坚持原则。

第五十二条 交通运输主管部门在进行安全生产责任追究时，被问责部门及其工作人员按照法律、法规、规章和工程建设强制性标准规定的方式、程序、计划已经履行安全生产督查职责，但仍有下列情形之一的，可不承担责任：

（一）对发现的安全生产违法行为和安全事故隐患已经依法查处，因从业单位及其从业人员拒不执行导致生产安全责任事故的；

（二）从业单位非法生产或者经责令停工整顿后仍不具备安全生产条件，已经依法提请县级以上地方人民政府决定中止或者取缔施工的；

（三）对拒不执行行政处罚决定的从业单位，已经依法申请人民法院强制执行的；

（四）工程项目中止施工后发生生产安全责任事故的；

（五）因自然灾害等不可抗力导致生产安全事故的；

（六）依法不承担责任的其他情形。

第五十三条 交通运输主管部门应当建立举报制度，及时受理对公路水运工程生产安全事故、事故隐患以及监督检查人员违法行为的检举、控告和投诉。

任何单位或者个人对安全事故隐患、安全生产违法行为或者事故险情等，均有权向交通运输主管部门报告或者举报。

第五章　法律责任

第五十四条　从业单位及相关责任人违反本办法规定，国家有关法律、行政法规对其法律责任有规定的，适用其规定；没有规定的，由交通运输主管部门根据各自的职责按照本办法规定进行处罚。

第五十五条　从业单位及相关责任人违反本办法规定，有下列行为之一的，责令限期改正；逾期未改正的，对从业单位处1万元以上3万元以下的罚款；构成犯罪的，依法移送司法部门追究刑事责任：

（一）从业单位未全面履行安全生产责任，导致重大事故隐患的；

（二）未按规定开展设计、施工安全风险评估，或者风险评估结论与实际情况严重不符，导致重大事故隐患未被及时发现的；

（三）未按批准的专项施工方案进行施工，导致重大事故隐患的；

（四）在已发现的泥石流影响区、滑坡体等危险区域设置施工驻地，导致重大事故隐患的。

第五十六条　施工单位有下列行为之一的，责令限期改正，可以处5万元以下的罚款；逾期未改正的，责令停产停业整顿，并处5万元以上10万元以下的罚款，对其直接负责的主管人员和其他直接责任人员处1万元以上2万元以下的罚款：

（一）未按照规定设置安全生产管理机构或者配备安全生产管理人员的；

（二）主要负责人和安全生产管理人员未按照规定经考核合格的。

第五十七条　交通运输主管部门及其工作人员违反本办法规定，有下列情形之一的，对直接负责的主管人员和其他直接责任人员依法给予行政处分；构成犯罪的，依法移送司法部门追究刑事责任：

（一）发现公路水运工程重大事故隐患、生产安全事故不予查处的；

（二）对涉及施工安全的重大检举、投诉不依法及时处理的；

（三）在监督检查过程中索取或者接受他人财物，或者谋取其他利益的。

第六章　附　　则

第五十八条　地方人民政府对农村公路建设的安全生产另有规定的，适用其规定。

第五十九条　本办法自2017年8月1日起施行。交通部于2007年2月14日以交通部令2007年第1号发布、交通运输部于2016年3月7日以交通运输部令2016年第9号修改的《公路水运工程安全生产监督管理办法》同时废止。

建筑起重机械安全监督管理规定

（2008年1月28日中华人民共和国建设部令第166号公布　自2008年6月1日起施行）

第一条　为了加强建筑起重机械的安全监督管理，防止和减少生产安全事故，保障人民群众生命和财产安全，依据《建设工程安全生产管理条例》、《特种设备安全监察条例》、《安全生产许可证条例》，制定本规定。

第二条　建筑起重机械的租赁、安装、拆卸、使用及其监督管理，适用本规定。

本规定所称建筑起重机械，是指纳入特种设备目录，在房屋建筑工地和市政工程工地安装、拆卸、使用的起重机械。

第三条　国务院建设主管部门对全国建筑起重机械的租赁、安装、拆卸、使用实施监督管理。

县级以上地方人民政府建设主管部门对本行政区域内的建筑起重机械的租赁、安装、拆卸、使用实施监督管理。

第四条　出租单位出租的建筑起重机械和使用单位购置、租赁、使用的建筑起重机械应当具有特种设备制造许可证、产品合格证、制造监督检验证明。

第五条　出租单位在建筑起重机械首次出租前，自购建筑起重机械的使用单位在建筑起重机械首次安装前，应当持建筑起重机械特种设备制造许可证、产品合格证和制造监督检验证明到本单位工商注册所在地县级以上地方人民政府建设主管部门办理备案。

第六条　出租单位应当在签订的建筑起重机械租赁合同中，明确租赁双方的安全责任，并出具建筑起重机械特种设备制造许可证、产品合格证、制造监督检验证明、备案证明和自检合格证明，提交安装使用说明书。

第七条 有下列情形之一的建筑起重机械，不得出租、使用：

（一）属国家明令淘汰或者禁止使用的；

（二）超过安全技术标准或者制造厂家规定的使用年限的；

（三）经检验达不到安全技术标准规定的；

（四）没有完整安全技术档案的；

（五）没有齐全有效的安全保护装置的。

第八条 建筑起重机械有本规定第七条第（一）、（二）、（三）项情形之一的，出租单位或者自购建筑起重机械的使用单位应当予以报废，并向原备案机关办理注销手续。

第九条 出租单位、自购建筑起重机械的使用单位，应当建立建筑起重机械安全技术档案。

建筑起重机械安全技术档案应当包括以下资料：

（一）购销合同、制造许可证、产品合格证、制造监督检验证明、安装使用说明书、备案证明等原始资料；

（二）定期检验报告、定期自行检查记录、定期维护保养记录、维修和技术改造记录、运行故障和生产安全事故记录、累计运转记录等运行资料；

（三）历次安装验收资料。

第十条 从事建筑起重机械安装、拆卸活动的单位（以下简称安装单位）应当依法取得建设主管部门颁发的相应资质和建筑施工企业安全生产许可证，并在其资质许可范围内承揽建筑起重机械安装、拆卸工程。

第十一条 建筑起重机械使用单位和安装单位应当在签订的建筑起重机械安装、拆卸合同中明确双方的安全生产责任。

实行施工总承包的，施工总承包单位应当与安装单位签订建筑起重机械安装、拆卸工程安全协议书。

第十二条 安装单位应当履行下列安全职责：

（一）按照安全技术标准及建筑起重机械性能要求，编制建筑起重机械安装、拆卸工程专项施工方案，并由本单位技术负责人签字；

（二）按照安全技术标准及安装使用说明书等检查建筑起重机械及现场施工条件；

（三）组织安全施工技术交底并签字确认；

（四）制定建筑起重机械安装、拆卸工程生产安全事故应急救援预案；

（五）将建筑起重机械安装、拆卸工程专项施工方案，安装、拆卸人员名单，安装、拆卸时间等材料报施工总承包单位和监理单位审核后，告知工程所在地县级以上地方人民政府建设主管部门。

第十三条　安装单位应当按照建筑起重机械安装、拆卸工程专项施工方案及安全操作规程组织安装、拆卸作业。

安装单位的专业技术人员、专职安全生产管理人员应当进行现场监督，技术负责人应当定期巡查。

第十四条　建筑起重机械安装完毕后，安装单位应当按照安全技术标准及安装使用说明书的有关要求对建筑起重机械进行自检、调试和试运转。自检合格的，应当出具自检合格证明，并向使用单位进行安全使用说明。

第十五条　安装单位应当建立建筑起重机械安装、拆卸工程档案。

建筑起重机械安装、拆卸工程档案应当包括以下资料：

（一）安装、拆卸合同及安全协议书；

（二）安装、拆卸工程专项施工方案；

（三）安全施工技术交底的有关资料；

（四）安装工程验收资料；

（五）安装、拆卸工程生产安全事故应急救援预案。

第十六条　建筑起重机械安装完毕后，使用单位应当组织出租、安装、监理等有关单位进行验收，或者委托具有相应资质的检验检测机构进行验收。建筑起重机械经验收合格后方可投入使用，未经验收或者验收不合格的不得使用。

实行施工总承包的，由施工总承包单位组织验收。

建筑起重机械在验收前应当经有相应资质的检验检测机构监督检验合格。

检验检测机构和检验检测人员对检验检测结果、鉴定结论依法承担法律责任。

第十七条 使用单位应当自建筑起重机械安装验收合格之日起30日内，将建筑起重机械安装验收资料、建筑起重机械安全管理制度、特种作业人员名单等，向工程所在地县级以上地方人民政府建设主管部门办理建筑起重机械使用登记。登记标志置于或者附着于该设备的显著位置。

第十八条 使用单位应当履行下列安全职责：

（一）根据不同施工阶段、周围环境以及季节、气候的变化，对建筑起重机械采取相应的安全防护措施；

（二）制定建筑起重机械生产安全事故应急救援预案；

（三）在建筑起重机械活动范围内设置明显的安全警示标志，对集中作业区做好安全防护；

（四）设置相应的设备管理机构或者配备专职的设备管理人员；

（五）指定专职设备管理人员、专职安全生产管理人员进行现场监督检查；

（六）建筑起重机械出现故障或者发生异常情况的，立即停止使用，消除故障和事故隐患后，方可重新投入使用。

第十九条 使用单位应当对在用的建筑起重机械及其安全保护装置、吊具、索具等进行经常性和定期的检查、维护和保养，并做好记录。

使用单位在建筑起重机械租期结束后，应当将定期检查、维护和保养记录移交出租单位。

建筑起重机械租赁合同对建筑起重机械的检查、维护、保养另有约定的，从其约定。

第二十条　建筑起重机械在使用过程中需要附着的，使用单位应当委托原安装单位或者具有相应资质的安装单位按照专项施工方案实施，并按照本规定第十六条规定组织验收。验收合格后方可投入使用。

建筑起重机械在使用过程中需要顶升的，使用单位委托原安装单位或者具有相应资质的安装单位按照专项施工方案实施后，即可投入使用。

禁止擅自在建筑起重机械上安装非原制造厂制造的标准节和附着装置。

第二十一条　施工总承包单位应当履行下列安全职责：

（一）向安装单位提供拟安装设备位置的基础施工资料，确保建筑起重机械进场安装、拆卸所需的施工条件；

（二）审核建筑起重机械的特种设备制造许可证、产品合格证、制造监督检验证明、备案证明等文件；

（三）审核安装单位、使用单位的资质证书、安全生产许可证和特种作业人员的特种作业操作资格证书；

（四）审核安装单位制定的建筑起重机械安装、拆卸工程专项施工方案和生产安全事故应急救援预案；

（五）审核使用单位制定的建筑起重机械生产安全事故应急救援预案；

（六）指定专职安全生产管理人员监督检查建筑起重机械安装、拆卸、使用情况；

（七）施工现场有多台塔式起重机作业时，应当组织制定并实施防止塔式起重机相互碰撞的安全措施。

第二十二条　监理单位应当履行下列安全职责：

（一）审核建筑起重机械特种设备制造许可证、产品合格证、制造监督检验证明、备案证明等文件；

（二）审核建筑起重机械安装单位、使用单位的资质证书、安全生产许可证和特种作业人员的特种作业操作资格证书；

（三）审核建筑起重机械安装、拆卸工程专项施工方案；

（四）监督安装单位执行建筑起重机械安装、拆卸工程专项施工方案情况；

（五）监督检查建筑起重机械的使用情况；

（六）发现存在生产安全事故隐患的，应当要求安装单位、使用单位限期整改，对安装单位、使用单位拒不整改的，及时向建设单位报告。

第二十三条 依法发包给两个及两个以上施工单位的工程，不同施工单位在同一施工现场使用多台塔式起重机作业时，建设单位应当协调组织制定防止塔式起重机相互碰撞的安全措施。

安装单位、使用单位拒不整改生产安全事故隐患的，建设单位接到监理单位报告后，应当责令安装单位、使用单位立即停工整改。

第二十四条 建筑起重机械特种作业人员应当遵守建筑起重机械安全操作规程和安全管理制度，在作业中有权拒绝违章指挥和强令冒险作业，有权在发生危及人身安全的紧急情况时立即停止作业或者采取必要的应急措施后撤离危险区域。

第二十五条 建筑起重机械安装拆卸工、起重信号工、起重司机、司索工等特种作业人员应当经建设主管部门考核合格，并取得特种作业操作资格证书后，方可上岗作业。

省、自治区、直辖市人民政府建设主管部门负责组织实施建筑施工企业特种作业人员的考核。

特种作业人员的特种作业操作资格证书由国务院建设主管部门规定统一的样式。

第二十六条 建设主管部门履行安全监督检查职责时，有权采取下列措施：

（一）要求被检查的单位提供有关建筑起重机械的文件和资料；

（二）进入被检查单位和被检查单位的施工现场进行检查；

（三）对检查中发现的建筑起重机械生产安全事故隐患，责令立即排除；重大生产安全事故隐患排除前或者排除过程中无法保证安全的，责令从危险区域撤出作业人员或者暂时停止施工。

第二十七条　负责办理备案或者登记的建设主管部门应当建立本行政区域内的建筑起重机械档案，按照有关规定对建筑起重机械进行统一编号，并定期向社会公布建筑起重机械的安全状况。

第二十八条　违反本规定，出租单位、自购建筑起重机械的使用单位，有下列行为之一的，由县级以上地方人民政府建设主管部门责令限期改正，予以警告，并处以5000元以上1万元以下罚款：

（一）未按照规定办理备案的；

（二）未按照规定办理注销手续的；

（三）未按照规定建立建筑起重机械安全技术档案的。

第二十九条　违反本规定，安装单位有下列行为之一的，由县级以上地方人民政府建设主管部门责令限期改正，予以警告，并处以5000元以上3万元以下罚款：

（一）未履行第十二条第（二）、（四）、（五）项安全职责的；

（二）未按照规定建立建筑起重机械安装、拆卸工程档案的；

（三）未按照建筑起重机械安装、拆卸工程专项施工方案及安全操作规程组织安装、拆卸作业的。

第三十条　违反本规定，使用单位有下列行为之一的，由县级以上地方人民政府建设主管部门责令限期改正，予以警告，并处以5000元以上3万元以下罚款：

（一）未履行第十八条第（一）、（二）、（四）、（六）项安全职责的；

（二）未指定专职设备管理人员进行现场监督检查的；

（三）擅自在建筑起重机械上安装非原制造厂制造的标准节和附着装置的。

第三十一条　违反本规定，施工总承包单位未履行第二十一条第（一）、（三）、（四）、（五）、（七）项安全职责的，由县级以上地方人民政府建设主管部门责令限期改正，予以警告，并处以5000元以上3万元以下罚款。

第三十二条 违反本规定，监理单位未履行第二十二条第（一）、（二）、（四）、（五）项安全职责的，由县级以上地方人民政府建设主管部门责令限期改正，予以警告，并处以5000元以上3万元以下罚款。

第三十三条 违反本规定，建设单位有下列行为之一的，由县级以上地方人民政府建设主管部门责令限期改正，予以警告，并处以5000元以上3万元以下罚款；逾期未改的，责令停止施工：

（一）未按照规定协调组织制定防止多台塔式起重机相互碰撞的安全措施的；

（二）接到监理单位报告后，未责令安装单位、使用单位立即停工整改的。

第三十四条 违反本规定，建设主管部门的工作人员有下列行为之一的，依法给予处分；构成犯罪的，依法追究刑事责任：

（一）发现违反本规定的违法行为不依法查处的；

（二）发现在用的建筑起重机械存在严重生产安全事故隐患不依法处理的；

（三）不依法履行监督管理职责的其他行为。

第三十五条 本规定自2008年6月1日起施行。

四、司法解释及文件

最高人民法院、最高人民检察院关于办理危害生产安全刑事案件适用法律若干问题的解释

（2015年11月9日最高人民法院审判委员会第1665次会议、2015年12月9日最高人民检察院第十二届检察委员会第44次会议通过　自2015年12月16日起施行）

法释〔2015〕22号

为依法惩治危害生产安全犯罪，根据刑法有关规定，现就办理此类刑事案件适用法律的若干问题解释如下：

第一条　刑法第一百三十四条第一款规定的犯罪主体，包括对生产、作业负有组织、指挥或者管理职责的负责人、管理人员、实际控制人、投资人等人员，以及直接从事生产、作业的人员。

第二条　刑法第一百三十四条第二款规定的犯罪主体，包括对生产、作业负有组织、指挥或者管理职责的负责人、管理人员、实际控制人、投资人等人员。

第三条　刑法第一百三十五条规定的“直接负责的主管人员和其他直接责任人员”，是指对安全生产设施或者安全生产条件不符合国家规定负有直接责任的生产经营单位负责人、管理人员、实际控制人、投资人，以及其他对安全生产设施或者安全生产条件负有管理、维护职责的人员。

第四条　刑法第一百三十九条之一规定的“负有报告职责的人员”，是指负有组织、指挥或者管理职责的负责人、管理人员、实际控制人、投资

人，以及其他负有报告职责的人员。

第五条 明知存在事故隐患、继续作业存在危险，仍然违反有关安全管理的规定，实施下列行为之一的，应当认定为刑法第一百三十四条第二款规定的“强令他人违章冒险作业”：

（一）利用组织、指挥、管理职权，强制他人违章作业的；

（二）采取威逼、胁迫、恐吓等手段，强制他人违章作业的；

（三）故意掩盖事故隐患，组织他人违章作业的；

（四）其他强令他人违章作业的行为。

第六条 实施刑法第一百三十二条、第一百三十四条第一款、第一百三十五条、第一百三十五条之一、第一百三十六条、第一百三十九条规定的行为，因而发生安全事故，具有下列情形之一的，应当认定为“造成严重后果”或者“发生重大伤亡事故或者造成其他严重后果”，对相关责任人员，处三年以下有期徒刑或者拘役：

（一）造成死亡一人以上，或者重伤三人以上的；

（二）造成直接经济损失一百万元以上的；

（三）其他造成严重后果或者重大安全事故的情形。

实施刑法第一百三十四条第二款规定的行为，因而发生安全事故，具有本条第一款规定情形的，应当认定为“发生重大伤亡事故或者造成其他严重后果”，对相关责任人员，处五年以下有期徒刑或者拘役。

实施刑法第一百三十七条规定的行为，因而发生安全事故，具有本条第一款规定情形的，应当认定为“造成重大安全事故”，对直接责任人员，处五年以下有期徒刑或者拘役，并处罚金。

实施刑法第一百三十八条规定的行为，因而发生安全事故，具有本条第一款第一项规定情形的，应当认定为“发生重大伤亡事故”，对直接责任人员，处三年以下有期徒刑或者拘役。

第七条 实施刑法第一百三十二条、第一百三十四条第一款、第一百三十五条、第一百三十五条之一、第一百三十六条、第一百三十九条规定的行为，因而发生安全事故，具有下列情形之一的，对相关责任人员，处三年以上七年以下有期徒刑：

（一）造成死亡三人以上或者重伤十人以上，负事故主要责任的；

（二）造成直接经济损失五百万元以上，负事故主要责任的；

（三）其他造成特别严重后果、情节特别恶劣或者后果特别严重的情形。

实施刑法第一百三十四条第二款规定的行为，因而发生安全事故，具有本条第一款规定情形的，对相关责任人员，处五年以上有期徒刑。

实施刑法第一百三十七条规定的行为，因而发生安全事故，具有本条第一款规定情形的，对直接责任人员，处五年以上十年以下有期徒刑，并处罚金。

实施刑法第一百三十八条规定的行为，因而发生安全事故，具有下列情形之一的，对直接责任人员，处三年以上七年以下有期徒刑：

（一）造成死亡三人以上或者重伤十人以上，负事故主要责任的；

（二）具有本解释第六条第一款第一项规定情形，同时造成直接经济损失五百万元以上并负事故主要责任的，或者同时造成恶劣社会影响的。

第八条　在安全事故发生后，负有报告职责的人员不报或者谎报事故情况，贻误事故抢救，具有下列情形之一的，应当认定为刑法第一百三十九条之一规定的“情节严重”：

（一）导致事故后果扩大，增加死亡一人以上，或者增加重伤三人以上，或者增加直接经济损失一百万元以上的；

（二）实施下列行为之一，致使不能及时有效开展事故抢救的：

1.决定不报、迟报、谎报事故情况或者指使、串通有关人员不报、迟报、谎报事故情况的；

2.在事故抢救期间擅离职守或者逃匿的；

3.伪造、破坏事故现场，或者转移、藏匿、毁灭遇难人员尸体，或者转移、藏匿受伤人员的；

4.毁灭、伪造、隐匿与事故有关的图纸、记录、计算机数据等资料以及其他证据的；

（三）其他情节严重的情形。

具有下列情形之一的，应当认定为刑法第一百三十九条之一规定的“情节特别严重”：

（一）导致事故后果扩大，增加死亡三人以上，或者增加重伤十人以上，或者增加直接经济损失五百万元以上的；

（二）采用暴力、胁迫、命令等方式阻止他人报告事故情况，导致事故后果扩大的；

（三）其他情节特别严重的情形。

第九条 在安全事故发生后，与负有报告职责的人员串通，不报或者谎报事故情况，贻误事故抢救，情节严重的，依照刑法第一百三十九条之一的规定，以共犯论处。

第十条 在安全事故发生后，直接负责的主管人员和其他直接责任人员故意阻挠开展抢救，导致人员死亡或者重伤，或者为了逃避法律追究，对被害人进行隐藏、遗弃，致使被害人因无法得到救助而死亡或者重度残疾的，分别依照刑法第二百三十二条、第二百三十四条的规定，以故意杀人罪或者故意伤害罪定罪处罚。

第十一条 生产不符合保障人身、财产安全的国家标准、行业标准的安全设备，或者明知安全设备不符合保障人身、财产安全的国家标准、行业标准而进行销售，致使发生安全事故，造成严重后果的，依照刑法第一百四十六条的规定，以生产、销售不符合安全标准的产品罪定罪处罚。

第十二条 实施刑法第一百三十二条、第一百三十四条至第一百三十九条之一规定的犯罪行为，具有下列情形之一的，从重处罚：

（一）未依法取得安全许可证件或者安全许可证件过期、被暂扣、吊销、注销后从事生产经营活动的；

（二）关闭、破坏必要的安全监控和报警设备的；

（三）已经发现事故隐患，经有关部门或者个人提出后，仍不采取措施的；

（四）一年内曾因危害生产安全违法犯罪活动受过行政处罚或者刑事处罚的；

（五）采取弄虚作假、行贿等手段，故意逃避、阻挠负有安全监督管理职责的部门实施监督检查的；

（六）安全事故发生后转移财产意图逃避承担责任的；

（七）其他从重处罚的情形。

实施前款第五项规定的行为，同时构成刑法第三百八十九条规定的犯罪的，依照数罪并罚的规定处罚。

第十三条　实施刑法第一百三十二条、第一百三十四条至第一百三十九条之一规定的犯罪行为，在安全事故发生后积极组织、参与事故抢救，或者积极配合调查、主动赔偿损失的，可以酌情从轻处罚。

第十四条　国家工作人员违反规定投资入股生产经营，构成本解释规定的有关犯罪的，或者国家工作人员的贪污、受贿犯罪行为与安全事故发生存在关联性的，从重处罚；同时构成贪污、受贿犯罪和危害生产安全犯罪的，依照数罪并罚的规定处罚。

第十五条　国家机关工作人员在履行安全监督管理职责时滥用职权、玩忽职守，致使公共财产、国家和人民利益遭受重大损失的，或者徇私舞弊，对发现的刑事案件依法应当移交司法机关追究刑事责任而不移交，情节严重的，分别依照刑法第三百九十七条、第四百零二条的规定，以滥用职权罪、玩忽职守罪或者徇私舞弊不移交刑事案件罪定罪处罚。

公司、企业、事业单位的工作人员在依法或者受委托行使安全监督管理职责时滥用职权或者玩忽职守，构成犯罪的，应当依照《全国人民代表大会常务委员会关于〈中华人民共和国刑法〉第九章渎职罪主体适用问题的解释》的规定，适用渎职罪的规定追究刑事责任。

第十六条　对于实施危害生产安全犯罪适用缓刑的犯罪分子，可以根据犯罪情况，禁止其在缓刑考验期限内从事与安全生产相关联的特定活动；对于被判处刑罚的犯罪分子，可以根据犯罪情况和预防再犯罪的需要，禁止其自刑罚执行完毕之日或者假释之日起三年至五年内从事与安全生产相关的职业。

第十七条 本解释自2015年12月16日起施行。本解释施行后，《最高人民法院、最高人民检察院关于办理危害矿山生产安全刑事案件具体应用法律若干问题的解释》（法释〔2007〕5号）同时废止。最高人民法院、最高人民检察院此前发布的司法解释和规范性文件与本解释不一致的，以本解释为准。

最高人民法院、最高人民检察院关于办理危害生产安全刑事案件适用法律若干问题的解释（二）

（2022年9月19日最高人民法院审判委员会第1875次会议、2022年10月25日最高人民检察院第十三届检察委员会第106次会议通过，自2022年12月19日起施行）

法释〔2022〕19号

为依法惩治危害生产安全犯罪，维护公共安全，保护人民群众生命安全和公私财产安全，根据《中华人民共和国刑法》《中华人民共和国刑事诉讼法》和《中华人民共和国安全生产法》等规定，现就办理危害生产安全刑事案件适用法律的若干问题解释如下：

第一条 明知存在事故隐患，继续作业存在危险，仍然违反有关安全管理的规定，有下列情形之一的，属于刑法第一百三十四条第二款规定的“强令他人违章冒险作业”：

（一）以威逼、胁迫、恐吓等手段，强制他人违章作业的；

（二）利用组织、指挥、管理职权，强制他人违章作业的；

（三）其他强令他人违章冒险作业的情形。

明知存在重大事故隐患，仍然违反有关安全管理的规定，不排除或者故意掩盖重大事故隐患，组织他人作业的，属于刑法第一百三十四条第二款规定的“冒险组织作业”。

第二条 刑法第一百三十四条之一规定的犯罪主体，包括对生产、作业负有组织、指挥或者管理职责的负责人、管理人员、实际控制人、投资人等人员，以及直接从事生产、作业的人员。

第三条 因存在重大事故隐患被依法责令停产停业、停止施工、停止使用有关设备、设施、场所或者立即采取排除危险的整改措施，有下列情形之一的，属于刑法第一百三十四条之一第二项规定的“拒不执行”：

（一）无正当理由故意不执行各级人民政府或者负有安全生产监督管理职责的部门依法作出的上述行政决定、命令的；

（二）虚构重大事故隐患已经排除的事实，规避、干扰执行各级人民政府或者负有安全生产监督管理职责的部门依法作出的上述行政决定、命令的；

（三）以行贿等不正当手段，规避、干扰执行各级人民政府或者负有安全生产监督管理职责的部门依法作出的上述行政决定、命令的。

有前款第三项行为，同时构成刑法第三百八十九条行贿罪、第三百九十三条单位行贿罪等犯罪的，依照数罪并罚的规定处罚。

认定是否属于“拒不执行”，应当综合考虑行政决定、命令是否具有法律、行政法规等依据，行政决定、命令的内容和期限要求是否明确、合理，行为人是否具有按照要求执行的能力等因素进行判断。

第四条 刑法第一百三十四条第二款和第一百三十四条之一第二项规定的“重大事故隐患”，依照法律、行政法规、部门规章、强制性标准以及有关行政规范性文件进行认定。

刑法第一百三十四条之一第三项规定的“危险物品”，依照安全生产法第一百一十七条的规定确定。

对于是否属于“重大事故隐患”或者“危险物品”难以确定的，可以依据司法鉴定机构出具的鉴定意见、地市级以上负有安全生产监督管理职责的部门或者其指定的机构出具的意见，结合其他证据综合审查，依法作出认定。

第五条 在生产、作业中违反有关安全管理的规定，有刑法第一百三十四条之一规定情形之一，因而发生重大伤亡事故或者造成其他严重后果，构成刑法第一百三十四条、第一百三十五条至第一百三十九条等规定的重大责任事故罪、重大劳动安全事故罪、危险物品肇事罪、工程重大安全事故罪等犯罪的，依照该规定定罪处罚。

第六条　承担安全评价职责的中介组织的人员提供的证明文件有下列情形之一的，属于刑法第二百二十九条第一款规定的"虚假证明文件"：

（一）故意伪造的；

（二）在周边环境、主要建（构）筑物、工艺、装置、设备设施等重要内容上弄虚作假，导致与评价期间实际情况不符，影响评价结论的；

（三）隐瞒生产经营单位重大事故隐患及整改落实情况、主要灾害等级等情况，影响评价结论的；

（四）伪造、篡改生产经营单位相关信息、数据、技术报告或者结论等内容，影响评价结论的；

（五）故意采用存疑的第三方证明材料、监测检验报告，影响评价结论的；

（六）有其他弄虚作假行为，影响评价结论的情形。

生产经营单位提供虚假材料、影响评价结论，承担安全评价职责的中介组织的人员对评价结论与实际情况不符无主观故意的，不属于刑法第二百二十九条第一款规定的"故意提供虚假证明文件"。

有本条第二款情形，承担安全评价职责的中介组织的人员严重不负责任，导致出具的证明文件有重大失实，造成严重后果的，依照刑法第二百二十九条第三款的规定追究刑事责任。

第七条　承担安全评价职责的中介组织的人员故意提供虚假证明文件，有下列情形之一的，属于刑法第二百二十九条第一款规定的"情节严重"：

（一）造成死亡一人以上或者重伤三人以上安全事故的；

（二）造成直接经济损失五十万元以上安全事故的；

（三）违法所得数额十万元以上的；

（四）两年内因故意提供虚假证明文件受过两次以上行政处罚，又故意提供虚假证明文件的；

（五）其他情节严重的情形。

在涉及公共安全的重大工程、项目中提供虚假的安全评价文件，有下列情形之一的，属于刑法第二百二十九条第一款第三项规定的“致使公共财产、国家和人民利益遭受特别重大损失”：

（一）造成死亡三人以上或者重伤十人以上安全事故的；

（二）造成直接经济损失五百万元以上安全事故的；

（三）其他致使公共财产、国家和人民利益遭受特别重大损失的情形。

承担安全评价职责的中介组织的人员有刑法第二百二十九条第一款行为，在裁量刑罚时，应当考虑其行为手段、主观过错程度、对安全事故的发生所起作用大小及其获利情况、一贯表现等因素，综合评估社会危害性，依法裁量刑罚，确保罪责刑相适应。

第八条 承担安全评价职责的中介组织的人员，严重不负责任，出具的证明文件有重大失实，有下列情形之一的，属于刑法第二百二十九条第三款规定的“造成严重后果”：

（一）造成死亡一人以上或者重伤三人以上安全事故的；

（二）造成直接经济损失一百万元以上安全事故的；

（三）其他造成严重后果的情形。

第九条 承担安全评价职责的中介组织犯刑法第二百二十九条规定之罪的，对该中介组织判处罚金，并对其直接负责的主管人员和其他直接责任人员，依照本解释第七条、第八条的规定处罚。

第十条 有刑法第一百三十四条之一行为，积极配合公安机关或者负有安全生产监督管理职责的部门采取措施排除事故隐患，确有悔改表现，认罪认罚的，可以依法从宽处罚；犯罪情节轻微不需要判处刑罚的，可以不起诉或者免予刑事处罚；情节显著轻微危害不大的，不作为犯罪处理。

第十一条　有本解释规定的行为，被不起诉或者免予刑事处罚，需要给予行政处罚、政务处分或者其他处分的，依法移送有关主管机关处理。

第十二条　本解释自2022年12月19日起施行。最高人民法院、最高人民检察院此前发布的司法解释与本解释不一致的，以本解释为准。

关于进一步加强危害生产安全刑事案件审判工作的意见

（2011年12月30日　法发〔2011〕20号）

为依法惩治危害生产安全犯罪，促进全国安全生产形势持续稳定好转，保护人民群众生命财产安全，现就进一步加强危害生产安全刑事案件审判工作，制定如下意见。

一、高度重视危害生产安全刑事案件审判工作

1、充分发挥刑事审判职能作用，依法惩治危害生产安全犯罪，是人民法院为大局服务、为人民司法的必然要求。安全生产关系到人民群众生命财产安全，事关改革、发展和稳定的大局。当前，全国安全生产状况呈现总体稳定、持续好转的发展态势，但形势依然严峻，企业安全生产基础依然薄弱；非法、违法生产，忽视生产安全的现象仍然十分突出；重特大生产安全责任事故时有发生，个别地方和行业重特大责任事故上升。一些重特大生产安全责任事故举国关注，相关案件处理不好，不仅起不到应有的警示作用，不利于生产安全责任事故的防范，也损害党和国家形象，影响社会和谐稳定。各级人民法院要从政治和全局的高度，充分认识审理好危害生产安全刑事案件的重要意义，切实增强工作责任感，严格依法、积极稳妥地审理相关案件，进一步发挥刑事审判工作在创造良好安全生产环境、促进经济平稳较快发展方面的积极作用。

2、采取有力措施解决存在的问题，切实加强危害生产安全刑事案件审判工作。近年来，各级人民法院依法审理危害生产安全刑事案件，一批严重危害生产安全的犯罪分子及相关职务犯罪分子受到法律制裁，对全国安

全生产形势持续稳定好转发挥了积极促进作用。2010年，监察部、国家安全生产监督管理总局会同最高人民法院等部门对部分省市重特大生产安全事故责任追究落实情况开展了专项检查。从检查的情况来看，审判工作总体情况是好的，但仍有个别案件在法律适用或者宽严相济刑事政策具体把握上存在问题，需要切实加强指导。各级人民法院要高度重视，确保相关案件审判工作取得良好的法律效果和社会效果。

二、危害生产安全刑事案件审判工作的原则

3、严格依法，从严惩处。对严重危害生产安全犯罪，尤其是相关职务犯罪，必须始终坚持严格依法、从严惩处。对于人民群众广泛关注、社会反映强烈的案件要及时审结，回应人民群众关切，维护社会和谐稳定。

4、区分责任，均衡量刑。危害生产安全犯罪，往往涉案人员较多，犯罪主体复杂，既包括直接从事生产、作业的人员，也包括对生产、作业负有组织、指挥或者管理职责的负责人、管理人员、实际控制人、投资人等，有的还涉及国家机关工作人员渎职犯罪。对相关责任人的处理，要根据事故原因、危害后果、主体职责、过错大小等因素，综合考虑全案，正确划分责任，做到罪责刑相适应。

5、主体平等，确保公正。审理危害生产安全刑事案件，对于所有责任主体，都必须严格落实法律面前人人平等的刑法原则，确保刑罚适用公正，确保裁判效果良好。

三、正确确定责任

6、审理危害生产安全刑事案件，政府或相关职能部门依法对事故原因、损失大小、责任划分作出的调查认定，经庭审质证后，结合其他证据，可作为责任认定的依据。

7、认定相关人员是否违反有关安全管理规定，应当根据相关法律、行政法规，参照地方性法规、规章及国家标准、行业标准，必要时可参考公认的惯例和生产经营单位制定的安全生产规章制度、操作规程。

8、多个原因行为导致生产安全事故发生的，在区分直接原因与间接原因的同时，应当根据原因行为在引发事故中所具作用的大小，分清主要原因与次要原因，确认主要责任和次要责任，合理确定罪责。

一般情况下，对生产、作业负有组织、指挥或者管理职责的负责人、管理人员、实际控制人、投资人，违反有关安全生产管理规定，对重大生产安全事故的发生起决定性、关键性作用的，应当承担主要责任。

对于直接从事生产、作业的人员违反安全管理规定，发生重大生产安全事故的，要综合考虑行为人的从业资格、从业时间、接受安全生产教育培训情况、现场条件、是否受到他人强令作业、生产经营单位执行安全生产规章制度的情况等因素认定责任，不能将直接责任简单等同于主要责任。

对于负有安全生产管理、监督职责的工作人员，应根据其岗位职责、履职依据、履职时间等，综合考察工作职责、监管条件、履职能力、履职情况等，合理确定罪责。

四、准确适用法律

9、严格把握危害生产安全犯罪与以其他危险方法危害公共安全罪的界限，不应将生产经营中违章违规的故意不加区别地视为对危害后果发生的故意。

10、以行贿方式逃避安全生产监督管理，或者非法、违法生产、作业，导致发生重大生产安全事故，构成数罪的，依照数罪并罚的规定处罚。

违反安全生产管理规定，非法采矿、破坏性采矿或排放、倾倒、处置有害物质严重污染环境，造成重大伤亡事故或者其他严重后果，同时构成危害生产安全犯罪和破坏环境资源保护犯罪的，依照数罪并罚的规定处罚。

11、安全事故发生后，负有报告职责的国家工作人员不报或者谎报事故情况，贻误事故抢救，情节严重，构成不报、谎报安全事故罪，同时构成职务犯罪或其他危害生产安全犯罪的，依照数罪并罚的规定处罚。

12、非矿山生产安全事故中，认定“直接负责的主管人员和其他直接责任人员”、“负有报告职责的人员”的主体资格，认定构成“重大伤亡事故或者其他严重后果”、“情节特别恶劣”，不报、谎报事故情况，贻误事故抢救，“情节严重”、“情节特别严重”等，可参照最高人民法院、最高人民检察院《关于办理危害矿山生产安全刑事案件具体应用法律若干问题的解释》的相关规定。

五、准确把握宽严相济刑事政策

13、审理危害生产安全刑事案件，应综合考虑生产安全事故所造成的伤亡人数、经济损失、环境污染、社会影响、事故原因与被告人职责的关联程度、被告人主观过错大小、事故发生后被告人的施救表现、履行赔偿责任情况等，正确适用刑罚，确保裁判法律效果和社会效果相统一。

14、造成《关于办理危害矿山生产安全刑事案件具体应用法律若干问题的解释》第四条规定的“重大伤亡事故或者其他严重后果”，同时具有下列情形之一的，也可以认定为刑法第一百三十四条、第一百三十五条规定的“情节特别恶劣”：

（一）非法、违法生产的；

（二）无基本劳动安全设施或未向生产、作业人员提供必要的劳动防护用品，生产、作业人员劳动安全无保障的；

（三）曾因安全生产设施或者安全生产条件不符合国家规定，被监督管理部门处罚或责令改正，一年内再次违规生产致使发生重大生产安全事故的；

（四）关闭、故意破坏必要安全警示设备的；

（五）已发现事故隐患，未采取有效措施，导致发生重大事故的；

（六）事故发生后不积极抢救人员，或者毁灭、伪造、隐藏影响事故调查的证据，或者转移财产逃避责任的；

（七）其他特别恶劣的情节。

15、相关犯罪中，具有以下情形之一的，依法从重处罚：

（一）国家工作人员违反规定投资入股生产经营企业，构成危害生产安全犯罪的；

（二）贪污贿赂行为与事故发生存在关联性的；

（三）国家工作人员的职务犯罪与事故存在直接因果关系的；

（四）以行贿方式逃避安全生产监督管理，或者非法、违法生产、作业的；

（五）生产安全事故发生后，负有报告职责的国家工作人员不报或者谎报事故情况，贻误事故抢救，尚未构成不报、谎报安全事故罪的；

（六）事故发生后，采取转移、藏匿、毁灭遇难人员尸体，或者毁灭、伪造、隐藏影响事故调查的证据，或者转移财产，逃避责任的；

（七）曾因安全生产设施或者安全生产条件不符合国家规定，被监督管理部门处罚或责令改正，一年内再次违规生产致使发生重大生产安全事故的。

16、对于事故发生后，积极施救，努力挽回事故损失，有效避免损失扩大；积极配合调查，赔偿受害人损失的，可依法从宽处罚。

六、依法正确适用缓刑和减刑、假释

17、对于危害后果较轻，在责任事故中不负主要责任，符合法律有关缓刑适用条件的，可以依法适用缓刑，但应注意根据案件具体情况，区别对待，严格控制，避免适用不当造成的负面影响。

18、对于具有下列情形的被告人，原则上不适用缓刑：

（一）具有本意见第14条、第15条所规定的情形的；

（二）数罪并罚的。

19、宣告缓刑，可以根据犯罪情况，同时禁止犯罪分子在缓刑考验期限内从事与安全生产有关的特定活动。

20、办理与危害生产安全犯罪相关的减刑、假释案件，要严格执行刑法、刑事诉讼法和有关司法解释规定。是否决定减刑、假释，既要看罪犯服刑期间的悔改表现，还要充分考虑原判认定的犯罪事实、性质、情节、社会危害程度等情况。

七、加强组织领导，注意协调配合

21、对于重大、敏感案件，合议庭成员要充分做好庭审前期准备工作，全面、客观掌握案情，确保案件开庭审理稳妥顺利、依法公正。

22、审理危害生产安全刑事案件，涉及专业技术问题的，应有相关权威部门出具的咨询意见或者司法鉴定意见；可以依法邀请具有相关专业知识的人民陪审员参加合议庭。

23、对于审判工作中发现的安全生产事故背后的渎职、贪污贿赂等违法犯罪线索，应当依法移送有关部门处理。对于情节轻微，免予刑事处罚的被告人，人民法院可建议有关部门依法给予行政处罚或纪律处分。

24、被告人具有国家工作人员身份的，案件审结后，人民法院应当及时将生效的裁判文书送达行政监察机关和其他相关部门。

25、对于造成重大伤亡后果的案件，要充分运用财产保全等法定措施，切实维护被害人依法获得赔偿的权利。对于被告人没有赔偿能力的案件，应当依靠地方党委和政府做好善后安抚工作。

26、积极参与安全生产综合治理工作。对于审判中发现的安全生产管理方面的突出问题，应当发出司法建议，促使有关部门强化安全生产意识和制度建设，完善事故预防机制，杜绝同类事故发生。

27、重视做好宣传工作。对于社会关注的典型案件，要重视做好审判情况的宣传报道，规范裁判信息发布，及时回应社会的关切，充分发挥重大、典型案件的教育警示作用。

28、各级人民法院要在依法履行审判职责的同时，及时总结审判经验，深入开展调查研究，推动审判工作水平不断提高。上级法院要以辖区内发生的重大生产安全责任事故案件为重点，加强对下级法院危害生产安全刑事案件审判工作的监督和指导，适时检查此类案件的审判情况，提出有针对性的指导意见。